秘书写作教程

Practical writing

主　编　吴雨平
副主编　李　一　余晓明　岳　峰

暨南大學出版社
JINAN UNIVERSITY PRESS

中国·广州

图书在版编目（CIP）数据

秘书写作教程/吴雨平主编；李一，余晓明，岳峰副主编. —广州：暨南大学出版社，2016.5（2019.8 重印）
ISBN 978-7-5668-1811-9

Ⅰ. ①秘…　Ⅱ. ①吴…②李…③余…④岳…　Ⅲ. ①公文—写作—教材　Ⅳ. ①H152.3

中国版本图书馆 CIP 数据核字(2016)第 089551 号

秘书写作教程
MISHU XIEZUO JIAOCHENG
主编：吴雨平　副主编：李　一　余晓明　岳　峰

出 版 人：徐义雄
策划编辑：杜小陆　潘江曼
责任编辑：潘江曼
责任校对：王嘉涵　周海燕
责任印制：汤慧君　周一丹

出版发行：暨南大学出版社（510630）
电　　话：总编室（8620）85221601
　　　　　营销部（8620）85225284　85228291　85228292（邮购）
传　　真：（8620）85221583（办公室）　85223774（营销部）
网　　址：http：//www.jnupress.com
排　　版：广州良弓广告有限公司
印　　刷：深圳市新联美术印刷有限公司
开　　本：787mm×1092mm　1/16
印　　张：19
字　　数：487 千
版　　次：2016 年 5 月第 1 版
印　　次：2019 年 8 月第 3 次
定　　价：48.00 元

目　录

绪 论

人类进入文明历史的标志之一是文字的产生以及使用文字记载人类的活动，这些被记载下来的人类活动就是文章。跨越时空的文章里承载着数千年的人类文明史，也昭示着人类的未来与期待。当今世界，几乎所有的知识都以文章为媒介，写作能力无疑已成为21世纪的核心竞争力，因此提高高校学生和社会成员的写作能力是当代社会学者肩负的重任。

【导入案例】

《东方早报》2014年曾经刊登了一篇题为“我在剑桥学说话：使用语言的能力决定人的发展潜力”的文章，是一名在剑桥大学读教育学博士的中国留学生给大家的留学分享。下面是这篇文章的节选。

语言能力决定发展潜力

在剑桥接触到的人当中，有一位作家是我非常敬重的。他本人在美国一所大学教授文学写作和加勒比研究，除教学以外主要以写作为业。和他接触的过程中我学到很多东西，其中最重要的就是使用语言的准确性。

去植物园散步，他可以边走边告诉我们路边的植物叫什么名字，有什么气味或者怎样辨别。每次提到某个信息说之后发邮件，他都一定会拿出本子记下来，回家后立刻就发。跟他随便闲聊让我逐渐意识到自己使用语言的时候是多么不准确——我发现自己经常用“这个”“那个”来指代事物，描述东西的位置就说“这边”或“那边”，描述距离就用“不远”或者“比较远”。而每到这个时候他都会让我解释清楚到底是哪个，到底在哪边，到底有多远。

然后我注意到，他在描述东西的时候都会说得非常准确，很少用代词，很少有歧义。甚至在蛋糕店里看到不知道名字的蛋糕都会问清楚它叫什么，怎样拼写。想想自己有时候见到不认识的词都懒得查一下，有时候说不清楚事情就干脆放弃不讲，有时候觉得没必要什么东西都知道名字，反正当面一比画或者用手一指别人就能明白了。但现在想来，自己写作不能很快提高，词汇量不见增长，这真的是没办法怪别人。之前学英语到处找方法找技巧，殊不知捷径就在于这种日常的积累和准确使用语言的意识。

这些道理貌似一直都懂，也一直觉得自己已经算是一个肯下功夫的人，但只有遇到了这样一位作家才知道什么叫下功夫，才明白了什么叫良好的学习习惯。以至于后来，写一段文字拿给他点评，本来以为已经写得很清楚的地方居然也被找出很多歧义。之前往往会抱怨说为什么我写得已经这么清楚了别人还是不明白，但那次被挑出问题之后才真正明白了什么叫“读者意识”。

能够准确地表达自己并让别人明白你的意思，这件看来简单的事不是随便就能做到的。

可以不夸张地说，在现代社会里，使用语言的能力很大程度上能够决定一个人的发展潜力。不是说人人都要当作家或以文字工作为业，但不论是口头语言表达还是书面写作，能够找到合适的词汇和表达方式来传达自己想要传达的信息，这是在现代社会立足所必需的一个能力。

写作不仅仅可以怡情

在我们生活的这个时代，可以不夸张地说，文字即是人思想的表达，也是生活本身。

写作是一个用以怡情的艺术活动。不仅如此，写作，以及口头表达是每一个人日常都会用到的一项技能。有调查表明，事业的发展、收入的多少与人的词汇量有很大关系。很多人常常抱怨自己的付出没有得到相应的回报，或者自己的能力没有得到对等的认可，这种事情的原因有很多，但语言使用能力往往是其中之一。

很多人可能说，我不想当领导，但事实是，对于语言的使用涉及日常生活的方方面面，“读者意识”也并非只是关于作家和普通读者的关系。在广义上看，我们表达任何信息，接收信息的对方都是我们的“读者”，无论你的读者是一个人还是一群人。

说出别人说不出的话

在学院遇到的那位作家告诉我说，“读者意识”其实讲的就是怎样获得读者的信任；如果你的表达中很多地方都很模糊、有歧义，那么对方接收不到你想表达的真实意思，可能就会不再信任你，从而放弃阅读。这个道理在我们日常生活中是完全适用的。人与人之间建立关系离不开语言的表达。人与人之间的信任，就像作者和读者的信任一样，如果表达不准确、不合适、不得体，都会对人际关系造成直接的影响。

一个会使用语言的人，一个能够准确掌握大量词汇的人，就有能力说出别人说不出来的话。这样的能力，会让人在日常生活和工作中，在人与人的交流中，掌握很多的主动权。而所有这些，如果不是在剑桥目睹了一位作家的日常言行，我不可能有这样深切的体会，文字于我来说可能至多还是一个可有可无的工具，我也可能仍旧会沾沾自喜于自己已经算是过关的论文写作技巧。

【讨论】

（1）你怎样理解秘书写作中的“读者意识”？

（2）不用“不远”或“比较远”等模糊语言对秘书写作的语言表达有何意义？

（3）为什么作者说使用语言的能力决定人的发展潜力？你从中得到了哪些启发？

【要点阐述】

一、秘书写作概述

秘书工作者的写作能力是其“看家本领”，秘书必须具有将信息转换成文字、符号、图表、数字等形式并借此表达思想或情感的能力。格式规范、文从字顺、观点鲜明、条理清晰的公文和事务性应用文，是各级组织机构顺利处理日常工作的重要工具，是实现有效沟通、交流和合作的重要保障。

（一）秘书写作的含义

秘书写作几乎是与文字同时产生的，只是当时没有明确地称其为“秘书写作”。斗转星移、世纪变更，随着秘书职能以及秘书工作性质的变化，秘书写作的种类也在不断变化，而且分类更加合理、要求更加严格。

秘书写作和公文写作、应用写作等概念既相互交叉，又具有不同层面的含义。如果说“公文写作”是针对客体而言的，即写作的对象是“公文”，那么“秘书写作”则是针对主体而言的，即它是“秘书”进行的写作；如果说“应用写作”是针对功用而言的，即写作是为了“应用”，那么“秘书写作”则是针对行为而言的，因为它是秘书工作的一部分。它们之间的关联是，秘书是进行秘书写作的人，秘书写作的对象是公文，秘书写作是为了（或者说主要是为了）应用。

据此，我们认为，秘书写作是指各级各类机关、团体、企事业单位的秘书工作人员承担其职责范围内的公务文书及事务性应用文书写作任务的活动。

（二）秘书写作的特征

首先，秘书写作是秘书进行的写作，秘书写作的主体是秘书。所谓写作主体，是指能够自觉地、能动地从事写作实践活动的人。写作主体之所以能够能动地从事写作活动，是因为他（们）具备了从事写作活动的基本素养，如对客观世界的认识和把握、对科学文化知识的掌握以及思想情感的积淀等。

“秘书”这个写作主体具有其特殊性。“秘书”的概念在我国经历了从人到物，又从物到人的演变，而且也和国外秘书的含义有很大的不同。我国现代秘书的特征一般应当包括以下几个要素：①属于行政职务或职位；②普遍存在于党政机关、企事业单位和人民团体之中；③既是领导的助手，又是领导的参谋。秘书不同于行政领导，他们只是代表领导办事，为领导的工作服务；秘书也不同于职能部门中的业务人员，他们是提供综合性、辅助性服务的人员；秘书还不同于一般服务性行业的人员，他们不仅掌管文书，还要完成领导交办的事项。据此我们认为，秘书是指辅助领导层或领导者个人履行领导职责，并办理文书档案、来信来访、会务工作以及日常行政事务工作的人员，是领导的参谋和助手。一句话，秘书职务本身具有从属性，没有领导及组织机构就无所谓秘书。

秘书的这种特殊身份和工作特性规定了秘书写作的思维方式，也造成了秘书写作与文学创作的最大差别。从总体上来说，秘书写作是一种“听命写作”，是领导或领导机关授意的写作，秘书个人不仅不能决定写作与否，也不能随意更改机关制文意图；同时，写作时在公文文种的确定、材料的选择、完成的时间要求等方面，秘书个人均无权决定。

但是，写作是体现作者意识的一种活动，任何客观事物都是在作者的理解和认识之后，经过选择和加工，才能成为具有思想感情的写作材料的。虽然公务文书不是个人作品，更不会署秘书个人的名字，但是具体的文字都是由秘书个人撰拟的，撰拟人的政策水平、把握领导及领导机构意图的能力和文字功底往往会对公文的质量起决定性的作用，因此秘书在从事写作活动时在尊重上述前提的基础上又是一个独立的主体。如果过分强调作者身份的从属性而忽视秘书独立的主体价值，一味强调秘书写作的亦步亦趋而抹杀秘书的能动性和创造性思维，势必造成秘书写作灵魂的丧失，最终必将影响领导和机关的形象。更何况，虽然大部分公文的主题和立意可以根据领导人授意或领导机关意图直接表达，但有一些公文的主题和立意，则需在调查研究的过程中，随着对客观实际情况全面深入的探索而逐步提炼和明确，这时秘书个人对公文写作的作用就会凸显。

另外，在某些特定的场合，秘书仅仅做到扩展和充实领导意图是远远不够的。如果领导有想说但由于场合的限制而不能说出口的话，秘书就需要去“意会”那些“不能说的秘密”，通过观察，将领导的真实意图表达出来。秘书主体性意识、认识水平和写作水平的高低由此可见一斑。

其次，秘书写作的对象是秘书工作过程中形成的公务文书，秘书写作是秘书工作的重要组成部分。

秘书工作在我国有着悠久的历史。虽然学术界对我国秘书工作究竟产生于何时尚无权威论断，对以文字为载体的公务文书的产生是否为秘书工作产生的必要条件尚有争议，但可以肯定的是，有了公务文书，就一定同时有了秘书工作，因为最早的公务文书必然是通过一程序形成的，哪怕这一程序极为简单、粗略，也是最早的秘书工作。可以说，秘书工作与公文写作之间具有天然的关联。

现代秘书工作是指秘书协助各级领导机构和领导人为实施领导而进行的日常执行和承办工作。秘书工作的内容十分繁多，如文件处理、立卷归档、决策助理、机要保密、信息处理、综合承办、日程安排、记载事项、调查研究、拟稿撰文、组织会议、咨询服务、信访情报、通信联络、承引材料以及上司不在时处理日常事务等。其中拟稿撰文自不待言，还有多项工作也都涉及秘书写作，所以可以说，秘书写作是秘书工作中最核心也是最艰巨的内容之一。

秘书工作不同于一般职能部门的独立工作，它是附属于其他工作的。秘书工作的这种特殊性是由秘书部门的特殊地位以及秘书的特殊工作环境决定的。充分认识秘书工作的特殊性，对于秘书人员更好地履行工作职责具有非常重要的意义。秘书机构是机关的枢纽部门，上下级之间通过秘书部门进行联络，一个机关内部各个平行的职能部门之间也是通过秘书部门联结成一个整体的。因此，秘书写作和秘书的其他工作一样，一要处理好与领导、与群众、与同级等各方面的关系，根据公文的上下行或平行要求确定写作语体、篇幅等；二要树立强烈的时间观念、效率观念和质量观念，克服文牍主义、杜绝文山会海；三要具有高度的责任感，防止公文写作中的泄密。

秘书工作中需要的大部分能力，只要认识正确、态度端正，基本上都可以在工作中较快养成和提高；秘书日常涉及的大部分事务性工作，也都可以在工作中较快学会和适应。但是唯独写作能力非一时之功，它不仅需要有对政策和领导意图等外部因素的绝对敏感，还要有理论、表达等方面的内部修为。即使是最简单的公文，要做到言简意赅、文从字顺也并非易事，非经过长期积累和切实训练不可。正如武侠小说中的盖世英雄都有一项“必杀技”一样，如果秘书能成为写作高手，那么他/她也就拥有了做好秘书工作的“必杀技”。现实中我们常常看到许多秘书处理办公室日常事务时手脚麻利，跟各色人等打交道也细致周到，智商、情商都很高，动手能力也很强，但是对写文稿却非常头疼，往往绞尽脑汁、通宵达旦也难以做到令人满意，这说明了秘书写作这项工作的艰巨性。唯其如此，写作能力才被称为21世纪的核心竞争力。

再次，秘书写作的成果具有应用价值。秘书的写作成果无疑属于人类的精神产品，但它与同是精神产品的文学创作具有截然不同的写作目的。文学创作无论是虚构性（如小说）的还是非虚构性（如报告文学）的，其创作总会出于某种目的，或者要传达某种思想，或者要褒扬或批评某种社会现象，或者心中的郁积不吐不快等，有个人因素，也有社会因素，但都是为了揭示社会现象、表达情感、发掘人性、陶冶情操。作家的写作目的不仅影响着作品的内容，也影响着作家对创作手法和技巧的选择以及作品创作完成后的风格等。

写作目的对秘书写作的影响同样巨大。人类从结绳记事到文字发明，为了帮助记忆，先是记事，然后发展到记言和记录内心的情感活动，这类文字是属于记录或证据性的；而为了交流进行的写作活动则可以分为两部分，一是审美性的，二是实用性的。记忆和交流性的文字中都有相当一部分在现代秘书写作的范畴之内，如秘书进行会议记录、记载大事记、写通讯报道等属于第一类，而撰拟通知、决定、函、领导讲话稿等则属于第二类。

秘书写作的文字材料都是为了使用，如果当时或今后都不需要，就不用去写，也没有人会去写。魏建周编著的《新编党政机关公文写作》（红旗出版社，2012 年）中将这一特征概括为“对应性和定向性”。“对应性”是指公文等文字材料的写作必须根据机关隶属关系和职权范围来确定什么样的公文由哪一级单位制发、由什么单位制发以及由哪个部门制发，都是有具体、明确的对应关系。例如，党委、政府的办公厅（室）可以根据本级党委、政府的授权，向下级党委、政府行文，但是其他部门和单位却不得向下级党委、政府发布指令性公文；“函”是适用于不相隶属机关之间商洽工作、询问和答复问题、请求批准和答复审批事项的文种，所以它可以向平级机关行文，也可以向不相隶属的上下级机关行文等。“定向性”是指大部分公文都有特定的阅读对象，阅读对象有的通过“主送机关”“抄送机关”确定，有的通过“阅读范围”确定，有的通过“密级”确定等，即使一般的事务性公务文书也都会明确指定要发送的单位或范围，而且公文一旦发布，就必须执行。

秘书写作的这一特征规定了写作过程的一系列要求。秘书写作必须严格遵守既定的程序，对什么时候写、写什么、怎么写都不能任意而为；必须符合国家规定的版面格式或长期以来约定俗成的格式，不能因为自己的喜好或习惯随意更改；语言表达要考虑特定的阅读对象，在逻辑严密、通俗易懂的基础上，有时需要言简意赅，有时需要具体全面。

（三）秘书写作的范畴

“秘书写作”在外延上是一个较为模糊的概念。秘书写作涉及的文体非常之多，而且不同级别、不同类型、不同单位、不同部门的秘书，在写作内容的侧重点上肯定也有较大的差异，但是在实际工作中，秘书经常使用的文种不外乎以下几大类。

一是党政机关公文写作。即中共中央办公厅和国务院办公厅 2012 年 4 月 16 日发布、7 月 1 日起施行的《党政机关公文处理工作条例》中规定的 15 种公文文种。该条例明确指出：党政机关公文是党政机关实施领导、履行职能、处理公务的具有特定效力和规范体式的文书，是传达贯彻党和国家方针政策，公布法规和规章，指导、布置和商洽工作，请示和答复问题，报告、通报和交流情况等的重要工具。这 15 种公文具体是：决议、决定、命令（令）、公报、公告、通告、意见、通知、通报、报告、请示、批复、议案、函、纪要。这 15 种党政机关公文中，决定、通告、通知、通报、报告、请示、批复、函、纪要等文种的使用频率较高，是秘书写作的重中之重，应重点掌握。

二是日常事务类文书写作。如计划、总结、领导讲话稿、规章类文书、简报、调查报告等为处理日常事务性工作而制发的文书，其主要作用是实施管理、沟通信息等。这些文书虽然在国家规定的行政公文范畴之外，写作相对自由，但是也有具体的适用对象和约定俗成的惯用体式，是秘书写作中需要注意的。

三是公关礼仪类文书写作。像启事与声明、贺信（电）与祝词、聘书与请柬等都属于这类文书。其中欢迎词、欢送词、答谢词、贺电、贺信、慰问信、感谢信等文书的使用还相当频繁。这类文书主要是为了增进情谊、沟通信息、塑造形象、弥合补救之用的，地区与地区、单位与单位的交往需要借助于礼仪文书来调整、改善、发展相互之间的关系，这项写作任务也往往由秘书完成。

四是传播类文书写作。秘书的传播类文书写作又可以分为两类，一类是指通过各种大众传播媒介传播本单位、本部门的相关动态信息，或需要外界及群众周知、配合的情况，如消息、通讯、海报、广告等；另一类是机关、团体、企事业单位内部用来通报情况、交流经验、指导工作的一种带有新闻性质的文书材料，如简报（或情况交流、情况反映、内部参考、动态、快报）等。机关、团体、企事业单位往往需要以各种宣传手段和信息传递方式为媒介，让内外部公众知晓本单位本部门发生和将要发生的事情，这一写作任务时效性强，引导舆论的要求高，对秘书的写作能力是一种考验。

五是专用文书写作。专用文书是指在某些专业部门或专业活动领域内使用的文书，不同系统、不同行业一般都有与之相适应的专用文书，如规章、金融、科技、法律、会计、外交等较多类别。一般来说这类文书都会有专门人员进行写作，但随着政治经济体制改革的深入、机关作风和秘书职能的转变，秘书工作者掌握一些专用文书的写作方法，将更加有利于做好参谋辅助工作。

六是毕业论文、申论写作。严格来说这一类写作并不在秘书写作的范围之内，但是在秘书人才培养早已摆脱师傅带徒弟的方式的当今时代，高等院校成为秘书的摇篮，从这一意义上来说写好毕业论文就非常重要了。何况写作毕业论文时对独立思考能力、搜集运用资料能力、运用知识分析和解决问题能力等方面的训练，对今后进行秘书写作肯定有所帮助；同时，大学毕业生如有志于进入国家机关从事秘书工作，就必须通过公务员考试，申论是公考中最无法硬性记忆的科目，需要尽早准备，只有切实提高了阅读理解能力、综合分析能力、提出问题和解决问题能力、文字表达能力等，才能得心应手地考好申论。

二、提高秘书写作能力的途径

美国著名的未来学家约翰·奈斯比特在《大趋势——改变我们生活的十个新方向》中指出："在工业社会向信息社会过渡中，有五件'最重要'的事情应该记住，而其中的一件就是：在这个文字密集的社会里，我们比以往任何时候都更需要具备最基本的读写技能。"秘书写作正属于"读写技能"之一，因为秘书写作能力的提高并不是一蹴而就的，也不像文学创作那样需要具有一些与生俱来的天赋和秉性，秘书写作的能力和水平完全可以通过勤奋刻苦的学习和有效的训练得到切实提高。

（一）训练写作基本功

写作能力说到底是运用文字和语言的能力，所以秘书写作属于语文课的范畴，基本功的训练好比积攒下锅的米，重要性不言而喻。

根据秘书工作的特点，秘书写作基本功可以概括为"听、记、读"三个方面。

这里所说的“听”跟诸如学习外语的听力练习具有完全不同的含义。“听”作为学习秘书写作的方法之一有两方面的内容：一是因为所有的秘书部门都是随着各级各类组织的建立而配备起来的，是各级各类组织的附属机构，独立的秘书机关是不存在的，而这种附属性的机构恰恰又是机关内部领导中枢的组成部分。秘书部门是一个起着联系上下、左右的桥梁作用的部门，秘书人员比领导有更多的机会接触到基层和群众、接触到其他秘书，能够更多地听到他们的意见和建议，这些意见和建议恰恰是秘书写作最鲜活的素材。如果秘书人员对基层和同行的意见感到没兴趣、不耐烦，那么就失去了训练基本功的机会和许多宝贵的第一手材料。二是要认真听取领导指示、讲话等，在聆听中把握领导的工作思路、工作经验和具体要求；认真听取各部门领导的汇报，以了解各部门的基本情况、工作进展情况、存在的问题和工作建议；认真听取自己侧重服务的领导、办公室领导和分管领导关于起草文件、报告的要求和思路等，久而久之，秘书就能洞察领导意图、熟悉写作路径。当然“听”不但要用耳朵来接收文字，而且要将“听”作为一种技能训练，用心去洞察对方的心意，否则就没法实现“听”所希望达到的目的，结果只能是浪费时间。

这里的“记”是指秘书要养成在“听”和“读”的过程中随时将内容记录成文字的好习惯，将自己在日常工作中、下基层调查时甚至是跟别人聊天时所产生的好想法、别人的好语言记下来。“记”的过程不仅是思考的过程，记录下来的机关的意图、群众的意见、领导的要求等文字往往还会成为下次文稿的雏形。秘书做好基层调查记录、领导讲话记录、会议记录、学习笔记等，都属于“记”的内容。和“听”一样，“记”的关键也是要用心，要将主要工作的思路、措施和取得的成效牢记在心，将各项主要经济指标的完成情况及原因熟记于心，为写好文稿打下坚实的基础。

读书破万卷，下笔如有神。“读”对写作能力的训练和养成的重要性不言而喻。鲁迅先生说过：“凡是已有定评的大作家，他的作品，全部就说明着‘应该怎样写’。只是读者很不容易看出，也就不能领悟。”巴金在谈到阅读与写作的密切关系时也曾说：“读多了，读熟了，常常可以顺口背出来，也就能慢慢地体会到它们的好处，也就能慢慢地摸到文章的调子和作法了。”秘书的阅读尽管有着与文学创作的阅读不一样的重点，但道理是一样的。秘书为了提高写作水平的阅读应当跟自己的工作特性结合起来。秘书阅读的知识范围可以分为三个层次：基础知识、专业知识和辅助知识。

基础知识除了应当掌握的科学文化基础知识外，还因为秘书写作的政治性、政策性极强，所以应当较多地阅读政治理论基础知识，防止在写作时因没有正确的理论指导而犯方向性错误；多阅读经济、法律法规基础知识等，在新的“秘书生态”环境中不落伍、不被动；多读报纸杂志和内部情况交流，随时了解社会动态和社情民意。

专业知识首先是指将国家相关的法定文件，如《党政机关公文处理条例》等，读到烂熟于心的程度并深刻领会，这类文件如果等到需要写作时才匆忙翻阅，势必会因理解不到位而造成不良后果；对其他事务性文书的特点、要求、撰写格式等也必须精耕细读。其次，多阅读中国古代文书经典之作，从中找出各类文种的写作规律、方法和技巧等，了解、熟悉各类文种的写作思路、模式、风格等，使自己学有样板、写有参考。再次，经常阅读研究公务文书写作特点和规律的相关论著，如国内外成功秘书的写作经验和教训等，以免在写作时走弯路。最后，阅读有关秘书所在行业专业知识的资料或书籍，因为秘书在哪一行工作，写作时就会涉及哪一行的知识，否则就会在写作时说外行话。

辅助知识是指与秘书写作有一定关联并起辅助作用的知识。比如说写作中或许会用到有关管理学、公共关系学、心理学、美学等方面的知识，如果平时能够留意阅读，做生活中的有心人，就可以建立起厚实的知识储备，让自己在写作时如鱼得水。

（二）养成良好的写作习惯

“习惯”是指经过不断练习后获得巩固并成为某种需要的行为方式。一般来说，在一定目的的引导下，经过有计划的科学练习养成的习惯是积极的或称为良好的习惯。写作能力的提高与良好的写作习惯也是分不开的。

写作习惯，就是在写作能力获得过程中养成的写作行为方式。良好的写作习惯可以获得较高质量的文章，而不良写作习惯则会使文章质量受到严重影响。因此，要使写作能力得到增强、写作水平获得提高，就必须注重培养良好的写作习惯，同时改变不良的写作习惯。

对于秘书来说，良好写作习惯的养成首先要做到“多思勤练”。写作能力实际上是思维能力的体现，秘书写作的思维方式具有独特性：是主体化思维和对象化思维的结合，是创造性思维和模式化思维的结合，是形象思维和逻辑思维的结合。事实上，要写出既符合国家方针政策，又符合领导及领导机关意图，还具有撰写者个人风格的公务文书，一点也不比写小说、散文容易。因此，将“多思”培养成一种写作习惯，就能做到“思风发于胸臆、言泉流于笔端”。同时，笔耕不辍也是一种良好的写作习惯，因为秘书的写作不是文学写作，有想法和兴致就写，没有就可以不写，而是工作量大、时效性强，一旦任务下达就必须无条件服从、按时完成，如果平时不常练习肯定难以胜任。天道酬勤，勤能补拙，前人早就认识到多写多练是提高写作能力最有效的途径之一。清初教育家唐彪在其《读书作文谱·卷五》中说：“多读乃藉人之工夫，多做乃切实求已工夫，其益相去远也。人之不乐多做者，大抵因艰难费力之故，不知艰难费力者，由于手笔不熟也。若荒疏之后，作文艰难，每日即一篇半篇亦无不可，渐演至熟，自然易矣。”如果只读不写或少写，那就会眼高手低，所学到的知识将无用武之地，写作水平也就止步不前；只有坚持不懈，才会熟能生巧，从而从容应对随时到来的写作任务。

其次，注重团队合作、发挥集体智慧。秘书，尤其是党政机关秘书，都是过五关斩六将来到这个岗位的人才，难免心高气傲，加之现在的年轻人大多喜欢张扬个性，因此合作意识往往不够。但是实际上，绝大多数由秘书撰写的公务文书都不可能是纯粹的个人作品。公务文书一般具有法定作者，即依法成立并能以自己的名义行使权利和义务关系的单位和个人。法定作者的表面形式是公文的署名者，但署名者却不是撰写者或执笔者，有的是代言作者（即以别人的身份进行撰稿，如撰写“领导讲话稿”），有的是群体作者（即两个或两个以上的写作者组成的写作群体，如撰写某市“年终总结”），但无论是代言作者还是群体作者都不是秘书个人的写作。因此，由撰写者或执笔者完成的公务文书实际上是集体意志的体现，秘书写作的每一个环节一般也要经过授意、讨论、集体定夺，个人的写作意图即使是正确的、可行的，也要经过集体讨论的认可；撰写者个人的谋篇布局、遣词造句如果在讨论时形成了修改意见，个人也要有保留地服从。这种良好的写作习惯不仅符合秘书写作规律、特点和要求，也可以在写作中学到其他秘书的写作经验，“悟到”写作路径，还大大减轻了个人的压力。

再次，注重创新意识。创新是一种能力，也是一种习惯。秘书写作的创新和遵照领导意图、注重集体意志看上去是矛盾的，其实却不然，这里所说的创新是指将平时积累到的知识经过实践环节转变成写作能力，不管是长篇大论，还是只言片语，在选择材料、写作手法、语言表达等方面都应不落俗套，而不是用一种高高在上、盛气凌人、不换位思考的语气写老一套的文章，味同嚼蜡。材料的选择做到人无我有、人有我新、避免雷同，特别注重有独特细节的材料；文笔活泼、生动形象，多用基层喜闻乐见的语言，跟谁讲话就站在谁的角度去写等，这样写出来的公文才能令人耳目一新，也更容易得到大家的认同。创新意识一旦成为一种习惯，提高写作水平的目的就达到了。

（三）改进写作方法

写作是一项复杂的脑力劳动，它包含了许多深层次的内容，这也正是我们感到写作难、写不出、写不好的重要原因。如果能够在改进写作方法上下点功夫，假以时日，写出高水平的公务文书完全可以做到。对此，我们可从以下几个方面做起。

先调查再动笔。没有调查就没有发言权，秘书为了撰制公文而进行的调查，在秘书工作中占的比重很大，因为秘书写作范围非常广泛，涉及政治、经济、文化、教育、科技、生活等方方面面，写作者不可能是各方面的专家，不可能事先就已经掌握了每项写作任务的全部材料，所以，调查是为了获取写作用的材料，不先调查就会寸步难行。现实工作中有些秘书一拿到写作任务就急于动笔，这样在写作过程中肯定捉襟见肘。获取资料可以通过电视、网络等媒体，也可以通过报刊书籍等文字材料，但若要获取第一手的写作材料，必须深入基层进行调研，这样获得的材料才是最鲜活、最有生命力的。将调查得来的材料进行鉴别和整理、分组和归类、综合和分析之后再进入到真正写作的阶段，才谈得上符合写作规律。

循序渐进，从小文章写起。任何一个热爱秘书岗位、热爱写作这项工作的人，都想尽快能够独当一面，独立完成“大稿子”，甚至恨不得一下子就成为大笔杆子。这种心情是可以理解的，但心急吃不了热豆腐，还是要打好基础、循序渐进的。尤其是刚从事秘书工作的人，必须老老实实、认认真真地从写“豆腐块”“火柴盒”开始，可以先写信息、消息、情况反映、内容摘要等“小文章”，再写通知、通报、通告等有固定格式的常用党政机关公文，然后再写领导讲话稿以及工作报告等要求较高的综合性文稿，这样由小到大、由简到繁、由易到难、由浅到深，逐步适应机关写作的职业特性，渐渐进入角色，总有“悟出”规律、水到渠成的一天。何况文章贵于精，公文亦如此，秘书人员应多在“文字精练”“篇幅短小”上下功夫，锤炼文字表达能力。

冷处理。初稿写成后，由于思维已成定势，马上修改难有预期效果，如果时间允许，可以先放一放，让完成任务后激动的心情冷却一下，过几天再拿出来修改，从读者的角度用清醒的头脑重新审定思路、内容和语言，会有意想不到的效果。如果写到一半“卡壳”了，也可以先放一放，看看其他书籍，放松一下，思路也许就会重新打开；如果“硬写”，那很难令领导和自己满意。如果写完的稿子被“打回”了，或者被改得“面目全非”，更不要垂头丧气、妄自菲薄，这时也可以先放一下，过两天再拿出来，查找原因、比对不足，静下心来就会发现问题。

【思考题】

1. 秘书写作和文学创作有什么区别？
2. 如何理解秘书写作的特征？
3. 提高秘书写作能力的途径有哪些？

第一章
秘书写作的基本过程

秘书写作是指各级各类机关、团体、企事业单位的秘书工作人员承担其职责范围内的所有公私事务文书写作。作为一种有针对性的应用文写作，它主要针对秘书这一确定的职业主体完成相关的秘书实务工作中的写作任务，这样的气质决定了它不仅区别于一般文学创作的写作要求和审美范例，也较于一般的应用文写作有更为确定的职业定位。

我们现在所理解的写作更多地偏向于依托想象力的艺术创作，如诗歌、小说、散文、戏剧等。事实上，在人类文明早期，所谓的“文”指的正是我们现在所讨论的应用文，它以直接的现实功用为根本特征。在人类文明进一步大发展的基础上，审美性的文学写作逐渐从以实用为目的的应用写作中衍生出来，形成以文字为表达工具的两种不同气质和程式的写作传统。随着历史分工的进一步形成，应用文写作也随着职业的高度专业化发展，进一步细化出公文写作、秘书写作、商务写作、法律撰文等不同的领域。

作为一种职业化的应用写作，秘书写作具有可教授性。具体而言，秘书写作的可教授性是指其具有相对完整、固定的写作过程，是一种程序化的写作行为。本章教学内容主要是通过认识和理解秘书写作的基本构成要素、基本规律，掌握秘书写作的基本过程，进而学习在秘书工作中如何写好一篇应用文。

【导入案例】

秘书工作的辅助性和从属性决定了秘书写作的特点之一是代拟而非自撰。针对秘书写作的这一特点，《中山大学学报论丛》2005 年第 25 卷第 2 期刊发了广东商学院廖丽霞副教授所撰写的《秘书写作思维论》一文。以下是这篇文章的节选。

秘书写作思维论

秘书工作的根本特点是辅助性和从属性。机关文书尤其是公文写作是根据领导工作的需要，不是秘书自身写作能力的表现，这就决定了秘书写作的特点是代拟而非自撰。撰稿者首先按照领导或领导集体的授意和机关事务管理、业务管理等客观需要进行调查了解，收集材料和撰稿。而不是在客观外界的感悟下，有感而发，有情可抒才进行写作的。其写作活动是受工作中的实际需要和领导旨意制约的，写作活动是被动的，是遵命文章。秘书工作中大量的写作是公文写作，公文写作的特点反映了秘书工作的特殊规律，也反映了秘书思维活动的特点。

（一）思维活动的被动性

现代写作学认为，促使人写作的最根本的动因来自“需要”。归纳起来是三大类：①内在因素自发性的“需要”；②外在因素强制性“需要”；③内在自发性与外在强制性兼有的“需要”。第一种的动因写作主要是指那些来自作者灵感涌动，有感而发的自发性写作，充分体现着作者个性色彩的文学写作；第三种兼合内在自发性与外在强制性的动因写作，主要体现在“干预”，如编辑部确定的对某一对象的采访任务的硬性要求与写作者探求新的欲望，从而完成写作过程；秘书按上级“需要”起草公文，是“遵命写作”，这种接收性写作，其动机是带有明显的外在因素强制性“需要”而进行的，这是秘书写作的主要特点，即第二种。以公文为例，公文的作者是法定的领导机关和领导者个人，而秘书通常是遵命立言的执笔人，而不是公文的作者。一份公文的成文，往往不是一个秘书，而是机关内多个秘书集体完成的，所以公文还具有群体性的特点。

秘书人员接受起草公文的任务，从写作思维的启动到确定主旨、收集材料、谋篇布局、语言表述等，都是在被动状态下进行的。整个写作过程的各个环节，从内容到形式的各个方面，对问题的认识角度和分寸提法，都必须根据领导的授意和审稿意见遵命而行。在公文写作中，秘书人员作为公文的执笔者，不能也不允许表达个人的思想观点和带有个人的感情色彩，只能表达上级机关的精神和领导的旨意，所以公文写作的思维活动是被动的，而且体现的是“群体”思想意识和价值取向。

（二）写作主体迎合客体

秘书作为写作主体必须主动迎合客体，秘书首先必须弄清领导的想法、目的、意图，领导的意图就是公文的主旨。执笔者的全部任务，就是准确地领会、表达领导的意图，创造性地深入拓展领导意图。秘书写作既不同于新闻记者，每天可以从众多的新闻素材中截取最有价值的部分去报道，从而影响社会；也不像文艺工作者，在掌握了丰富的素材并激发出强烈的创作欲望以后，用生动丰富的语言和多种表达手法去塑造形象、表达感情，从而引起读者的共鸣，得到审美的愉悦。秘书的写作，关键在于正确领会、体现和贯彻领导的“意图”，这就要求秘书必须十分注意同领导统一认识，达到思想上、政治上的高度一致，既要掌握上级有关政策精神，又要摸清基层实情，从而更好地服务领导。

秘书写作的实践表明，对领导“意图”的把握往往是以丧失写作个性为代价的。秘书在草拟文件或为领导撰写讲话稿时，若事前不了解领导的作风、文风和思路特点，所写的文稿就很难被领导赞成。秘书工作者常有这样的感慨：“什么是好文章？说不清楚，只要领导看得满意，就是好文章!”此话虽不太尽理，却很符合实际。比如讲话稿的写作，要求秘书将领导的思想、观点通过自己的文章表达出来，文风、用语、用词等都得合乎领导的脾气；秘书对于领导的脾气、思想性格甚至思维方式了如指掌，既可适应，又能游刃有余，顺应而导之，与领导的思想观点才能形成一种默契，行动方可一致。倘若秘书服务的不是单一的领导，情况各不一样，为了干好工作，取得领导的信任，秘书只得区别对待，根据具体情况，采取不同的服务方式，那难度就更大了。比如，有的领导在大会上讲话时，喜欢条理清晰，那么你写时就要简明扼要；有的领导喜欢讲话具体，有血有肉，那么你写时宜多用详例；有的领导喜欢名人名言，就应适当引经据典；有的领导喜欢文采，就需要对文稿多加润色修饰。至此秘书写作个性的丧失显而易见，不言自明。要深入、全面、准确地领会和把握领导的发文意图，作为写作主体的秘书首先是“想”而不是“写”。要想领导所想，思领导所思，写领导所需。

（三）公文格式的程式化导致思维的“套板反应”

写作是一种复杂的思维活动，占有材料之后，思维活动质量的高低，决定文章思想内容的高低，秘书的思维方式主要是逻辑思维。从接受领导的“意图”到收集材料、叙述、论证，是一种直线聚焦式的论述结构，是以认识性为中心的写作思维，由于公文程式性的特点，领导意图的指向作用等因素，秘书的写作思维有着明显的受制性，这就很容易导致“套板反应”，公文庄重的语体特点，要求一套相应的“惯用套语”，如开头词语、引据词语和拟答词语等，这些惯用规范化词语，恰当使用可以更突出公文庄重、简明的特点，但如果不加选择地滥用，特别是以这种刻板的思维方式贯穿全文的写作，就会陷入一种八股俗套之中，陷入“套板反应”这种僵化、封闭式的思维写作中。

秘书写作的材料大都是领导交办的，在写作时能否准确体现领导意图，又要把握分寸，不偏不倚，不落俗套，从某种意义上说是公文写作成败的关键。要处理好这个问题，应从三个方面着手：

1. 认真领会领导的意见和要求，切实弄清写作公文的意图。

2. 将领导的意图和与之相联系的思想、情况结合起来，使之系统化、条理化。

3. 在具体成文过程中进一步加以发挥，使领导的思想意图表达得更准确、更深刻、更完善。

【讨论】

（1）秘书写作的思维有哪些特点？

（2）请你从写作动因的角度，谈谈秘书写作的被动性。

【要点阐述】

第一节　秘书写作的构成要素

秘书写作，是从职业化角度对应用写作的一种描述与细分。

文明的推进促使早期人类经历实物记事、图画记事到使用最初的文字标记、记载公共事务，由此开始了应用文书写的历史发展。作为一种缘事而发的文字书写，随着社会的发展，这类写作根据不同的写作目的和任务形成早期的文种，如西周时期出现的诰、命、誓等，而至春秋战国时期，新的国家政治生活和时代风貌又催生出如檄文、移书、玺书、盟书、上书等新的文种——这条历史的线索一直贯穿到现代中国。应时代的要求，新的文种不断产生，一些旧的文种逐渐退出历史舞台。可见，应用文的书写是以具体文种为呈现方式，文种由文章所处理的不同事务得以划分。与此同时，人们通过文字所处理的实际事务也由单一的国家行政事务慢慢拓展到私人交际等社会生活层面，如信函、请柬、贺词等。伴随着这样的目的性书写，人类的文明进程基于文字的表达和交流功能衍生出它另一种精神性的、审美的文字书写，即我们所熟悉的文学写作。具体来说，我们可以将写作作如下划分：

- 写作
  - 应用写作
    - 公务写作
    - 私人写作
  - 文学写作
    - 非虚构类写作
    - 虚构类创作

图1－1　写作的分类

在应用写作里，凡是以公共事务为写作任务和对象的，如我们国家行政系统现行的15种法定公文，以及各个单位为了事务性沟通而写的，如总结、述职报告、简报、调查研究以及一些行业性文书等都属于应用文书写里的公务写作。与其相对应的则是围绕写作者个人生活的私人写作，如书信、札记、请柬、贺信、祝词等，它所处理的是私人性质的交流与表达。与文学写作相比，应用文无论是公务写作还是私人写作，它们都强调书写的目的性，也就是说写作就是为了解决、沟通某个具体的问题，语言具有明确的动作指引功能，它指导、规约社会现实里的实际行动。随着时代的不断发展，职业化的写作进一步细分应用写作，秘书应用文写作正是在这样的历史潮流中演化而成的一种突出秘书主体身份的职业化写作。

作者、文章和读者三者之间的关系是我们理解写作的一个重要角度。文学写作是作者艺术性地用文字构筑审美的意境、情节，唤起读者的某种审美性同情，最终实现情感的、诗意的交流。相比于文学写作，应用写作的根本特征在于它的实务性质。显然，读者与作者的关系在应用写作与文学写作这两种不同的写作范畴中有着不一样的状态。如果我们说，从文学研究领域里的知人论世说到接受美学，再到新批评，文学中的作者、作品、读者，三者可以是分割开来的。在应用写作中，写作者、作品和接受者/读者三者之间组成一个完整的事务处理过程，不仅不能够分开，而且大多数情况下它要求写作者和接受者的身份是固定的、确定的，没有明确二者的身份和关系的文章在应用写作的范畴里无法最终实践它的目的和功能。具体到职业定位明确的秘书写作，则又更要注重其主体角色的认知以及主客体之间具体的、确定的关系。

秘书写作的构成要素包括秘书写作的主体即作者，写作对象即文章和文章的接受者即读者。

一、作者

秘书写作的作者包括个人作者和法定作者两大类。所谓个人作者是指写作主体以个人身份呈现，代表个人的意志、观点，由个人全权为文章负责。个人作者不等同于具体的写作个体。在秘书写作中，个人作者常常是指被代言的相关领导，如秘书为领导所写的讲话稿，其作者不是指具体的撰文者，而是指文章的署名人。法定作者主要是指写作主体是区别于具体个人的、抽象的具有法人资格的组织，常见于行政公文和一些如规则、协议、合同等专业文书的写作中。法定作者指的是文章的署名者，是文章权责承担者，它一般不关涉文章的具体写作者。

无论是个人作者还是法定作者，文章的作者身份必须是明确的、固定的，它关系到整个文本信息的传递与接收。读者是否知道小说《变形记》的作者是奥地利作家弗兰兹·卡夫卡，是否了解这个作家，对阅读和理解《变形记》本身并没有决定性的意义。但一封请柬、书信，一则通知，如果其作者身份不明确，读者将无从知晓信息的出处，作为传递信息的文本则无法完成其使命。

秘书写作范畴里的个人作者和法定作者，某种意义上都具有社会性，即作为信息的发出者他们都需要在某种社会关系里实现信息的传递与沟通。社会性的角色对文本写作中的语言、结构都有所约束和限制，它要求写作者在一种社会关系的秩序中使用合适的、合意的语言以及约定俗成的结构，高效准确地输出信息。

二、读者

作为秘书职业化工作中的一个重要部分，秘书写作与一般应用文写作的主要区别在于其强调写作主体的秘书身份。就文本读者的角度来说，秘书写作可参照我们对于一般应用文读者的认识与理解。应用文的读者可分为定向性读者和自由读者两类。具体来说，应用文是由明确的、固定的作者写给范围/身份确定的某一类/一个读者的文章，那么被明确指向的这类/这个读者就是文章的定向性读者。这类读者对于文章的阅读和接收最终完成了这篇应用文的使命。而自由读者是指那些在定向性读者以外的，某种自发的、偶然的读者，他们不直接参与文章的整个施动和受动过程，更为严格地讲，这部分读者不算作应用文的读者，他们不负责完成/实践应用文的书写行为，他们的阅读行为具有偶然和随意的性质。也即，相对于文学写作来说，应用文又同时具有规定性/指定性的读者，阅读行为本身也具有强制性，它要求读者在相对预设/规定的时间里通过文章本身接收写作者发出的信息，并给予信息/行为回应。

应用文有确定的读者，秘书写作过程中必须明确文本的规定性读者身份。读者在一定程度上限定了行文的言语方式。

作者与读者通过文本建立的关系具有时效性。文章的作者、文本、读者三要素在一次信息传递过程中紧密关联，但连接这三者的信息本身具有时效性，所以围绕信息建立的关系也具有时效性。

文本的作者与读者分居文本的两端，他们通过文本沟通，他们给定了写作的具体情境，构成秘书写作的第一层次，即文章由谁写给谁。较好地理解秘书写作中应用文独特的作者和读者有助于学习应用文的阅读与写作。

三、文本

从写作的角度来说，所有的应用写作都强调文字的表意功能，要求在有限的文字里，高效率地阐明问题、沟通意见。以实用性、目的性为根本特质的应用写作，显然与重审美、常以间接的方式、有距离地再现和审思人类生存状态和表达人类理想诉求的文学写作对语言有着不同的要求。

（一）语言的问题

1. 准确

总体来说，汉语在其表情达意功能方面具有显著的丰富性。秘书写作需要帮助领导通过文章准确地给出读者确定的行动指令，也即它本身的表达内容是明晰的，它是一种确定性书写。秘书写作中要注意准确地描述、分析对象，并减少在这一过程中信息的损伤，必须使用明晰的语言。秘书写作要求写作者减少对形容词和副词的依赖，通过使用准确的动词表明句子意思，方便读者更为顺畅地接收到文章中的所有信息。

2. 得体

秘书写作具有职业化、社会化的性质，确定的作者读者关系以及具体的文本写作内容要求其语言包容、符合社交礼仪，能够以一种体面的形式实现信息的规定性传输与交流。具体来说，不同的文种对语言有着不同的要求。法定行政公文由于处理的是国家行政机关的事情，其语言要求庄重端雅、凝练简洁，同时注意不同行文方向文种的语言语气。而信札、请柬等一些因循传统的文种更为强调在书写过程中通过形式/格式虚拟一种礼仪场景，相应地在语言得体方面提出更高的要求。

3. 专业

秘书作为一种适应性较强的职业，它除了作为秘书自我本身的职业修养外，还需要学习和掌握不同行业的专业知识。因此，秘书写作不可避免地需要涉及其相应行业的专业性术语和常用表达，它们有的是约定俗成，有的则来自共同的强制性规定。专业性的语言不仅有助于凝练信息，保障行文的准确度，也可提高语言的表达效率。

（二）句法的问题

文本表意是否准确，除了语言因素外，句法是又一个关键点。准确的句法使用，首先是建立在对汉语语言的良好认知基础上，如对词性、词义、句法等相关知识的掌握。具体在写作中可以建立两步法表达，即第一步：主—谓—宾；第二步：（定语）主—［状语］谓—宾语〈补语〉。

两步表达法有助于写作者切入到句子内部，紧扣句子本身所承担的表达内容，有次序地安顿信息。

（三）文本的结构

整体而言，应用文的书写更多地考虑效率而非趣味。相比文学写作，应用文较少着意于如何通过有意味的表达策略吸引读者。在秘书写作中，好的文章应注意尽可能减轻读者的阅读负担，降低难度，排除不必要的语义障碍，在较为固定的结构中使用准确的语言、句法。为此应用文常按照事物发展、事件展开的一般规律顺序性写作，如为什么—是什么—怎么样。文种的格式也可理解为是一种外部结构。

【例文1】

致张兆和

一九八八年六月十八日

三姐：

信悉。从文这次走得太突然，又去得安安静静，没有痛苦，又不惊动别人。小林参加告别仪式，觉得他好像睡在花丛中，没有噪音，没有惊扰，他倾听着自己喜欢的音乐。

他去了，的确清清白白，于心无愧。他奉献了那么多，却又享用这么少。我想起那个小房间，想起那张小桌子，感到十分惭愧。没有同他的遗体告别，我非常难过。这些日子我常常在想三十年代、四十年代的一些事情，我多留恋在你们家“作食客”的日子！

现在我也得把我生活的一部分埋葬了。

谢谢您的关心和鼓励。我比从文小两岁，虽然多病，但还未完全躺倒，只是行动不便，讲话吃力，写字困难，不过我总要争取多活，也可能多活。想到从文，我觉得眼前多了一个榜样：不声不响地做自己的工作。我要向他学习，这不是客气话。

您多多保重吧。这些年您太辛苦了。从文在困难的时候一直得到您的照顾，这是他的幸福。没有您，他后半生会遇到更多的困难，也不一定取得这么大的成就。因此作为读者，作为朋友，我都要感谢您。再说一句：请保重。祝好！

巴金　六月十八日

（选自《巴金全集》，北京：人民文学出版社1983年版）

【例文2】

关于做好来苏务工就业人员随迁子女
参加升学考试工作的意见

苏政办发〔2012〕222号

为深入贯彻中长期教育改革发展规划纲要，认真落实《国务院办公厅转发教育部等部门关于做好进城务工人员随迁子女接受义务教育后在当地参加升学考试工作意见的通知》（国办发〔2012〕46号）精神，就做好来苏务工就业人员随迁子女接受义务教育后在我省参加升学考试工作提出如下意见。

一、充分认识做好随迁子女升学考试工作的重要性

近年来，各地、各有关部门按照国家和省关于外来务工人员随迁子女接受义务教育的部署，坚持“以流入地政府为主、以全日制公办中小学为主”，妥善解决随迁子女接受义务教育问题，取得了明显成效。随着城镇化深入推进、人口流动日益频繁以及随迁子女完成义务教育人数不断增多，随迁子女升学考试问题逐步显现。做好随迁子女升学考试工作，直接关系广大人民群众的切身利益，直接关系民生改善与和谐社会建设。各地、各有关部门要立足全局和长远，把做好随迁子女升学考试工作作为贯彻落实党的十八大精神、努力办好人民满意教育的重要举措，认真研究部署，积极稳妥推进，切实保障随迁子女公平受教育权利和升学机会。

二、制定并落实随迁子女升学考试相关政策措施

从2013年起，凡具有我省义务教育阶段学籍的应届初中毕业随迁子女，均可参加当地中考和普通高中、中等职业学校录取，具体办法由各省辖市制定。凡在我省取得普通高中学籍并有完整的普通高中学习经历，其监护人在我省有合法稳定职业、合法稳定住所（含租赁）的随迁子女，均可在就读地报名参加江苏普通高考和本科、专科层次录取。参加江苏普通高考的随迁子女与江苏籍考生一样，须参加全省高中学业水平测试并符合高考报名资格要求，享受与江苏籍考生同等的录取政策。具体报名和考试办法由省教育厅另行制定。各地要加强对考生报考资格的审查，对不符合条件的非江苏籍考生，积极做好指导服务工作，为考生回原籍参加普通高考提供便利条件。

三、切实加强对随迁子女升学考试工作的组织领导

各地、各有关部门要把这项工作摆上重要位置，强化整体部署，明确责任分工，密切协作配合，形成齐抓共管的工作格局。各地招生考试委员会统筹做好相关工作；教育部门会同有关部门依据随迁子女升学考试人数合理调配资源，做好考生报名组织、资格审查、考试实施、招生录取等工作；发展改革部门将随迁子女教育纳入当地经济社会发展规划；公安机关加强对流动人口的服务管理，及时办理居住登记等手续，并向有关部门提供信息核查比对服务；人力资源社会保障部门及时提供相关人员的务工就业信息。各地、各有关部门认真研究解决工作中出现的新情况、新问题，加强升学考试政策宣传解读，同时，切实做好舆论引导工作，努力营造全社会关心、重视、支持随迁子女公平接受教育的良好氛围。

省教育厅　省发展改革委　省公安厅
省人力资源社会保障厅
2012 年×月××日
（转引自中国政府网）

第二节　想象力与写作规律

从早期的口耳相传、实物记事、图画记事到文字的出现，人类对于外部事物和自身心灵的认知与处理，始终需要一种认知—转化能力，我们把这种能力叫作想象力。这种能力帮助人们从已知探索未知，从简单理解复杂。文字的诞生，本身即想象力的展示，人类将自己对事物的认知、理解、经验、实践通过文字来记录、保存、交流。

显而易见的是，就写作而言，想象力更多地被认为与文学写作紧密相关。这是因为从缘事而发、以实用为直接目的的应用性写作中逐渐分化出来的、为我们熟悉和喜爱的文学写作常常探索人类复杂的内心世界，思索人类与其所处历史与现实环境的诸种关系，而碍于其表达的难度和不确定性，文学写作常常触及的一个问题就是想象力是否丰沛。一个典型的例子如：在讨论和表达教育和教师的重要性问题上，科幻小说家刘慈欣在其中篇小说《乡村教师》里构筑了银河系两种文明之间的对立，通过叙写大文明的毁灭性战争来凸显教师的神圣性及教育对于人类存在的意义：

两万年前的那一时刻，硅基帝国从银河系外围对碳基联邦发动全面进攻。在长达一万光年的战线上，硅基帝国的五百多万艘星际战舰同时开始恒星蛙跳。每艘战舰首先借助一颗恒星的能量打开一个时空蛀洞，然后从这个蛀洞时空跃迁至另一个恒星，再用这颗恒星的能量打开第二个蛀洞继续跃迁……由于打开蛀洞消耗了恒星大量的能量，使得恒星的光谱暂时向红端移动，当飞船从这颗恒星完成跃迁后，它的光谱渐渐恢复原状。当几百万艘战舰同时进行恒星蛙跳时，所产生的这种效应是十分恐怖的：

……

这是一场几乎波及整个银河系的星际大战，是银河系中碳基和硅基文明之间惨烈的生存竞争，但双方谁都没有料到战争会持续两万银河年！

……

“3C 文明测试试题 14 号：请叙述相互作用的两个物体间力的关系。”

孩子们说：“当一个物体对第二个物体施加一个力，这第二个物体也会对第一个物体施加一个力，这两个力大小相等，方向相反！”

“3C 文明测试试题 14 号通过！3C 文明测试试题 15 号：对于一个物体，请说明它的质量、所受外力和加速度之间的关系。”

孩子们齐声说：“一个物体的加速度，与它所受的力成正比，与它的质量成反比！”

“3C 文明测试试题 15 号通过，文明测试通过！确定目标恒星 500921473 的 3 号行星上存在 3C 级文明。”

“奇点炸弹转向！脱离目标!!”最高执政官的智能场急剧闪动着，用最大的能量把命令通过超空间传送到蓝 84210 号舰上。

……

“我们险些毁灭了一个碳基文明。”参议员长出一口气说。

……

“上尉，你是个白痴吗?!”舰队统帅大怒，“你是想告诉我们，一种没有记忆遗传，相互间用声波进行信息交流，并且是以令人难以置信的每秒 1 至 10 比特的速率进行交流的物种，能创造出 5B 级文明?! 而且这种文明是在没有任何外部高级文明培植的情况下自行进化的?!”

“但，阁下，确实如此。”

“但在这种状态下，这个物种根本不可能在每代之间积累和传递知识，而这是文明进化所必需的!”

“他们有一种个体，有一定数量，分布于这个种群的各个角落，这类个体充当两代生命体之间知识传递的媒介。”

“听起来像神话。”

“不，”参议员说：“在银河文明的太古时代，确实有过这个概念，但即使在那时也极其罕见，除了我们这些星系文明进化史的专业研究者，很少有人知道。”

“你是说那种在两代生命体之间传递知识的个体?”

“他们叫教师。”

“教——师?”

“一个早已消失的太古文明词汇，很生僻，在一般的古词汇数据库中都查不到。”

这时，从太阳系发回的全息影像焦距拉长，显示出蔚蓝色的地球在太空中缓缓转动。

想象力在某种意义上决定了文学作品的价值，它注重寻找合意的意象与表达方式，尽可能不减损地把信息传递出去，这是文学写作的最高律令。

与其说文学写作需要想象力，不如说写作本身要求想象力。写作即通过文字的一种表达，它的整个过程包括思维环节、媒介即辞章环节和接受环节。由于其本身所包含的三个环节都需要一定的想象能力，所以我们说写作本身对想象力有所要求。

一、秘书写作与想象力

秘书写作也需要想象力，与文学写作不同的是，它需要的不仅是对事物本身的想象能力，还有对问题和客体的情境想象，以及对写作身份的想象和体认。秘书写作从根本意义上就是作者通过文字传递动作口令，读者接受口令，顺利完成这样一个完整的过程。

秘书写作中的想象力体现在三个方面：对写作主体的自我想象；对文本定向性接受者的他者想象；情境想象。

作为一种应用写作，秘书写作同样是缘事而发，每次写作都需要围绕事件想象写作主体（具体的人或者抽象的组织）在事件中的角色以及文本接受者的身份与角色。如一封书信，写作者必须明白这封信是写给谁的以及书写者与接受者之间的关系。如此一来，所谓的对于读者的情境想象能力指的是，针对具体的读者而能够就事论事、因人析事。对问题的想象情境是指写作前需对文章所针对的实际问题/材料，有假想性的预估能力，实际上要求的是写作者自身对于问题的分析、认识能力。

比如某县审计局将向其下属所有单位工作人员下发一份有关上班时间禁止饮酒的通知。显然我们需要想象这篇《关于禁止员工上班时间饮酒的通知》所指向的实际问题，即审计单位中午饮酒的陋习，而非早上在家饮酒和晚上参加宴会因饮酒对所谓身体、形象，乃至交通安全造成的影响。不同于文学写作的自我性质，秘书写作的作者在写作中特殊的身份、地位要求实际写作者对写作身份有种想象或者说体认能力。又如公司的文秘要替领导就某次会议写一篇讲话稿/拟一则贺词，这是对具体个人或者说他者的体认和想象。再如某小学想就兴建新校区一事向上级单位教育局写一则请示，这样的写作任务要求具体写作者对法定作者有一种身份和角色上的理解、认知、想象。

二、写作规律

秘书写作是一种规律性的写作，它有相对固定的文种体式和思维模式。

所谓秘书写作所涉及的想象力问题主要针对的是写作者认识写作行为的能力问题，即作为具体的写作者“我”如何切入到此次写作。

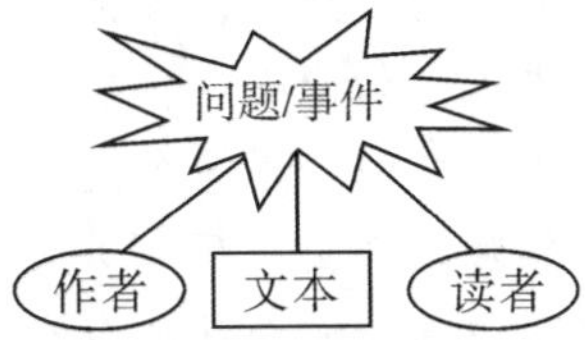

图 1－2　作者、文本与读者的关系

秘书写作的写作规律指的是写作者围绕自我角色、读者、问题/事件以及它们整体所构成的关系和问题情境而进行的问题分析、角色定位和文字表达，以及在这一写作过程中所固化的程序性、模式化思维方式。

秘书写作对它的作者和读者都提出较高的写作、阅读要求。我们可以用好与坏来标记一部文学作品，但对于应用文只有完备或没有完备之说。而就秘书写作的作者来说，写作者首先要明确自己的身份，即在这次书写行为中实际写作的“我”所扮演的角色。

不同的角色身份，带来不同的视点、判断以及语言风格。秘书写作本身即可视作一次具体的事件办理，较之文学写作，秘书写作的作者在这个处事过程中至关重要，写作者不仅影响到问题本身的阐释和确定，通过文章的写作也同时影响读者对于整个事件的接受。

写作中，要求作者具有对象化思维和换位思维的能力。对象化思维针对的是秘书写作的缘事而发，要求写作者做到就事论事，抓住事情，围绕事情展开分析、梳理原因、提出对策，客观直接地写作。换位思维则是要求写作者更多地从接受者的角度考虑，反思事件在文字中的处理模式和结果，对写作内容本身有更为全面、周到的认识，同时也照顾到读者的理解和认知能力，更为保险地将意图和指令根据不同的对象准确传达。换位思维不仅仅是换位读者，在秘书写作中它常常还体现在秘书换位领导者（即代言与被代言）方面，如助理帮领导拟定讲话稿、贺词，公关人员以公司名义写作公开声明等，这种情况不仅要求考虑读者是谁，还要照顾到被代言人的视角、使用场合以及个性和语言风格等。

大量的秘书写作指涉的是公共事务，这样的写作任务要求其写作者具有不同于一般写作者的相关素质，如政策理论素养、专业知识储备以及辞章建构能力。政策理论素养确保写作者能够宏观地把握国家的主流指导思想，消化、吸收上级领导机构的诸种政策理论文件，并且顺利地应用到写作中，进而指导具体工作。专业知识确保写作者能够准确理解专业内容，熟悉行业术语，切实地对实际问题提出有效的解决方法。辞章建构能力帮助写作者合理布置篇章结构，明白、畅达地使用文字表达各种问题，减少读者的阅读负担，帮助读者尽快地接收文章承载的信息量，提高办事效率。

【例文 1】

给一个青年作家

沈从文

××：

得信并文章三篇，文转香港。有新作寄我处可为想法分配。你读书不算多，最好将必要功课补习一年，考入大学，多学点，多知道一点，对你将来发展大有关系。如实在不能继续读书，正好趁此时随军队到前线去讨一两年经验，多知道一些中国目前种种，数千万人民转徙流离，近百万壮丁在炮火中挣扎方式，如此一来，也可写出一些比较成熟的作品。若照目前情形拖下去，文章有了出路，可不是办法。用一个空头作家名分留在家中过日子，见闻有限，生命易枯竭，生活就堕落。你年龄正是必须用“现实”训练“身体”和精神好将人格扩大的年龄。看机会许可，或向书本中钻，或向社会中滚，都比坐下来看看流行杂志，写点不三不四文章好。文章有深有浅，有好有坏，大作品不能凭空产生，得作庄严一点，来好好苦干一番！孩子气能节制节制，向人类远景凝眸，会多看出些东西。不要怕生活变动，担心新环境难适应。世界是成天在变动中！不要怕困难，想活得像个人，生存本来就是极艰辛的。更不必怕危险，一个男子应当有冒险雄心与大志！你读过《邓肯自传》（原文注：《邓肯传》书名。邓肯，美国女舞蹈家，现代舞派创始人），称赞她文字矫健而又富于情感。一个女人尚能凭幻想把生命带到伟大成效上去发展，何况一个二十二岁的男孩子。

廿九年二月三日昆明

（选自《沈从文全集·文论》，太原：北岳文艺出版社2002年版）

【例文2】

教育的意义

——王安忆在2012年复旦大学研究生院毕业典礼上的发言

同学们：

下午好。在这个庄严美好的时刻，能够代表导师们作一个发言，感到荣幸，感谢大家给我这个机会。

你们更上一层，完成学业，真是令人欣喜的事情，我为你们高兴，更是羡慕你们。我没有受过正统的高等教育，是我终身遗憾，也因此对学府生活心向往之，可说是个教育信仰者。请不要把我当作一个在大学门外完成教养的范例，事实上，倘若我能在学府中度过学习的日子，我会比现在做得更好。以我这样一个对教育没什么经验的人来看教育，一方面是觉得深不可测，你可能穷其一生也不能略知一二；但另一方面，似乎又很简单，那就是——有时候，我会庆幸自己是一个具有阅读能力的人，我想，假如我不能阅读，生活将是多么凄惨啊！受教育也许就是这样，使得人生变得有趣一些，不那么无聊。在今天这送别的时候，我不打算对你们谈论深奥的那一方面，因为那不可能由我来告诉你们，而是需要你们和我们共同探寻，一代又一代，永远也得不到完整的答案；所以，我只想对你们说些浅显的嘱咐。

首先，我建议你们不要尽想着有用，而更多地想些无用的价值。这个世界上有用的事物已经太多了，所有的因果逻辑都是循着用途连接和推动，那些边缘的次要的性质从因果链上碎裂下来，被淘汰出局，生活和人生本来是弥漫的氤氲般的形状，质地也具有弹性，如今越来越被过滤干净，因而变得光滑，坚硬，并且单一。今年千分考面试的时候，我与一位报考临床医学的考生面谈，我们谈到医学伦理的问题，她说“安乐死”是一种奇怪的人道主义，我问为什么？这位女同学说，一个人的生与死不能用意义来核算，我说，你的意思是还有感情的因素，也就是关系到他的至亲、家人？她说也不是，而是——她思考了很久，说“生命本身就有价值”。我希望我们学校不要错过这位考生，她解释了我的关于有用和无用的观念。

其次，我希望你们不要过于追求效率，效率总是以目的论的，事实上，我们都是处在过程中，这大约可说是生活的本质，只是这过程越来越被划分成细小短促的目的，偷窃了我们对未来的观念。乔布斯确实改变了世界，但是让世界更好了还是更不好，远不到下结论的时候。后来的人们，会不会以为，存在就隐藏于那苹果机的屏幕之后，所有的到达与归来就在于手指头轻轻一触碰。无论是体能还是智能的劳动全被缩减成零，我们还能做什么？又还需要做什么？不做什么，是更幸福了还是不幸福？在效率至上的社会里，过程被轻视成为一种累赘，它核计为成本，然后被压缩甚至消除，为演算的方便考虑，它概括为符号，在这人工模拟的系统里，我们如何认识存在的实质性呢？假定说我们可以放弃认识的权利和义务，我们又如何去确定我们的目的？

再次，我劝你们不要急于加入竞争，竞争难免会将你们放置在对比之中，影响自我评定。竞争还会将你们纳入所谓主流价值体系，这也会影响你们的价值观念。而我希望你们有足够的自信与主流体系保持理性的距离，在相对的孤立中完善自己。倒不是说要傲视社会，而是在时间的长河里，人类史只是一个阶段，我们所处的时代是阶段里的阶段，所以，在我们可视的范围之外，实在有着更大的价值，而竞争会限制我们的参照物，在一时一地以内选择标准，决出胜负。而胜负的概念也是我们要警觉的，因为这里面已经潜藏着不公平，只是用措辞平衡了合法性。

最后，我想说的还有一点，今天的教育确实有着许多问题，有一些还相当严重，可是无论怎么样，教育也不会因此而损失它的意义，它是迄今为止，最有可能公平地给予我们变好的机会，不仅使同学你们，也使我们，单是想着，你们慷慨将青春交给我们负责，就不敢有半点怠惰。感谢同学们！

2012年6月29日

（转载自《东方早报·上海书评》，2012年8月5日）

第三节　秘书写作的具体过程

秘书写作是对事物的一次合乎逻辑的认知过程，与其说它是一次写作过程，不如说它是事情的程式化办理过程。

一、秘书写作过程中的两个层次

秘书写作的具体过程包括两个层次。当接受到一个写作任务，写作者首先需要考虑的是“我”在这个写作活动中扮演什么角色，“我”是谁。其次，此次写作任务针对的是什么问题，并围绕这个问题开展相应的调研工作。再次，谁是读者，读者是什么样的人。最后，我将采用什么样的文种。以上是写作的第一层次。秘书写作的第二层次即文章本身的展开过程。

秘书写作所涉及的应用文基本上呈现的是模式化的结构方式，即为什么—是什么—怎么样。这样的结构模式与人类的认识模式相合，便于人们的接受。也就是说，写作的过程中，围绕问题，始终要考虑到读者的接受。如何才可以将写作对象，轻松、迅捷、准确地呈现给指定读者，方便读者的理解和接受，是秘书写作训练中最重要的问题。为什么，指的是写作者在文章开头交代，为什么要写作这篇文章，或者是这篇文章的论断依凭；是什么则需要直接写明文章的观点、看法，它是文章的核心内容；怎么样则是对具体操作的一种解释和关照，在涉及一些抽象性问题时，常按照人体认知—反应规律来写，如大脑—身体四肢—外部环境配合—镜子反观。

（一）秘书写作的第一层次

秘书写作以文字来处理实际事务，它主要针对的是具体的事情，它的展开和完成关涉到信息的传递、接受和事件的解决。区别于文学写作的自由发挥，秘书写作以顺利通过文字传递信息、解决实际问题为存在目的。为了达到这个目的，写作就不得不从它的具体开展过程开始讨论。一般来说，秘书写作所面对的写作任务都是具体的、确定的，那么所谓的秘书写作的第一层次，指的是围绕它的写作任务而开展的相关准备工作。

比如现在需要写一则会议通知。写作者首先要知道的是这是关于什么的会议，以及会议的具体安排。也就是说，写作者不仅需要知道他写的是什么内容，还需要知道他是以什么样的身份写，以及他将要写给谁。只有明确了写作者的身份和具体的接受者，才有可能以精准到位的视角、文字、语气切入到具体的写作内容。具体写作过程中的许多难题，很多时候都是因为写作者缺乏对此次写作活动完备、清晰的认知，即在这一层次没有准确认知自我的写作角色身份、写作的具体问题以及发现文章的读者。

“我”是谁？秘书写作作为一种应用写作不同于文学写作的一个重要特点是，作者无法从写作中孤立和独立出来，或者在某种意义上可以说，不同的写作者在此类写作过程中的差异性远远小于他们的共性。这是一个“去我”的过程。首先，在“发出—传递—接受”这整个接受过程中，人们必须知晓文章的作者是谁，也即信息是谁发出的，谁为其负责。其次，具体的写作者和文章作者二者的关系是什么。秘书写作在写作者这个问题上，有个比较复杂的情况是，常常它实际的写作者并不是文章的署名人，只有文章署名人才承担整篇文章的责任。比如法定公文，如×市交通局发的一篇关于修路封路的通告，这篇通告的署名一定是×市交通局，那么它的具体写作者就不是它的文章署名者。在写作过程中，写作者就需要缕清自己与文章署名者之间的关系，以作者的名义、视角、语气进行写作。再次，一篇文章的传递与接受过程，还依赖于作者对于读者与自己情感/辈分/级别等关系的辨认。二者不同的关系，决定了在传达信息、分析问题以及提供对策/提出要求上不同的言语方式。在不断地对写作角色与身份认知的过程里，具体的“我”就在这个写作任务中被暂时性地搁置/重置了。

所谓的读者意识，是指在应用文的写作中，读者是一个重要的认知、接收环节。需要明确读者是谁，这篇文稿的接受者是谁，作者与读者的关系是什么。从某种意义上来说，所有的应用写作都是以文字来取消人们交流的空间限制的一种交流工具。所以写作者在书写的过程中，需要在心中有文本的读者，并且适时地转换角色，从读者的角度考虑问题，以达到良好的、有效的沟通和交流效果。

【例文】

敬呈钱谷融教授

陈思和

去年六月七日，华东师大举行盛会，为钱谷融教授祝九秩大寿。诸老欢聚，群贤毕至，令人难忘。吟诗一首，献与寿翁，愿钱先生南山东海之寿福。今又一年过去，六月诞辰临近，我身在香港讲学，特借晚报一角发表祈福，钱先生人格之高洁，精神之淡泊，思想之独立，心灵之自由，足为后人楷模。特赞曰：

夏雨春风九十秋，人生散淡亦风流。

招魂海上标人学，续命河汾踞上游。
称懒因时忙更乱，少言自愤剑悬头。
诸葛枉有隆中策，平地卧龙最自由。

2009 年 5 月 11 日

（转载自《新民晚报》，2009 年 5 月 20 日）

（二）秘书写作的第二层次

秘书写作的第二层次是指文章的写作过程，围绕题目的所有准备与思考都要在这个写作层次得以确切的呈现。所谓秘书写作是一种模式化写作，指的也就是在这一层面，写作常以固定的逻辑顺序结构文章，如为什么—是什么—怎么样。

1. 为什么

应用文的阅读和接受不同于文学作品，前者具有强烈的目的性、时效性。在具体的阅读过程中，读者不期许文章的审美性愉悦，相反其内心会具有某种焦虑感。也就是说，读者对于一篇应用文的阅读，首先要急切了解它是什么，与“我”有什么关系，“我”为什么需要阅读，或者为什么文章如此立论。从写作的角度，针对读者这样的接受疑问，写作者首先要解决的也就是这个“为什么”。常常有两种“为什么”，一种是为什么写这篇文章；另一种是为什么要做如下的判断、决定。这部分内容依据人们讨论问题时候的思维习惯，先来解决“提出”问题的疑问，让对方一目了然。唯有在这部分解决了接受者/读者的疑问，缓和了他们的焦虑，才有可能保证接受者/读者顺畅地进入文章的下一部分内容。

2. 是什么

这部分是文章的核心内容。需要逻辑严密、条理清晰地阐释具体的内容。根据不同的写作任务，这部分有不同的写作策略和程式。一般而言，这部分内容是文章确定的一个判断和观点，整个文章都是在围绕这部分内容进行阐释，以帮助读者更好地接收这部分的信息。

3. 怎么样

它是对“是什么”的一种补充。以秘书写作中的法定行政公文为例，这部分内容常常比“是什么”还要重要，它需要通过文字指导/指挥读者如何行动。在这部分写作中，常常可以用一个写作公式做参考，即人的认知行为规律。具体来说，“怎么样”，讨论的是当读者接受“是什么”之后，如何将这样的观点/判断转为实际的行动。也就是说，写作者在一篇应用文中通过文字使读者接受指令，并落实在行动中。此时，读者的接受完全可以以抽象的人作为参考。

人对事物的接受，首先是大脑的认知接受——身体四肢接受并执行大脑的指令——身体作用于外部事物/环境，完成动作及镜照环节，即外界的评价或自我的省察、经验总结等。参照/比拟这样的认知规律，根据不同的写作任务，写作者可作类似的诸如思想上——内部组织上—外部协调—检查监督等程式化写作。以上是针对公务文书中常有的“怎么样”写作。在一些私人文书写作中，这部分内容一般是具体、直接的，如讣告。一篇讣告的写作包括两部分：告知大家某人于什么时间、地点，因什么原因亡故（是什么。在实际的写作中，这部分内容又常包括逝者的生平介绍和生前经历的回顾两部分）；有意参加追悼仪式的人于什么时间、地点，以什么样的方式参加（怎么样）。

【例文】

教育部关于授予刘家霖同学“全国见义勇为优秀大学生”荣誉称号的决定

教思政〔2009〕17号

2009年8月22日，东北林业大学林学院2008级学生刘家霖，不顾个人安危，在山东省乳山市海边勇救一名遇险女大学生，不幸被碾轧在拖拉机底盘下，身受重伤，经过近两天全力抢救，脱离生命危险。

刘家霖同学在人民群众生命受到严重威胁的危急关头，不怕牺牲、挺身而出的先进事迹，充分体现了中华民族临危不惧、见义勇为的传统美德，在高校和社会各界引起热烈反响。他用实际行动展示了当代大学生高度的社会责任感和良好的精神风貌，是当代大学生的优秀代表，是践行社会主义核心价值体系的典范。为表彰刘家霖同学的先进事迹，教育部决定授予刘家霖同学“全国见义勇为优秀大学生”荣誉称号。广大青年学生要向刘家霖同学学习，学习他奋不顾身、不怕牺牲的英雄气概，学习他心系社会、关爱他人的广阔胸怀，学习他刻苦学习、奋发向上的进取精神，学习他不为名利、乐于奉献的优秀品质。

各地教育部门和各高等学校要充分认识开展向刘家霖同学学习的重要意义，加强领导，精心组织，把学习刘家霖同学先进事迹的活动与纪念中央16号文件印发实施五周年结合起来，科学总结五年来加强和改进大学生思想政治教育的做法、成效和经验，深入分析面临的新形式新任务要求，在加强领导、改革创新、破解难题、完善制度、深化研究上下功夫，进一步提高大学生思想政治教育工作水平。要充分发挥先进典型的示范、引导作用，让广大青年学生从刘家霖同学的先进事迹和崇高精神中受到鼓舞、汲取力量，牢固树立正确的世界观、人生观、价值观，自觉践行社会主义核心价值体系，努力成为德智体美全面发展的中国特色社会主义合格建设者和可靠接班人。

中华人民共和国教育部
2009年11月18日
（转载自《教育部公报》2010年第1、2期）

二、秘书写作的过程

（一）厘清身份

身份始终是秘书写作中应该解决的首要问题，具体写作实践中最常见的问题多与写作者对自身写作角色的认知不清有直接关系。例如，大学校长要准备一篇学生毕业典礼上的演讲稿，如果在这篇演讲稿的写作过程中，秘书没有真正认识到大学校长的角色问题，没有认真思考毕业典礼对大学教育和大学毕业生的意义等，以及秘书在此次写作行为中的地位，写作内容不仅难以契合作为演讲者的校长的气质，也不可避免地会避重就轻，甚至偏离主题，导致写作内容无法跟演讲对象产生真正的沟通，无法实现精神上的引领。再如一篇政府相关部门关于节假日免收中小型车辆高速通行费的通知，如果秘书没有准确把握自己在整个事件中应处的位置，应有的立场、态度，就无法想象和理解书写任务本身所针对的实际情境和意图，写作也将难以避免地出现问题。事实上，在今天的秘书写作中，如何写，即技术性地立意谋篇，已经不是第一位的问题，取而代之的是如何思考问题、分析问题，准确地领会精神、把握意图。

具体来说，秘书写作中的身份问题展示的是一种写作的素养，即如何在具体的写作行为中摆脱书写者真实自我的诸种情绪干扰，找到书写者的态度、立场，能够就事论事，准确到位地完成文字的信息传递。

身份问题不仅仅是要想象和体认书写者的自我角色与写作角色，还要想象文本接受者（读者）的情状与处境。顾及读者身份不仅有助于选择文本表达的语言语气，还有助于思考、书写所指涉的事件与问题。

（二）独立思考　就事论事

秘书写作虽是一种听命写作，但写作者唯有在写作活动中独立思考，就事论事，分析领导用意，针对具体的问题有见地地书写，才能出色地完成写作工作。具体来说，在厘清书写角色与身份之后，写作者必须能够对“事”有充分的思考和认识，这是整个书写过程中最重要的一个环节，它决定了书写是否能够围绕问题有效地完成写作任务。

21 世纪以来的时代现实处境给写作带来新的问题，如高度的生活同质化加之信息的爆炸化传播与覆盖造成文学写作里的题材匮乏，随之对想象力提出更高的要求。与此同时，尽管秘书写作的整体水平已经提高，可是写作涉及的问题也愈加千头万绪、复杂微妙。事实上，以秘书写作为代表，应用类写作与时代现实生活的关系比文学写作更为直接，它必须在写作中对问题有正面的回复、处理。在这样的写作境遇里，书写者更加需要通过不断地丰富和完善自我的知识储备，培养和淬炼自我的独立思考能力，结合书写行为中的身份角色对写作对象展开思考，理清思绪，辨明议题，就事论事，完成动笔前的准备工作。

（三）文字表达

文字表达是秘书应用文写作中的主体部分，也是写作的技术部分。这部分内容在写作中分两步：确定主旨，根据主旨的要求选择相应的材料；谋划文章的外在形式、结构篇章。

1. 主旨与选材

主旨即文章的中心，可比作一篇应用文的头脑。文章的主旨要在分析问题的基础上果断确立，必须准确、深刻。主旨规定了行文的意图与方向，一定程度上决定了应用文写作中的其他部分（如材料、结构）。

明确、集中的主旨需要充分的、有说服力的材料加以填充。材料是一篇文章的肌肤，读者通过各类具体可感的材料关联、理解文章的主旨。材料选择经常会影响主旨的传递效果，选择真实典型（光滑材料，顺势而为，在已有的认知基础上加以强化）、新颖独特（粗糙材料，通过阻断或减慢读者的阅读进程，引起读者注意，从而增强文章的说理力量）的材料对于一篇应用文来说相当重要。

如何选材。在充分思考和理解行文主旨的基础上，尽可能地调查搜集与主旨有关的所有材料，并加以分析整理（材料有时又会带来写作者对于主旨的再次思考与调整），着眼于行文的意图与对象，最终选定最具有说服力和感染力的材料服务主旨。

2. 谋篇与结构

所谓的谋篇即围绕文章的主旨，安排文章的层次、结构，搭起骨架。一般认为应用文的结构常见的有总分式、递进式、并列式。我们还可以从另一个角度来学习应用文的结构，即说与听的情境模式下的为什么、是什么、怎么样。

秘书写作即写作者向指定的读者写一篇文章以传递特定信息、阐发道理、情理沟通。从这个角度来说，秘书写作严格意义上就可以按照：

为什么 > 为什么要写这篇文章或为什么要提出这个观点

是什么 > 主旨、核心观点、主要内容

怎么样 > 基于如上的原因以及所述观点，对读者提出哪些请求/要求

图 1－3　秘书写作的结构

为什么—是什么—怎么样，这样的书写结构模式可以快速帮助书写者以一种写作的惯式厘清思绪。除此之外，应用文的成篇还有可见的形式结构，即标题、开头、主体、结尾四部分。

（四）切换角色　核查反馈

如何才算完成一篇秘书文书？直至读者通过文本顺利地接收信息，文章写作才最终结束。秘书写作的功用性就在于它是写作者意志的传递与体现，它连接着信息发出者和接受者。那么对于具体的写作过程来说，完成文本的最后一步则是切换角色，以预设读者的身份回读文本，查缺补漏。

【例文】

交通运输部关于切实做好重大节假日免收小型客车通行费有关工作的通知

交公路发〔2012〕376 号

各省、自治区、直辖市、新疆生产建设兵团交通运输厅（局、委），天津市市政公路管理局：

为贯彻落实《国务院关于批转交通运输部等部门重大节假日免收小型客车通行费实施方案的通知》（国发〔2012〕37 号）（以下简称《通知》）要求，切实做好重大节假日免收小型客车通行费的实施工作，进一步提升重大节假日收费公路通行效率和服务水平，现就有关事项通知如下：

一、充分认识做好重大节假日免收小型客车通行费工作的重要意义

收费公路政策的实施，拓宽了公路建设投融资渠道，对加快我国公路交通基础设施建设，促进国土资源开发，优化产业布局，保障人民群众安全便捷出行，推动经济社会健康持续发展发挥了重要作用。但在实施过程中也出现了一些问题。

特别是近年来随着我国汽车保有量的快速增长，公路交通拥堵现象逐步加剧。重大节假日期间，部分公路收费站因车流量大、排队缴费而导致拥堵的现象时有发生，直接影响人民群众假日出行、度假旅游的通行效率，已成为社会关注的焦点。落实国务院《通知》要求，在重大节假日期间免收7座及以下小型客车通行费，是调整和完善收费公路政策的重要举措，也是收费公路专项清理工作的重要成果，对于适应人民群众出行的新要求，发挥公路交通的比较优势，提高重大节假日收费公路通行能力和服务水平，降低公众节假日出行成本，进一步加快发展城镇郊区游、农家乐等旅游业，刺激消费，拉动内需，促进社会和谐进步等都具有十分重要的意义。各省（区、市）交通运输主管部门和收费公路经营管理单位要统一思想，树立全局观念，站在事关更好地服务民生、更好地推动公路交通科学发展、更好地健全和完善收费公路政策的高度，认真办好这件顺民心、促发展的好事，严格按照省（区、市）人民政府的统一部署，切实抓好贯彻落实工作。

二、全面做好重大节假日免收小型客车通行费的实施工作

根据《通知》规定，今后每年国务院办公厅文件确定的春节、清明节、劳动节、国庆节及其连休日期间，在收费公路上行驶的7座及以下小型客车将免费通行。我部决定，从今年国庆节假日起开始实施《通知》要求。作为第一个实施小型客车免费通行的国庆节假日，各地交通运输主管部门和收费公路经营管理单位要认真做好准备工作，严格按照国务院批准的实施方案，在省级人民政府的统一领导和组织下，会同发展改革、财政、监察、纠风等部门制订具体工作方案，落实责任，密切配合，精心组织，统筹安排，加强路网运行监测，确保假日期间公路交通安全畅通。

（一）切实加强收费站管理

各地交通运输主管部门和收费公路经营管理单位要对公路收费站现有收费车道进行一次全面排查。在重大节假日期间，要按照7座及以下小型客车免费通行的要求，在适当地点提前设立明确清晰的引导标识，合理布置、统筹安排和利用现有收费车道和免费专用通道。特别是交通流量较大的收费站，要设置专门的重大节假日小型客车免费通道，避免收费车辆与免费车辆混合通行。实施联网电子不停车收费的省（区、市），要抓紧调整完善ETC收费系统，确保7座及以下小型客车免费快速通行。出现交通拥堵和通行高峰时段时，收费公路管理机构要有专人负责，靠前指挥；各收费站要增派人员，采取有效措施，加强现场管理和交通疏导，及时处置拥堵问题。对收费道口严重不足的收费站，要抓紧调查论证，研究制订扩宽改造方案，增加收费道口，满足车辆通行需求，确保车辆分类分车道有序通行，切实提高收费站通行能力和效率。

（二）切实加强收费公路出行信息服务

各地交通运输主管部门和收费公路经营管理单位要进一步加强公共服务能力建设。重大节假日期间要通过高速公路信息情报板、交通广播、电视、网站、手机短信等多种媒体，及时发布重大节假日期间公路交通出行信息，提前告知并引导公众合理选择出行时间和路线，避免车辆过度集中，导致收费公路拥堵或行驶缓慢。

（三）切实加强收费公路服务设施运行管理

各地交通运输主管部门和收费公路经营管理单位要认真贯彻落实部《关于加强高速公路服务设施建设管理工作的指导意见》（交公路发〔2009〕31号）的相关要求，认真开展行业文明示范窗口创建活动。要把加强重大节假日期间高速公路服务区以及其他服务设施的运行管理，作为提升行业服务能力、体现精细化管理水平、展示交通发展成就的重要载体，进一步弘扬爱岗敬业、奉献社会的良好行业道德风尚。要坚持以人为本，规范工作程序，切实保障公路服务区及其设施干净卫生、安全有序，服务温馨、方便实用。要加强重点区域和部位如餐饮食品，卫生场所，加油站点等的监管力度，确保设施功能完好、油料供应充足、车辆维修便捷、应急措施有力、环境整洁有序，让人民群众高兴而来，满意而去。

（四）切实加强宣传引导工作

重大节假日免收小型客车通行费是国家规范收费公路管理，促进公路交通科学发展的重要政策措施，充分体现了以人为本、执政为民的理念，体现了服务为本、畅通主导的要求，但也会对现有收费公路经营管理单位的正常收益产生一定的影响。因此，各地交通运输主管部门要通过深入走访、座谈交流等方式解疑释惑。要通过政府网站、新闻媒体等多种渠道，加强政策宣传和舆论引导，强化收费公路经营管理者的社会责任意识，使社会各界能够及时、全面了解重大节假日免收小型客车通行费政策的重要意义和实施内容，全力支持和保障实施工作的平稳顺利推进。要通过该项政策的实施与宣传，使广大人民群众充分认识现阶段我国坚持收费公路政策的必要性，为公路交通科学发展、安全发展创造更好的环境与条件。

各地在实施过程中出现的问题，请各省级交通运输主管部门及时与部公路局沟通。部将会同有关部门加强对各地实施工作的指导、协调和督查，确保实施工作顺利推进。

交通运输部

2012 年 8 月 7 日

（转载自中华人民共和国交通部网站）

【思考题】

1. 如何从作者、读者、文本三者之间的关系角度理解秘书写作与文学写作的区别？
2. 为什么说秘书写作同样需要想象力？
3. 请论述秘书写作的基本过程。
4. 请从本章的例文中选择一篇，按照秘书写作的基本过程对其加以分析。

第二章
党政机关公文写作

在我国，党政机关特指中国共产党的机关和国务院领导下的各级行政机关（各级人民政府及其所属部门）。党政机关公文是党政机关实施领导、履行职能、处理公务的具有特定效力和规范体式的文书，是传达贯彻党和国家方针政策，公布法规和规章，指导、布置和商洽工作，请示和答复问题，报告、通报和交流情况等的重要工具。广义的党政公文还包含被授权的组织在管理公共事务时所使用的公文。

党政公文的作用，在党政机关组织内部，主要是决策指挥、协调、传递信息等作用。在外部，主要是赋予或限制相对人的权利、免除或附加其义务等。此外，党政公文还有历史档案和证据上的意义。党政公文在行款格式上应遵循法定的规范，以便提高行政效率和保障相对人权益。公文语言一般要求平实而庄重，不追求华丽、生动的风格。

中国党政机关的规范分流的历史比较长，这是由特殊的历史条件决定的。2012 年 4 月 16 日，中共中央办公厅、国务院办公厅印发《党政机关公文处理工作条例》（中办发〔2012〕14 号，简称 12 版条例）；新的《党政机关公文格式》（简称 12 版格式）已由国家质检总局、国家标准委修订发布。二者都自 2012 年 7 月 1 日起正式实施。党政机关公文的出台，意义重大而深远，党政的共同管理和文件交流都将更加顺畅、便利，也解决了秘书学习使用两部公文处理法规、两个公文标准、两种公文处理方式，经常发生冲突和误植的问题，节约了大量人力和物力成本。

【导入案例】

下面这篇文章刊载于 2015 年第 6 期的《办公室业务》，作者是广东省工商行政管理干部素质教育中心的许华君。

浅谈党政机关公文写作的一些体会

公文是指党政机关、企事业单位、社会团体在进行公务活动时所使用的各种正式文书。是党政机关履行职能、实施领导、处理公务具有法律效力规范的公务文书，公文具有领导、指导、规范、联系、宣传、凭证和备考的作用。机关公务员不会写公文，就好比工人不懂技能，农民不懂种田，军人不懂枪炮，商人不懂经营。如何写好公文，我的体会如下：

一、吃透上头，摸清下面

上头，通常是指上级领导机关，本级领导机关，特别是直接授予任务的领导；下面，是指基层的有关情况特别是干部职工的意见和建议。吃透上头，就是要弄清上级领导的想法，一般来说，领导对国家的方针和政策理解多些、透些，对全局大局性的问题观察分析思考也比较多、比较深，他们的意见应当是更接近党的方针政策，作者动笔前需要正确理解领会领导的意图，搞清他们对文件理解的角度和对一些问题的想法，把握住他们的意图实质。摸清下面，就是要把基层下面的情况摸清楚，基层干部职工直接接触实际，应当充分听取他们的一些具体看法，这里也包括我们平时了解掌握的大量第一手资料。这样使写出来的公文更具现实指导性意义，能更有针对性地解决现实问题。通常领导和基层的想法是不相同的，因为他们的层次不同，看问题的高度和角度都不一样。这时候作者就应该主动反复沟通讨论，使思想相互碰撞，运用科学理论武器，认真比较分析问题，把两者很好地结合起来，使之产生火花，上下结合，集思广益，这样才能写出有政治思想高度，有针对性、可操作性、前瞻性的好公文。

二、做好材料、观点、思路写作前的准备

（一）材料准备

材料，是指公文作者为了表现公文主题，从现实的工作和生活中选取能写入公文中的内容的统称，包括情况背景、写作目的和根据、解决问题的办法和措施、对事情的意见和规定、执行的时间等的统称。它是提炼公文主题的根据。材料是公文写作的根据，没有材料就是“巧妇难为无米之炊”，公文写作就无从下笔。材料的准备，包括材料收集、核对和挑选。要尽可能多地掌握材料，全方位的材料都要搜集。搜集得越多越好，能更好地提炼出可靠实在的观点。下笔时，可选择的材料越多，写得越顺手。但有些作者在收集材料时，对一些简单零碎的素材容易忽视。如通知，在时间的落实上，如果不注意问清领导的时间，在写作时可能要重新去询问，费时费力。在收集材料时，要注意核对证实，要边收集边核对，即使是已被公认或众口流传的事实或者资料等，都要尽可能核对证实一下，绝不能想当然，尤其是细节，要搞清楚，不然细节上出问题与事实不符，就会造成失误。写作过程中，还要注意材料的变化，不断补充和核实。材料完备后，要精心选择，挑选出典型的、能充分说明主旨的事例，到动笔时就不必重新查找典型的事例。

（二）观点准备

观点准备是与收集和挑选材料同时进行的，首先要明确写作的目的，一般在各种不同的观点之间进行比较，然后确定。如写简报前，必须明确知道这篇简报的目的和作用，一是向领导机关反映情况；二是为上级提供参考，成为制定方针政策的依据；三是通报某个典型事例来推动工作；或者仅提供情况。运用材料阐述问题时要根据不同的目的和使用范围选择材料。只有目的明确，在主题提炼和材料的使用方面，写起来才不走或少走弯路；如果目的不明确或偏离写作主旨，就出现写完后重新再写的后果。有些文件，如写调查报告，动笔前，应该回过头重新审视调查的目的。因调查目的只是调查前的想法，在调查过程中想法可能发生变化。所以下笔前，再审视下调查报告的目的是必要的。确定公文主旨的依据，是它要肯定什么或否定什么，针对什么问题，解决什么问题。肯定与否定的理据是否充分，是否不明确等，都需要全面深入地分析研究，只有主旨明确了，观点才鲜明，才能在安排公文的结构，挑选材料时取舍有据，详略适当，写作才更顺手。

（三）思路准备

有材料，又有明确的主旨，就要进行布局谋篇了。要有一个清晰的思路，文章有几个层次有几个小观点，怎样突出重点，主次内容分明、详略得当、前后连贯等，好构思，要谋略，最好列个提纲，就像盖房子，要有设计图纸，做到动笔时能掌控文章全局，避免小观点的丢失或前后重复，这样既会提高公文质量，又能提高写作速度。不同文体的写作提纲，也有粗细之分，如大型的工作报告、总结报告或调查报告等，因为文章较长，观点比较多，所以应有较详尽的提纲，有全篇的格局、层次，然后每个层次所用的材料都要列出来；短小的公文，如工作计划和会议纪要，提纲可简略些；还有些要求急、容量小的公文，如简报或通知等，一般就不会列提纲了。提纲怎样写，没有固定模式，可按文章长短需要和个人写作习惯、写作观点材料的熟练程度等而定。

材料、观点和思路的准备是相互关联、缺一不可的，往往是同时进行，整理材料、选择典型素材的过程，也是提炼主题的过程。这些工作完成，腹稿或提纲也基本成形。

三、把握公文的特点：实用、严格、准确、简练

（一）实用

公文与小说、诗歌、散文等文艺作品相比较，公文是以实用为目的，是用事实和道理表明观点，不像文学作品，用形象来表明观点。公文为解决实际问题而存在，是逻辑思维的活动。公文的内容必须反映公务中的情况，是对工作情况表明态度，对工作问题提出解决的方针原则、措施和办法。如上行文，向上级反映工作中的新情况、问题和经验，让领导机关了解或定夺。平行文，是就某一或某些工作问题相互知照或协商。现在各级机关一再强调要克服“文电多”的问题，本人感到注重实用，在实用上把关就能解决问题，一个文能解决的问题就不要多重发文，没有用处的文就不要发。

（二）程式化

公文是格式。与文艺作品不同，公文的目的性很强，带有任务式，同时有相对的文种、格式和行文方式。例如，该写请示就不能写成报告，是应该写通知的不能写成通报，不同的文种，有不同的格式要求，开头、结尾都是不同的。这种固定的格式和行文方式是机关公文法定权威和鲜明的政治性的体现，也给我们工作人员提出了对公文态度的要求。

（三）确保准确

公文有固定的使用范围、对象和任务，这就决定它无论内容还是文字都必须真实反映客观事物，内容实事求是，不允许想象和虚构。写文艺作品，编写什么是作者的事，而公文要求的真实是绝对的真实。公文的语言必须朴实贴切、准确。要注意不能有概念的外延交叉，例如“号召广大的党员、干部、教职工向某某同志学习”，这里“党员”“干部”“教职工”三个概念的外延交叉，不够明确。把“领导干部”写成“党员干部”缩小概念等。概念使用时前后一致，推理要周密，要防止把现象当作本质，把偶然发生的事当作普遍存在的现象。如“财经纪律大检查对贯彻落实国家关于财会制度、财经纪律是十分重要的，特别是在实行经营承包的情况下，更要严肃财经纪律。”前后两个“财经纪律”虽然有一定的联系，但概念的内涵是不同的，所以这样写就不准确了。公文是领导机关的语言，涉及面广，影响面大，切不可追求华丽而失实，造成思想混乱，使工作遭受损失。

（四）力求简练

工作质量和效率的高低，是衡量领导机关水平高低的重要标志，体现在公文写作上，就是要倡导干脆利索、简明的文风，能一句话讲清的就是不要拐弯抹角地说几句话。

【讨论】

(1) 写好公文为什么首先要“吃透上头，摸清下面”?

(2) 写作公文之前应做哪些准备?

(3) 为什么公文的格式不能随意变动?

【要点阐述】

第一节　党政公文的特性、作用和分类

一、党政公文的特性

党政公文是指党政机关在行使党章、宪法、法律授予的公共事务管理权和进行内部组织事务管理时所使用的公文，其主要特征有：

(1) 主体的特定性，即各级党政机关是制作党政公文的主体，广义的情况下含获得法律法规授权的组织。

(2) 内容的特定性，即内容分为党政机关实施公共事务管理和进行内部组织事务管理，可简称为外部事务管理和内部事务管理。

(3) 效力的特定性，对于党政依章依法获得管理公共事务职权的机关，公民、法人及其他组织都应当遵行党政机关的管理与节制，下级机关、党员、公务人员更应当积极主动执行党政公文的规定与指挥，如有违反应当承担不利的后果。

(4) 格式的特定性，党政机关的公文依照党章、法律法规及规章的规定，在行款格式上与其他机关、社团法人、企业的公文往往有很大的不同，更加规范、庄重。

二、党政公文的作用

通常把公共事务的管理分为外、内两部分：外部管理是指党政机关对社会公共事务的管理，即对公民、法人和其他组织充当的相对人（或者相对方）的管理。在外部管理中，党政公文的主要作用是拘束、规范相对人的行为。如《中国共产党党章》规定：“党的领导主要是政治、思想和组织的领导。党要适应改革开放和社会主义现代化建设的要求，坚持科学执政、民主执政、依法执政，加强和改善党的领导。党必须按照总揽全局、协调各方的原则，在同级各种组织中发挥领导核心作用。”根据《中华人民共和国宪法》第八十九条规定，国务院“根据宪法和法律，规定行政措施，制定行政法规，发布决定和命令”“领导和管理经济工作和城乡建设”等。

内部管理是指党政机关对党政组织自身或者党员、干部、国家工作人员的管理。在内部管理中，党政公文的作用主要是指挥、执行、决策、传递信息。

三、党政公文的分类

依党政机关性质的不同，可将党政公文分为党的公文和行政公文两大类。如“决议”和“公报”通常用于党的公文；“议案”仅适用于行政机关。根据使用不同的职权，可将党政公文分为两类：

（1）内部管理公文，包括各党政机关通用的公文。

（2）外部管理公文，包括各种社会公共事务的公文。

依据公文流转范围不同，可将党政公文分为通用公文和专用公文（也称业务公文）。

党政公文按照行文方向，即发文机关和主送机关的隶属关系和职权范围，可分为上行文、下行文、平行文。由于行文方向对文中材料选择和格式有决定性作用，所以，对秘书写作的意义更为重要。

（1）上行文，指呈报给上级机关的公文。在主要公文中，“报告”“请示”和“议案”属上行文。

（2）下行文，指下发给下级机关的公文。在主要公文中，“决议”“决定”“命令”“公报”“公告”“通告”“意见”“通知”“通报”“批复”“纪要”等 11 种公文属于下行文，表明了党政机关行使执政与指挥的职能行为最普遍。

（3）平行文，指不相隶属机关（不论是否平级）之间往来的公文。多数“函”属于平行文。

第二节　党政公文的格式

篇章式的党政公文，其格式应当遵循《党政机关公文处理工作条例》第三章“公文格式”和《党政机关公文格式》国家标准（GB/T9704—2012，见附表）的规定，中共中央另有《中央文件印制格式标准》，也可供参考。行政机关在行政处罚等具体行为中往往使用了大量的表格式公文，各机关会自行规定格式，文秘人员应当遵从规定。此外，需要特别向读者指出的是，公众经常在媒体和许多公文教材中阅读的公文其实都是“二手”材料，我们称之为公文的“引用格式”，这种格式往往省略了公文“正本格式”的版头和版记两大部分。便宜行事，本无可指摘。但是，学习者不可邯郸学步，因“贫寒简省”妨害了党政公文的庄重规范。

本节对 12 版条例和格式做简要说明，对原文有调整并增加了例证。

一、公文用纸幅面尺寸及版面要求

1. 幅面尺寸

公文用纸采用 A4 型纸，其成品幅面尺寸为：210mm × 297mm。

公告、通告等公布性公文可根据实际需要确定，推荐使用国际标准 A 系列或国内通用的 2 的几何级数裁切开本的纸张幅面尺寸。

2. 版面

页边与版心尺寸：公文用纸天头（上白边）为 37mm ± 1mm，公文用纸订口（左白边）为 28mm ± 1mm，版心尺寸为 156mm × 225mm。

3. 字体和字号

公文格式各要素一般用 3 号仿宋体字。这是默认字体，比读者经常看到的引用格式中的字体大许多。

4. 行数和字数

一般每面排 22 行，每行排 28 个字，并撑满版心。为了避免“末页无正文”等特殊情况可以适当调整行距或者字距。

5. 文字的颜色

公文中文字的颜色均为黑色。发文机关标志除外，按惯例用红色。

6. 装订要求

公文应当左侧装订，可骑马订或平订。两钉外订眼距版面上下边缘各 70mm。骑马订钉锯均在折缝线上，平订钉锯应对齐，与书脊间的距离为 3mm ~ 5mm。

二、公文格式各要素编排规则

（一）公文格式各要素的划分

要素划分为“版头”“主体”“版记”三大部分。公文首页红色分隔线以上的部分称为版头；公文首页红色分隔线（不含）之下、公文末页首条分隔线（不含）之上的部分称为主体；公文末页首条分隔线以下、末条分隔线以上的部分称为版记。

页码位于版心外。

（二）版头

（1）份号：用于涉密公文。一般用 6 位 3 号阿拉伯数字，顶格编排在版心左上角第一行。

（2）密级和保密期限：选用。一般用 3 号黑体字，顶格编排在版心左上角第二行；保密期限中的数字用阿拉伯数字标注。

（3）紧急程度：选用。一般用 3 号黑体字，顶格编排在版心左上角；如需同时标注份号、密级和保密期限、紧急程度，按照份号、密级和保密期限、紧急程度的顺序自上而下分行排列。

（4）发文机关标志：指定要素。由发文机关全称或者规范化简称加“文件”二字组成，有些情形也可以仅使用发文机关名称。发文机关标志是文件“正本格式”的标志。

发文机关标志字体颜色为红色，居中排布，上边缘至版心上边缘为 35mm（不分上下行文），推荐使用小标宋体字，字号大小可酌定，美观、庄重即可。目前“中共中央文件”和“国务院文件”的标志采用的是“专用字体”，其实就是“牟体”，与“汉鼎简美黑”字体相似。其他机关通常按照“12 格式”采用小标宋体即可。

联合行文时，如需同时标注联署发文机关名称，将主办机关排列在前；如有“文件”二字，应当置于发文机关名称右侧，以联署发文机关名称为准上下居中排布。

(5) 发文字号：指定要素。在发文机关标志下，空二行，居中排布。年份、发文顺序号用阿拉伯数字标注，如《国务院关于印发促进大数据发展行动纲要的通知》的发文字号为“国发〔2015〕50号”，《中共中央国务院关于加大改革创新力度加快农业现代化建设的若干意见》发文字号为“中发〔2015〕1号”；年份应标全称（如〔2015〕，不省作〔15〕），外用六角括号“〔〕”；发文顺序号不加“第”字，不编虚位（如1不写为01），在数字后加“号”字。

上行文的发文字号左对齐，前空一字排列。

(6) 签发人：上行文应当在首页标注签发人姓名。由“签发人”三字加全角冒号和签发人姓名组成，右对齐并且右空一字，与发文机关标志之间空二行，与发文字号同处一行，左右对称。“签发人”三字用3号仿宋体字，签发人姓名用3号楷体字。

如有多个签发人，签发人姓名按照发文机关的排列顺序从左到右、自上而下依次均匀编排，一般每行排两个姓名，回行时与上一行第一个签发人姓名对齐。

注意，本条规定不同于落款处的签发人加盖签名章的规定。

(7) 版头中的分隔线：发文字号之下4mm处居中印一条与版心等宽的红色分隔线。

（三）主体

1. 标题

一般用2号小标宋体字，也可用“宋体加粗”代替，编排于红色分隔线下空二行位置，一行或多行居中排布；回行时，应兼顾语义相对完整，排列对称，长短适宜，间距恰当，标题外廓呈梯形或菱形。

2. 主送机关

标题下空一行，居左顶格编排，回行也顶格，最后一个机关名称后标全角冒号。如主送机关过多，妨碍正文从首页开始排布，应将“主送机关”移至版记中。

3. 正文

正文必须从公文首页开始。一般用3号仿宋体字，编排于主送机关名称下一行，每个自然段左空二字，回行顶格。文中结构层次序数依次可以用“一、”“(一)”“1.”“(1)”标注；规范性文件可跨章节连续编排“条”的顺序号。小标题或者主题句，一般第一层用黑体字、第二层用楷体字、第三层和第四层用仿宋体字标注。

4. 附件

选用。在正文下空一行左空二字编排“附件”二字，后标全角冒号和附件名称。如《国务院关于批转发展改革委等部门法人和其他组织统一社会信用代码制度建设总体方案的通知》(国发〔2015〕33号) 的附件标注为：“附件：法人和其他组织统一社会信用代码构成”。

如有多个附件，使用阿拉伯数字标注附件顺序号（如“附件：1. □□□□□□□”）；附件名称后不加标点符号。附件名称较长需回行时，应当与上一行附件名称的首字对齐。

5. 发文机关署名、成文日期和印章

发文机关署名和印章是公文产生法定效力的要件，应当使用发文机关全称或者规范化简称。署名公文一般应当加盖发文机关印章。但是，有特定发文机关标志的普发性公文和电报可以不加盖印章。

(1) 加盖印章的公文：成文日期右对齐编排，右空四字。联合行文时，成文时间相对最后一个印章中垂线呈轴对称。“12 国标” 修正了以前成文日期游移不定的瑕疵，相对固定在了公文“下款”的右下角。

印章用红色，不得出现空白印章。

发文机关署名：单一机关行文时，一般在成文日期之上，以成文日期为准居中编排发文机关署名，印章端正、居中下压发文机关署名和成文日期，使发文机关署名和成文日期居印章中心偏下位置，印章顶端应当上距正文（或附件说明）一行之内。

联合行文时，一般将各发文机关署名按照发文机关顺序整齐排列在相应位置，并将印章一一对应、端正、居中下压发文机关署名，最后一个印章端正、居中下压发文机关署名和成文日期，印章之间排列整齐，互不相交或相切，每排印章两端不得超出版心，首排印章顶端应当上距正文（或附件说明）一行之内。

（2）不加盖印章的公文：单一机关行文时，在正文（或附件说明）下空一行右空二字编排发文机关署名。成文日期在发文机关署名下一行编排，并且首字相应右退二字。如成文日期长于发文机关署名，应当使成文日期右空二字编排，并相应增加发文机关署名右空字数。

联合行文时，应当先编排主办机关署名，其余发文机关署名依次向下编排。

（3）加盖签发人签名章的公文：单一机关制发的公文加盖签发人（机关法定代表人）签名章时，在正文（或附件说明）下空二行右空四字加盖签发人签名章，签名章左空二字标注签发人职务，以签名章为准上下居中排布。在签发人签名章下空一行右空四字编排成文日期。

联合行文时，应当先编排主办机关签发人职务、签名章，其余机关签发人职务、签名章依次向下编排，与主办机关签发人职务、签名章上下对齐；每行只编排一个机关的签发人职务、签名章；签发人职务应当标注全称。

签名章一般用红色。

签名章的姓名应为本人手书体。

（4）成文日期中的数字：用阿拉伯数字，年、月、日标全，年份应标全称，月、日不编虚位（即 1 不编为 01）。注意，不再使用汉字（如“二〇一五年九月十日”）标称日期。

（5）特殊情况说明：当公文排版后末页所剩空白太小，不能容下印章或签发人签名章、成文日期时，可以调整行距、字距。

6. 附注

选用。表明公文印发传达概括范围，不含具体单位。居左空两字加圆括号编排在成文日期下一行。内容通常是“此件传达至某某级”，或者“此件公开发布”，如《国务院关于同意设立福州新区的批复》（国函〔2015〕137 号）。

7. 附件

附件应当另面编排，并在版记之前，与公文正文一起装订。“附件”二字及附件顺序号用 3 号黑体字顶格编排在版心左上角第一行。附件标题居中编排在版心第三行。附件顺序号和附件标题应当与附件说明的表述一致。附件格式要求同正文。

如附件与正文不能一起装订，应当在附件左上角第一行顶格编排公文的发文字号并在其后标注“附件”二字及附件顺序号。

（四）版记

注意，第一，版记中的默认字号是4号，比正文中的小。第二，版记中的文字左右两端各空一个字。

1. 版记中的分隔线

版记中的分隔线与版心等宽，首条分隔线和末条分隔线用粗线（推荐高度为0.35mm），中间的分隔线用细线（推荐高度为0.25mm）。首条分隔线位于版记中第一个要素之上，末条分隔线与公文最后一面的版心下边缘重合。

2. 抄送机关

选用。一般用4号仿宋体字，在印发机关和印发日期之上一行、左右各空一字编排。“抄送”二字后加全角冒号和抄送机关名称，回行时与冒号后的首字对齐，最后一个抄送机关名称后标句号。

主送机关如因数量较多而移至版记，除将“抄送”二字改为“主送”外，编排方法从本条规定。主送机关、抄送机关并存时，应当将主送机关置于抄送机关之上，其间不需分隔线。

不需要区分“主送”和“分送”的，可以统一标示为“分送”。

3. 印发机关和印发日期

印发机关（实际上是部门，国务院文件的印发部门是“国务院办公厅秘书局”，地方党政机关是办公厅、室）和印发日期一般用4号仿宋体字，编排在末条分隔线之上，印发机关左空一字，印发日期右空一字，年月日标全，用阿拉伯数字，月、日不编虚位（即1不编为01）。日期后加“印发”二字。

版记中如有其他要素，应当用一条细分隔线隔开。

（五）页码

一般用4号半角宋体阿拉伯数字，编排在公文版心下边缘之下，数字左右各放一条一字线；一字线上距版心下边缘7mm。单页码居右空一字，双页码居左空一字。公文的版记页前有空白页的，空白页和版记页均不编排页码。公文的附件与正文一起装订时，页码连续编排。

附表：党政公文格式（根据中华人民共和国国家质量监督检验检疫总局、中国国家标准化管理委员会2012年6月29日发布、2012年7月1日实施的《党政机关公文格式》）

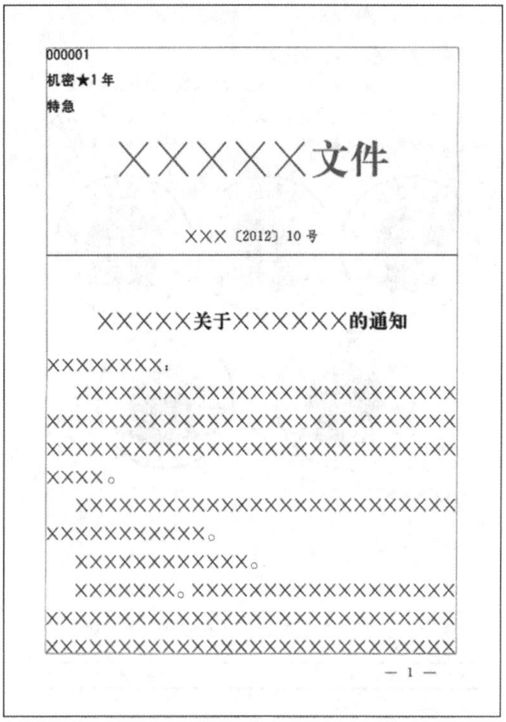

注：版心实线框仅为示意，在印制公文时并不印出。

图2－1　公文首页版式

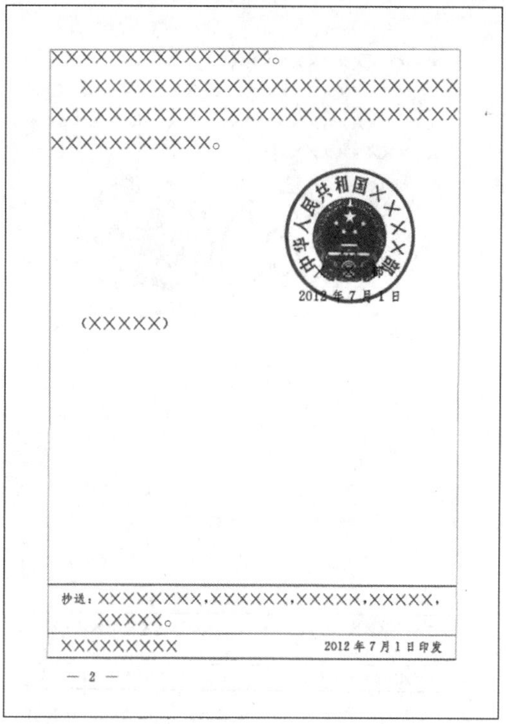

注：版心实线框仅为示意，在印制公文时并不印出。

图2－2　公文末页版式

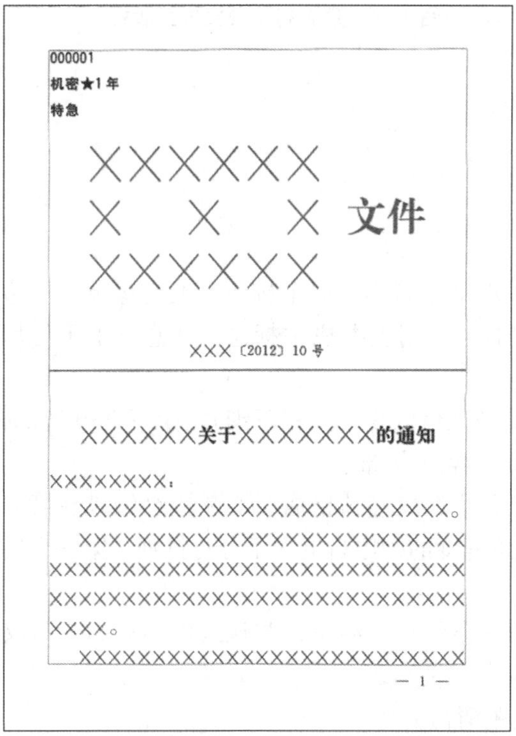

注：版心实线框仅为示意，在印制公文时并不印出。

图2－3　联合行文公文首页版式1

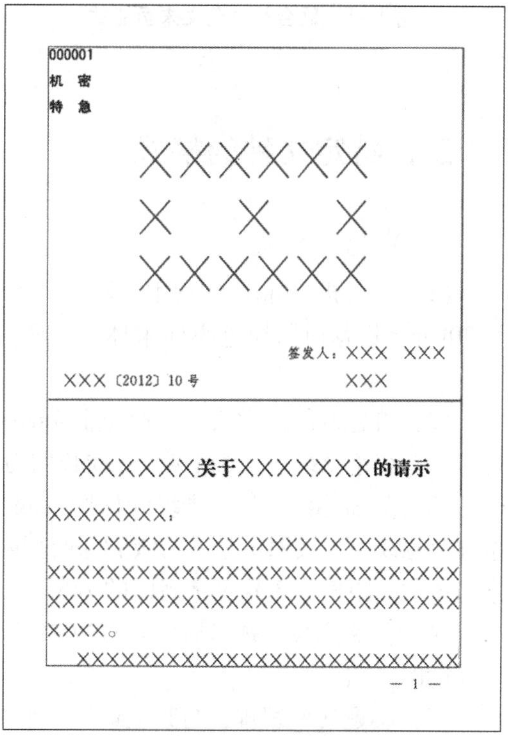

注：版心实线框仅为示意，在印制公文时并不印出。

图2－4　联合行文公文首页版式2

注：版心实线框仅为示意，在印制公文时并不印出。

图2-5　联合行文公文末页版式1

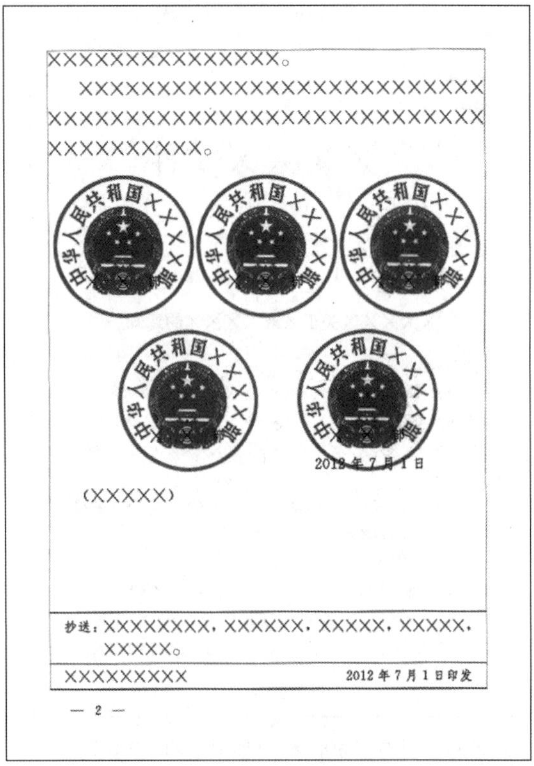

注：版心实线框仅为示意，在印制公文时并不印出。

图2-6　联合行文公文末页版式2

三、特定文种的格式

（一）信函格式

（1）发文机关标志。使用发文机关全称或者规范化简称，居中排布，上边缘至上页边为30mm，推荐使用红色小标宋体字。联合行文时，使用主办机关标志。注意，不再使用“文件”二字。

（2）红色双线。发文机关标志下4mm处印一条红色双线（上粗下细），距下页边20mm处印一条红色双线（上细下粗），线长均为170mm，居中排布。

（3）如需标注份号、密级和保密期限、紧急程度，应当顶格居版心左边缘编排在第一条红色双线下，按照份号、密级和保密期限、紧急程度的顺序自上而下分行排列，第一个要素与该线的距离为3号汉字高度的7/8。

（4）发文字号。顶格居版心右边缘编排在第一条红色双线下，与该线的距离为3号汉字高度的7/8。

（5）标题居中编排，与其上最后一个要素相距两行。

（6）第二条红色双线上一行如有文字，与该线的距离为3号汉字高度的7/8。

（7）首页不显示页码。因为位置已经被红色双线占用。

（8）版记。位于公文最后一面版心内最下方。不加印发机关（部门）和印发日期、分隔线。

（二）命令（令）格式

（1）发文机关标志。由发文机关全称加“命令”或“令”字组成，居中排布，上边缘至版心上边缘为20mm，推荐使用红色小标宋体字。

（2）令号。发文机关标志下空二行居中编排令号，令号下空两行编排正文。

（3）签发人职务、签名章和成文日期的编排从前文规定。

（三）纪要格式

（1）纪要标志。由“□□□□□□纪要”组成，居中排布，上边缘至版心上边缘为35mm，推荐使用红色小标宋体字。说明，在本章中省略的字一律用□代替，不用×，因为□更符合中国传统，也有助于表现公文的庄重。

（2）出席人员名单。在正文或附件说明下空一行左空二字，用3号黑体字编排“出席”二字，后标全角冒号。冒号后用3号仿宋体字标注出席人单位、姓名，回行时与冒号后的首字对齐。

（3）请假和列席人员名单。规则同上条，将“出席”改为“请假”或“列席”。

纪要格式中的其他要素可以根据实际情况自行制定。

以上是文件正本的格式，制作公文时应当遵循。必须指出的是，文件在引用时，如在政府正式出版物（如《国务院公报》）上刊登等，格式都会做相应的调整，我们称之为“引用格式”，通常会省去“版头”“版记”两类要素，甚至正文的字体、字号也会有调整，本章下面的许多例文也参照了这种处理方式。这只是为了学习写作内容以及排版等原因而进行的经过处理的“案例”，而不是国家规定的“党政机关公文格式”。许多公文写作论著中格式的讹误甚多，都是出于这种误读。

第三节　党政公文的拟制和办理

《党政机关公文处理工作条例》（以下简称《条例》）第五章为“公文的拟制”，拟制又可细分为起草、审核、签发等程序。秘书应当重点学习起草和审核的规定，起草侧重于对草拟的秘书的要求，审核侧重于对办公厅、室领导的要求，但是，也包含了行文、内容和形式上的要求，秘书只有把二者融会贯通，才能写出高质量的公文。现将相关规定引述如下。

《条例》第十九条规定：

“公文起草应当做到：

（一）符合党的理论路线方针政策和国家法律法规，完整准确体现发文机关意图，并同现行有关公文相衔接。

（二）一切从实际出发，分析问题实事求是，所提政策措施和办法切实可行。

（三）内容简洁，主题突出，观点鲜明，结构严谨，表述准确，文字精练。

（四）文种正确，格式规范。

（五）深入调查研究，充分进行论证，广泛听取意见。

（六）公文涉及其他地区或者部门职权范围内的事项，起草单位必须征求相关地区或者部门意见，力求达成一致。

（七）机关负责人应当主持、指导重要公文起草工作。"

第二十条规定：

"公文文稿签发前，应当由发文机关办公厅（室）进行审核。审核的重点是：

（一）行文理由是否充分，行文依据是否准确。

（二）内容是否符合党的理论路线方针政策和国家法律法规；是否完整准确体现发文机关意图；是否同现行有关公文相衔接；所提政策措施和办法是否切实可行。

（三）涉及有关地区或者部门职权范围内的事项是否经过充分协商并达成一致意见。

（四）文种是否正确，格式是否规范；人名、地名、时间、数字、段落顺序、引文等是否准确；文字、数字、计量单位和标点符号等用法是否规范。

（五）其他内容是否符合公文起草的有关要求。"

公文撰制首先要符合党政行为的生效要件，即

（1）主体合法、适格。发布党政公文的主体必须是党政机关，而不是一般的企事业单位、群众自治组织或其他组织。

（2）职权合法。党政公文所指涉的事项必须是党章、宪法法律规定的事项与职权。"依法执政，既要求党依据宪法法律治国理政，也要求党依据党内法规管党治党。必须坚持党领导立法、保证执法、支持司法、带头守法，把依法治国基本方略同依法执政基本方式统一起来。"（《中共中央关于全面推进依法治国若干重大问题的决定》）国务院领导同志也指出："一方面，要拿出完整的'权力清单'，政府应该干什么，'法无授权不可为'，这样才能防止公权滥用，减少寻租现象，使政府真正履行为人民、为大众服务的职责。另一方面，要给出'负面清单'，政府要让企业明了不该干什么，可以干什么，'法无禁止皆可为'，以形成公开透明、预期稳定的制度安排，促进企业创新活力充分迸发。还有一方面，就是要理出'责任清单'，政府该怎么管市场，'法定职责必须为'，以建立诚信经营、公平竞争的市场环境，激发企业动力，鼓励创新创造。"（李克强 2014 年夏季达沃斯开幕式特别致辞）

（3）内容合法。公文内容必须符合党的理论路线方针政策、法律法规和上级机关的规定。

（4）程序合法。发布党政公文的程序符合党章与法律规定的步骤、方式、方法、时限和顺序。如《中国共产党章程》第十二条规定："党的中央和地方各级委员会在必要时召集代表会议，讨论和决定需要及时解决的重大问题。"《中华人民共和国行政处罚法》第三条规定："没有法定依据或者不遵守法定程序的，行政处罚无效。"第四十一条规定："行政机关及其执法人员在作出行政处罚决定之前，不依照本法第三十一条、第三十二条的规定向当事人告知给予行政处罚的事实、理由和依据，或者拒绝当事人的陈述、申辩，行政处罚决定不能成立；当事人放弃陈述或申辩的除外。"

公文办理程序包括收文办理、发文办理和整理归档。跟秘书写作关系密切的是发文办理。

《条例》第二十五条规定：

"发文办理主要程序是：

（一）复核。已经发文机关负责人签批的公文，印发前应当对公文的审批手续、内容、文种、格式等进行复核；需作实质性修改的，应当报原签批人复审。

（二）登记。对复核后的公文，应当确定发文字号、分送范围和印制份数并详细记载。

（三）印制。公文印制必须确保质量和时效。涉密公文应当在符合保密要求的场所印制。

（四）核发。公文印制完毕，应当对公文的文字、格式和印刷质量进行检查后分发。”

完成发文程序的公文，才真正进入公文的流转体系，对外发生法定效力。

第四节　指挥性公文——决议、公报

2012版《党政机关公文处理工作条例》是对旧《条例》和旧《办法》[①] 的合并与完善，在文种上，二者合取共15种，虽然最晚近的《存款保险条例》于2015年2月17日由国务院第660号令发布，说明“条例”文种仍很活跃，但是，12版条例取消了“条例”作为通用公文的资格，因此新条例共有15种文体。新《党政机关公文处理工作条例》保留了“决议”和“公报”这两种基本上党的机关才使用的公文，我们在本节中介绍它们写作的要点。

一、决议

（一）决议的概念

决议在日常语言中有两个义项：①决定。②通过一定组织或者程序作出的判决、裁定。决议一词在《中国共产党党章》中共出现了10次，其中6次为“路线、方针、政策和决议”同现（第三、四、十五、三十一、四十四条），4次为“执行党的（代表大会的）决议”类语境（第一、二十一、二十五、二十六条），正好对应义项①、②。《党政机关公文处理工作条例》中规定决议“适用于会议讨论通过的重大决策事项”，其含义即为义项②，如《中国共产党党章》（2012年）规定：

> 中央委员会执行全国代表大会的决议。（第二十一条）
>
> 党的地方各级代表大会的职权是……讨论本地区范围内的重大问题并作出决议。（第二十五条）

形成与执行决议，是党的民主集中制组织原则的重要体现。《中国共产党章程》规定：

> 党员个人服从党的组织，少数服从多数，下级组织服从上级组织，全党各个组织和全体党员服从党的全国代表大会和中央委员会。
>
> 凡属重大问题都要按照集体领导、民主集中、个别酝酿、会议决定的原则，由党的委员

① 指1996年5月3日中共中央办公厅发布的《中国共产党机关公文处理条例》和2000年8月24日国务院发布的《国家行政机关公文处理办法》。

会集体讨论，作出决定。

并且，党的各级纪律检查委员会“检查党的路线、方针、政策和决议的执行情况”（第四十四条）。

我们应当注意，由于行政机关实行的是首长负责制，通常不适用“决议”文种，相近的情形都适用“决定”。

（二）决议的分类

（1）条规性决议，决议的内容为提出党内遵守的规范，或者是对既有规范性文件的修改，如《中国共产党第十八次全国代表大会关于〈中国共产党章程（修正案）〉的决议》（2012 年）。

（2）重大事项性决定，又可分为两类：①审议报告决议，如《中国共产党第十八次全国代表大会关于十七届中央委员会报告的决议》（2012 年 11 月 14 日中国共产党第十八次全国代表大会通过）；②重大现实、历史问题决议，如中共十一届六中全会一致通过的《关于建国以来党的若干历史问题的决议》（1981 年）。

（三）决议的格式与写法

一般会议通过的决议结构就如在报刊看到的形式，不使用红色版头，直接以标题开始，题下注明通过决议的会议名称、日期，然后是正文。

【例文 1】

中国共产党第十八次全国代表大会关于十七届中央委员会报告的决议

（2012 年 11 月 14 日中国共产党第十八次全国代表大会通过）

中国共产党第十八次全国代表大会批准胡锦涛同志代表十七届中央委员会所作的报告。报告高举中国特色社会主义伟大旗帜，以马克思列宁主义、毛泽东思想、邓小平理论、“三个代表”重要思想、科学发展观为指导，分析了国际国内形势的发展变化，回顾总结了过去五年的工作和党的十六大以来的奋斗历程及取得的历史性成就，确立了科学发展观的历史地位，提出了夺取中国特色社会主义新胜利的基本要求，确定了全面建成小康社会和全面深化改革开放的目标，对新的时代条件下推进中国特色社会主义事业作出了全面部署，对全面提高党的建设科学化水平提出了明确要求。报告描绘了全面建成小康社会、加快推进社会主义现代化的宏伟蓝图，为党和国家事业进一步发展指明了方向，是全党全国各族人民智慧的结晶，是我们党团结带领全国各族人民夺取中国特色社会主义新胜利的政治宣言和行动纲领，是马克思主义的纲领性文献。

大会认为……

大会强调……

大会高度评价……

大会同意……

大会指出……

大会号召，全党全国各族人民高举中国特色社会主义伟大旗帜，更加紧密地团结在党中央周围，为全面建成小康社会而奋斗，不断夺取中国特色社会主义新胜利，共同创造中国人民和中华民族更加幸福美好的未来！

【例文2】

中国共产党上海市第十届委员会第九次全体会议决议①

（2015年7月16日中国共产党上海市第十届委员会第九次全体会议通过）

中国共产党上海市第十届委员会于2015年7月15日至16日召开第九次全体会议。

出席这次全会的有市委委员76人，市委候补委员4人。市纪委委员、有关方面负责同志和部分党的十八大上海代表、市第十次党代表大会代表列席了全会。

全会由市委常委会主持。……

全会充分肯定了市委常委会上半年工作。……

全会全面部署了下半年经济社会发展工作。……

全会号召，全市各级党组织和广大党员干部群众要紧密团结在以习近平同志为总书记的党中央周围，解放思想、振奋精神，攻坚克难、真抓实干，全面实现“十二五”发展目标，认真抓好“十三五”规划布局，加快向具有全球影响力的科技创新中心进军，努力当好全国改革开放排头兵、创新发展先行者，为建设“四个中心”和社会主义现代化国际大都市而奋斗！

二、公报

（一）公报的概念

广义的公报有三种：

1. 党政机关进行国内管理的公告性文件

《党政机关公文处理工作条例》所称的公报就是这种，“适用于公布重要决定或者重大事项”。就目前的实践情况，公报通常用于中共中央重要会议情况及其决定事项的新闻发布，行政机关并未使用。因此，《党政机关公文处理工作条例》的文辞可以解释为：“公报适用于公布重要会议的决定或者重大事项。”而目前还未见到“重大事项”使用公报的情况，后续情况有待观察。

2. 党政及其他国家机关发表文件的“正式出版物”

如《中华人民共和国全国人民代表大会常务委员会公报》《国务院公报》《中华人民共和国最高人民法院公报》《广东省人民政府公报》等，用于公布本机关及其下级机关的中央文件。

3. 国际条约的一种形式

如中美三个联合公报：1972年2月28日签订的《中华人民共和国和美利坚合众国联合

① 地方党委实际上是以决议来代替会议公报。

公报》(《上海公报》)、1978年12月15日中美两国发表的《中华人民共和国和美利坚合众国关于建立外交关系的联合公报》(《中美建交公报》)和1982年8月17日签订的《中华人民共和国和美利坚合众国联合公报》(《八一七公报》)。

（二）公报的格式与写法

公报的标题和题注与决议相同，正文写法与新闻文体中的“消息”相比，只是主体部分比较详细而已。

【例文】

中国共产党第十八届中央委员会第四次全体会议公报①

(2014年10月23日中国共产党第十八届中央委员会第四次全体会议通过)

中国共产党第十八届中央委员会第四次全体会议，于2014年10月20日至23日在北京举行。

出席这次全会的有，中央委员199人，候补中央委员164人。中央纪律检查委员会常务委员会委员和有关方面负责同志列席了会议。党的十八大代表中部分基层同志和专家学者也列席了会议。

全会由中央政治局主持。中央委员会总书记习近平作了重要讲话。

全会听取和讨论了习近平受中央政治局委托作的工作报告，审议通过了《中共中央关于全面推进依法治国若干重大问题的决定》。习近平就《决定（讨论稿)》向全会作了说明。

全会充分肯定党的十八届三中全会以来中央政治局的工作。一致认为，党的十八届三中全会以来，国际形势错综复杂，国内改革发展任务极为繁重，中央政治局全面贯彻党的十八大和十八届一中、二中、三中全会精神，高举中国特色社会主义伟大旗帜，以邓小平理论、“三个代表”重要思想、科学发展观为指导，深入贯彻习近平总书记系列重要讲话精神，团结带领全党全军全国各族人民，统筹国内国际两个大局，牢牢把握稳中求进工作总基调，保持战略定力，以全面深化改革推动各项工作，注重从思想上、制度上谋划涉及改革发展稳定、内政外交国防、治党治国治军的战略性、全局性、长远性问题。中央政治局适应经济发展新常态，创新宏观调控思路和方式，积极破解经济社会发展难题，着力保障和改善民生，基本完成党的群众路线教育实践活动，坚定不移反对腐败，有效应对各种风险挑战，各方面工作取得新成效，党和国家事业发展打开新局面。

全会高度评价长期以来特别是党的十一届三中全会以来我国社会主义法治建设取得的历史性成就，研究了全面推进依法治国若干重大问题，认为全面建成小康社会、实现中华民族伟大复兴的中国梦，全面深化改革、完善和发展中国特色社会主义制度，提高党的执政能力和执政水平，必须全面推进依法治国。

全会提出，……作用。

全会强调，……

……

① 新华社北京10月23日电。

全会明确了全面推进依法治国的重大任务，这就是：完善以宪法为核心的中国特色社会主义法律体系，加强宪法实施；深入推进依法行政，加快建设法治政府；保证公正司法，提高司法公信力；增强全民法治观念，推进法治社会建设；加强法治工作队伍建设；加强和改进党对全面推进依法治国的领导。

全会提出，法律是治国之重器，良法是善治之前提。……

……

全会强调，党的领导是全面推进依法治国、加快建设社会主义法治国家最根本的保证。……

全会分析了当前形势和任务，强调全党同志要把思想和行动统一到中央关于全面深化改革、全面推进依法治国重大决策部署上来，审时度势、居安思危，既要有抓住和用好重要战略机遇期推进改革发展的战略定力，又要敏锐把握国内外环境的变化，以钉钉子精神，继续做好保持经济持续健康发展工作，继续做好改善和保障民生特别是帮扶困难群众工作，继续做好作风整改工作，继续做好从严治党工作，继续做好保持社会和谐稳定工作，为明年开局打好基础。

全会按照党章规定，决定递补中央委员会候补委员马建堂、王作安、毛万春为中央委员会委员。

全会审议并通过了中共中央纪律检查委员会关于李东生、蒋洁敏、王永春、李春城、万庆良严重违纪问题的审查报告，审议并通过了中共中央军事委员会纪律检查委员会关于杨金山严重违纪问题的审查报告，确认中央政治局之前作出的给予李东生、蒋洁敏、杨金山、王永春、李春城、万庆良开除党籍的处分。

全会号召，全党同志和全国各族人民紧密团结在以习近平同志为总书记的党中央周围，高举中国特色社会主义伟大旗帜，积极投身全面推进依法治国伟大实践，开拓进取，扎实工作，为建设法治中国而奋斗！

第五节　指挥性公文二——决定、命令

一、决定

（一）决定的概念

《党政机关公文处理工作条例》规定，决定“适用于对重要事项作出决策和部署、奖惩有关单位和人员、变更或者撤销下级机关不适当的决定事项”。决定文种通常由党政机关以组织的名义发文，不以会议的名义发文，这一点是“决定”和“决议”“公报”的重要区别，如《中共中央、国务院关于深化供销合作社综合改革的决定》（中发〔2015〕11 号）、《中共中央关于全面深化改革若干重大问题的决定》（中发〔2013〕12 号）、《国务院关于加快发展民族教育的决定》（国发〔2015〕46 号）。

（二）决定的分类

决定的适用范围很广，各级机关、大小事项都能使用决定文种，目前学术界的分类也很多。我们认为，依照决定的作用和目的可以分为规范性决定和处理性决定两大类。

1. 规范性决定

即制定党政规范的决定，如上文提及的三个决定，以及中国证券监督管理委员会《关于修改〈证券市场禁入规定〉的决定》（第115号令）。

这种决定不宜像有些学者那样称为“法规性决定”。法规性文件另有“条例”等一套名称。《中国共产党党内法规制定条例》规定，“党内法规的名称为党章、准则、条例、规则、规定、办法、细则”（第四条），并且“党内法规的内容应当用条款形式表述，不同于一般不用条款形式表述的决议、决定、意见、通知等规范性文件”（第五条）。国务院《行政法规制定程序条例》第四条规定：

行政法规的名称一般称“条例”，也可以称“规定”、“办法”等。国务院根据全国人民代表大会及其常务委员会的授权决定制定的行政法规，称“暂行条例”或者“暂行规定”。

国务院各部门和地方人民政府制定的规章不得称“条例”。

2. 处理性决定

所有不能反复适用的决定都归入此类。根据《党政机关公文处理工作条例》的规定，又可分为以下三种：

（1）指挥性决定，适用于对重要事项作出决策和部署。例如，《国务院关于取消非行政许可审批事项的决定》（国发〔2015〕27号）：

经研究论证，国务院决定，在前期大幅减少部门非行政许可审批事项的基础上，再取消49项非行政许可审批事项，将84项非行政许可审批事项调整为政府内部审批事项。今后不再保留“非行政许可审批”这一审批类别。

（2）奖惩性决定，适用于奖惩有关单位和人员。例如：

国务院关于2014年度国家科学技术奖励的决定

国发〔2015〕4号

各省、自治区、直辖市人民政府，国务院各部委、各直属机构：

为全面贯彻党的十八大和十八届二中、三中、四中全会精神，大力实施科教兴国战略、人才强国战略和创新驱动发展战略，国务院决定，对为我国科学技术进步、经济社会发展、国防现代化建设作出突出贡献的科学技术人员和组织给予奖励。

根据《国家科学技术奖励条例》的规定，经国家科学技术奖励评审委员会评审、国家科学技术奖励委员会审定和科技部审核，国务院批准并报请国家主席习近平签署，授予于敏院士国家最高科学技术奖；国务院批准，授予“网络计算的模式及基础理论研究”国家自然科学奖一等奖，授予“哺乳动物多能性干细胞的建立与调控机制研究”等45项成果国家自然科学奖二等奖，授予“甲醇制取低碳烯烃（DMTO）技术”等3项成果国家技术发明奖一等奖，授予“水稻籼粳杂种优势利用相关基因挖掘与新品种培育”等67项成果国家技术发明奖二等奖，授予“天河一号高效能计算机系统”等3项成果国家科学技术进步奖特等奖，授予“我国首次对甲型H1N1流感大流行有效防控及集成创新性研究”等26项成果国家科学技术进步奖一等奖，授予“工业工程振动控制关键技术研究与应用”等173项成果国家科学技术进步奖二等奖，授予若列斯·伊万诺维奇·阿尔费罗夫等7名外国专家和美国德州大学MD安德森癌症中心中华人民共和国国际科学技术合作奖。

全国科学技术工作者要向于敏院士及全体获奖者学习，继续发扬求真务实、勇于创新的科学精神，深入实施创新驱动发展战略，坚定不移走中国特色自主创新道路，为加快建设创新型国家、全面建成小康社会，实现“两个一百年”奋斗目标和中华民族伟大复兴的中国梦作出新的更大贡献。

国 务 院

2015年1月6日

（3）监督性决定，适用于变更或者撤销下级机关不适当的决定事项。根据《中华人民共和国宪法》第八十九条的规定，国务院的职权包括：

（十三）改变或者撤销各部、各委员会发布的不适当的命令、指示和规章。

（十四）改变或者撤销地方各级国家行政机关的不适当的决定和命令。

《地方各级人民代表大会和地方各级人民政府组织法》第五十九条规定，县级以上的地方各级人民政府行使下列职权：

（三）改变或者撤销所属各工作部门的不适当的命令、指示和下级人民政府的不适当的决定、命令。

《中华人民共和国行政复议法》规定，复议机关可以决定维持、撤销、变更具体行政行为或者确认具体行政行为违法。凡此种种，实际上都是对上级机关对下级机关监督权的规定，因此我们把此类决定称为监督性决定。“变更”一词显然也源自行政复议的相关用语。

监督性决定不常见，行政机关也出于爱护下级机关的考虑往往不公布。在行政复议中的监督性决定比较常见，不过名称往往是“行政复议决定书”，而不是“决定”，因此本书不再举例。

（三）决定的格式与写作

决定格式的必备要素包括：发文机关标志、发文字号、标题、主送机关、正文、发文机关署名、成文日期、印章、印发机关和印发日期、页码等。例外的情形是，“中共中央文件”经全国代表大会或者中央全会通过后，径直把通过程序和时间作为题注标示在标题下，外加圆括号，文尾省去生效标识，形式如例文2。

决定的类型不同，其正文的写作方法亦不相同。

（1）规范性决定应参照法律法规的写法，以章节条款形式为骨干，条理清楚，结构完整，法理充分，契合实践。导语部分说明发文的缘由、政策与法律依据。主体部分说明决定的具体事项、处理与奖惩及落实措施等。尾部说明生效条款或者既往文件的废止等。

（2）指挥性决定的正文由缘起、决定的内容和要求三部分组成。缘起通常是新情况或者新的文件或者上级精神。决定的内容应说明决定事项具体情形、对策与执行要求。对内容较多的决定，可分条、款、项陈述。

（3）奖惩性决定。正文先说明奖惩的缘由、奖惩的依据、奖惩的种类和幅度，最后总结经验或者教训，提出希望、号召或者是警诫、要求。表彰对象较多的时候，可以增加附件。

（4）监督性决定与复议决定书的写照相似，先交代案件的来源，再说明调查过程、结论与证据，变更或者撤销的决定及理由，对下级机关进一步的具体要求。

【例文1①】

国务院关于实施银行卡清算机构准入管理的决定

国发〔2015〕22号

各省、自治区、直辖市人民政府，国务院各部委、各直属机构：

为完善我国银行卡清算服务的市场化机制，防范清算风险，维护支付体系稳定，保护持卡人合法权益，进一步促进银行卡清算市场有序竞争和健康发展，现作出如下决定：

一、对银行卡清算机构实施准入管理

在中华人民共和国境内从事银行卡清算业务，应当向中国人民银行提出申请，经中国人民银行征求中国银行业监督管理委员会同意后予以批准，依法取得银行卡清算业务许可证，成为专门从事银行卡清算业务的机构（以下简称银行卡清算机构）。未依法取得银行卡清算业务许可证的，不得从事银行卡清算业务，本决定另有规定的除外。

本决定所称银行卡清算业务，是指通过制定银行卡清算标准和规则，运营银行卡清算业务系统，授权发行和受理本银行卡清算机构品牌的银行卡，并为发卡机构和收单机构提供其品牌银行卡的机构间交易处理服务，协助完成资金结算的活动。

根据本决定，中国人民银行会同中国银行业监督管理委员会制定行政许可条件、程序的实施细则，以及相关审慎性监督管理措施，依法向符合条件的申请人颁发银行卡清算业务许可证，并按照分工实施监督管理，共同防范银行卡清算业务系统性风险。

二、申请成为银行卡清算机构应当符合的条件和程序

（一）申请成为银行卡清算机构的，应当为依据《中华人民共和国公司法》设立的企业法人，并符合以下条件：

1. 具有不低于10亿元人民币的注册资本。

2. 至少具有符合规定条件的持股20%以上的单一主要出资人，或者符合规定条件的合计持股25%以上的多个主要出资人，前述主要出资人申请前一年总资产不低于20亿元人民币或者净资产不低于5亿元人民币，且提出申请前应当连续从事银行、支付或者清算等业务5年以上，连续盈利3年以上，最近3年无重大违法违规记录；其他单一持股比例超过10%

① 编者对格式做了技术处理。

的出资人净资产不低于2亿元人民币，具有持续盈利能力、信誉良好，最近3年无重大违法违规记录。

3. 有符合国家标准、行业标准的银行卡清算标准体系。

4. 在中华人民共和国境内具备符合规定要求、能够独立完成银行卡清算业务的基础设施和异地灾备系统。

5. 董事和高级管理人员应当取得中国人民银行征求中国银行业监督管理委员会同意后核准的任职资格。

6. 具备符合规定的内部控制、风险防范、信息安全保障和反洗钱措施等其他审慎性条件。

银行业金融机构申请发起设立或者投资于银行卡清算机构的，应当依法报经中国银行业监督管理委员会批准。

（二）申请成为银行卡清算机构的，应当按规定向中国人民银行提出筹备申请，中国人民银行在征求中国银行业监督管理委员会同意后，自受理之日起90日内作出批准或者不予批准筹备的决定。申请人应当自获准筹备之日起1年内完成筹备工作，筹备期间不得从事银行卡清算业务。

筹备工作完成后，申请人具备许可条件的，可以向中国人民银行提出开业申请。中国人民银行在征求中国银行业监督管理委员会同意后，自受理之日起90日内作出批准或者不予批准开业的决定。决定批准的，中国人民银行在征求中国银行业监督管理委员会同意后，颁发银行卡清算业务许可证。

申请人应当在取得银行卡清算业务许可证之日起6个月内，正式开办银行卡清算业务。

（三）银行卡清算机构设立分支机构、分立或者合并，变更名称、注册资本、单一持股比例超过10%的出资人、银行卡清算品牌，更换董事和高级管理人员，终止部分或者全部银行卡清算业务及解散的，应当向中国人民银行提出申请。中国人民银行在征求中国银行业监督管理委员会同意后，自受理之日起90日内作出批准或者不予批准的决定。

三、对银行卡清算机构的业务管理要求

（一）银行卡清算机构开展银行卡清算业务，应当使用其自有的或者出资人所有的银行卡清算品牌。

（二）银行卡清算机构不得限制发卡机构和收单机构与其他银行卡清算机构开展合作。

（三）银行卡清算机构应当确保银行卡清算业务基础设施安全、高效和稳定，确保交易数据完整、真实；应当通过境内银行卡清算业务基础设施处理与境内发卡机构或者收单机构之间的业务，并在境内完成资金结算。

（四）银行卡清算机构应当对从银行卡清算业务中获取的信息予以保密，除法律法规另有规定外，未经当事人授权不得对外提供。在中国境内收集的有关个人金融信息的储存、处理和分析应当在中国境内进行，为处理银行卡跨境交易且经当事人授权的除外。

四、对外资银行卡清算机构的管理规定

（一）境外机构为中华人民共和国境内主体提供银行卡清算服务的，应当依法在中华人民共和国境内设立外商投资企业，并根据本决定规定的条件和程序取得银行卡清算业务许可证；仅为跨境交易提供外币的银行卡清算服务的，原则上无须在境内设立银行卡清算机构，但应当就业务开展情况向中国人民银行和中国银行业监督管理委员会报告，并遵循相关业务管理要求。

（二）外国投资者并购银行卡清算机构的，应当按照相关规定进行外资并购安全审查。

五、其他规定

本决定施行前已经在中华人民共和国境内从事银行卡清算业务的机构，应当自本决定施行之日起1年内，依照本决定的规定申请银行卡清算业务许可证或者向中国人民银行和中国银行业监督管理委员会报告业务开展情况。逾期未申请银行卡清算业务许可证的，不得继续从事银行卡清算业务；逾期未报告业务开展情况的，由中国人民银行责令限期改正。

本决定自2015年6月1日起施行。

（国务院印章①）
2015年4月9日

【例文2】中共中央文件首页：

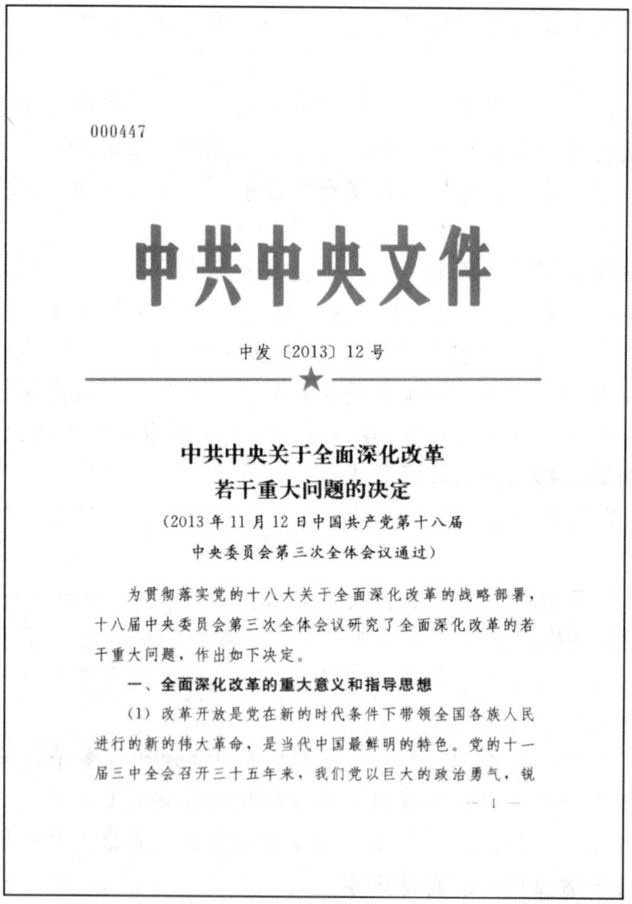

000447

中共中央文件

中发〔2013〕12号

★

中共中央关于全面深化改革若干重大问题的决定

（2013年11月12日中国共产党第十八届中央委员会第三次全体会议通过）

为贯彻落实党的十八大关于全面深化改革的战略部署，十八届中央委员会第三次全体会议研究了全面深化改革的若干重大问题，作出如下决定。

一、全面深化改革的重大意义和指导思想

（1）改革开放是党在新的时代条件下带领全国各族人民进行的新的伟大革命，是当代中国最鲜明的特色。党的十一届三中全会召开三十五年来，我们党以巨大的政治勇气，锐

— 1 —

图2－7　中共中央文件首页

① 根据对《国务院关于机关事业单位工作人员养老保险制度改革的决定》（国发〔2015〕2号）、《国务院关于开展第一次全国地理国情普查的通知》（国发〔2013〕9号）的图片观察，“国务院文件”不使用发文机关署名要素。

二、命令（令）

（一）命令（令）的概念

在行政法中，“命令”往往和“决定”对举，意指对相对人的拘束性指示、要求；而“决定”更强调对客体的处置和安排。例如，《中华人民共和国宪法》：

第八十九条　国务院行使下列职权：

（一）根据宪法和法律，规定行政措施，制定行政法规，发布决定和命令。

第一百零七条　县级以上地方各级人民政府依照法律规定的权限，管理本行政区域内的经济、教育、科学、文化、卫生、体育事业、城乡建设事业和财政、民政、公安、民族事务、司法行政、监察、计划生育等行政工作，发布决定和命令，任免、培训、考核和奖惩行政工作人员。

第六十二条　全国人民代表大会行使下列职权：

（十三）决定特别行政区的设立及其制度；

（十四）决定战争和和平的问题。

注意，这些规定中所称的命令并不完全是在文种的意义上说的。《中华人民共和国宪法》没有提及乡镇人民政府制定命令的权力，表明它们通常没有制定“行政措施”（规范性文件）的必要和职权。

作为文种的命令（令），其概念由《党政机关公文处理工作条例》规定，“适用于公布行政法规和规章、宣布施行重大强制性措施、批准授予和晋升衔级、嘉奖有关单位和人员。”值得注意的是，《中国共产党机关公文处理条例》（中办发〔1996〕14号）中的“指示”文种被撤销，2012年版《党政机关公文处理工作条例》相对增加了“命令（令）”文种，二者在功能上有部分继承关系。

命、令在古代汉语中本略有区别，《说文解字》：“命，使也。”朱骏声按：“在事为令，在言为命，散文则通，对文则别。令当训使也，命当训发号也。”今天已经没有这样的分别了。

（二）命令（令）的特点

1．权威性和强制性

其实，所有的下行文基于上级对下级的指挥权都有这样的特性，很多夸大其词的说法都是妄作解人。《党政机关公文处理工作条例》将“命令（令）”摆列在第三的顺序上，只是说明它在公文中“郑重性”程度较高。至于具体事项，与机关级别的高低紧密关联。同样的事项，低级机关也许用“命令（令）”行文，而高级机关也许用“函”行文。当然，上文已经指出，从语义上看，命令强调对相对人的拘束性，如果不执行会面临不利的后果。

2．主体的特定性

“命令（令）”是党政公文的主要文体，大多数党政机关都有权力发布，但是，最基础的机关除外。另外，党政机关之外的机关（如人大、国家主席、军委、最高法院、最高检等系统）也有权力发布命令（而很多学者却误以为其他机关没有），只是它们不在《党政机关公文处理工作条例》的约束范围之内，不再赘述。

3．程序的特定性

命令（令）的发布必须依照党政机关的内部程序，如代表大会、党委、政府常务会议表决等，并且非经同样程序不得变更或者撤销。形式上，“命令（令）”通常由机关法定代表人签发。

（三）命令（令）的分类

按照《党政机关公文处理工作条例》的规定，“命令（令）”可大致分出四种基本类型。

1．公布令

“适用于公布行政法规和规章”，专属于行政机关。根据地方组织法的规定，“命令（令）”公报的对象应扩展到县级政府制定的规范性文件。“行政法规”是指国务院制定和颁布的规范性文件。“规章”指国务院组成部门及直属机构，省、自治区、直辖市人民政府及省、自治区政府所在地的市和设区市的人民政府制定的规范性文件。例如：

中华人民共和国国务院令

第660号

《存款保险条例》已经2014年10月29日国务院第67次常务会议通过，现予公布，自2015年5月1日起施行。

总 理　李 克 强①

2015年2月17日

2．强制令

宣布施行重大强制性行政措施的命令。所谓“重大强制性行政措施”是指在较大范围内对不特定人采取的“在一定期限内暂时限制或剥夺其人身自由的一种法定强制方法”。对照《中华人民共和国宪法》和《中华人民共和国戒严法》，实际上指的就是戒严和紧急状态。《中华人民共和国宪法》第八十九条规定，国务院职权含“依照法律规定决定省、自治区、直辖市的范围内部分地区进入紧急状态”。《中华人民共和国戒严法》第二款规定：“省、自治区、直辖市的范围内部分地区的戒严，由国务院决定，国务院总理发布戒严令。”实践中的先例有《国务院关于在西藏自治区拉萨市实行戒严的命令》（国发［1989］20号，年份依当年格式用方括号）等。

应当指出，《中华人民共和国人民警察法》第十七条规定的“现场管制”通常应适用“通告”文种。

3．委任衔级令

适用于“批准授予和晋升衔级”。通常不同级别的官员由相应级别的行政机关任命或者

① 这里只是为了说明格式做了技术处理。正本原件是李克强总理的手书体签名章。

授予。例如，根据《中华人民共和国香港特别行政区基本法》《中华人民共和国澳门特别行政区基本法》的规定，香港、澳门“行政长官在当地通过选举或协商产生，由中央人民政府任命”。《中华人民共和国海关关衔条例》规定，海关总监、海关副总监、一级关务监督、二级关务监督由国务院总理批准授予。例如，《国务院关于授予和晋升赵福地等5名同志海关关衔的命令》（国函〔2007〕68号）。委任令适用的情形较少，党政通常的任命都是适用“通知”。

4. 嘉奖令

适用嘉奖有关单位和人员。例如，中国警察网2015年10月3日报道：“日前，国务委员、公安部部长郭声琨签署嘉奖令，对圆满完成中央代表团赴疆出席自治区成立60周年庆祝活动安保警卫任务的新疆维吾尔自治区公安机关和新疆生产建设兵团公安机关全体参战单位和民警予以通令嘉奖。”又如，国务委员、公安部部长郭声琨签发公奖字〔2014〕61号嘉奖令，对海南省公安机关圆满完成博鳌亚洲论坛2014年年会安全保卫任务给予通报嘉奖。

【例文】

关于给四川省公安机关全力投入雅安“4·20”抗震救灾任务的嘉奖令

公奖字〔2013〕15号

四川省公安厅：

今年4月20日，你省雅安市芦山县发生7.0级强烈地震，造成重大人员伤亡和财产损失。面对突如其来的特大自然灾害，你省各级公安机关和广大公安民警、公安现役官兵，在党中央、国务院和四川省委、省政府的坚强领导下，在公安部的协调指挥下，以灾情为命令，视时间如生命，充分发扬特别能吃苦、特别能战斗、特别能奉献的精神，临危不惧、勇往直前，舍生忘死、顽强拼搏，第一时间投入抗震救灾斗争，争分夺秒搜救被困群众，竭尽全力转移受伤人员，千方百计安置受灾群众。同时，紧紧依靠和发动群众，大力加强社会治安整体防控，积极维护道路交通秩序，不断强化灾民安置点等重点部位安全保卫，全力以赴做好灾区保平安、保畅通、保稳定各项工作，为维护灾区社会稳定、保护灾区人民生命财产安全作出了突出贡献。为此，特对四川省公安机关全体参战单位和民警予以通令嘉奖。

希望你们发扬成绩，再接再厉，以更加昂扬的斗志和更加饱满的工作热情，继续全力做好抗震救灾和维护灾区稳定各项工作，努力为夺取抗震救灾全面胜利作出新的更大的贡献。

此令。

公安部部长　郭声琨

2013年5月9日

（四）命令的格式与写作

《党政机关公文格式》为“命令（令）”规定了特定格式，在写作时格外注意它与通用格式的不同之处：“发文机关标志由发文机关全称加‘命令’或‘令’字组成，居中排布，上边缘至版心上边缘为20mm，推荐使用红色小标宋体字。”

实践中有两种写法：一是由发令机关名称、事由、文种构成。例如，公安部《关于给四川省公安机关全力投入雅安“4·20”抗震救灾任务的嘉奖令》。二是由发令机关名称加文种构成。例如，《中华人民共和国国务院令》。

发文机关标志下空二行居中编排令号，令号下空二行编排正文。

生效标识为“签发人职务、签名章和成文日期”。

四类命令（令）的具体写作要求分别为：

（1）公布令一般包含四项内容：被公布的文件名称、法定程序、公布的意思表示、生效时间。通常只写一段，不做论述。

（2）强制令应说明事实、理由、法律依据、法定程序、重大强制措施的形式、范围时间、执行机关等。

（3）委任衔级令应说明委任的依据，被委任人姓名、职务或者衔级。

（4）嘉奖令应写明被嘉奖单位或者个人的事迹、嘉奖依据、嘉奖形式和幅度等。

【例文】

中华人民共和国国务院令

第655号

依照《中华人民共和国澳门特别行政区基本法》的有关规定，根据澳门特别行政区第四任行政长官选举委员会选举产生的人选，任命崔世安为中华人民共和国澳门特别行政区第四任行政长官，于2014年12月20日就职。

总　理　　李　克　强

2014年9月17日

第六节　指挥性公文三——意见、通知

一、意见

（一）意见的概念

在日常语言中，意见指人的主观看法、主张，含有因人命运、身份、地位而纷杂的意思，例如：

1. 夫遭运无恒，意见偏杂，故是非之论，纷然相乖。（《后汉书·王充王符仲长统传论》）
2. 宜令百寮，各陈意见，以革其弊。（唐·元稹《钱货议状》）
3. 今六部奏事，公卿意见不同者，许其两议。（清·袁枚《随园随笔·两议》）

在西方哲学传统中，意见和知识相对。柏拉图认为，意见是关于物质世界的纷纭的现象和学问，是“变动不居的、虚假、虚幻的见解”，而知识是关于非物质世界或理念世界的学问，是“真正的永恒真理”。在公文写作语境中，“意见”通常指文种。它的前身是“指示”。指示在使用中逐渐显露出一些瑕疵。一是只能做下行文，不适用于向上级陈述意见，甚至请求上级转发，所以“流通性较弱”。二是“指示”往往有指令下级亦步亦趋的刻板印象，不利于条分缕析地描述事实、阐明理由。于是，“意见”应运而生。

《党政机关公文处理工作条例》规定，意见“适用于对重要问题提出见解和处理办法”。应当注意的是，“意见”排列在“决定”“命令”之后、“通知”之前，所以，所谓的“重要问题”通常较特别重大的问题要小，比通知的一般事项要大。例如《中共中央、国务院关于深化国有企业改革的指导意见》（中发〔2015〕22 号）所涉及的事项，相对于《中共中央关于全面深化改革若干重大问题的决定》（中发〔2013〕12 号）较小。但是，意见涉及的事项通常也是党政机关在一个时段的重要工作或者中心工作。有些学者认为，“决定”“命令”对下级的拘束是刚性，而“意见”相对而言是有“弹性”的，显然与党政机关的科层制度原理不合，不可采信。

（二）意见的分类

1. 指示性意见（或称下发意见）

它指上级直接下发给下级的意见。这类意见有独立的“行文资格”①，独立成文，独自下发。如《国务院关于开展农村承包土地的经营权和农民住房财产权抵押贷款试点的指导意见》（国发〔2015〕45 号），涉及“进一步深化农村金融改革创新，加大对‘三农’的金融支持力度，引导农村土地经营权有序流转，慎重稳妥推进农民住房财产权抵押、担保、转让试点，做好农村承包土地（指耕地）的经营权和农民住房财产权（以下统称‘两权’）抵押贷款试点工作”，事项重大，“试点涉及突破《中华人民共和国物权法》第一百八十四条、《中华人民共和国担保法》第三十七条等相关法律条款，由国务院按程序提请全国人大常委会授权，允许试点地区在试点期间暂停执行相关法律条款”。必须由国务院直接指挥管理。

2. 转发性意见

它指某个或某些职能部门主管有涉及全局工作的意见。这类意见通常经过两次流转才会到达真正需要执行的受文机关。转发性意见通常又称为“呈转性意见”，这是从最初的起草呈报机关角度而言的。例如，国家发展改革委《关于 2015 年深化经济体制改革重点工作的意见》（下文称为《意见》）第一次流转应当是，发改委向国务院请示转发该《意见》，国务院审查同意后，发出《国务院批转发展改革委关于 2015 年深化经济体制改革重点工作意见的通知》（国发〔2015〕26 号），《意见》被“请示”“通知”转运了两次，终于到达受文机关“各省、自治区、直辖市人民政府，国务院各部委、各直属机构”，他们负责贯彻落实。因此，从受文机关的角度看，应把此类意见称为“转发性意见”。国发〔2015〕26 号《意见》的内容（仅列小标题）为：

① “行文资格”是本书作者比照法学中的“民事行为能力”等概念发明的，用以区分那些“条例”“办法”“总结”“规划”“方案”等没有独立行文资格的非“主要公文”。

一、总体要求
二、持续简政放权，加快推进政府自身改革
三、深化企业改革，进一步增强市场主体活力
四、落实财税改革总体方案，推动财税体制改革取得新进展
五、推进金融改革，健全金融服务实体经济的体制机制
六、加快推进城镇化、农业农村和科技体制等改革，推动经济结构不断优化
七、构建开放型经济新体制，实施新一轮高水平对外开放
八、深化民生保障相关改革，健全保基本、兜底线的体制机制
九、加快生态文明制度建设，促进节能减排和保护生态环境
十、完善工作机制，确保改革措施落地生效

虽然这些事项由发改委统筹研究和设计，但是，由于事关全国，并且发改委对省市部委又没有节制权，必须请求共同上级国务院转发意见。上级机关对待呈转性意见有两种处理办法，认为重要的事项，以本机关的名义径行批转，如上文提及的国发〔2015〕26 号通知。认为相对一般的事项，交由办公厅、室转发，如《国务院办公厅转发银监会关于促进民营银行发展指导意见的通知》（国办发〔2015〕49 号）。

关于意见的行文方向需要做一点讨论。有学者认为“意见”可以作为上行文，我们认为不妥。第一，在《党政机关公文处理工作条例》中，“意见”是和其他下行文文种排列在一起的，因此是作为下行文看待的。第二，所谓“上行的意见”，其实是作为请示的附件出现的，“请示”是上行文，但“意见”不是。“规划”经常当做“请示”的附件（《福州市城市总体规划（2011—2020 年）》是《福建省人民政府关于报请审批福州市城市总体规划的请示》的附件），并没有人认为“规划”是上行文。

还有一种意见认为，“意见”可作为平行文，是对函的补充；函一般需要回函，而“意见”只作为沟通情况，供参考，不需要回复。我们认为这种观点也不正确。实践中并未见到这种“意见”的实例。从管理原理上看，平行的机关可以用函商洽工作，但是，不宜越职言事，对不相隶属机关指手画脚。

（三）意见的格式与写法

指示性意见按照普通的下行文格式写作，即包含发文机关标志、发文字号、标题、主送机关、正文、发文机关署名、成文日期、印章等要素。转发性意见作为请示的附件，应当采用引用格式，格式要素只有三项，依次是标题、发文机关署名、正文。

按照惯例，意见的篇幅较长。导言部分介绍意见的缘起，如背景、原因、目的、依据等。主体部分往往采用说明加议论的结构，意见具体内容可参照规范性文件的写法：一级标题用黑体字；二级标题用楷体字，并且其序号可以全文统一流水编排，如例文 2 那样。二级标题可以视为规范性文件的基本单位“条”，条下可以分款陈述。应当注意阐明问题的重要意义，说明方针政策调整变化的原因与具体尺度。对下级机关的指示应当既有原则性，又留有具体执行的自由裁量余地，不使下级机关削足适履、墨守成规、动辄得咎。

【例文 1】

国务院关于开展农村承包土地的经营权和农民住房财产权抵押贷款试点的指导意见①

国发〔2015〕45 号

各省、自治区、直辖市人民政府，国务院各部委、各直属机构：

为进一步深化农村金融改革创新，加大对“三农”的金融支持力度，引导农村土地经营权有序流转，慎重稳妥推进农民住房财产权抵押、担保、转让试点，做好农村承包土地（指耕地）的经营权和农民住房财产权（以下统称“两权”）抵押贷款试点工作，现提出以下意见。

一、总体要求

（一）指导思想。

全面贯彻党的十八大和十八届三中、四中全会精神，深入落实党中央、国务院决策部署，按照所有权、承包权、经营权三权分置和经营权流转有关要求，以落实农村土地的用益物权、赋予农民更多财产权利为出发点，深化农村金融改革创新，稳妥有序开展“两权”抵押贷款业务，有效盘活农村资源、资金、资产，增加农业生产中长期和规模化经营的资金投入，为稳步推进农村土地制度改革提供经验和模式，促进农民增收致富和农业现代化加快发展。

（二）基本原则。

一是依法有序。“两权”抵押贷款试点要坚持于法有据，遵守土地管理法、城市房地产管理法等有关法律法规和政策要求，先在批准范围内开展，待试点积累经验后再稳步推广。涉及被突破的相关法律条款，应提请全国人大常委会授权在试点地区暂停执行。

二是自主自愿。切实尊重农民意愿，“两权”抵押贷款由农户等农业经营主体自愿申请，确保农民群众成为真正的知情者、参与者和受益者。流转土地的经营权抵押需经承包农户同意，抵押仅限于流转期内的收益。金融机构要在财务可持续基础上，按照有关规定自主开展“两权”抵押贷款业务。

三是稳妥推进。在维护农民合法权益前提下，妥善处理好农民、农村集体经济组织、金融机构、政府之间的关系，慎重稳妥推进农村承包土地的经营权抵押贷款试点和农民住房财产权抵押、担保、转让试点工作。

四是风险可控。坚守土地公有制性质不改变、耕地红线不突破、农民利益不受损的底线。完善试点地区确权登记颁证、流转平台搭建、风险补偿和抵押物处置机制等配套政策，防范、控制和化解风险，确保试点工作顺利平稳实施。

二、试点任务

（一）赋予“两权”抵押融资功能，维护农民土地权益。在防范风险、遵守有关法律法规和农村土地制度改革等政策基础上，稳妥有序开展“两权”抵押贷款试点。加强制度建设，引导和督促金融机构始终把维护好、实现好、发展好农民土地权益作为改革试点的出发点和落脚点，落实“两权”抵押融资功能，明确贷款对象、贷款用途、产品设计、抵押价值评估、抵押物处置等业务要点，盘活农民土地用益物权的财产属性，加大金融对“三农”的支持力度。

---

① 本例文为指示性意见。

（二）**推进农村金融产品和服务方式创新，加强农村金融服务**。金融机构要结合“两权”的权能属性，在贷款利率、期限、额度、担保、风险控制等方面加大创新支持力度，简化贷款管理流程，扎实推进“两权”抵押贷款业务，切实满足农户等农业经营主体对金融服务的有效需求。鼓励金融机构在农村承包土地的经营权剩余使用期限内发放中长期贷款，有效增加农业生产的中长期信贷投入。鼓励对经营规模适度的农业经营主体发放贷款。

（三）**建立抵押物处置机制，做好风险保障**。因借款人不履行到期债务或者发生当事人约定的情形需要实现抵押权时，允许金融机构在保证农户承包权和基本住房权利前提下，依法采取多种方式处置抵押物。完善抵押物处置措施，确保当借款人不履行到期债务或者发生当事人约定的情形时，承贷银行能顺利实现抵押权。农民住房财产权（含宅基地使用权）抵押贷款的抵押物处置应与商品住房制定差别化规定。探索农民住房财产权抵押担保中宅基地权益的实现方式和途径，保障抵押权人合法权益。对农民住房财产权抵押贷款的抵押物处置，受让人原则上应限制在相关法律法规和国务院规定的范围内。

（四）**完善配套措施，提供基础支撑**。试点地区要加快推进农村土地承包经营权、宅基地使用权和农民住房所有权确权登记颁证，探索对通过流转取得的农村承包土地的经营权进行确权登记颁证。农民住房财产权设立抵押的，需将宅基地使用权与住房所有权一并抵押。按照党中央、国务院确定的宅基地制度改革试点工作部署，探索建立宅基地使用权有偿转让机制。依托相关主管部门建立完善多级联网的农村土地产权交易平台，建立“两权”抵押、流转、评估的专业化服务机制，支持以各种合法方式流转的农村承包土地的经营权用于抵押。建立健全农村信用体系，有效调动和增强金融机构支农的积极性。

（五）**加大扶持和协调配合力度，增强试点效果**。人民银行要支持金融机构积极稳妥参与试点，对符合条件的农村金融机构加大支农再贷款支持力度。银行业监督管理机构要研究差异化监管政策，合理确定资本充足率、贷款分类等方面的计算规则和激励政策，支持金融机构开展“两权”抵押贷款业务。试点地区要结合实际，采取利息补贴、发展政府支持的担保公司、利用农村土地产权交易平台提供担保、设立风险补偿基金等方式，建立“两权”抵押贷款风险缓释及补偿机制。保险监督管理机构要进一步完善农业保险制度，大力推进农业保险和农民住房保险工作，扩大保险覆盖范围，充分发挥保险的风险保障作用。

三、组织实施

（一）加强组织领导。……

（二）选择试点地区。……

（三）严格试点条件。……

（四）规范试点运行。……

（五）做好评估总结。……

（六）**取得法律授权**。试点涉及突破《中华人民共和国物权法》第一百八十四条、《中华人民共和国担保法》第三十七条等相关法律条款，由国务院按程序提请全国人大常委会授权，允许试点地区在试点期间暂停执行相关法律条款。

国　务　院

2015 年 8 月 10 日

【例文2】

国务院办公厅转发财政部发展改革委人民银行
关于在公共服务领域推广政府和社会资本
合作模式指导意见的通知①

国办发〔2015〕42号

各省、自治区、直辖市人民政府，国务院各部委、各直属机构：

财政部、发展改革委、人民银行《关于在公共服务领域推广政府和社会资本合作模式的指导意见》已经国务院同意，现转发给你们，请认真贯彻执行。

在公共服务领域推广政府和社会资本合作模式，是转变政府职能、激发市场活力、打造经济新增长点的重要改革举措。围绕增加公共产品和公共服务供给，在能源、交通运输、水利、环境保护、农业、林业、科技、保障性安居工程、医疗、卫生、养老、教育、文化等公共服务领域，广泛采用政府和社会资本合作模式，对统筹做好稳增长、促改革、调结构、惠民生、防风险工作具有战略意义。

各地区、各部门要按照简政放权、放管结合、优化服务的要求，简化行政审批程序，推进立法工作，进一步完善制度，规范流程，加强监管，多措并举，在财税、价格、土地、金融等方面加大支持力度，保证社会资本和公众共同受益，通过资本市场和开发性、政策性金融等多元融资渠道，吸引社会资本参与公共产品和公共服务项目的投资、运营管理，提高公共产品和公共服务供给能力与效率。

各地区、各部门要高度重视，精心组织实施，加强协调配合，形成工作合力，切实履行职责，共同抓好落实。

国务院办公厅
2015年5月19日

二、通知

在公文实践中，通知文种的使用频率最高，据统计，约占公文流转总量的50%。《党政机关公文处理工作条例》规定，“通知”适用于发布、传达要求下级机关执行和有关单位周知或者执行的事项，批转、转发公文。党政机关都是金字塔式的“科层机构”，各个上级机关指挥下级机关是实现其功能的主要方式，因此，下行文的数量远远大于上行文。“通知”使用的事项又有“细大不捐”的特点，形成了文种中的“一家独大”现象。于是，目前实践中误用“通知”的现象比比皆是。如下文：

国务院办公厅关于2015年部分节假日安排的通知

国办发明电〔2014〕28号

各省、自治区、直辖市人民政府，国务院各部委、各直属机构：

经国务院批准，现将2015年元旦、春节、清明节、劳动节、端午节、中秋节和国庆节

① 本例文为转发性意见。

放假调休日期的具体安排通知如下。

一、元旦： 1月1日至3日放假调休，共3天。1月4日（星期日）上班。

二、春节： 2月18日至24日放假调休，共7天。2月15日（星期日）、2月28日（星期六）上班。

三、清明节： 4月5日放假，4月6日（星期一）补休。

四、劳动节： 5月1日放假，与周末连休。

五、端午节： 6月20日放假，6月22日（星期一）补休。

六、中秋节： 9月27日放假。

七、国庆节： 10月1日至7日放假调休，共7天。10月10日（星期六）上班。

节假日期间，各地区、各部门要妥善安排好值班和安全、保卫等工作，遇有重大突发事件，要按规定及时报告并妥善处置，确保人民群众祥和平安度过节日假期。

国务院办公厅①
2014年12月16日

本“通知”属对不特定相对人（机关和社会公众）的告知，应适用“通告”或者“公告”文种。由文件涉及的假日安排事项来看，人力资源社会保障部作为发文主体更加合适，只需如上述引文一样标明“经国务院批准……现通告如下”即可。或者径由国务院发布亦可。国务院办公厅的这次错误说明，高级党政机关的文秘人员对公文理论的研究仍有不足。因此，我们有必要对“通知”进行深入研讨。

（一）通知的概念

“通知”一词在《现代汉语词典》中的释义是：“一把事项告诉人知道，二通知事项的文书或口信。”显然，通知是兼类词，作动词时，可英译为inform；作名词时，可英译为circular。由于在汉语中名词和动词同形，许多人误以为只要是把事项告知别人都必须用“通知”文种，这显然是误解。这两个义项只是日常语言中约定俗成的语义。

在行政法中，“把事项告诉人知道”用“告知”一词。如《中华人民共和国行政处罚法》第三十一条：“党政机关在作出行政处罚之前，应当告知当事人作出行政处罚的事实、理由及依据，并告知当事人依法享有的权利。”告知的对象不区分对特定人或不特定人。法律中对不特定人的告知称为公告。《中华人民共和国公务员法》第二十六条规定：“录用公务员，应当发布招考公告。招考公告应当载明招考的职位、名额、报考资格条件、报考需要提交的申请材料以及其他报考须知事项。”对特定人（即确定的相对人）的告知，行政法中用“通知”一词。《中华人民共和国行政处罚法》第四十二条第二项：“党政机关应当在听证的七日前，通知当事人举行听证的时间、地点。”又如，《中华人民共和国公务员法》第三十六条：“定期考核的结果分为优秀、称职、基本称职和不称职四个等次。定期考核的结果应当以书面形式通知公务员本人。”

在《党政机关公文处理工作条例》中，对“通告”和“通知”的一部分用途的规定的区别是隐晦的：“通告”适用于在一定范围内公布应当遵守或者周知的事项；“通知”适用

① 本通知原文为电报，不加盖印章，故发文机关署名和正文之间空一行。

于发布、传达要求下级机关执行和有关单位周知或者执行的事项。

看起来两种文体的使用范围是有重叠的，但是，关键在于“通告”（包括“公告”）是对（外部）不特定相对人的告知，而“通知”是对特定相对人的告知。反映在公文行款上，“通告”无主送项目，而“通知”必须标明主送。文秘人员对这一点理解的人较少。

作为行政公文种类名称的“通知”的含义，主要取决于有权机关的规定，又部分地受公文实务影响。《党政机关公文处理工作条例》规定：“‘通知’适用于发布、传达要求下级机关执行和有关单位周知或者执行的事项，批转、转发公文。”这是从适用范围来界定其内涵。根据公文发文者与收文者（下级机关）的相对关系，则“通知”显然属于下行文。

纵观《党政机关公文处理工作条例》，它是以内部管理——党政机关对内部组织、党员和公务员的管理为中心的，很少涉及外部行政——党政机关对国家事务和社会公共事务的管理（“公告、通告”算是例外）。因此，“通知”在习惯上并不包括外部对行政相对人的“通知”，甚至也不包括对内部公务员的“通知”，而分别地代之以“通知书”的名称。前者如《中华人民共和国海上海事行政处罚规定》（交通运输部令 2015 年第 8 号发布）第八十八条规定：

> 海事管理机构负责人对海事违法行为调查报告审查后，认为应当处以行政处罚的，海事管理机构应当制作海事违法行为通知书送达当事人，告知拟处以的行政处罚的事实、理由和证据，并告知当事人有权在收到该通知书之日起 3 日内进行陈述和申辩，对依法应当听证的告知当事人有权在收到该通知书之日起 3 日内提出听证要求。
>
> 当事人不在场的，应当依法采取其他送达方式将海事违法行为通知书送达当事人。

后者如人事部发布的《国家公务员辞职辞退暂行规定》附件之《辞退国家公务员通知书》。必须指出，外部行政是设置国家党政机关的目的所在，而目前有权机关和实务界在行政公文方面如此重内（内部行政）轻外（外部行政），虽不敢说是本末倒置，至少也是权衡失当的。我们在下文的讨论中将兼顾外部行政中所使用的“通知”。

（二）“通知”在行政程序中的价值

在行政程序法研究中，有学者将其基本原则归纳为五项：合法原则、公开原则、公正原则、基本人权原则和效率原则[①]。“通知”与行政公开原则密切相关。行政公开原则包括的具体制度有：

1. 情报（信息）公开制度

党政机关应当以适当的方式公布或者保证公众可以查阅和复制公共信息，主要有：①各党政机关总部、机构设置；②其功能运转和作出决定的一般途径和方法；③程序规则，行政法规和规章，党政机关制定的一般政策说明和普遍适用性解释；④行政人员手册和影响到公众的指示。国务院办公厅印发的《2015 年政府信息公开工作要点》指出，要大力推进以下领域信息公开工作：

---

① 崔卓兰：《行政程序法要论》，长春：吉林大学出版社 1996 年版。

（一）推进行政权力清单公开。
（二）推进财政资金信息公开。
（三）推进公共资源配置信息公开。
（四）推进重大建设项目信息公开。
（五）推进公共服务信息公开。
（六）推进国有企业信息公开。
（七）推进环境保护信息公开。
（八）推进食品药品安全信息公开。
（九）推进社会组织、中介机构信息公开。

《中华人民共和国行政处罚法》第四条规定："行政处罚遵循公正、公开原则。""对违法行为给予行政处罚的规定必须公布；未经公布的，不得作为行政处罚的依据。"这些都是行政公开原则的体现。但是，在我国，公布法规性文件、规章和制定其他行政规范往往是以"通知"的形式进行，而外部相对人无法直接知悉，因此不符合情报公开制度。

2. 告示制度

党政机关在实施与相对人（公民、法人或其他组织）权利义务直接相关的行政行为时，应当通过一定的方式对外告示。主要有：①表明身份。党政机关和执法人员在进行管理行为前，向相对人出示证件以表明自己的身份。这是一种口头形式的通知。②事前告知。其一是一般告知，规范性文件的公布即一般告知，并且是其生效要件。其二是对利害关系人的通知。③告示制度。党政机关在驳回相对人的申请或限制其权利之时，应迅速发出通知，并简要说明理由。告知相对人在不服行政处理或处罚时享有的查阅有关文件档案、保持沉默、为己辩护、聘请律师、提出申诉控告、寻求司法救济等权利。

3. 咨询制度

它指党政机关有义务答复相对人关于自己合法权益的提问。如《中华人民共和国政府信息公开条例》第九条规定："行政机关应当主动公开涉及公民、法人或者其他组织切身利益的政府信息"。

通过以上的分析，我们可以看出，在公开性原则的要求下，"通知"作为对特定人的告知，在行政程序中具有非常重要的不可替代的价值。遗憾的是，理论及实务界对此都缺乏足够的认识，往往只注意到其在内部行政中的作用。而更为普遍的错误是，对外部不特定相对人的告知原本应适用"公告""通告"等文种，而多数党政机关都毫不犹豫地选择了"通知"。由于"通知"是对特定人的告知，不能完全达到对不特定人告知的目的，满足不了外部行政行为的生效要件（即公布要件），又辗转在政府公报或大众媒体上刊登"通知"，这都是误用"通知"带来的"自扰"。

（三）通知的分类

党政公文是管理行为的一种形式，对党政公文的分类必须反映党政管理行为的分类特征。因此，我们对通知作如下分类，如图 2－8 所示：

- 通知
  - 内部管理性通知
    - 规范性通知
    - 处理性通知
      - 布置性通知
      - 发文性通知
        - 发布性通知
        - 印发性通知
        - 转发性通知
        - 批转性通知
      - 机构、人事性通知
      - 其他通知
  - 外部行政性通知
    - 规范性通知
    - 处理性通知

图2－8　通知分类

根据图2－8，我们对此作简要的说明。

1. 内部管理性通知

指党政机关对其下属行政组织进行管理的通知。在形式上，这类通知以下级机关为主送（上款）。此类“通知”的依据为《政府组织法》和《公务员法》所授予党政机关对下级机关及所属公务员的党政管理权。这种行文关系主要由隶属关系确定。党政机关中的内部行政机构，如办公厅（室）、法制机构、内部事务（后勤）机构等可以成为此类通知的主体（下款，即发文机关）。

（1）内部规范性通知。

指党政机关制定内部行政规范的“通知”，如内部行政程序（如公文制度），行政机构的职权划分和行政人员纪律、处分规范等。例如，《财政部关于进一步提高中央企业国有资本收益收取比例的通知》（财企〔2014〕59号）。如果此类通知影响了公众（外部相对人）的权利、义务，应以适当的方式公示，或保证公众可以查阅。

（2）内部处理性通知。

指就特定事项对特定内部相对人的通知，其内容属“施行行政措施”，指挥下级机关完成具体工作。

1）布置性通知。如《国务院办公厅关于对全国第二次大督查发现问题进行整改的通知》（国办函〔2015〕65号）。

2）发文性通知。指下发各种无独立行文资格（即不能单独行文）的各种公文。一般而言，《国家行政机关公文处理办法》（以下简称《办法》）第九条规定的十三种之外的公文都没有独立行文的资格，如“计划”“办法”“方案”“总结”及各种内部“规则”“规程”“办法”“规定”等规范性文件。发文性通知依其适用对象又可分为下述四种：

第一，发布性通知。例如：

国务院关于印发基本养老保险基金投资管理办法的通知

国发〔2015〕48号

各省、自治区、直辖市人民政府，国务院各部委、各直属机构：

现将《基本养老保险基金投资管理办法》印发给你们，请认真贯彻执行。

国　务　院

2015 年 8 月 17 日

第二，印发性通知。适用于下发本机关制定或参与制定的无独立行文资格的公文，如“纪要”、“计划”、“总结”、行政人员“守则”等，还包括机关首长的“讲话”等。低于规章的内部规范性文件下发时用印发性通知，不适用发布性通知，其标题中应标明“印发”一词。如《国务院关于印发促进大数据发展行动纲要的通知》（国发〔2015〕50 号）。

目前，许多机关将没有独立行文资格的公文（如“总结”“方案”“计划”）单独行文，有的还堂而皇之地标明发文字号，这些都是错误的。许多文秘人员始终没有领会《办法》列举主要公文名称的意蕴，正是为了赋予其独立行文的资格，而排斥其他公文具有此种资格。

第三，转发性通知。适用复制上级机关或不相隶属机关的公文，下发给下级机关，要求下级机关遵照执行或者作为参考。例如：

国务院办公厅转发银监会关于促进民营银行发展指导意见的通知

国办发〔2015〕49 号

各省、自治区、直辖市人民政府，国务院各部委、各直属机构：

银监会《关于促进民营银行发展的指导意见》已经党中央、国务院同意，现转发给你们，请认真贯彻执行。

国务院办公厅

2015 年 6 月 22 日

在草拟转发性通知时，应当避免旧式公文里那种“等因，奉此”式的繁文缛节。如《教育部办公厅关于转发〈民政部关于开展 2015 年度社会组织评估工作的通知〉的通知》，“通知的通知”简单重复，极不雅驯。这种类型的通知，应直接写明公文的原始发文机关及名称。现在有些机关为了简明，转发通知中不用书名号，不写“关于”，也不标示自身的文种，格式为“转发某某机关关于某某的意见/通知”，这是值得提倡的做法。如《湖南省住房和城乡建设厅转发住房城乡建设部办公厅关于进一步加强建筑工程施工许可管理工作的通知》（湘建建〔2014〕205 号），省略了“关于”“的通知”以及书名号。

第四，批转性通知。适用把某一下级机关的公文批转给其他下级机关。当一机关需要不相隶属机关执行或者参考执行本机关的意见时，应请求共同的上级机关予以批转。例如：

国务院批转发展改革委关于 2015 年深化经济体制改革重点工作意见的通知

国发〔2015〕26 号

各省、自治区、直辖市人民政府，国务院各部委、各直属机构：

国务院同意发展改革委《关于 2015 年深化经济体制改革重点工作的意见》，现转发给你们，请认真贯彻执行。

国　务　院
2015 年 5 月 8 日

3）机构、人事性通知。适用调整行政组织（如撤销、合并、新设、更名等）和聘用公务员。例如，《国务院办公厅关于成立国家制造强国建设领导小组的通知》（国办发〔2015〕48 号），规定了国家制造强国建设领导小组的主要职责、组成人员和工作机构。又如《上海市人民政府关于肖征忠同志任职的通知》（沪府任〔2015〕85 号）。

4）其他通知。由于上述分类并未严格依照逻辑标准进行，因此，把未划入上述类别的通知归入本类。党政机关在本机关范围内普遍采用的非正式的通知，如关于作息时间的调整、清洁卫生等事项，其性质为内部“通告”，因此不必以正式公文看待，可以便宜行事。

2. 外部行政性通知

由于过去国营企业与国家党政机关之间有隶属关系，而公民一般情况下又依附于“单位”，现在许多党政机关仍然习惯用内部党政管理的模式来管理外部相对人，因此，外部行政性通知仍少量存在。此外，在行政相对人为单位且明确而为数较少的情况下，党政机关使用通知文种。

（1）外部行政规范性通知。

适用于对为数较少的特定的外部相对人颁布行政规范。如《财政部　工业和信息化部　交通运输部关于完善城市公交车成品油价格补助政策加快新能源汽车推广应用的通知》（财建〔2015〕159 号）。

（2）外部行政处理性通知。

适用于对个别外部相对人告知事项，如《中华人民共和国行政处罚法》中规定的各种告知。虽然多用“告知书”，但其性质仍然是通知。

但直接调整相对人实体权利义务时应适用“决定书”等文件。目前各高校在录取新生时普遍采用“录取通知书”，应适用“决定书”，因其实质为赋予特定相对人高校入学资格这一实体权利。

（四）“通知”的行文规则

一般论者都知道通知是下行文。有些人进一步引申说：“因此，通知一般情况下不能发给平级，更不能发给上级。”这种看法很流行，也很冠冕堂皇，因此很有分析批判的必要。

《党政机关公文处理工作条例》第十四条规定：“行文关系根据隶属关系和职权范围确定。”我们认为，所谓行文关系，是党政机关（发文机关）与相对人（包括内部和外部）在公文流转中所形成的特定的行政权利义务关系。此种关系，在内部行政中由隶属关系和职权范围确定，而在外部行政中由职权范围（党政机关对社会公共事务的管辖范围）确定。

因此，在内部行政的隶属关系中，下级不能拘束上级，通知不可发上级，但仍有可能发平级机关。例如：

财政部关于印发《党政机关会议定点管理办法》的通知

财行〔2015〕1号

党中央有关部门，国务院各部委、各直属机构，全国人大常委会办公厅，全国政协办公厅，高法院，高检院，有关人民团体，各民主党派中央，新疆生产建设兵团，各省、自治区、直辖市、计划单列市财政厅（局）：

为加强和规范会议定点管理，根据《党政机关厉行节约反对浪费条例》和《中央和国家机关会议费管理办法》的有关规定，我们制定了《党政机关会议定点管理办法》。现印发给你们，请结合实际情况，认真贯彻执行。

请各地财政部门抓紧研究制定本地区会议定点管理实施细则，于2015年3月底前报财政部备案，并认真组织做好2015—2016年会议定点饭店招标采购工作。各地区在执行中有何问题，请及时向我们反映。

财 政 部

2015年1月13日

这里，由于财政部主管党政机关的经费使用的职权范围的关系，“党中央有关部门”等平级机关和“财政厅、局”下级机关同时成为主送。

但是，在外部行政中，如果原来的上级机关成为党政机关的相对人，则依然可以成为通知的主送。因为此时的行文关系仅由党政机关的职权范围确定，而不论其相对人原来身份如何。换言之，在外部行政中，只有党政机关与相对人的关系，不存在上下级之类的隶属关系。

应当指出，《党政机关公文处理工作条例》规定了15种主要公文种类，但仅“通知”一种就占了公文的半壁江山，这反映出各文种间的比例失调。一方面，我们应正确地使用“通知”，纠正万事皆“通知”的倾向。另一方面，《党政机关公文处理工作条例》也应适当缩小“通知”的适用范围，使之与其他文种协调配合，以进一步提高党政机关使用公文的效率，更好地保障相对人的合法权利。

（五）通知的格式和写法

通知的格式包括发文机关标志、发文字号、标题、主送机关、正文、附件说明、发文机关署名、成文日期、印章。

标题由发文机关、事由、文种构成，不可只写“通知”二字。

主送机关通常包括所有下级机关。

正文。布置性通知，要写清所通知事项的目的、意义以及具体要求、步骤和时限等。发文性通知参照发布令的写法。规范性通知接近规范性文件的条款项写法。

【例文】

国务院关于税收等优惠政策相关事项的通知

国发〔2015〕25号

各省、自治区、直辖市人民政府，国务院各部委、各直属机构：

现就《国务院关于清理规范税收等优惠政策的通知》（国发〔2014〕62号）中涉及的相关事项通知如下：

一、国家统一制定的税收等优惠政策，要逐项落实到位。

二、各地区、各部门已经出台的优惠政策，有规定期限的，按规定期限执行；没有规定期限又确需调整的，由地方政府和相关部门按照把握节奏、确保稳妥的原则设立过渡期，在过渡期内继续执行。

三、各地与企业已签订合同中的优惠政策，继续有效；对已兑现的部分，不溯及既往。

四、各地区、各部门今后制定出台新的优惠政策，除法律、行政法规已有规定事项外，涉及税收或中央批准设立的非税收入的，应报国务院批准后执行；其他由地方政府和相关部门批准后执行，其中安排支出一般不得与企业缴纳的税收或非税收入挂钩。

五、《国务院关于清理规范税收等优惠政策的通知》（国发〔2014〕62号）规定的专项清理工作，待今后另行部署后再进行。

（国务院印章①）
2015年5月10日

（此件公开发布）

第七节 知照性公文——公告、通告、通报

一、公告

（一）公告的概念

“公告”一词在日常生活中的使用频率非常高，以至于出现了语词的“通货膨胀”问题，公告的意指能力迅速下降，不同语境中的意义可能有很大不同。公告的基本义有两个：一是公开宣告；宣布。二是政府、团体对重大事件发布的通告。《党政机关公文处理工作条例》对党政公文的文种含义规定：“公告适用于向国内外宣布重要事项或者法定事项。”

对于社会上泛滥成灾的各色公告，党政机关似乎可以加以引导，比如推荐使用“布告”“启事”等文种。而对党政机关则应当更加严格地执行现有规范，防止滥用。公告排列在通告之前，相对于通告的“适用于在一定范围内公布应当遵守或者周知的事项”，公告的范围应当理解为：最大为全世界，最小为全国。更小的事项应当使用“通告”。仅仅是党政机关内部应当告知的事项，应当用“通知”。这样才能使各文种互相配合，各得其所。

中共中央、国务院只在很少、很重要的事项上使用公告，为党政机关做了很好的表率。

---

① 截至本书成稿时，在互联网上没有查阅到国务院在生效标志处署名的情形，从《国务院关于同意将江西省瑞金市列为国家历史文化名城的批复》（国函〔2015〕132号）等实例看，国务院未使用“发文机关署名”元素。

【例文1】

中共中央办公厅　中共中央对外联络部

公　告

在中国共产党召开第十八次全国代表大会期间和习近平同志当选为中共中央总书记后，许多国家政党、政府、民间团体及其领导人，驻华使节、友好人士以及旅居国外的华侨华人，香港特别行政区同胞、澳门特别行政区同胞和台湾同胞等，向大会、向中共中央、向新当选领导人发来贺电函，表示热烈祝贺和良好祝愿。中共中央办公厅、中共中央对外联络部受中共中央和习近平总书记的委托，谨表示衷心的感谢。

2012年11月26日

【例文2】

国务院公告

为表达全国各族人民对甘肃舟曲特大山洪泥石流遇难同胞的深切哀悼，国务院决定，2010年8月15日举行全国哀悼活动，全国和驻外使领馆下半旗志哀，停止公共娱乐活动。

这两则公告都体现了“向国内外宣布重要事项或者法定事项”的标准。

学理解释认为，重大事项是指重大国家事务活动，如领导人出访、任免、逝世；国家的重要决定（如甘肃舟曲特大山洪泥石流遇难同胞哀悼日，民政部关于国务院批准设立地级三沙市的公告）；重大军事演习（如1980年新华社受权公告我国将进行向太平洋发射运载火箭试验）；可能涉及全体公民或者在华居留经商的外国人、无国籍人利益的重大政策（如1999年中华人民共和国外交部关于继续给进入澳门予免办签证待遇公告）。至于“向国内外宣布法定事项”，还有待相关法律规定。

特别需要澄清的是，《中华人民共和国民事诉讼法》《中华人民共和国刑事诉讼法》《中华人民共和国公司法》《中华人民共和国专利法》等法律都规定了一些公告事项，这些公告都是公开告知的意思，并不是党政公文的文种，其发布的主体往往是司法机关、相关当事人个人、法人或其他组织；事项也可大可小；原因是告知无法送达诉状或者其他通知的利益相关人，即因无法通知才公（开）告（知）。

（二）公告的特点

1．发文主体限制性

由于公告适用于向国内外宣布重要事项或者法定事项，发文的主体必须是对全国事务有管理权的机关，因此必须是部委以上级别的高级机关。人民团体、企事业单位等无权发布公告。

2．发布范围的最大性

公告是向“国内外”宣布重要事项和法定事项的公文。只需要部分地区或者部分行业知晓的事项不应使用公告。误用的情形如《中国人民银行公告》（〔2015〕第9号）“取消银行间债券市场债券交易流通审批”，并非全国人民都需要知晓，只需在银行和金融机构中

"通告"即可。

3．事项的重大性

公告的事项，必须足以影响国际关系、影响全体公民的权利义务。例如，《中国人民银行公告》（〔2015〕第23号）宣布"中国人民银行定于2015年11月12日起发行2015年版第五套人民币100元纸币"，这将会在国际、国内产生一定影响。但是，有些机关的公务员招考事项也发公告，小题大做。

（三）公告的格式和写作

公告也是特殊格式的公文，不过《党政机关公文格式》并未言明。公告格式类似命令，但往往无发文机关署名、不加盖签发人签名章。公告分标题、正文和落款三部分。

1．标题

公告的标题有两种形式：第一种由发文机关名称 + 事项 + "公告"组成；第二种由发文机关名称 + "公告"组成。

2．正文

公告的正文一般包括缘由、主体和结语三部分内容。

缘由说明公告的原因、目的或者法律依据。

主体说明公告的事项。

结语的有无酌情定夺。如有，一般也用"现予公告""特此公告"等惯用语，以示收束全文。

3．落款

公告的落款酌情使用印章、发文机关署名或者加盖签发人签名章、成文日期。媒体上发布的公告往往简省其中的某些项目，不足为训。

【例文】

国务院公告

为表达全国各族人民对四川汶川大地震遇难同胞的深切哀悼，国务院决定，2008年5月19日至21日为全国哀悼日。在此期间，全国和各驻外机构下半旗志哀，停止公共娱乐活动，外交部和我国驻外使领馆设立吊唁簿。5月19日14时28分起，全国人民默哀3分钟，届时汽车、火车、舰船鸣笛，防空警报鸣响。

二、通告

（一）通告的概念和作用

《党政机关公文处理工作条例》规定，"通告"适用于在一定范围内公布应当遵守或者周知的事项。

通告和公告都是对外部不特定相对人（即社会公众）告知的行政行为形式。对内部机关和公务员的告知，一般应适用"通知"。

（二）通告的特点和分类

通告的主要特点有：

（1）通告所适用的事项是对外部不特定相对人的管理，如公安机关对某一区域实行现场管制或对某一道路实行交通管制，公众应遵守这些命令。通告还适用于“由法律授权而制定的普遍适用的实体性规章，以及机关制定并通过的一般政策说明和普遍适用性解释”；或者是根据行政公开性原则应当让公众周知的公共信息，如党政机关“总部和基层组织的机构设置，以及公众可以获得信息、提交呈文或要求、得到决定意见的地点、雇员和方法”①，其他如党政机关地址、电话和其他通信号码、印章的变更等。

（2）通告适用的地域范围上至全国，下至任意小的地点，但不得针对特定的相对人。

（3）通告适用的主体可以是任何级别的党政机关，但需有外部管理的职权。机关内部事务管理部门一般无权发布通告。对行政机关而言，其内部机构大多数无权发布通告，如离退休干部管理处、行政科、机关事务管理局、机要局等。

（4）通告生效的前提是公布，即通告自公布之日生效，或通告本身规定的稍后一个时间开始生效。其他非公布性公文一般自送达起生效。

通告通常分为两类：

一是拘束性通告。这类通告属于正式行政手法的形式，对相对人有法定的拘束力，公众必须遵守或执行。其中又可分为两种：

（1）条规性（或称规范性）通告，即党政机关用来创设规范的通告。例如，《国家食品药品监督管理总局关于兴奋剂目录调整后有关药品管理的通告》（2015 年第 54 号）：

根据《反兴奋剂条例》规定，体育总局会同食品药品监管总局、卫生计生委、商务部和海关总署每年调整和发布兴奋剂目录。为做好新列入兴奋剂目录的药品管理工作，现将有关事宜通告如下：

一、兴奋剂目录发布执行之日起，不具备蛋白同化制剂和肽类激素经营资格的药品经营企业不得购进目录所列蛋白同化制剂和肽类激素，之前购进的新列入兴奋剂目录的蛋白同化制剂和肽类激素，应当按照《反兴奋剂条例》规定销售至医疗机构，蛋白同化制剂、肽类激素的生产企业或批发企业。药品零售企业已购进的新列入兴奋剂目录的蛋白同化制剂和肽类激素可以继续销售，但应当严格按照处方药管理，处方保存 2 年。

二、兴奋剂目录发布执行后的第 9 个月首日起，药品生产企业所生产的含兴奋剂目录新列入物质的药品，必须在包装标识或产品说明书上标注“运动员慎用”字样。之前生产的，在有效期内可继续流通使用。药品标签、说明书的修改按照《药品注册管理办法》有关规定办理。

三、药品生产、经营企业要关注兴奋剂目录调整工作，按照《反兴奋剂条例》的规定，做好含兴奋剂目录所列物质药品的生产、经营和进出口等管理工作。

四、各省级食品药品监管部门要高度重视反兴奋剂工作，加强含兴奋剂目录所列物质药品的标签和说明书的管理，强化兴奋剂目录所列蛋白同化制剂、肽类激素生产经营企业的监

---

① 参见美国联邦《行政程序法》。

管，严格进出口审批，依法严惩违规生产经营行为，防止出现药源性兴奋剂管理问题。

上文所举通告中第一、二条的内容为创设规范的行为。

（2）适用性通告，即根据已有的法律法规管理社会公共事务。

例如，上海交通委、安全监管局、公安局、质量技监局《关于进一步加强本市危险化学品道路运输管理有关工作的通告》（2015 年 8 月 31 日），内容如下：

为切实加强本市危险化学品道路运输管理，维护城市运行安全有序，保障人民生命财产安全，根据《中华人民共和国道路运输条例》《危险化学品安全管理条例》《道路危险货物运输管理规定》《道路运输车辆动态监督管理办法》《上海市危险化学品安全管理办法》等有关法律法规，现就有关工作通告如下：

一、本市危险化学品托运人、承运人、收发货单位要严格按照相关法律法规切实履行查验生产、储存、使用、经营、运输资质的义务，留存相关单证并做好台账以备查验，发现问题立即向市、区安全监管、交通、公安等有关管理部门报告。

二、在本市从事危险化学品运输（包括起讫地一方在上海）的承运人和承运车辆必须能够正常接入交通运输部全国重点营运车辆联网联控平台，并向本市运输管理机构申请接受查验（具体申请办法详见市运输管理处网站 www. shygc. net）。本市运输管理机构根据《道路运输车辆动态监督管理办法》进行查验，符合条件的，将车辆名单录入《上海市重点营运车辆联网联控平台接入车辆目录》中。未进入目录的不得在本市从事危险化学品运输（包括起讫地一方在上海）。

三、危险化学品托运人在签订运输合同时（包括起讫地一方在上海），推荐使用《上海市道路危险货物运输合同》（示范文本）（可从市运输管理处网站 www. shygc. net 免费下载）。未使用推荐合同的则应包含以下条款：“承运车辆必须能够正常接入交通运输部全国重点营运车辆联网联控平台，并被录入《上海市重点营运车辆联网联控平台接入车辆目录》”，同时在合同中明确相应违约责任。托运人应尽量在合同中明确承运车辆，并比对《上海市重点营运车辆联网联控平台接入车辆目录》（可在市运输管理处网站 www. shygc. net 查询）以避免风险。

四、本市危险化学品收发货单位在履行资质查验义务时，还应将承运车辆与《上海市重点营运车辆联网联控平台接入车辆目录》比对，不得向未录入名录内的运输车辆收发危险化学品。

五、本市各类综合货运站（场）、零担货运站、集装箱中转站、物流中心等道路货物运输站（场）要严格依据国家有关法律法规和规范标准从事危险化学品仓储、堆存、装卸、过驳、拼装或者对危险货物集装箱进行拆装箱等经营服务，未依法取得危险化学品经营许可证的，一律不得从事以上业务。

六、各相关企业要严格执行，有违反上述规定或其他违法违规行为的，由市、区（县）有关管理部门依据相关法律法规严厉查处，各区（县）人民政府要落实属地监管责任，切实加强辖区内的执法监督。

七、各有关管理部门要加强服务意识，向行业内企业做好宣传、解释和培训工作，并做好信息公开，提供本市有关指定查验道口、禁行区域和热线咨询电话等信息服务。

本通告自2015年9月10日起实施。

通告导言部分说明上海市实行的与“交通运输部全国重点营运车辆联网联控平台”对接的强制性规范来源于相关的法律法规，并未创设新的规定。

二是指导性通告。用于“党政机关向行政相对方发出的希望、说服、教育、示范、劝告、建议、政策指导、提供知识、技术帮助、指导性计划等行政指导行为，对相对方均不具强制性”，“但对作出行政指导的党政机关则具有约束力”。“通过了解党政机关当前的法律解释，也许还有机关的执行意图，当事人可以作出较理想的决定，并避免预料不到的责任。”① “从党政机关的角度看，向公众提供咨询是一种投入最低的引导受管理者自愿遵从规定的有效方式。”② 例如，《上海市人民政府关于本市进行防空警报试鸣的通告》（沪府发〔2015〕49号），以及《工业和信息化部关于进一步扩大宽带接入网业务开放试点范围的通告》（工信部通信〔2015〕318号）。又如，现在很多地方税务机关在媒体上发布的《税法公告》（按，当作《税法宣传通告》）对纳税义务人依法纳税起了非常积极的作用。

实践中也有些条规性和指导性二合一式的通告。

（三）通告的结构形式

通告的数据项目应包括：标题、发文字号、正文、印章（在大众媒体上发布时，可署发文机关名称，不加盖印章）、成文日期。注意，通告没有主送“要素”。

通告因为是外部行政公文，而且是公布性的，不具备内部独立行文的资格，所以通告不得使用发文机关标志项目，即不得冠以“某某机关文件”字样。

但是，通告仍应标注发文字号，因为在外部行政中它独立行文，必须坚持“一文一号（发文字号）”的原则。如果通告在党政机关内部以通知的附件方式下发，可不另编写发文字号，但是登报或张贴时须用通知的发文字号兼代。

张贴的通告直接加盖印章。登载于出版物的，应当在正文之后标明发文机关用以替代印章。

（四）通告的写作要求

通告的标题应当发文机关、事件、文种三项俱全。实践中许多通告随意简省的做法是错误的。

通告的正文通常包括以下三项：

（1）发布通告的事实、理由和法律、法规等依据。

（2）具体的通告事项。创设规范的通告，一般还包括制裁条款。

（3）生效条款。可以是公布之日起施行。但创设规范的通告应当设置一定的延迟生效期，以便有关当事人了解和作行动上的准备。有些通告还应写明失效时间或条件，即所谓“日落”条款。

实践中有一些上下级机关联合发布通告，违反了平级单位（机关）才能联合行文的原则，应当避免。

---

① 罗豪才主编：《行政法学》，北京：中国政法大学出版社1996年版，第306~307页。

② ［美］欧内斯特·盖尔霍恩、罗纳德·M. 利文著，黄列译：《行政法和行政程序概要》，北京：中国社会科学出版社1996年版，第112页。

有些通告会声明“从×日起不自首坦白的一律从严处罚”或“×日前交出违法物品，如实说明情况的，一律免除处罚”等任意变更法律、法规或者对法律、法规的执行划分“阶段”。通告中应当避免这种不合法的言辞。

通告应以适当的方式公布。

各种交通管理标识等图形、文字可视作通告的特殊形式，内容应明确，标示应醒目。

【例文】

昆明市人民政府关于禁止猎捕陆生野生动物的通告

昆政发〔2014〕25号

为进一步保护我市陆生野生动物资源，促进生态文明建设，维护区域生态安全和生态平衡，根据《中华人民共和国野生动物保护法》《中华人民共和国陆生野生动物保护实施条例》《云南省陆生野生动物保护条例》等法律法规，现就禁止在全市范围内猎捕陆生野生动物有关事项通告如下：

一、禁止狩猎、捕杀列入《国家重点保护野生动物名录》《云南省省级保护陆生野生动物名录》《国家保护的有益的或者有重要经济、科学研究价值的陆生野生动物名录》的陆生野生动物，禁止破坏、干扰陆生野生动物生息繁衍场所及其生存环境。

二、2014年6月1日至2019年5月31日为我市禁猎期，禁猎期5年。禁猎期满后，根据执行情况决定是否延续禁猎期限。

三、各县（区）人民政府，各国家级、省级开发（度假）园区管委会要按属地管理原则，切实承担保护陆生野生动物、建设生态文明的责任。

四、各级林业、公安、滇管、工商等部门要认真履行职责，加强野生动物资源保护管理，依法打击破坏野生动物资源的违法行为。

五、各级政府及其部门、新闻媒体应当加强对野生动物资源保护的宣传，提高公众的保护意识。

六、公民有保护野生动物的义务。发现病弱、受伤、饥饿、受困、迷途的野生动物，应向当地林业行政主管部门报告；对非法猎捕陆生野生动物、侵占或破坏陆生野生动物生息繁衍场所及其生存环境的违法行为，有权检举和控告。

七、禁猎期间，因科学研究、疫病防控、保障航空安全等特殊情况确需猎捕陆生野生动物的，必须依照《中华人民共和国野生动物保护法》《中华人民共和国陆生野生动物保护实施条例》《云南省陆生野生动物保护条例》等有关规定申请特许猎捕证和狩猎证，按核定的种类和数量猎捕。因野生动物种群数量增加危害人民生命财产安全的，由市林业行政主管部门根据实际情况，采取应急措施。

八、对违反规定猎捕陆生野生动物的单位和个人，由林业主管部门依据《中华人民共和国野生动物保护法》《中华人民共和国陆生野生动物保护实施条例》和《云南省陆生野生动物保护条例》等有关法律法规实施行政处罚，构成犯罪的依法追究刑事责任。

本通告自2014年6月1日起施行。

昆明市人民政府

2014年5月12日

三、通报

（一）通报的概念和作用

《党政机关公文处理工作条例》规定，通报“适用于表彰先进、批评错误、传达重要精神和告知重要情况”。通报的作用可分为两类：一是用于表彰或者批评党政组织或者党政机关的工作人员。二是传达上级的指导性意见（“精神”）或者在党政机关内部告知社会公共事务状况的信息。

（二）通报的特点和分类

通报一般下发给下级机关，带有内部新闻的性质，相当于最早出现于汉朝的“邸报”，用于传抄诏令、奏章等。“邸报”又历称“邸抄”（邸钞）、“朝报”、“条报”、“杂报”等，邸报在清末由报房刊行，称为“京报”。此外，通报与简报有相似之处。通报的形式更为郑重一些。定期的通报往往流变为简报。

英国日常语言哲学的牛津学派代表人物约翰·奥斯汀（J. L. Austin，1911—1960）把言语行为区分为三种：①表达语意（以言表意）的言语行为，如“他对我说：‘你不能这样做。’”。②加强语意（以言行事）的言语行为，如“我抗议你这样做”。③取得语效（以言取效）的言语行为，如“我不准你这样做”。

根据这一言语行为理论，我们可将通报分为三类：

1. 以言行事类

即用通报来达到表彰先进、批评错误的目的。分为表彰性通报和批评性通报。表彰性通报如《国务院办公厅关于对全国第二次大督查发现的典型经验做法给予表扬的通报》（国办发〔2015〕54 号），批评性的通报如中共中央办公厅、国务院办公厅《领导干部干预司法活动、插手具体案件处理的记录、通报和责任追究规定》（中办发〔2015〕23 号）规定的通报。

2. 以言述事类

此类通报主要用于传达重要情况，一般称为情况通报。例如，《湖南省政府办公厅（研究室）关于实行每月工作通报制度的通知》（2013 年 8 月 28 日）中规定的每月工作通报通常称为情况通报。

以通报形式传达先前已经对某人或单位作出的奖励或处分的，也可划入本类。

3. 以言取效类

又可称为布置性通报或意见性通报。从目前公文实践看，许多通报在结束时都会结合通报的具体问题布置工作，成为通报、通知二合一的形式，我们称之为通报、通知的合流。如《国务院安委会关于安全生产重点工作专项督查和整治情况的通报》（安委〔2014〕3 号），主要内容为：

一、专项督查总体情况

二、专项整治基本情况

（一）油气输送管线及城市燃气安全专项整治情况。

（二）隧道交通安全专项整治情况。
（三）煤矿安全专项治理情况。
（四）危险化学品安全专项治理情况。
（五）尾矿库安全专项治理情况。
三、发现的主要问题
（一）科学发展、安全发展理念树立不牢，红线意识不强。
（二）隐患排查治理任务重，整改进展慢。
（三）企业安全基础薄弱，安全管理缺失。
（四）安全监管责任不落实，监督管理工作缺位。
（五）相关工作滞后，应急管理不扎实。
四、下一步工作要求
（一）深入学习贯彻中央领导同志重要指示精神，强化红线意识。
（二）强化责任落实，全力开展隐患整改攻坚。
（三）结合汛期特点，突出抓好五个重点方面安全防范。
（四）推动依法治理，继续深化“打非治违”。
（五）扎实推进安全生产监管体制机制改革创新。
（六）全面加强应急救援工作。

前三个部分是典型的通报写法，第四部分实际上是通知的写法。

（三）通报的结构形式

通报的结构为：发文机关标志、发文字号、标题、主送机关、正文、发文机关署名、成文日期、印章、印发说明等。

（四）通报的写作要求

通报带有新闻性，因此取材时要注重典型性，善于发现倾向性或普遍性问题。发布要注重时效性，以体现党政管理的及时性、行政组织的效率性和程序上的公正性。

表彰性通报必须坚持不溢美原则。叙述被表彰对象的先进事迹和褒扬应当实事求是，真实可信。不可一味拔高，让人觉得不可信、不可亲、不可学。表彰时应写明所依据的法律、法规的具体条款，不可滥加表彰。

批评性通报也应把握分寸，不可一味“上纲上线”，逞一时之快。对犯错误原因要作全面分析，包括体制、领导等方面的原因，使各下级机关都能从中汲取教训。

情况通报要写明事件发生、发展的基本要素和过程，并给予适当的分析评价。

布置性通报要注意与通报叙述的事件关联紧密性。提出的措施要切实可行，并要求下级机关及时汇报工作结果。

【例文①】

国务院办公厅关于对全国第二次大督查发现的典型经验做法给予表扬的通报

国办发〔2015〕54 号

各省、自治区、直辖市人民政府，国务院各部委、各直属机构：

为推动党中央、国务院重大决策部署进一步落实并取得成效，2015 年 5 月下旬至 6 月中旬，国务院部署开展了对重大政策措施落实情况的第二次大督查。从督查情况看，各地区、各部门认真贯彻落实党中央、国务院重大决策部署，胸怀全局、主动作为、改革创新、不畏困难、讲求实效，围绕稳增长、促改革、调结构、惠民生出新招、出实招、出硬招，不断推动各项重点工作取得积极进展，在工作实践中创造出一些好经验、好做法。

为进一步调动各方面的积极性、主动性和创造性，总结经验，宣传典型，扎实推进各项重大政策措施落地生效，经国务院同意，对天津市推动重大项目开工建设等 20 项地方工作典型经验做法和发展改革委加强宏观政策统筹协调等 16 项部门工作典型经验做法予以通报表扬，供各省（区、市）和国务院各部门学习借鉴。希望受到表扬的地区和部门珍惜荣誉，再接再厉。

各地区、各部门要按照党中央、国务院的总体部署，主动适应和引领经济发展新常态，坚持稳中求进工作总基调，振奋精神，奋发有为，勇于担当，攻坚克难，学习借鉴典型经验做法，创造性开展工作，进一步推动重大稳增长工程尽快实施、重大改革政策尽快落地、重大民生举措尽快见效，确保完成全年经济社会发展主要目标任务。

附件：1. 地方工作典型经验做法（共 20 项）
　　　2. 部门工作典型经验做法（共 16 项）

国务院办公厅
2015 年 7 月 20 日

（编者注：本文有删减，个别表述有调整）

① 引自《中华人民共和国国务院公报》2015 年第 23 号，此件为引用格式。“（本文有删减，个别表述有调整）”为原文注释。

第八节　呈报性公文——报告、议案

一、报告

（一）报告的概念和作用

根据《党政机关公文处理工作条例》第八条第十项的规定：“报告。适用于向上级机关汇报工作、反映情况，回复上级机关的询问。”

一般认为报告为陈述性公文，与“请示”同为最主要的上行文种。

在党政机关内部，下级机关呈报上级机关的报告，是其接受上级机关领导和监督的主要方式。就上级机关而言，下级机关的报告是其决策与管理的重要信息来源。上级机关据此可以全面了解并监督下级机关的管理活动，了解社会公共事务的状况和动态，获得对本机关行政决策的反馈，从而有利于加强和改善对下级机关的领导和对社会公共事务的管理，提高科学管理、民主管理和科学决策的水平。

（二）报告的分类

报告最重要的分类标准应当是内容，根据《党政机关公文处理工作条例》，我们把报告分为两种：

1．工作报告

适用于向上级机关汇报工作，即向上级机关汇报本机关管理活动的状况，如管理活动的方式、方法，取得的成效，遇到的挫折等，其核心是党政机关自身的行为。各级人民政府向本级人民代表大会及其常务委员会提交的报告一般也属工作报告，有些标题冠以“工作报告”字样。

2．情况报告

适用于向上级机关反映情况。所谓情况，是党政机关进行管理活动的客体——社会公共事务的状况，诸如国民经济状况、社会治安状况、物价水平、人口的分布等。因此，“工作”与“情况”二者泾渭分明。在公文实际运作中，有人将工作报告称“关于……工作情况的报告”，显然是由于思维上的混乱。

在标准不同的情况下，还可以进行其他方面的分类。

（1）依报告的缘起可分为：主动性报告和答复性报告（即“答复上级机关的询问”）。

（2）依报告的时间分为：定期报告（也称例行报告）、不定期报告（也称特别或临时报告）。

（3）依报告内容的广泛程度分为：综合报告（一段时间内本机关工作的全面报告）、专题报告（就某一特定事项的报告）。

必须说明的是，因为标准不一样，一份报告可兼几个类别。例如，《枝江市发展和改革局关于以工代赈投资计划执行情况的报告》为不定期、专题工作、答复报告；《2014 上海市政府信息公开工作年度报告》为定期、专题、例行报告。即使只按内容一项标准看，有的报告也因内容广泛而兼工作、情况中的两类，如向人大提交的各级政府的工作报告。

（三）报告的结构形式

报告的结构通常包括以下格式要素：①发文机关标识；②发文字号；③签发人，红色反线；④标题；⑤主送机关；⑥正文；⑦发文机关署名；⑧印章；⑨成文时间；⑩抄送机关；⑪印发机关和印发日期。

（四）报告的写作要求

报告正文通常分为导言、主体、结语三部分，但其写法依报告的类别不同而有很大差别。下面分别说明工作报告、情况报告正文的写法。

1. 工作报告正文的写法

（1）工作报告的导言一般先要说明本报告的缘起，如例文中“对审计揭示的问题及整改，市政府高度重视，杨雄市长于9月1日主持召开市政府常务会议，专门听取关于2013年度市本级预算执行和其他财政收支审计情况的汇报，要求各区（县）、各有关部门高度重视审计发现的问题，不折不扣、坚决严肃地逐项整改，并通过建章立制，着力构建长效机制，切实提高政府工作整体管理水平；要着重加强事业单位资金使用管理，通过明晰章程和管理框架，规范内部运作，有效防止权力寻租和不正之风”。导语的作用在于向受文机关交代本文的梗概，使其获得阅读下文的线索和语言背景，以便全面准确地理解全文。

（2）工作报告的主体为全文的主干，应当着力于事实、写细，即深入详细地描述本机关工作的内容，如采取的措施，具体的过程、步骤、方式、形式、顺序、时间以及取得的效果等。较长的报告，可以在每个层次前加小标题，以概括要点，像例文那样。稍短些的报告，一般应在每个较长段落的首句概括本段要点（称作主题句）。有时还可在段末总结本段意思，称为总结句。分段的时候，要注意每个段落意思的集中统一，避免凌乱杂糅。这样可以使报告长而不乱，条理清晰。

（3）工作报告的结语有多种写法，要视主体的具体情形而定。其一是辩证法，往往指出工作中的某些缺点、不足，使报告显得全面周到，态度诚恳。其二是延伸法，对工作的前景进行展望，表明报告机关的积极决心。其三是总结法，对全文的内容进行概括统摄，使受文机关形成一个全面而精当的印象。报告的末句通常是“特此报告”之类的惯用语，但注意不可用含“呈请意义”的词语（“政府工作报告”除外）。总之，结语要能够在语义上收束全文，在结构上达到首尾完整均衡的效果。

2. 情况报告正文的写法

（1）情况报告的导言应说明有关事务的概况，必要时扼要表明本机关对情况性质的判断以便提起下文。国务院山东省青岛市“11·22”中石化东黄输油管道泄漏爆炸特别重大事故调查组《山东省青岛市中石化东黄输油管道泄漏爆炸特别重大事故调查报告》（以下简称《“11·22”事故调查报告》）的引言为：

2013年11月22日10时25分，位于山东省青岛经济技术开发区的中国石油化工股份有限公司管道储运分公司东黄输油管道泄漏原油进入市政排水暗渠，在形成密闭空间的暗渠内油气积聚遇火花发生爆炸，造成62人死亡、136人受伤，直接经济损失75 172万元。

（2）情况报告的主体对情况的叙述次序有几种：一是叙事结构，按事件发生的时间顺序来叙述，也就是以事件的发生、进展、结局为顺序。二是说明结构，主要适用于多个事件的综合报告，依事件的内容特征来确定次序。如《“11·22”事故调查报告》一二级目录依次为：

一、基本情况
（一）事故单位情况
（二）青岛经济技术开发区情况
（三）东黄输油管道相关情况
（四）排水暗渠相关情况
（五）东黄输油管道与排水暗渠交叉情况
二、事故发生经过及应急处置情况
（一）原油泄漏处置情况
（二）爆炸情况
（三）爆炸后应急处置及善后情况
三、事故原因和性质
（一）直接原因
（二）间接原因
（三）事故性质
四、对事故有关责任人员及责任单位的处理建议
（一）司法机关已采取措施人员
（二）建议给予党纪、政纪处分人员
（三）相关行政处罚及问责建议
五、事故防范措施建议
（一）坚持科学发展安全发展，牢牢坚守安全生产红线
（二）切实落实企业主体责任，深入开展隐患排查治理
（三）加大政府监督管理力度，保障油气管道安全运行
（四）科学规划合理调整布局，提升城市安全保障能力
（五）完善油气管道应急管理，全面提高应急处置水平
（六）加快安全保障技术研究，健全完善安全标准规范

其中的第二章“事故发生经过及应急处置情况：（一）原油泄漏处置情况；（二）爆炸情况；（三）爆炸后应急处置及善后情况”基本上就是按照时间和事件发生次序进行叙事的。第一章“基本情况”是按照逻辑与空间关系组织的，是典型的说明结构。

（3）情况报告的结语部分一般要对所报告的情况进行分析，说明其产生的原因、条件，进而阐明本机关对所报告情况的主观认识和判断，以供上级指挥决策时参考。如《“11·22”事故调查报告》第三章“事故原因和性质：（一）直接原因；（二）间接原因；（三）事故性质”和第五章“事故防范措施建议”为党中央、国务院依法追究当事人责任并且建立相应的事故防范体制打下了坚实的基础。

（五）撰拟报告的注意事项

报告作为向上级负责并报告工作的重要公文，撰拟时应当注意：

（1）真实、客观地反映情况和工作。不能为了依赖上级就夸大困难，不能为了炫耀自己就吹嘘功绩等。

（2）全面切实反映意见。不隐瞒对问题的不同看法，不提不适当的建议，认真协助上级机关科学决策。

（3）篇幅合适，详略得当。报告文种要求内容较为详细充实，但不宜一味贪大求全，应通过有详有略的写法，突出重点，兼顾一般。除综合报告外，不宜在一篇报告中夹杂不同类别的事情。

【例文】

上海市审计局关于审计整改情况的报告

上海市人民代表大会常务委员会：

现就2013年度市本级预算执行和其他财政收支审计查出问题的整改情况，向市人大常委会报告如下。

2014年7月23日，市十四届人大常委会第十四次会议听取和审议了市政府《关于2013年度市本级预算执行和其他财政收支的审计工作报告》，并就进一步加大审计监督力度提出了审议意见。对审计揭示的问题及整改，市政府高度重视，杨雄市长于9月1日主持召开市政府常务会议，专门听取关于2013年度市本级预算执行和其他财政收支审计情况的汇报，要求各区（县）、各有关部门高度重视审计发现的问题，不折不扣、坚决严肃地逐项整改，并通过建章立制，着力构建长效机制，切实提高政府工作整体管理水平；要着重加强事业单位资金使用管理，通过明晰章程和管理框架，规范内部运作，有效防止权力寻租和不正之风。

市审计局按照市人大常委会审议意见和市政府有关要求，认真落实市政府办公厅《关于进一步建立健全审计整改工作制度的实施意见》，切实加大对本市审计整改工作的监督检查力度，督促被审计单位不断提升审计整改效果。

有关部门和单位认真执行审计决定，积极采纳审计意见和建议，及时制订审计整改工作方案，采取有效措施，从完善工作机制、实现部门联动、加强制度建设等方面入手，推进审计整改工作取得实效。一是审计整改内部工作机制不断完善。市民政局、上海大学等单位成立了审计整改工作领导小组。市粮食局、上海科学院等10家单位，召开专题会议，研究审计整改方案，逐条落实责任，逐条进行整改。二是主管部门形成合力，依托部门职责共同推动审计整改。如，市财政局会同市人力资源社会保障局和市卫生计生委，就社会保险基金预算审计中发现的问题，按照各自职责，部署整改落实，形成整改合力。三是注重制度建设，加强源头管理。市文联、上海科技馆等8家单位，针对审计查出问题，制定或修订了29项内部管理制度，涉及预算管理，以及会议经费和公务接待、政府采购、公务卡使用管理等方面制度，推进长效机制建设。

一、财政管理审计查出问题的整改情况

（一）公共财政预算和管理审计查出问题的整改情况

1. 市财政局组织执行市级预算审计查出问题的整改情况。

……

2. 市地税局税收征管审计查出问题的整改情况。

……

（二）政府性基金预算执行和管理审计查出问题的整改情况

……

（三）国有资本经营预算执行和管理审计查出问题的整改情况

1. 对企业层面资金使用的定期报告制度未建立的问题，市财政局将会同市国资委等单位，对企业支出情况开展跟踪检查，了解资金支出进度及使用规范性情况。市国资委已制发《市国资委国有资本经营预算支出后评价管理办法（试行）》，从支出的规范性和效益性出发，加强对国有资本经营预算支出的管理。

2. 对费用性支出的范围规定不一致、与公共预算交叉安排资金的项目未建立联审机制的问题，市财政局、市国资委正联合市发展改革委、市经济信息化委、市科委等部门建立相应的协调联审机制。市国资委已制定《市国资委关于企业技术创新和能级提升项目专项扶持办法实施细则（试行）》，明确项目审定前要征求相关部门意见；在2014年技术创新和能级提升项目资金扶持上，市国资委已加大资本金支持力度，减少费用性支出总额，并将对下拨资金明确核算要求。

3. 对本市国资收益收缴范围尚未全覆盖等问题，市财政局将会同市国资委及其他国资受托监管部门，结合本市事业单位分类改革的推进，逐步扩大国资收益收缴和预算管理范围。

（四）社会保险基金预算执行和管理审计查出问题的整改情况

1. 对少数社会保险基金预算编制方式、流程不规范，内容不完整的问题，市财政局和市卫生计生委已制订了本市新型农村合作医疗基金市级统筹实施方案，自2015年起，市级经办机构统一编制基金预算草案，并按规定程序报批；本市各区（县）新型农村社会养老保险基金将与城镇居民社会养老保险基金合并，实行市级统一管理，市人力资源社会保障局将进一步规范预算编报流程。

2. 对少数基金预算收入未及时足额筹集的问题，市人力资源社会保障局已责令相关单位缴纳了少缴、漏缴的社会保险费，并通过调整管理体制和优化流程，加大稽核检查力度。同时，督促相关区（县）将新型农村社会养老保险基金中未到位的区级财政补贴资金，纳入2014年新型农村社会养老保险基金调整预算。市人力资源社会保障局已与市残联和市民政局沟通，协调城镇重残人员的居民医保参保补助资金清算事宜。

3. 对部分基金日常管理不到位的问题，市卫生计生委将在本市新型农村合作医疗基金市级统筹实施方案正式出台后，对各区（县）新型农村合作医疗基金财政专户（包括滞留在镇级的基金）进行全面清算，并同步调整市级决算报表。同时，市卫生计生委和市人力资源社会保障局已责成相关经办机构，全面核对重复参保人员信息，及时停用重复参保人员新农保账户，停止发放重复享受的新农保养老待遇。截至目前，已追回重复发放的养老金6.7万元。

二、部门预算执行审计查出问题的整改情况

……

三、投资建设项目审计查出问题的整改情况

……

四、民生审计情况

……

五、资源环境审计查出问题的整改情况

……

六、重点项目跟踪审计查出问题的整改情况

（一）对口支援新疆喀什四县发展资金和项目跟踪审计查出问题的整改情况

对17个项目延续到2014年继续实施的问题，前方指挥部已督促当地责任部门或单位抓紧项目实施，力争早日完成建设任务；对3个项目财务管理不够规范的问题，前方指挥部已要求相关单位补充项目支付依据，及时归集项目结算资料，确保项目结算合法合规。

（二）上海国际旅游度假区核心区基础设施项目跟踪审计查出问题的整改情况

对施工单位多报工程结算费用的问题，申迪集团已经根据审计结论核减，办理了清算支付工作；对1个项目施工单位项目经理职业资格不符合要求的问题，因该项目已结束，申迪集团承诺在今后的项目建设中加强资质审核，坚决更换不符合职业资格要求的承包商管理人员；对部分工程签证单上描述的内容与施工现场情况不相符，施工监理审核不严的问题，申迪集团承诺进一步加强施工中的工程变更管理，完善及落实监理考核工作，确保施工和监理单位的工作质量。

以上报告，请予审议。

上海市审计局

2015年1月8日

二、议案

（一）议案的概念

一般意义上的议案，指向各级人民代表大会及其常委会提请审议事项的公文。根据《中华人民共和国宪法》《中华人民共和国全国人民代表大会组织法》《中华人民共和国地方各级人民代表大会和地方各级人民政府组织法》的规定，有提案权的组织和人员有主席团、常务委员会、各专门委员会、本级人民政府及一定人数的代表联名等。在行政公文中，通常只讨论“各级人民政府按照法律程序向同级人民代表大会及其常务委员会提请审议事项”的议案。

议案的作用主要是：①程序上的发动作用，促使人民代表大会及其常委会将特定事项列入议程。②凭据作用。议案是人大会议讨论和作出决定的基础。当然人大也有权否决政府议案。

（二）议案的特点

议案的总体特征是请求性，其具体特点如下：

1. 特定的主体

各级人民政府有权提出议案，而政府各部门无权提出议案。

2. 特定的主送

议案提交给本级人民代表大会或其常务委员会，也可提交给人大主席团。

3. 特定的内容

即提请审议事项。分类即以此为标准，下文再详细讨论。

4. 特定的行文关系

各级政府与本级人民代表大会及其常务委员会在议案往来中类似于下级、上级之间的关系。

（三）议案的分类

议案按照其内容可分为三类。

（1）人事议案，提请任免、撤销政府组成人员。例如，泰州《市政府关于提请市人大常委会审议徐洪涛等同志职务任免的议案》（泰政议〔2015〕3号）。

（2）立法议案，各级政府提请审议通过法律、地方性法规和其他决定、决议草案。例如，《国务院关于提请审议境外非政府组织管理法草案的议案》（2014年12月23日）。

（3）重大事项议案，提请决定本行政区域内的重大政治、经济、教育、科学、文化、卫生环境和资源保护、民政、民族等重大事项，如《国务院关于提请审议批准2015年地方政府债务限额的议案》《国务院关于三峡工程的议案》《国务院关于设立重庆直辖市的议案》。

（四）议案的格式

议案的格式要素包括：发文机关标志、发文字号、标题、主送机关、正文、签发人签名章、成文时间、印发说明。

国务院目前在发文字号中标注的文种代字为“函”，如国务院向全国人民代表大会常务委员会提交的《国务院关于提请审议〈中华人民共和国专利法修正案（草案）〉的议案》（国函〔2008〕71号）。“函”似可用“议”或者“案”［如《揭阳市人民政府关于2015年新增地方政府债券转贷资金收支预算的议案》（揭府案〔2015〕1号）］来代替。

（五）议案的写作

议案的正文通常包括：①提请审议事项的缘起；②提请事项；③理由；④审议请求。提请审议立法议案的，可附加立法草案。

议案总体上采用特定格式中的“信函格式”，不同的是，议案的“署名”是加盖政府首长的签名章而不是加盖政府印章。

【例文】

广东省人民政府关于提请审议《广东省人口与计划生育条例修正案（草案）》的议案

粤府函〔2014〕□号[①]

广东省人民代表大会常务委员会：

为了贯彻落实国家关于启动实施一方是独生子女的夫妇可生育两个孩子的政策，逐步调

① 具体发文字号不详，《广东省人民代表大会常务委员会公报》未公布议案正本格式。

整完善生育政策，促进人口长期均衡发展，根据《全国人民代表大会常务委员会关于调整完善生育政策的决议》，省政府拟订了《广东省人口与计划生育条例修正案（草案）》，现提请审议。

广东省人民政府　省长　朱小丹
2014 年 3 月 22 日

第九节　请批性公文——请示、批复

一、请示

（一）请示的概念与适用范围

请示与报告为最重要的两个上行文种，也是典型的内部行政公文。《党政机关公文处理工作条例》规定：“请示适用于向上级机关请求指示、批准。”

但是，应当注意，在外部行政中，相对人请求批准只能适用“申请书”。中国证券监督管理委员会公告（〔2014〕45 号）发布的《非上市公众公司信息披露内容与格式准则第 8 号——定向发行优先股申请文件》规定：

第五条　申请人报送申请文件，初次报送应提交原件一份，复印件二份。

第六条　申请文件所有需要签名处，均应为签名人亲笔签名，不得以名章、签名章等代替。

第十一条　申请人在报送书面申请文件、材料的同时，应报送一份相应的电子文件（doc 或 rtf 格式文件）。

第十二条　未按本准则的要求制作和报送申请文件的，中国证监会、全国股份转让系统公司按照有关规定不予受理。

即使在行政组织内部，公务员向机关提出请求也适用申请。《国家公务员任职回避和公务回避暂行办法》第四条：“国家公务员任职回避按以下程序进行：（一）本人提出回避申请或者任免机关提出回避要求……”

所以，“请示”仅适用于党政组织内部下级机关对上级机关呈请事项。适用请示有下列四种情形：

（1）为履行本机关的职责，要求上级机关对有关法律、法规等规范性文件进行解释。如黑龙江省国家税务局《关于界定超标准小规模纳税人偷税数额的请示》（黑国税发〔2014〕85 号）请求国家税务总局解释《增值税一般纳税人资格认定管理办法》（国家税务总局令第 22 号）的有关规定。

（2）对本机关职权范围内的事务不知如何处理，需要上级予以指示。例如，深圳市国家税务局、地方税务局《关于纳税人首次办理涉税事项的请示》（深国税发〔2015〕115 号）。

（3）对上级机关职权范围内但与本机关有关的事务，请求上级作出特定行为。例如，请示上级机关拨付款物或者批转文件等，如《黑龙江省林业厅关于再次申请洪灾救灾补助资金的请示》（黑林呈〔2013〕137 号）：“申请国家林业局帮助解决灾害补助资金16 000万元，专项用于补助地方林区受灾市、县灾后重建，尽快恢复生产。”

（4）根据有关程序规范，应当由本机关提出动议经上级审查批准的事项。例如，《南京市人民政府关于报请批准〈南京城市防洪规划（2013—2030）〉的请示》（宁政发〔2015〕66 号）。

请示制度在党政管理中有非常重要的意义。它是下级机关对上级机关负有的主要义务（职责）之一。整体上作为人民代表大会执行机构的党政机关，有“办事高效、运转协调、行为规范”的要求。及时请示和批复，一方面可以保障上级机关对下级机关的指挥权，保持政令统一；另一方面又能对下级进行事先监督，预防下级机关的违法或者不适当的行政活动。

（二）请示的分类

请示的分类在目前公文界也存在混乱，主要是有遗漏或名称不适当。

根据英国哲学家约翰·奥斯汀的“言语行为理论”，我们将“请示”按其目的分为二类三种。第一类，请示上级作出“言内行为”的请示，即仅要求上级作出言辞答复。此类请示又可按《党政机关公文处理工作条例》分为两种：一为请求指示性请示，相当于提出一个选择问题，上级机关应回答“如何……”有多种可能性；二为请求批准性请示，相当于提出一个抉择问题，上级通常只能用“是”或者“否”来回答，非此即彼。例如，福建省人民政府《关于申请设立福州新区的请示》（闽政文〔2014〕412 号）。第二类，请示言外行为性请示。这种请示不以上级作出言辞答复为限，还期望上级作出特定的行为。例如，贵州省发展改革委《关于将贵州纳入国家输配电价改革试点范围的请示》（黔发改价格〔2015〕601 号），国家发展改革委批复同意（发改价格〔2015〕1182 号），随后还会据此给予贵州优惠电价。可惜此类请示在《党政机关公文处理工作条例》中未能明确表述出来。

根据请示的内容不同，学术界一般把请示分为“工作请示”和“政策请示”。我们认为党政机关的活动（工作）无非“制定政策/行政措施”（制定政策）和“施行政策/行政措施”（落实执行政策）两种，“工作”跟“政策”有上下位之别，不能用来作对立的分别。所以，我们根据行政行为的分类方法，又将请示作如下分类：第一类，关于具体问题的请示。相当于原来一般所称的“工作请示”，指针对特定人或者特定事项提出的请示。而上级对此的批复也只是一次有效，不构成新的规范，不能反复适用。第二类，关于抽象问题的请示。相当于一般所称的“政策性请示”，通常用来请求上级机关解释规范性文件，或者就新出现的普遍性问题请示处理原则。上级机关在答复此类请示时，往往抄送其他下级机关，或者在内部刊物上登载，或者径行批转下级机关的请示。显然这类批复都有普遍拘束力。例如，吉林省国家税务局《关于非国有粮食收储企业承担国家政策性粮食收储业务增值税问题的请示》（吉国税发〔2015〕21 号），《国家税务总局关于纳税人销售国家临时存储粮食发票开具有关问题的批复》（税总函〔2015〕448 号）公开答复。

对请示进行分类是理论研究和指导实践的需要。在实践中，也偶有兼类的情况出现。如山东省公安厅《关于对外国法院判决的刑事案件不服申请国内司法机关重新审理应如何办理的请示》（鲁公明发〔1996〕879 号），既有对个人进行处理的具体问题，也有对外国法院审判承认的抽象问题。对此，我们也不必削足适履、墨守成规。

（三）请示的格式与写法

请示的格式应包括下列项目：发文机关标志、发文字号、签发人、标题、主送机关、正文、发文机关署名、印章、成文时间、抄送（必要时）、印发机关和印发日期。此外，有些上级机关还要求请示机关在附注处标识联系人（直接承办人）姓名和联系电话。

公文标题目前主要有两个问题。一是许多机关不在标题中标明发文机关。这种不顾公文规范、刻意矮化自己的做法是不可取的。二是很多机关不能准确简要地概括公文的主要内容，导致主题（事由）部分写得冗长拖沓。

下面，我们按请示所对应的行政行为的不同，着重论述其正文的语篇结构与写法。

1. 关于具体问题的请示的正文，通常分为事实、意见和呈请三部分

由于此类请示是就特定人和事提出的，开头必须扼要地向上级叙明事实，既要防止重复累赘，又要避免匆忙苟简，使人不知所云，无法表态。意见部分应指出本机关发生困惑或争议的核心，并提出请示机关的具体处理建议或倾向性认识。注意理由应切实充分，以便于上级机关确认问题的要害，在充分考虑下级机关意见的基础上作出答复。呈请部分应说明请示的直接目的，希望上级作出怎样的答复，例如：以上请示请批复，请予指示，请审查批准，请拨付有关经费×××元等。

2. 关于抽象问题的请示的正文，一般分为导言、意见和请示三部分

导言介绍请示所针对的普遍性问题，如国务院证券委员会、中国证券监督管理委员会《关于进一步加强期货市场监管工作的请示》[①] 第一段的要点是："目前期货市场仍存在一些不容忽视的问题，最为突出的是少数大户凭借资金实力，联手操纵市场，牟取暴利……"意见部分要写清本机关对所述问题的认识判断，进而提出制定行政规范的建议。这种规范往往需要与请示机关不相隶属的党政机关来施行，请示机关应该分外谨慎，要站在上级的立场上，注意政策的连续性和协调性。

而要求上级解释规范性文件的请示，一般应说明本机关内部的各种不同理解，并着重指明本机关倾向的意见，便于上级机关全面考量。请求部分具体表明希望上级机关批转本机关的意见、制定新的行政规范或者解释规范性文件等。

（四）请示的特别和一般行文规则

《党政机关公文处理工作条例》第十四条规定："行文关系根据隶属关系和职权范围确定。一般不得越级行文，特殊情况需要越级行文的，应当同时抄送被越过的机关。"由于《党政机关公文处理工作条例》奉行简约的原则，语焉不详，而学者们又隔靴搔痒，不得要领。根据有关行政法律、法规及相关理论，我们认为在下述五种情况中，可以超过直接上级向有权机关呈文请示：

（1）发生重大紧急事件，如重大自然灾害、突发性重大骚乱和动乱、重大疫情等，需有权机关紧急决断、处置的。

（2）与直接上级就重大原则问题发生争议，如执行上级指示可能构成犯罪、危害国家安全或者破坏宪法等，需要有权机关裁决的，依据"任何人不得做自己案件的法官"原则，

---

① 参见《中华人民共和国国务院公报》，1996年，第337~338页。

此种情形相关上下级也应回避。但是，对一般问题的争议，执行上级指示只可能造成错误者，只能请示直接上级复议，不得越级请示，以防止行政组织内部的混乱。

（3）对行政法规、规章等规范性文件，直接上级机关无权解释而需要向有权机关请示的。例如，《中华人民共和国行政复议法》第二十七条规定："行政复议机关在对被申请人作出的具体行政行为进行审查时，认为其依据不合法，本机关有权处理的，应当在三十日内依法处理；无权处理的，应当在七日内按照法定程序转送有权处理的国家机关依法处理。"

（4）举报直接上级机关或者其主要负责人的错误的。这是回避原则的题中之义，并且不必如《党政机关公文处理工作条例》规定的那样抄送被超过的上级机关。

以上为列举式说明。自行政理论言之，还可以增加一条概括性说明。

（5）其他直接上级无权而又不必逐级呈请的。这一规定有利于解决目前公文流转中叠床架屋的弊端。

此外，《党政机关公文处理工作条例》第十五条还规定了请示的一般行文规则："（三）下级机关的请示事项，如需以本机关名义向上级机关请示，应当提出倾向性意见后上报，不得原文转报上级机关。（四）请示应当一文一事。不得在报告等非请示性公文中夹带请示事项。"

所谓"一文一事"，指一份请示只能就一个事项提出，便于上级机关及时答复。

但是，第十五条第一项规定向上级机关行文，"原则上主送一个上级机关"，值得商榷。一方面，许多机关受"条块"（垂直与属地）双重领导，因此，《党政机关公文处理工作条例》规定："受双重领导的机关向一个上级机关行文，必要时抄送另一个上级机关。"另一方面，很多事项又处于多个机关的共同管辖之下，正如《办法》第十七条规定的"可以联合行文的"情形。因而，下级机关在一些情形下恐怕不得不"多头请示"（向两个以上机关请示），否则就解决不了实际问题。所以应当允许用"并报"的形式向两个上级机关请示。

但是，请示仍然"不得抄送给下级机关"。一般情况下，行政行为属单方行为，即依党政机关单方意志即生效而不必取得相对人的同意。但"请示"等上行文则不同，在上级批准之前并无确定力，如果抄送给下级会造成骑虎难下的局面。

应当特别指出，请示行为不一定都用"请示"文种。除了我们在本节开头提到的用"申请书"的情形外，《办法》规定："'函'适用于不相隶属机关之间……请求批准和答复审批事项。"由于函的通用性特征，我们认为向上级机关呈请轻微事项也可用函文种。

（五）"请示"和"报告"的区别

在中国现当代公文史上，请示和报告在很长一个时期内都用同一文种，通常是"呈"。1912年1月中华民国《临时政府公文程式》为滥觞，1951年9月中华人民共和国颁布的《公文处理暂行办法》仍将请示和报告统一定为"报告"或"签报"文种，直到1957年国务院办公厅才首次从"报告"中分解出"请示"文种。在公文实践中，现在仍有很多文秘人员不能正确区分"请示"与"报告"文种。有鉴于此，《党政机关公文处理工作条例》第十五条第四项特地规定："不得在报告等非请示性公文中夹带请示事项。"可以从以下四个方面区别报告与请示两个文种：

（1）在言语的交际功能上，报告的功能为向上级告知，请示的功能为向上级请示。表现在公文处理中，上级应当对请示予以回复，而对报告则通常不予答复。

（2）在言语的语气上，报告主要是陈述性的，对事物的确实性持肯定态度，陈述语气用于说明情况、叙述事实，但是其中的意见报告在语气上与此不同；请示主要是祈使性的，对事物持犹疑态度，祈使语气用于发出命令、提出请求和鼓励等。

（3）在行政组织运作的程序上，报告的主要目的在于使下级接受上级机关的事后监督；请示的目的在于使下级机关接受上级机关的事先指挥和监督。

（4）在言语的时态上，报告所记载的事项一般都是已经发生的活动情况，语言上常用过去时态；请示中所表述的一般都是尚未进行的活动，语言上常用将来时态，如用“将”“拟”“要”等词。

【例文】

黑龙江省林业厅文件

黑林呈〔2013〕137号　　　　签发人：蔡炳华

黑龙江省林业厅关于再次申请洪灾救灾补助资金的请示

国家林业局：

今年6月末起，我省连续普降大雨，多地出现暴雨，给我省部分县（市、区）国有林场、苗圃等基层林业生产单位造成严重经济损失。尤其是6月30日至7月4日的强降雨，哈尔滨、大庆、齐齐哈尔等市县12小时降雨量在70毫米以上，进入8月以来，黑河地区连续遭遇强降雨袭击，全市平均降雨114毫米，降雨最大点的五大连池市小兴安乡，8月3日至4日24小时降雨量277.5毫米，导致黑龙江上游水位全面上涨，5日黑河段水位达到96.38米，超过警戒水位0.38米。同时，由于结雅河洪水汇入，历时长、水位高、来水量大，黑河爱辉、孙吴、逊克沿岸水位还将继续上涨，全面超过警戒水位。

由于连日降雨引发洪水，很多林场道路、桥涵被冲毁，电力、饮水中断，苗木、贮木场被淹，木耳种植基地受淹，大量木耳段被水冲走，损失极为严重。我厅直属尚志、庆安国有林场管理局被洪水冲走木耳段近1亿段，苗圃、贮木场进水被淹，部分木材被洪水冲走，由于排水不畅，大量待售木材浸泡在水中；一些林场职工的工资田受灾，部分绝产，居住在地势低洼的林场职工家中进水，房屋损坏。

从6月末至今，初步统计，受大范围连续降雨影响，全省林业系统共造成灾害损失总额达9.54亿元，其中：食用菌（木耳）损失价值3.8亿元；道路损毁累计1 058公里，桥涵170余座，堤坝30处，价值6 500万元；供水、供电、供暖设施损毁750多处，价值3 740万元；木材损失30 000万元；倒塌损坏房屋600多间，损失2 160万元；林下种植、养殖业损失4 000万元，种苗受灾面积600公顷，价值10 000万元，其他损失1 000万元（关于今年我省7月受灾损失情况，曾以“黑林呈〔2013〕101号”文件向国家林业局报告过）。

灾情发生后，我省各级林业主管部门迅速采取多种有效措施，开展抗灾救灾工作，广大林业干部深入一线，平稳有序开展灾民救助和恢复生产，多方自筹资金1 200多万元，最大限度地降低灾害损失。由于我省地方林业系统基础设施薄弱，去冬今春雪灾尚有部分设施设备没有恢复，加之这次暴雨灾害，损失十分严重。鉴于我省地方财政和林业经济困难，特再次申请国家林业局帮助解决灾害补助资金16 000万元，专项用于补助地方林区受灾市、县灾后重建，尽快恢复生产。

特此请示。

（印章①）
黑龙江省林业局
2013 年 8 月 19 日

二、批复

（一）批复的概念

《党政机关公文处理工作条例》在紧接“请示”之后规定了批复的功能：“适用于答复下级机关请示事项。”批复之所以不和其他下行文并列，是因为批复与请示是相对的文种，是 15 种公文中唯一必须被动行文的文种，上级机关必须“等待”下级机关请示之后，才能作出答复，类似法院“不告不理”的规则。批复的对象只能是有隶属关系的下级。在公文实践中，很多部门误用“请示”代替请示性“函”，作为主管机关答复这类公文时仍应适用“函”，而不是批复。

相对于请示的效力待定特性，批复表示具有确定力，是上级机关对问题的决断，对下级机关具有拘束力。批复对法律法规、规范性文件的解释，视同规范的一部分，下级机关必须遵照执行。

（二）批复的分类

由于请示“适用于向上级机关请求指示、批准”。相应的批复可分为两类：一类是指示性批复，一类是批准性批复。

指示性批复主要是针对规范性文件的解释和政策性问题的指示。下级机关对既有的规范有时不能理解，或者有自己的理解或倾向性意见，但是没有对文件的解释权，这种情况下就需要向有权机关请求解释。还有一种情形，就是下级机关对新发现的事实或者新发生的事态，不知道应当适用哪种规范，或者应当设立哪种新的规范，因而请求上级指明某种规范或者创设新的规范。上级的这一类批复，相当于作出了某种“判例”，这不只是对请示机关有效，而且对此后所有同类的事项都适用。中国古代的“廷行事”（秦朝）、“决事比”（汉朝）都是具有普遍的指导和规范作用的判例。

批准性批复是上级机关依申请作出的审批性公文。审批是上级以数额、标准进行的控制党政下级机关的平衡和总量手段，例如，《国务院关于同意将江西省瑞金市列为国家历史文化名城的批复》（国函〔2015〕132 号），一方面历史文化名城的数量有控制，另一方面名城有特定的标准审核。拨付款物的批复，更是要注意轻重缓急、配置合理、总额有限。

（三）批复的格式与写法

首先应注意的是，批复采用信函式。发文机关标志不加“文件”二字。首页其他要素

---

① 注意，印章和下一行的机关署名同时并存，这是 2012 年版《党政机关公文格式》的特色。由于技术条件的限制，本书不能套印原印章，只以“（印章）”代替，文秘人员起草文稿通常也这样处理。

在页眉页脚的两条红线（页眉是武文线，页脚是文武线）之间。发文字号右对齐。版记不加印发说明的黑色分隔线。

批复的发文字号中的文种代字通常是“函”，如国务院用“国函”，广东省用“粤府函”。我们认为，函既然是另外一种文种的名称，就不宜作为批复的代字。从公文史看，唐代君主对大臣疏奏的答复称为“批”或者“批答”，民国时用“批令”，因此，批复的代字应当是“批”。

批复的标题有两种写法：

（1）发文机关＋事由＋批复，如：《国务院关于同意建立国务院服务贸易发展部际联席会议制度的批复》（国函〔2015〕143 号）。这种标题的写法避免了在标题中夹杂书名号，语义明确、句子简省，已经成为主流。批准性批复的标题中多用“同意”一词。指示性批复中应当准确概括公文主旨，如《国家税务总局关于撤县建市城市维护建设税适用税率问题的批复》（税总函〔2015〕511 号）。

（2）发文机关＋“对《……请示》的”＋批复，如《公安部对〈关于鉴定淫秽物品有关问题的请示〉的批复》（公复字〔1998〕8 号，发文字号为当年格式）。这种标题因为书名号和文种名称的套叠烦琐，逐渐衰落。但是，实践中也出现了“关于对”介词连用重复的问题，如《县人民政府关于对部分乡镇街道命名的批复》（黔政函〔2013〕111 号），应当避免。

正文一般由引语、主体、结语三部分组成。

引语应当引述下级机关行文标题和字号。必要时还需重新整理或者定义下级机关所提出的问题，以使焦点明确、条理分明。

主体针对请示的内容，作出明确的答复。解释或者设立规范的，通常还要说明本机关的正当程序。批准性批复要明确同意、不同意或者部分同意。如不同意必须写明拒绝的理由，尊重下级的知情权，以使其理解接受。

结语可提出执行中的细节要求。

【例文 1】

国家税务总局关于增值税规范性文件有效性问题的批复①

税总函〔2015〕161 号

贵州省国家税务局：

你局《关于增值税有关政策问题的请示》（黔国税发〔2015〕32 号）收悉。经研究，现批复如下：

《国家税务总局关于增值税一般纳税人取得的账外经营部分防伪税控增值税专用发票进项税额抵扣问题的批复》（国税函〔2005〕763 号）为部分有效文件，其中，第三段“鉴于纳税人采用账外经营手段进行偷税，其取得的账外经营部分防伪税控专用发票，未按上述规定的时限进行认证，或者未在认证通过的当月按照增值税有关规定核算当期进项税额并申报抵扣，因此，不得抵扣其账外经营部分的销项税额”的规定现行有效。

① 本例文为指示性批复。

以上所称“规定的时限”应按照《国家税务总局关于调整增值税扣税凭证抵扣期限有关问题的通知》（国税函〔2009〕617 号）的有关规定执行。

国家税务总局
2015 年 3 月 20 日

【例文 2】

国务院关于中国保险投资基金设立方案的批复①

国函〔2015〕104 号

保监会：

《中国保监会关于申请批准〈中国保险投资基金设立方案〉的请示》（保监发〔2015〕58 号）收悉。现批复如下：

原则同意《中国保险投资基金设立方案》。设立中国保险投资基金，是发挥保险资金长期投资优势，对接国家重大战略和市场需求，主要投向基础设施建设，带动社会有效投资，支持实体经济发展，打造增加公共产品和公共服务新引擎的重要举措。保监会要会同相关部门，加强沟通协调和监督指导，认真做好基金筹建、监管等各项工作，抓紧组织落实。

附件：中国保险投资基金设立方案

国　务　院
2015 年 6 月 29 日

第十节　通用性公文——函、纪要

一、函

（一）函的概念

《党政机关公文处理工作条例》规定：“函适用于不相隶属机关之间商洽工作、询问和答复问题、请求批准和答复审批事项。”

根据上述规定，发生函件往来的机关为不相隶属机关，即非上下级关系，但不一定平级，如某地级市工商局与某县卫生局之间的关系。“函”主要适用于两个方面：

第一，适用于不相隶属机关（或部门）之间的公务协助。

第二，“向有关主管部门请求批准”和“答复审批事项”。注意，这里的有关单位通常是指不相隶属的机关，断因有所请求就误用或“谦抑性”地使用“请示”文种。收发文机关

① 本例文为批准性批复。

只是因属事管辖而临时形成了请求与批准的行文关系。如《浙江省发改委关于浙江师范大学行知学院迁建工程项目建议书批复的函》（2015 年 4 月 27 日）对应的来函是《教育厅关于要求审批浙江师范大学行知学院迁建工程项目建议书的函》（浙教函〔2015〕74 号），省发改委与教育厅互不隶属，但是，由于重大工程审批权属发改委而产生双方的请求与批准关系。

在应当使用“批复”的情形下，有些机关认为下级请示的事项较小而指派自己的办公厅、室代为回复，此时，由于收发文机关的级别相同而使用“函”。这类“函”可称为“代批复函”。

【例文】

国务院办公厅关于同意建立推进大众创业万众创新部际联席会议制度的函

国办函〔2015〕90 号

发展改革委：

你委《关于建立推进大众创业万众创新部际联席会议制度的请示》（发改高技〔2015〕1676 号）收悉。经国务院同意，现函复如下：

国务院同意建立由发展改革委牵头的推进大众创业万众创新部际联席会议制度。联席会议不刻制印章，不正式行文，请按照国务院有关文件精神，认真组织开展工作。

附件：推进大众创业万众创新部际联席会议制度

国务院办公厅

2015 年 8 月 14 日

根据对大量公文实务的观察和行政法与管理学原理，我们认为“函”的适用情形主要有以下几种：

（1）上级机关向下级机关布置或查办工作、答复请示、修正本机关所发文件的不当错误等，但限于轻微事项。

（2）下级机关向上级请示问题、提出意见或者建议、答复、询问等，但限于轻微事项。

（3）不相隶属机关之间请求批准和答复审批事项。

（4）不相隶属机关之间询问、答复事项，请求协助办理某些公务。

（5）党政机关答复个人、组织行政相对人的询问等。此点事例极罕见，但是，依照行政法的公开性原理增列于此，预计以后会逐渐增加。

（二）函的通用性特点和分类

《党政机关公文处理工作条例》把“函”排列在文种清单的倒数第二位，意味着“函”的郑重性较低，正因为如此，“函”得以便宜行事，灵活性较大。在公文实践中，“函”轻便、灵活、应用广泛，具有通用性。从行文方向上看，“函”既可平行，也可上行或下行。

以前许多学者以为“函”的特征在于“商洽性”，但这只是我们指出的五种情形之一，显然有以偏概全之虞。

函以其内容可分为请示性函、批复性函、通知性函等，这些都是不能归入商洽性的。

依其收发关系，可分为来函（对方给本机关的函）、去函；依其成文时间的先后和问答关系，可分为问函（或称商请函）、复函。此外，有人依格式的繁简程度，将“函”分为公函、便函（通常不编发文字号），可供参考。

（三）函的格式与写作

国家标准《党政机关公文格式》把“函”等文种列入了特定格式“信函格式”，其结构由发文机关（红色）、红色双线、发文字号（右对齐）、标题、主送机关、正文、发文机关署名、成文日期和印章等组成。

据函的内容不同，其写作要求也不同。现在分述如下：

1. 商洽性函

正文结构由商洽缘由和商洽事项两部分组成。缘由部分写明发函的原因。商洽事项是主体，要写清对对方的请求，注意条理清晰、简明扼要。若要委托则要写清委托目的、委托事项的基本情况，然后提出要求。结束语可写“请予支持”“请予大力协助”等。例如，2014年初，江苏省政府致函文化部商请共建南京艺术学院（苏政函〔2014〕5号）。

实践中所称的“函调”，是委托调查相关人员身份或者近亲属政治面貌的信函，要先写清调查的缘由、依据，然后再说明调查对象的姓名、性别、年龄、职业、住所等基本情况及需要查证的问题。

2. 询问性函

正文由询问目的、缘由和询问内容组成。缘由部分让对方了解所询问题的由来；询问内容是主体，所提问题应明确、具体，以便对方作答。结束语可写“请函复”“请予答复”等。例如，《科技部办公厅关于请协助提供〈中国科学技术发展报告2013〉材料的函》（国科办函计〔2014〕147号）主送“各有关部门科技主管单位，有关中央企业、行业协会，有关单位”，请各单位继续协助提供有关材料。

3. 答复性函

正文结构包括缘起和回复。缘起部分说明已收悉来函，必要时应署明情况，或有关政策规定，或本机关对来函的意见。最后以“特此函复”“谨作答复”“仅供参考”等作结。

此外，针对函调的所谓“函复”，应对来函所提出的问题和要求作出准确、及时的答复。事实清楚，证据确实充分，必要时应添附证人证言或者书证材料的复印件。

4. 请示性函和批复性函

写法与请求、批复的写法基本相同。在属人管辖中，函的发文机关和受文机关仍然是隶属关系，只是其事项轻微而已。在属事管辖中（如“机关事务管理”、财务、政府采购及庶务等），发文机关和收文机关为不相隶属关系。

【例文】

□□市经信委关于房屋产权调拨至市机关事务管理局的函

□经信函〔2014〕93号

□□市财政局：

根据《□□市市级党政机关办公用房管理暂行办法》（□政办发〔2014〕180号）关于“集中办公区内各单位的所有办公用房权属按规定程序统一转移变更登记到市机关事务管理

局名下”的要求，永丰路15号（我委产权，建筑面积1 222平方米，原值400万元）、姚隘路31号（委属单位工业系统离退休干部管理服务中心产权，建筑面积274.5平方米，104.462 605万元）的办公用房产权需转移变更至机关事务管理局。

为理顺产权关系，按市机关事务管理局要求，经我委党工委讨论决定，同意将永丰路15号、姚隘路31号两处办公用房调拨至市机关事务管理局。

现根据《□□市市级行政事业单位国有资产处置管理暂行办法》（□财政资〔2011〕67号）规定，要求账面原值5 044 626.05元进行资产调拨。

特此致函。

□□市经济和信息化委员会
2014年12月12日

批复性函的写法如下：

国家发展改革委办公厅关于对价格欺诈行为定性有关问题的复函

发改办价监〔2014〕1555号

广东省发展改革委：

你委《关于价格欺诈行为定性有关问题的请示》（粤发改价监〔2014〕268号）收悉。经研究，现函复如下：

一、经营者开展的“满换购”“满赠送”“满立减”活动是让利促销的经营行为，属于《国家发展改革委关于〈禁止价格欺诈行为的规定〉有关条款解释意见的通知》（发改价检〔2006〕623号，以下简称《解释意见》）第八条所规定的经营活动范围。

二、根据《解释意见》第八条的规定，经营者开展“满换购”“满赠送”“满立减”活动时，相关商品的原价是指本次经营活动前七日内，在本交易场所成交的有交易票据的最低交易价格。

三、经营者在开展全场价格促销活动中，其中个别商品标示的价格高于本次活动前七日在该交易场所成交的有交易票据的最低交易价格，并且不存在欺诈消费者主观故意的，对经营者的全场价格促销行为可以不认定为价格欺诈行为。

特此函复。

国家发展改革委办公厅
2014年7月8日

应当使用请示性“函”而误用“请示”的情形经常发生，如江西省卫生厅《关于要求设立江西省乡村医生执业考试等项目和制定收费标准的请示》（赣卫规财字〔2003〕22号），而财政厅等仍用“函”复之：《江西省财政厅、江西省发展和改革委员会关于同意收取乡村医生执业考试考务费的复函》（赣财综〔2004〕19号），表明财政厅明了卫生厅的误用或者客套。

【例文】

国家发展改革委办公厅关于建议纠正山东省交通运输厅滥用行政权力排除限制竞争有关行为的函

发改办价监〔2015〕501号

山东省人民政府办公厅：

根据媒体报道，我委对你省交通运输厅在建设和运营道路运输车辆动态信息公共监控平台中，涉嫌滥用行政权力，排除、限制竞争的案件进行了调查。

现已查明，2011年以来，你省交通运输厅在贯彻落实交通运输部、公安部、国家安全监管总局关于开展道路运输车辆动态监管工作文件精神的过程中，多次印发有关文件，要求全省"两客一危"车辆必须直接接入省技术服务平台，重型载货汽车和半挂牵引车必须直接接入省北斗货运动态信息平台，并明确上述两平台的技术支持单位均为山东九通物联网科技有限公司；同时，要求进入山东省市场的车载卫星定位终端，必须通过省技术服务平台（即山东九通物联网科技有限公司）的统一调试，并公布2012年交通运输部北斗示范工程招标中标价格作为终端最高限价。

我们认为，你省交通运输厅的上述做法，排除和限制了监控平台市场和车载终端市场的竞争，剥夺了道路运输企业在车载终端和监控平台上的自主选择权，不合理地推高了平台服务费水平和车载终端的销售价格，增加了道路运输企业的经营成本。相关行为违反了《反垄断法》第八条"行政机关和法律、法规授权的具有管理公共事务职能的组织不得滥用行政权力，排除、限制竞争"的规定，属于第三十二条所列"限定或者变相限定单位或者个人经营、购买、使用其指定的经营者提供的商品"行为和第三十七条所列"制定含有排除、限制竞争内容的规定"行为。

在我委调查后，你省交通运输厅主动采取了以下整改措施：①放开重型载货汽车和半挂牵引车监控平台市场，实行平台服务商备案制，允许运输企业在通过备案的平台服务商中自主选用。截至目前，已对两批共19家平台服务商进行了备案。②放开道路运输车辆卫星定位终端市场，允许运输企业在交通运输部公布的卫星定位终端目录内自主选用，不再进行统一调试。

我们认为，上述措施虽然纠正了部分违法行为，但尚未完全恢复公平竞争的市场秩序，包括：①未放开对"两客一危"车辆动态监控平台市场的限制；②虽然规定实行平台服务商备案制，但对备案提出了交通运输部有关规定以外的其他要求，对不符合要求的将不予备案；③未废止关于"终端价格（含安装费）不得高于交通运输部北斗示范工程招标中标价格"的规定。

根据《反垄断法》第五十一条"行政机关和法律、法规授权的具有管理公共事务职能的组织滥用行政权力，实施排除、限制竞争行为的，由上级机关责令改正；对直接负责的主管人员和其他直接责任人员依法给予处分。反垄断执法机构可以向有关上级机关提出依法处理的建议"的规定，现建议你机关责令交通运输厅改正相关行为。案件主要事实和具体整改建议附后。

请于2015年4月10日前将有关整改情况函告我委。

附件：山东省交通运输厅涉嫌滥用行政权力排除限制竞争的主要事实和整改建议

国家发展和改革委员会办公厅
2015年3月9日

二、纪要

（一）纪要的概念

《党政机关公文处理工作条例》规定，“纪要适用于记载会议主要情况和议定事项”。由于纪要是主要公文中的最后一个文种，因此，它的郑重性较排列在前的文种要低。重要的会议通常用公报报道传达。同样是会议议决的事项，比较重要的事项应当酌用决议、决定；专项工作宜用通知。

我们发现，纪要还是协调性机构的唯一行文方式，虽然国务院规定“联席会议不刻制印章，不正式行文”，但是，“联席会议根据工作需要定期或不定期召开会议……联席会议以纪要形式明确会议议定事项，经与会部门和单位同意后，印发有关方面并抄报国务院。重大事项按程序报批”①。

纪要还可以是国际条约的一种形式，如《中华人民共和国和大韩民国政府关于结束中国—韩国自由贸易协定谈判的会议纪要》（2014年11月10日）。

纪要以纪实为特点，同时也要简洁精练、条理清楚。

（二）纪要的种类

纪要大体可分为三种：

（1）指导性纪要适用于务虚型会议，如每年一次的“中央经济工作会议”，其内容对下级机关具有指导意义。

（2）指挥性纪要适用于议决型会议以及部署型会议，如“国务院全体会议和国务院常务会议的纪要”（《国务院工作规则》），各级政府“常务会议纪要”“专题会议纪要”，其内容有法定的拘束力。

（3）报道性纪要适用于学术型会议，其内容不具有法定拘束力。

（三）纪要的格式与写作

纪要是一种单独的格式，其要素包括：

（1）纪要标志。由“□□□□□□纪要”组成，用红色小标宋体字。

（2）出席人员名单。在正文下空一行标示。

（3）请假和列席人员名单。

（4）其他要素便宜行事。

纪要的标题有三种写法，一是会议名称 + “纪要”，如《市政府第43次常务会议纪

① 《国务院关于同意建立促进展览业改革发展部际联席会议制度的批复》（国函〔2015〕148号）。

要》。二是机关 + 事由 + "纪要"，如《中华人民共和国和大韩民国政府关于结束中国—韩国自由贸易协定谈判的会议纪要》。三是会议主题，适用于学术会议，如《不动产登记制度推出的意义与未来》，副标题再列明"会议纪要"。

正文一般包含两部分：①会议概况。主要包括会议时间、地点、名称、主持人、与会人员、基本议程。②会议的精神情况和议定事项。指导性和指挥性纪要一般包括会议内容、议定事项，复杂的会议可以采用条款项的结构来写。报道性纪要还要写出与会各方的共识与不同意见。

会议纪要用"会议"作拟人主语，如"会议认为""会议决定""会议指出""会议强调"等。

以前会议纪要由会议主办单位用通知印发，现在可直接发文。

【例文】

□□市人民政府常务会会议纪要①

〔2015〕3 号

2 月 5 日下午，□□□市长主持召开市政府第 34 次常务会议，审议了《□□市人民政府 2015 年立法有关计划（草案）》《关于加快推进人力资源服务业发展的若干意见》《关于进一步加强高技能人才队伍建设的意见》《□□市职工生育保险管理办法》及降低生育保险费率事项、2014 年度□□市科技创新创业市长奖和科技合作贡献奖拟奖励名单和□□市市级党政机关办公用房管理意见，听取了□□市推进□□国家自主创新示范区建设实施意见和加快建设知识产权强市、2015 年市重点项目安排、妥善解决创元集团所属子企业职工持股会中量化股问题和万融国际大厦裙楼等有关事项的汇报。

会议议定以下意见：

一、听取□□市推进□□国家自主创新示范区建设实施意见和加快建设知识产权强市的意见

（一）各地各部门要深刻领会习近平总书记视察江苏时的重要讲话精神，认真学习国务院加快建设□□自主创新示范区批复文件和省有关意见的内容要求。

（二）原则同意市科技局关于本市推进□□国家自主创新示范区建设实施意见的汇报。

（三）由市科技局牵头，根据本次常务会议的意见修改完善后，提交市委常委会审议。各地各部门要紧密结合我市实际情况，把握示范区建设机遇，加快形成区域创新一体化格局，注重发挥好市场的决定性作用，主动适应新常态、保持定力、加快转型、积极作为，在更高水平上推进创新型城市建设。

（四）原则同意市知识产权局关于加快建设知识产权强市意见相关工作的汇报，由市知识产权局根据本次常务会议的意见修改完善后，提交市委常委会审议。

（五）建设知识产权强市是我市把握经济新常态、培育发展新优势的必由之路，是深化对外开放、提升竞争能力的基本途径，也是我市推进法治社会建设、优化市场综合环境的重要内容。要以发明专利授权量为工作重点，积极营造良好的知识产权法治环境、市场环境和

---

① 本文为记录议决性会议的指挥性纪要。

文化环境，以开放的姿态吸引专利落地，全面提高我市知识产权综合实力，努力建设知识产权强市。

二、听取2015年市重点项目安排情况的汇报

（一）原则同意市发改委关于2015年重点项目安排情况的汇报，由市发改委根据本次常务会议的意见修改完善后，提交市委常委会审议。

（二）同意将轨道交通、国际物流快速通道、保障性住房等210项工程列入市2015年重点项目（其中：实施项目200项，前期项目10项），总投资为10 315亿元，当年投资1 630亿元。

（三）各地各承办部门和单位要结合实际，科学制订实施方案，落实工作责任，强化措施，通力协作，推进工作顺利开展。由市发改委牵头，会同各承办部门和单位对重点项目的推进情况进行督查，定期通报情况，确保全面完成各项任务。

（以下正文略去）

出席：□□□ □□□ □□□ □□□ □□□ □□□

列席：□□□ □ □ □□□ □□□ ……

市委组织部、市民防局、□□高新区的代表

记录：□□

□□市人民政府办公室整理

2015年3月17日

（此件公开发布）

【思考题】

1. 什么是党政机关公文？它的作用是什么？

2. 党政机关公文具有哪些特性？

3. 党政机关公文的格式要素一般可以划分为哪三个部分？请画一张某市政府所发“通知”的格式示意图。

4. 请拟写一份会议通知。

5. 请以某县人事劳动和社会保障局、县财政局的名义写一份公开招考财务总监的通告。

6. 试以某市人民政府的名义拟写一份表彰该市行政服务中心热心为百姓办事的通报。

7. 报告和请示有什么区别？请各拟写一份。

8. 请针对上题的请示写一份表示同意的批复。

9. 请谈谈“函”的详细分类与特点，并以某省科学技术委员会的名义给其下属各市、区（县）写一份询问贯彻落实全省科学技术工作会议情况的函。

10. 纪要有哪些特点？试拟写一份某市人民政府食品安全工作现场会议的纪要。

第三章
日常事务类文书写作

随着社会的发展，各机关、部门、单位之间的联系日益密切，公务活动日益增多，信息处理也更加频繁。事务文书作为重要的文书类别，由于应用范围广泛、使用频率较高，在秘书日常写作工作中占据相当大的比重。因此，作为一名秘书工作者，了解并掌握这类文书的写作方法，将更有利于秘书工作的开展。

【导入案例】

《陕西日报》评论周刊2013年曾经刊登了一篇题为“公文写作要吃透‘上情’接通‘地气’”的文章，是一位国家政府机关秘书对公文写作中培养求真务实的写作精神的深刻理解。下面是这篇文章的内容。

公文写作要吃透“上情”接通“地气”

据《浙江日报》报道，7月26日在杭州召开的全国第十三届公文学术研讨会。研讨会上，大家一致认为新文风即是习近平总书记在2010年中央党校开学典礼上讲到的“短、实、新”。

当前，公文写作存在的通病，主要表现为“长、空、假”。“长”主要表现在篇幅冗长上，两头“穿靴戴帽”，中间又以没用的套话、正确的废话、不着边的大话塞满“肚子”。“空”主要是语言贫乏、空洞无物、抓不住要领，群众经常批评的“讲话没有不重要的，领导没有不正确的，成绩没有不巨大的”之类就是典型例子。“假”则是指报喜不报忧、弄虚作假、虚话连篇，搞数字游戏等，不顾实际情况，缺乏实情、实数、实话。“长、空、假”公文不但贻误工作，而且败坏了风气。

文风是一面镜子，折射着许多深层次的社会问题，反映了一级组织和领导班子思想作风、工作作风的正确与否。公文文风与党风、政风和民风密切相关，我们党的几代领导人历来高度重视这个问题，改进公文文风，倡导优良文风，无疑是推动党政机关作风转变，带动社会风气根本好转的有力撬杠。因此，我们要努力改进公文文风反对“长、空、假”，倡导“短、实、新”。

这是一种具有很强的时代性、群众性和鲜活性的新文风。党的十八大之后，中央带头执行“八项规定”，改进文风会风，各级领导机关出现了风清气正的新气象，在文风上呈现出更加简明、务实、鲜活的新风尚。

公文是传递治国理政方针政策的工具，承载着机关工作和社情民意的重要信息。公文的特性要求公文写作首先得吃透“上情”。不了解“上情”的公文，势必无法把握全局，只会照抄照搬，不能准确传递上级的意图，使公文失去了应有的指导意义和引领作用。应当把上级的精神创造性地贯彻落实，与本地的具体实际有机结合起来。其次要接通“地气”。群众的实践和语言最具有创造力和生命力，最具有时代气息和生活气息，群众立场、观点和方法是我们坚持以人为本、执政为民的出发点和归宿点。公文写作只有向群众学习，从群众中来、到群众中去，才能避免成为无的放矢、干巴生硬、令人反感的教条，才会使公文成为有血有肉、鲜活亲切、受人欢迎的有力工具。

公文的写作和研究是改进文风的两个重要方面。在公文创新的过程中，要做到写作与研究相结合、两手抓，两手都过硬。抓写作，重在提高公文的规范化水平，倡导“短、实、新”，突出接“地气”、转文风，以公文新风尚体现并促进党政机关的新政新风，进而带动社会风气向求真务实转变。抓研究，重在把握公文特质，潜心研究、百家争鸣，多出成果、多出精品，多出在国内外有影响的名篇力作。

【讨论】

（1）你怎样理解公文写作所要求的“短”“实”“新”？

（2）在事务文书写作中，如何做到吃透“上情”与接通“地气”？

【要点阐述】

第一节　事务文书概述

一、事务文书的含义及特点

事务文书是党政机关、企事业单位、社会团体或个人在日常公务活动中为处理事务、反映情况、实施管理、沟通信息、指导工作而制定和使用的法定公文之外的各种事务性文书的统称，计划、总结、调查报告、讲话稿、规章制度等都属于事务文书。事务文书不完全具备机关公文所具有的法定效力，但它在机关单位处理日常公务活动过程中应用范围很广，使用频率较高，具有广泛的适用性。

事务文书具有以下几个方面的特点：

（一）实效性

事务文书是针对某项实际工作或某个特定问题而制发的，要特别注重实用、讲求效率。如撰写各类调查报告，一般都需要在实践工作刚刚结束不久或问题刚刚发生，甚至正在发生时就进行调查，这样才能迅速发挥指导、沟通、宣传的作用；写作形式的运用也要讲求效用，以便于文书内容的落实和处理。

（二）丰富性

事务文书的丰富性是指其内容丰富、种类繁多。事务文书写作涉及日常工作事务的方方面面，从工作的开展到内部的运行过程，从人事到财务，再到具体业务，都需要使用一系列事务公文予以指导和辅助，因而其内容十分丰富；其次，事务文书由于使用范围广，内容丰富，因而在种类和数量上大大超过了法定公文，经常使用的事务文书就多达数十种。

（三）程式化

事务文书虽不像法定文书那样有严格的格式要求，但在长期的使用过程中，各类事务文书大都有了比较固定的惯用格式，文书的结构要素以及各要素的具体写法，也都形成了一定的规则，有固定的写作要求，具有相对稳定性，不得随意更改。

二、事务文书的种类

事务文书种类繁多，按照文书性质和作用的不同，可分为以下几类：

（一）计划类文书

计划类文书是单位或个人对未来一定时期内的工作进行安排、设想、部署、规划和筹措时所使用的文书，包括计划、规划、设想、安排、方案、预案等。

（二）总结类文书

总结类文书是反映工作情况和经验，对过去一段时间内的工作进行全面、系统的回顾和研究，从中得出经验、教训，用以指导今后工作的一种事务文书，包括总结、调查报告、述职报告、考察报告、工作研究等。

（三）规章类文书

这类文书是用于规范某一特定范围内人们的行为而制定的具有法规性和约束力的事务文书，这类文书包括条例、规定、办法、章程、细则、守则、公约等。

（四）会议类文书

会议类文书是专门为会议所制发的，主要体现会议的目的、作用和基本精神，包括会议方案、会议流程文件、开幕词、闭幕词、大会工作报告、领导讲话稿等。

三、事务文书的作用

事务文书在日常工作中具有重要作用，是安排工作、交流经验、沟通信息、规范行为的重要工具和手段。具体而言，主要体现在以下几个方面：

（一）沟通信息、联系工作

事务文书是沟通各单位、各部门之间工作事务的桥梁和手段。可以说，贯彻政策、沟通信息、联系工作是机关事务文书写作的出发点，也是其最基本的功能。通过事务文书的上传下达，可以使信息传播渠道更加畅通，也便于各单位、各部门及时了解、掌握、调整工作事务，保证工作的正常运行。

（二）总结经验、指导工作

大部分事务文书如简报、总结、调查报告等，都能及时反映工作情况、总结经验教训、揭示问题，提炼规律性认知以指导实际工作，从而成为工作的指针，更好地为未来的工作提供服务。

（三）宣传教育、促进工作

事务文书具有较强的宣传教育作用，将有关的政策、经验晓谕大众，以提高人们的认识和觉悟，调动人们的工作积极性。比如，简报、调查报告和讲话稿这类文书，能够阐明工作思路和指导原则，通过分析形势、申明政策，或者介绍经验，表彰先进及揭露问题，可以起到宣传教育、提高认识水平和工作热情的作用。

四、事务文书的写作要求

与其他公文的写作相同，事务文书写作也具有一定的要求和规范。因此，要写出一份合格的事务文书，应力求做到以下几点：

（一）了解方针政策，遵守法律法规

秘书在撰写事务文书之前，必须充分了解相关领域内国家的方针政策，熟悉相关法律法规，从而保证所撰写的事务文书充分体现出政策性和可行性，避免与国法相冲突。

（二）内容突出重点，观点详略得当

事务文书的内容涉及公务活动中的所有工作事务，量大事情多，因而在撰写过程中，要突出重点、主次分明、详略得当，切忌眉毛胡子一把抓，不分主次轻重，将材料简单堆砌，从而影响工作效率。

（三）材料真实、客观、充分

事务文书中所列举的事例材料必须充分、客观，只有建立在丰富的、客观的、真实的材料的基础上的认识和结论才更能反映现实、揭示本质，才更具实际价值和指导意义。

（四）语言简明扼要、规范准确

写作事务文书的主要目的在于介绍工作情况、说明工作原委、陈述工作事实、总结工作规律，因而要求行文语言的严肃性和规范化，做到简明、质朴、准确、恰当，力戒浮饰虚华。同时，一般避免采用口语化的句子。

第二节　计划

一、计划的含义和类别

计划是党政机关、企事业单位、社会团体或个人为完成某一任务或实现某一目标，预先对未来一定时期内的工作作出安排、设想、部署、规划和筹措时所使用的一种事务文书。可以说，计划是对理想和目标的具体化，是对要完成工作的任务、数量和质量的具体要求，是对工作完成时间、步骤、措施等的通盘考虑和细致安排。因此，制订计划是一项科学的工作方法，能够有效克服工作上的随意和盲从，切实提高工作效率，保证工作的顺利完成。

计划是一个统称，日常工作中常见的规划、纲要、方案、设想、安排、要点等都属于计划，只是涉及的范围大小、期限长短和具体实施步骤等方面有所不同。

1．规划和纲要

时间较长、目标较大、范围较广、内容较概括的全局性的远景计划称为规划和纲要。一般而言，规划和纲要的时间跨度为五年以上，如《××局五年发展规划》《××省经济发展十年规划》。与规划相比，纲要内容的概括性、原则性和指导性更强，通常是关于工作方向和长期目标的一个概要，如《中国残疾人事业“十二五”发展纲要》(2012—2015)。

2．方案

针对某些专业性、原则性较强的单项工作的周密计划称为方案。一般而言，方案是对需要在近期或短期内完成的目标和任务的具体计划，从目标、要求、工作步骤到工作方式、方法，作出比较全面、详细的部署和安排。例如，《××县××项目实施方案》《××特大刑事案件侦查方案》。

3．设想

对长远工作作出初步的、非正式性的计划称为设想。一般而言，设想属于粗线条式的草案性计划，其具体实施方法和步骤尚不明确。例如，《××市关于建立××科技园的设想》《关于建立健全城市低收入群体社会保障体系的设想》。

4．安排

对近期内预计要完成的工作从时间进度到具体内容作出的较为具体的计划称为安排。通常而言，安排针对的是时间周期较短、范围较窄、内容较少的工作。例如，《市场部一周工作安排》《××市中级人民法院刑一庭一周工作安排》。

5．要点

对一段时期内的主要工作作出简要性、指导性安排的计划称为要点，常用来对重要计划作补充。例如，《××市 2015 年上半年卫生工作要点》《××电力公司 2014—2015 年度工作要点》。

二、计划的特点

（一）目的性

计划是为了实现某个目标、完成某项任务而制定的，因而具有明确的目的性和针对性。有了明确的目的和针对的目标，才能有序地完成工作。相反，缺乏目的性的计划是无法保证工作顺利完成的。

（二）预见性

计划是先于实践活动而制订的，这就要求制订者必须对未来工作中可能遇到的问题作出充分的预想和推测，同时结合本单位的实际情况，对工作的目标、任务、实施措施等作出科学的预想性安排。既要把握客观规律，又要体现前瞻性，以实事求是的态度进行充分论证和深入调查，使计划既符合工作实际，又体现科学的预见性。

（三）指导性

计划是结合具体工作而制订的科学方案，对人们有目的、有步骤地开展工作具有一定的指导作用。计划一经制订，就对实施者有严格的权威性和约束力。只有根据计划妥善安排工作，才能有效地控制工作的方向、规模和速度，确保工作顺利完成。

（四）可行性

计划是用来指导实际工作的，因而必须具有科学性，确保切实可行。制订计划时，要充分调研，根据现有实际情况考虑问题。只有做到目标具体、措施得当、办法可行，才能保证工作的顺利完成。

三、计划的结构和写法

计划由标题、正文和落款三部分构成，具体写法如下：

（一）标题

计划的标题有多种拟写方式，常见的有以下几种：

1. 完整式标题

通常由计划制订者（单位）名称、时间、事由、文种四部分构成。例如，《××公司2015年财务工作计划》。

2. 非完整式标题

（1）省略时间，因不针对特定时段，所以可以不标示时间。例如，《××县人才引进计划》。

（2）省略计划制订者（单位）名称。例如，《2015年第一季度科研工作计划》。

（3）省略计划制订者（单位）名称和时间。例如，《××大学辅导员培训计划》。

虽然计划的标题形式比较灵活，但在规范的标题当中，事由和文种这两项无论如何都必不可少。

（二）正文

正文是计划的核心部分，包括引言、主体和结尾三部分。

1. 引言

引言又称前言，在全文中起引导作用，简明扼要地介绍制订计划的背景、依据、指导思想和原则，提出总的目标和要求。这一部分的写作可根据具体情况有所侧重，不必面面俱到。

2. 主体

主体部分是计划的中心内容，包括三个要素：目标、措施和实施步骤。

（1）目标：这是计划应该达到的总要求，一般以引言中提到的目标和要求为依据，明确未来一段时期内要完成的工作目标和任务，即回答“做什么”的问题。

（2）措施：完成任务所采用的方式和方法，是决定计划是否具有可操作性的关键。这一部分需要写明采取何种办法，利用哪些条件，排除哪些困难，动员哪些力量，如何协调配合完成计划等，即回答“如何做”的问题。

（3）实施步骤：是计划的阶段划分，回答“分几步做”的问题，强调时限和先后顺序。在编制计划时，需要对整体计划进行分解，规定操作步骤，将各个步骤的完成时限、质量要求及责任人落到实处。只有这样，才能保证职责明确、行动有序、操作无误。

3. 结尾

通常情况下，大多数计划在阐明主体部分的措施和步骤后自然收尾，不作赘述；有的计划则作一个总括式结尾，简明扼要地指出执行计划时应该注意的事项，或提出监督要求、希望和号召等。

（三）落款

落款包括署名和成文日期，即在正文右下方注明制订计划的单位名称和日期。如果计划的标题上已有单位名称，结尾处则不必重复。对于上报或下达的计划，需要在落款处加盖公章。

四、计划的写作要求

（一）实事求是、统筹兼顾

计划的制订要依据实际情况，而不能依照个人的主观愿望和意志；充分分析客观条件，所撰写的计划既要有前瞻性，也要具备实际可行性，使人们通过一番努力就能够实现。同时，计划要体现全局性，考虑多方利益，处理好整体与部分、群体与个体的关系，做到统筹兼顾。

（二）突出重点、主次分明

计划兼顾多方利益，包含多重目标。在目标过多的情况下，要分清主次，根据每一时期工作的轻重缓急作出工作安排，做到有条不紊，有轻有重，突出重点。只有这样，才有利于计划的全面实施和重点开展，达到事半功倍的效果。

（三）目标明确、步骤具体

计划的目标、任务、措施、办法、具体实施步骤以及相关责任人等，都应明确具体，切忌含糊不清、模棱两可、职责不明。只有目标明确、步骤具体，计划的执行者在工作中才能有明确的努力方向。

【例文】

××市加快推动经济发展迈上新台阶行动计划

按照市委、市政府《关于贯彻落实习近平总书记视察江苏重要讲话精神建设“经济强、百姓富、环境美、社会文明程度高新南京”的意见》明确的任务，现就加快推动全市经济发展迈上新台阶，制订本行动计划。

一、总体思路和发展目标

（一）总体思路

深入贯彻落实党的十八大和十八届三中、四中全会精神，以及习近平总书记系列讲话精神，认真落实中央和省各项决策部署，积极适应经济发展新常态，紧紧围绕建设“一带一路”节点城市、长江经济带门户城市、长三角区域中心城市和国家创新型城市的目标，抢抓机遇，主动作为，全力以赴，以提质增效为中心，以结构调整为重点，以改革创新为动力，着力争创创新型、服务型、枢纽型、开放型、生态型“五型经济”发展新优势，加快提升城市发展新能级，聚力打造经济发展新高地，不断拓展经济发展新空间，全力推动全市经济发展迈上新台阶，奋力推进南京在建设新江苏征程中走在前列、当好排头兵。

（二）发展目标

——综合经济实力进一步增强。（略）

——创新能力进一步提升。（略）

——产业集聚发展，特色更加鲜明。（略）

——绿色发展水平进一步提升。（略）

二、重点任务

（一）深入实施创新驱动战略

充分发挥南京科教与人才资源优势，坚持改革先行、人才引领，加大制度创新、技术创新和协同创新力度，深入实施苏南自主创新示范区建设，促进各类优质创新要素加快集聚，发挥企业创新的主体作用，大力推进大众创业、万众创新，开拓南京转型发展新空间。（略）

（二）着力推进制造业高端化发展

顺应新一轮科技革命和产业变革趋势，全面对接落实“中国制造2025”战略以及江苏省行动纲要，坚持创新驱动、统筹推进、重点突破、高端引领、质效优先，加快推进互联网与制造业融合创新，切实提升制造业发展水平。（略）

（三）加快现代服务业创新发展

加快产业融合互动发展，着力提升生产性服务业和生活性服务业规模和层次，注重经济社会效益、市场竞争力、国际化水平和服务功能相结合，依托互联网推动商业模式和业态创新，积极构建以服务经济为主体的现代产业体系。（略）

（四）加快提升现代农业发展水平

以建设国家现代农业示范区为契机，加快转变农业发展方式，加强农业科技创新、经营方式创新、经营体制创新、业态创新、政策创新，大力发展产出高效、产品安全、资源节约、环境友好、功能多元的都市现代农业。（略）

（五）进一步提升城市发展能级

坚持全域统筹、一体发展，因地制宜、特色发展，以人为本、协调发展，以江北新区为重点打造城市经济发展新增长极，以功能布局优化带动城市发展空间拓展，以枢纽经济区为核心增强城市综合枢纽功能，以城市化和信息化融合提升城市综合管理服务功能，进一步提升城市发展能级，塑造特色明显、优势突出的综合功能。（略）

（六）着力扩大对内对外开放合作

主动对接国家“一带一路”和长江经济带国家战略，对接上海自贸区建设，用好和放大“后青奥”效应，强化机遇意识，利用好两个市场、两种资源，鼓励支持企业走出去，加快对内对外开放步伐，使我市开放型经济走在全国同类城市及全省的前列。（略）

（七）大力推动生态环境建设

积极贯彻落实国务院《关于加快推进生态文明建设的意见》，坚持经济发展和生态文明两手抓，加快产业绿色转型，全面促进资源节约利用，加强环境保护，大力推进绿色发展、循环发展、低碳发展，形成生态型经济发展特色优势。（略）

（八）全面深化改革激发活力

以经济体制改革为重点，加快推进全面深化改革重点任务，不断激发体制机制活力，使改革新红利更多更快地转化为发展新动力。（略）

三、保障措施

（一）加强统筹推进。进一步强化经济工作组织领导。主动对接国家和省重大战略和部署要求，制订实施贯彻落实“一带一路”、长江经济带、“中国制造2025”、“互联网+”、大众创业创新等战略的南京行动计划，明确时序节点，分解落实任务，统筹推进经济发展迈上新台阶各项工作有力开展。（略）

（二）突出项目支撑。在传统产业投资相对饱和的情况下，把握正确的投资方向，抓住基础设施互联互通、公共产品的提供、准公共产品生产以及新技术、新产品、新业态、新商业模式带来的投资机会，创新投融资方式，聚焦重点项目，扩大有效投入，保持投资稳定增长，增强经济发展动力。（略）

（三）加强政策支持。转变财政专项资金使用方式，采取基金化、市场化运作模式，提高资金使用效益，更好地引导重点产业、重大项目发展。（略）

（四）强化保障服务。大力弘扬和自觉践行“马上就办”作风，加快转变政府职能，提高行政服务效率，积极主动为企业排忧解难。（略）

（五）加强规划编制。做好“十三五”规划编制工作。强化战略思维，做优总体规划，做精专项规划，统筹推进经济发展、民生建设、文化建设等各方面工作，用高水平的规划指导和引领“迈上新台阶、建设新南京”目标实现。

中共××市委办公厅
2015年×月×日

第三节　总结

总结是党政机关、企事业单位、社会团体或个人对过去一段时间内的工作进行全面、系统的回顾、分析、研究和评价，从中找出经验、教训，得到规律性认知，以指导今后工作的一种事务文书。通过总结，系统地回顾过去，可以看到成绩，增添工作的信心；也可以及时发现问题，找出解决方案；同时有利于各部门、各单位之间的相互交流。

一、总结的特点

（一）回顾性

总结首先是一个回顾的过程。在阶段性的工作或任务完成之后，通过总结来进行客观的评估和回顾，归纳经验，反思教训，为今后工作提供指导。

（二）客观性

总结是对过去一段时间内的实际工作再认识的过程，是以实践活动为依据的，所以应该本着实事求是的态度，把过去工作中的成绩、不足、经验和教训进行客观的归纳、分析和评价，其材料和内容要忠实于客观现实，否则就失去了总结应有的价值。

（三）理论性

总结的过程，既是人们对实践活动的回顾，又是把零散、肤浅的感性认识上升至系统、深刻的理性认识的过程。因此，总结还需上升到一定的理论高度，提炼出规律性认知，对未来工作产生指导和借鉴作用。

（四）自我性

总结中所涉及的实践活动必须是本单位、本部门或本人已经完成的工作，具有自指性。因而，行文过程中通常用“我”“我们”等第一人称来对过去的实践活动进行自我评价和自我剖析。

二、总结的类型

按照不同标准，可将总结分成不同的类别。例如，按适用范围可分为地区总结、行业总结、单位总结、部门总结、个人总结等；按时间范围可分为年度总结、季度总结、月度总结、阶段总结等；按内容可分为工作总结、科研总结、生产总结、学习总结、教学总结、思想总结等；按性质可分为综合性总结和专题性总结两类，而这两类总结的应用比较普遍。

综合性总结，也称全面总结，指单位或个人对前一阶段内所做的工作进行全面、系统的总结。这类总结涉及面广，内容较为详细，既要反映已取得的成绩，又要揭露工作中存在的不足，同时还要包含下一阶段的工作安排。例如，《××市年度工作总结》。这类总结由于涉及面广，因而写作中要求分清主次，突出重点。

专题性总结，是单位或个人对前一阶段内的某项工作或某一专项问题进行的专门总结，内容单一、具体、深刻，涉及面较窄。这类总结大多数重点谈成绩和经验，对于缺点和教训往往一笔带过，甚至略去不写，因而也称经验总结。例如，《××公司科研总结报告》。

三、总结的结构和写法

总结由标题、正文和落款三部分构成，具体写法如下：

（一）标题

总结的标题有以下几种：

1. 公文式标题

一是完整式（即具备四要素），通常由（单位）名称、时限、事由、文种四部分构成。例如，《××大学2015年科研工作总结》。

二是非完整式（即只有三要素或两要素），由（单位）名称、事由、文种，或时限、事由、文种构成的《××局财务工作报告》《2013—2014年度文明单位创建工作总结》，由事由和文种两要素构成的《科学发展观学习教育活动总结》等。

2. 新闻式标题

这类标题与一般文章的标题相同，用简练的语言概括总结的主要内容或基本观点，揭示总结的主旨。此类标题多用于专题性总结，形式上有单层标题和双层标题两种。

（1）单层标题多为概括或揭示总结主旨的判断性语句或设问句，如《加强劳务管理 促进经济发展》《谈我们是怎样加强卫生监管的》。

（2）双层标题包含正副标题，正标题用来点明总结的主旨和中心，副标题写明单位名称、时限、内容和文种，如《改革创新开拓发展——××公司2014年度工作总结》。

（二）正文

正文是总结的核心部分，包括引言、主体和结尾三部分。

1. 引言

即基本情况概述，是总结的开头部分，简明扼要地介绍总结的时间、地点、背景、主要成效和目的等内容，为主体部分的具体阐述作铺垫，起总述作用。因此，引言部分要求概括得当、实事求是，与主体部分紧密相连。

2. 主体

主体部分包括实际工作情况、成绩与经验、存在问题和努力方向等。

（1）工作情况：总结的重点部分，对工作情况进行回顾，具体写明做了哪些工作，采取了哪些措施，取得了哪些成就，存在哪些问题等内容。

（2）成绩与经验：总结的核心部分，通过对工作成绩的分析，得出取得成绩的原因，并将其上升到理性高度，总结出带有规律性的认知。

（3）存在问题和努力方向：问题和打算一般放在结尾，是总结中不可缺少的部分。对工作中产生问题的原因分析要实事求是、全面精辟、切中要害，从中得出应该汲取的教训。同时，针对存在的问题，提出改进的意见和办法，明确今后工作的奋斗目标和努力方向。此外，改进措施要具有可行性和可操作性，不能讲空话、喊口号、搞形式主义。

总结的主体由以上三部分构成，具体写作过程中，应根据总结的类型和材料的差异恰当地安排结构、确定内容的侧重点。如果写综合性、复杂性的总结，内容较多、时间跨度较大、覆盖面较广，可以按工作步骤、工作进展情况划分为几个阶段，对每一阶段工作的作法、成绩、经验和教训分别进行总结；如果写介绍经验的专题性总结，可以详写“成绩和经验”部分，列举大量材料对每一条经验和体会作逐一分析，从中找出规律性的东西，以便学习和借鉴，对于“问题和不足”这一部分，可略写或不写；但如果写分析问题的专题性总结，则需要对这一部分作深入分析。

3. 结尾

结尾部分承接上文，用表决心的方式或格言、警句来收束全文。此部分要求语言简练、清楚明了，有时也可以略写或不写。

（三）落款

落款包括署名和成文日期，即在正文右下方注明单位名称和日期。如果总结的标题上已有单位名称，结尾处则不必重复。正式向上级呈报或下发的总结，需加盖公章。

四、总结的写作要求

（一）广采博取、实事求是

撰写总结前，要积累充分、翔实的实践材料，包括典型材料、背景材料和数字材料等，并进行整理和选择，材料要求真实、具体。在撰写过程中，对于实践工作的评断要求准确、恰当，本着实事求是的原则，既不夸大成绩，也不隐瞒缺点，做到“不浮夸、不空泛、不回避、不肤浅”。

（二）主次分明、突出重点

总结的目的是通过对过去工作中的成绩和经验、问题和不足等的一系列回顾，将零散的、表面的感性认识上升为本质的、全面的理性认识，用来指导实践活动。因此，无论是哪种总结，都要明确写作目的，确定写作主题和内容的侧重点，围绕重点展开论述，提炼出真正有利于实际工作的规律性认识。切忌无边无际，主次不分，泛泛而谈。

（三）叙议结合、语言得当

叙述和议论是总结的两种基本表达方式，要做到叙议结合。只有对于实践事实的叙述，而没有充分合理的分析议论，那么总结就会变成对工作的简单罗列，缺乏理论性和指导性；反之，只有分析议论，没有充分的事实材料做基础，得出的观点和结论也只能是没有根据的空谈。只有叙议结合，才能写出高质量、有水平的总结。此外，总结的语言要求简洁明了、准确自然、朴素平实，力戒华丽空泛、拖泥带水。

【例文 1】

保税区国税局 2012 年国税工作总结

2012 年是实施“十二五”规划承上启下的重要一年，是党的十八大召开的喜庆之年，也是保税区向率先基本实现现代化迈进的决战之年。在×××国家税务局党组的关心、支持下，保税区国税局党组班子团结带领全局国税干部，紧紧围绕“服务科学发展、共建和谐税收”工作主题，坚持依法行政，大力组织税收收入，积极推进税收征管改革，持续优化纳税服务，完善选人用人机制，全面发挥税收职能作用，各项工作都取得了新的成绩。

一、大力组织收入，入库税收创造新纪录

2012 年，我局以组织收入为中心，坚决落实“依法征税、应收尽收、坚决不收过头税、坚决防止和制止越权减免税、坚决落实各项税收优惠政策”的组织收入原则，切实提升税收收入质量。

（一）加强税收分析，增强组织收入工作的预见性和前瞻性。始终把税收分析作为发挥职能的重要手段，贯穿于规划核算工作的各个环节。充分利用征管信息系统、监控决策系统、重点税直报系统以及全国税收调查数据、外部采集数据，做好税收专题分析。

（二）夯实征管基础。加强欠税管理。注重“事前防范”，分情况对企业纳税实施催缴、监控，加强巡查监督力度，防止了新增欠税的发生，实现连续四年无新增欠税。加强非居民税源管理。立足法律法规，结合合同实际内容进行判定，同时完善合同备案及后期跟踪制度，全方位掌握每一笔对外支付项目。

（三）推进依法行政，营造公平、公正的税收环境。规范税收执法行为。2012年，我局不断完善内控机制建设，把税收执法权和行政管理权贯穿于税收工作的全过程。制定税务稽查案件处罚标准，规范行政处罚自由裁量权，对稽查选案、实施、审理、执行实施了“再优化、再细化、再创新”，完善税务稽查四环节的相互分离、制约机制，维护纳税人合法权益；组建风险分析识别、风险应对实施专业化团队，通过两个团队之间的相互协作、互相制约，有效预防涉税风险；通过执法信息系统对日常税收执法管理事项实施动态监控，既提高了纳税人的税法遵从度，又规范了干部的执法行为。加大对涉税违法的打击力度。

2012年，累计组织入库税收36.78亿元，人均入库税收超1亿元，在全省名列前茅；公共财政预算收入首次突破10亿元，入库地方财政收入11.08亿元，增幅达10.93%，创造出保税区国税局组织收入的新纪录，为保税区社会经济发展提供持续的财力支持。

二、强化税收管理，征管改革取得新进展

（一）推进增值税扩围改革，稳步实施“营改增”工作。

1. 坚持三字方针，积极谋划，主动作为。一是突出一个“紧”字。重点部署，召开动员大会，开展内外培训，抓紧组织实施。二是突出一个“早”字。早做预测，早做分析，早做汇报，特别是争取地方政府支持。三是突出一个“实”字。制定保税区“营改增”实施方案及推进步骤，确保试点工作有条不紊地推进。

2. 集约三种资源，凝聚力量，整体推进。一是整合内部资源，建立工作机制。通过制定工作事项任务分解表，确保各项工作落实到位。二是集约征管资源，提高工作效率。通过明确重点行业，重点环节，强化工作统筹，分清轻重缓急，实现工作效率的提升。三是国地税合作，形成整体合力。以“营改增”工作联席会议为抓手，突出解决信息互换问题，形成了“营改增”工作合力。

3. 突出三项重点，精心组织，稳步推进。一是搭建宣传平台，营造宣传声势。充分利用政策解读、内外网站、设置电话专线、下户走访等形式，确保宣传到位。二是紧扣重要环节，打牢征管基础。高标准、高质量完成纳税人数据采集、硬件配套安装、发票供求等重要环节，为后期正常申报奠定基础。三是关注税负变化，做好后续管理。通过定期监控注营改增企业税负变化，开展跟踪调研辅导，进一步了解纳税人的需求，切实做好营改增后续管理工作。11月14日，我局营改增纳税申报率在全省率先达到100%，圆满实现营改增各项业务流程。

（二）探索税收管理方式改革，有序推进以风险管理为导向的税源专业管理模式。

1. 职能调整，业务重组，深入落实税源专业化管理要求。（略）

2. 信息支撑，务求实效，努力提升税收风险指标精准度。（略）

3. 以两项“结合”为抓手，进一步优化税源专业化运行。（略）

（三）转变税款征缴方式，顺利上线“税银库”系统。在局主要领导的亲自领导下，多次与省局、×××国税局进行沟通、协调、研讨，将我局与×××国税局网络互联，采取经×××国税局中转链接人民银行的方式，成功实现税款扣缴方式从“税银库”转变为“税库银”，联网银行涵盖大市内18家主要银行。“税库银”系统集实时扣税、自动上解、对账入库等功能于一体，纳税人可利用该系统自由选择任何一家银行，通过网络或银行柜台就可以完成纳税，改变了“税银库”模式下使用指定银行账户的缺陷，大大降低了纳税人的办税成本，同时也减轻了财、税、库、银各单位重复对账工作量，提高了工作效率。

三、狠抓品牌创建，税收服务推出新举措

（一）特色服务举措。“一窗通办”，实现“一刻钟”办结服务承诺。（略）

（二）落实优惠政策。（略）

（三）深化纳税人权益保护。（略）

四、加强队伍建设，国税团队激发新活力

（一）深入开展“学习十八大、总结五十年”活动。（略）

（二）健全选人用人机制。（略）

（三）落实教育培训规划。（略）

（四）开展作风建设活动。（略）

五、深化创先争优，惩防体系建设再上新台阶

（一）创建全国巾帼文明示范岗。（略）

（二）深化“省级廉政文化示范点”创建活动。（略）

（三）深化绩效比拼。（略）

（四）深化和谐基层建设。（略）

（五）深化结对共建。（略）

总结2012年工作，不仅要看到我们取得的成绩，更要清醒地看到当前工作中还存在一些问题：如在队伍管理上，网格化管理仍未完全落实到位，领导干部学以致用，解决实际问题的能力有待进一步提高，带头示范作用仍需进一步加强，部门交流协作不畅、推诿扯皮、工作拖拉的现象依然存在。在日常工作上，税收基础工作有待进一步强化，在税收遵从度、税源监控、责任区管理等日常征管中仍存在不少工作盲区，专业化管理的推进深度不够，对税收现代化的认识不够深刻。在作风建设上，惩防体系建设的推进工作离上级部门的要求仍有一定的距离，个别干部满足现状、不思进取，缺乏争创一流的意识和魄力。对于这些问题，大家必须引起高度重视，采取有效措施不断改进。

保税区国税局

2012年×月×日

【例文2】

××建筑公司创先争优活动总结

自开展创先争优活动以来，××建安公司党总支紧密结合公司实际，以开展创先争优为契机，以“狠抓中心任务，促进和谐发展”为主题，以“创建先进基层党组织、争当优秀共产党员”作为创先争优活动的主要内容和目标，以“加强各级党组织建设为重点，以推进企业产业化、规模化、集团化为目标，努力构建和谐天正”为主要载体。根据师党委、公司党总支的安排部署，天正建筑公司从实际出发，改革创新、统筹推进，认真组织开展了创先争优工作。主要情况如下：

一、领导重视，建立组织机构

公司成立了创先争优活动领导小组及办公室、建立了领导班子成员创先争优活动联系点、创先争优活动主要负责人、分管负责人、联络员等，落实了创先争优活动领导机构责任，切实履行职责，强化活动的领导和日常工作，确保组织到位、人员到位、工作到位。公司党总支书记担任创先争优活动领导小组组长，并作为创先争优活动的第一责任人；各部门加强工作沟通和配合，形成党组织负责人亲自抓、分管领导具体抓、党群部门直接抓、基层党支部着重抓的工作格局。

公司先后召开党总支会议、公司办公会议、支部党员会议等进行传达动员。组织学习师党委有关文件，传达师党委关于创先争优活动视频会议精神以及公司党总支《天正公司关于在公司党委的基层组织和党员中深入开展创先争优活动的实施意见》等文件。通过深入学习师党委关于开展创先争优活动的文件精神，准确把握活动的总体要求、主要内容、目标任务和方法步骤，进一步解放思想、放宽视野、深入研究市场经济规律，形成公司科学发展的共识。

二、理清思路，找准着力点（略）

三、公开承诺，抓好落实（略）

四、多种形式宣传，大力营造创先争优氛围（略）

五、开展活动中存在的主要问题（略）

（一）个别党员干部组织纪律观念淡薄，理论学习不够。

（二）随着公司产业结构的整体调整，园林、路桥、水利水电专业人才缺乏，制约了企业相关资质的升级。

（三）专业技术人员特别是实用型人才缺乏。

六、2011 年的工作目标和措施（略）

（一）明确目标，狠抓责任落实。

（二）在建筑施工方面。

（三）在房地产开发方面。

（四）进一步深化企业内部的改革。

七、2011 年开展活动计划

召开党组织会议通报创先争优活动的计划完成情况；结合年度民主生活会收集各方面意见，将创先争优活动深入持久地开展下去；各单位积极配合公司的各项工作，通过开展各类庆祝活动起到凝聚人心、鼓舞斗志的作用。

××××年×月×日

第四节　调查报告

一、调查报告的含义

调查报告是有目的、有计划地对某种情况、某项经验、某个问题或某一事件进行系统调查，并将调查所得的材料进行深入细致的分析，从而得出反映客观实际，揭示事物本质和发展规律的书面报告。调查是基础和依据，报告是调查结果的反映，深入全面地分析研究是写好调查报告的关键。

作为日常工作中使用频率较高的文体之一，调查报告实现了调查与分析、理论与实践、客观与主观的有机结合，在社会生活、经济活动和人类的其他实践活动中起着十分重要的作用。一份科学的调查报告，既能为党和国家的路线、方针、政策的制定提供依据，为上级决策提供参考；也可以树立典型、推广经验；还能帮助人们及时发现问题、揭露错误，澄清事实真相。

二、调查报告的特点

（一）真实性

调查报告必须以客观事实为基础，真实是调查报告的生命。调查中所获得的材料须如实反映客观事实，无论是总结经验、分析基本情况，还是揭露问题，澄清历史真相，都必须以充分、确凿的事实材料为依据。绝不允许主观臆断、以虚代实，否则就会影响和干扰决策的正确性。

（二）针对性

调查报告大多是根据客观实际的需要，围绕某一具体的情况、问题、经验等进行有针对性的调查研究，进而总结出规律性知识，以指导或解决现实生活中出现的问题。因此，调查报告的针对性很强。从某种意义上来说，针对性是调查报告的灵魂，针对性越强，指导意义越大，调查报告的作用就越发显现。

（三）典型性

这里的典型性包括两个方面：一方面是调查对象的典型。对象是否具有典型性，是调查报告能否得出正确结论的关键，具有代表性、典型性和时代感的调查对象能够起到以点带面、以局部反映全局的作用。另一方面是调查报告占有材料的典型。典型材料能客观地反映社会事物的本质，引导思维上升至理性高度，从而为具体的实践活动提供依据和参考。

（四）实用性

调查报告一般具有实用价值，即通过对某一具体情况、问题、经验等的调查分析，概括出具有规律性的认知，发挥普遍的指导作用，对未来的社会实践起参考作用，产生重要价值。

（五）时效性

从调查报告中得出的规律性认知大多是为了解决现实生活中迫切需要解决的问题，因此，调查报告具有较强的时效性。时过境迁，调查报告也就失去了意义。

三、调查报告的分类

按照调查报告所反映问题的内容和性质的不同，可将其分为以下几种：

（一）反映基本情况的调查报告

这类调查报告旨在全面、深入、系统地分析某一社会基本情况，内容涉及政治、经济、军事、文化和社会生活等诸多方面，从社会现象中总结出普遍性规律，为制定方针政策提供重要依据。《东北老工业基地基本情况调查报告》《关于××村基本情况汇报调查报告》等就属于这类报告。

（二）反映新生事物的调查报告

这类调查报告旨在反映社会中出现的新人、新事物、新发明、新现象、新经验等，介绍其产生和发展的过程，揭示其规律，说明其作用和意义，为新生事物的发展和推广起到促进和指导作用。《素质教育体制改革的一个新尝试——×××学校调查报告》就属于这一类别。

（三）推广典型经验的调查报告

这类调查报告旨在反映某一方面具有代表性、科学性和正面性的典型经验，叙述其基本情况、正面价值和现实意义，从而进行推广，起到示范引路的作用。《关于×××厂安全管理经验的调查报告》《关于×××区小学教育典型案例分析调查报告》等都属于这一类别。

（四）揭露问题的调查报告

这类调查报告旨在针对社会实践中暴露出来的问题进行细致深入、全面周密的调查，重在揭示问题的弊端及其产生的原因，并为解决问题提供思路和方法，借此引起有关部门的重视，使问题得到彻底解决。因此，在具体写作过程中，要实事求是地揭露问题，不隐瞒、不虚报。《×××厂房爆炸事故原因调查报告》《×××山区森林火灾事故调查报告》等都属于这一类别。

（五）考察历史事实的调查报告

这类调查报告旨在根据实际工作情况和现实需要，本着实事求是的态度，对某一重大历史事件、历史问题进行调查，用确凿证据反映历史真相，还历史以本来面目。其中就包括对历史遗留问题、冤假错案的调查等。这类报告观点性强、政策指向清晰，具有说服力。《天安门事件历史真相调查》《中美撞机事件真相》就属于这一类别。

四、调查报告的结构与写法

调查报告由标题、正文和落款三部分构成，具体写法如下：

（一）标题

常见的调查报告的标题有以下几种：

1. 文章式标题

这类标题直接概括调查报告的内容和范围，或者揭示调查报告的主旨，较为简明、清晰。如《关于重庆市巫山县部分乡镇铲苗种烟违法伤农事件的调查报告》。

2. 公文式标题

这类标题明确写出调查主体、调查事由和文种，较为规范化。如《×市政府关于本市国企改革的调查》《×市委组织部关于全市农民党员队伍情况建设的调查》。

3. 提问式标题

这类标题通常以提问的形式表明调查报告的基本内容和观点。如《国企连年亏损的原因何在》《如何构建和谐社会》。这类标题多用在总结经验和揭露问题的调查报告中。

4. 正副式标题

又称新闻式标题。正标题点明调查报告所反映的主要事实和基本经验，揭示主题；副标题则写明调查主体、范围和事由。此类标题观点明确、层次清晰，使人一目了然。如《科技是第一生产力——×市科技兴农的调查》《共创美好家园——×市×区森林植被覆盖的调查报告》。

（二）正文

正文是调查报告的核心部分，包括引言、主体和结语三部分。

1. 引言

又称前言或导语。简要写明调查原因、目的、对象、时间、地点、方法、步骤等内容，即介绍基本情况并提出问题，写法上灵活多样。主要有以下几种写法：

（1）介绍式。这种写法较为常见，主要对调查的基本情况（时间、地点、目的、范围、方法、步骤、调查组成员等）做简要介绍，使受众了解调查报告的写作意图。例如，《“心灵成长工程”理论与实践的研究调查报告》的前言：

“心灵成长工程”是××市朝阳中心校结合学校办学理念提出的培养师生身心健康发展的一项系统发展工程。工程启动以来，为使研究活动取得实效，学校在学生、教师、学校领导及学生家长四个层面进行了问卷调查，目的就是要深入学生、教师、学校领导及学生家长的心理，了解他们的思想动态，关注他们的真实感受。针对调查问卷中呈现的问题，为“心灵成长工程”理论与实践模式的研究提供依据。

（2）提要式。这种写法也较为常见，即将被调查对象的主要情况，调查得出的结论作出简单概括，起提纲挈领、总领全文的作用。如《基诺族舞蹈生态调查报告》的前言：

基诺族是云南省15个特有的世居民族之一，也是全国22个人口较少民族之一。据2010年第六次全国人口普查统计，基诺族人口数为23 143人。基诺族是一个能歌善舞的民族，民间舞蹈是基诺族文化的一个重要组成部分。2006年5月20日基诺族大鼓舞经国务院批准被列入云南省第一批国家级非物质文化遗产保护名录及第一批省级非物质文化遗产保护名录，基诺族的民间舞蹈受到空前的关注。

本课题组成员于2012年12月31日至2013年2月8日，赴基诺族聚居区进行田野调查，重点访谈了9位基诺族民间艺人、基诺族文化官员以及50余位基诺族民众，全程参与西双版纳傣族自治州建州60周年文艺会演和2013年基诺族特懋克节活动。课题组从舞蹈生态学的视角分析、解读基诺族民间舞蹈，将基诺族民间舞蹈作为核心物与自然和社会环境相联系，旨在探索民间舞蹈保护传承与发展的问题。

（3）揭露式。通常直接进入主题，由调查者提出问题，并抓住问题所在，引发受众思考，进而引出正文。例如，《2010年暑假三下乡社会实践调查报告》的前言是这样写的：

地处×省西部地区的×市×县，原是全国592个扶贫开发工作重点推广市县之一，长期以来，这里的人们一直笼罩在贫困的阴影之下。据统计，2000 年底，该县农村人口平均年收入仅为 670 元，有 7 个自然村不通公路，平均每村约有 30 户特困家庭，1 500 多人生活用水困难。而如今 × 县农村，却让人刮目相看。标准化的教学大楼拔地而起，宽阔平整的出村公路蜿蜒伸展，大棚蔬菜、优质超级杂交水稻、股份制养殖悄然落户，行路难、饮水难、脱贫致富难的问题已经成为历史的记忆。

× 县何以在短短几年的时间内，发生如此翻天覆地的变化呢？在今年七月上旬为期七天（7 月 5 日—7 月 11 日）的暑期“三下乡”活动中，我们对这一问题展开了深入的调查研究。通过在该县潭湾镇、孝坪镇等地农村进行问卷调查、上门走访，以及与村委会举办座谈等方式，我们掌握了一些宝贵的第一手资料，在分析整理这些资料的基础上，我们总结出了该县农村脱贫致富的一些主要的成功经验。

此外，还有议论式、提问式开头等，有时几种开头法可结合使用。总之，只要做到言简意赅、点明主旨，恰当地引出主体部分即可。

2. 主体

主体是充分体现调查报告价值的核心部分，既是前言的延伸与发展，也是结论产生的依据。主要包括对调查事实和基本情况的叙述，对调查材料的分析研究，以及最终得出的结论、措施和建议等，基本内容有：

基本情况介绍，主要包括基本事实的陈述和材料的组合，要求写明调查的时间、地点，调查所得的数据，调查的起因、发展、经过和结果等，尽可能多地罗列材料、举出典型例证，以增强报告的说服力；综合分析研究，这部分运用夹叙夹议的写作手法对调查事实进行归纳分析，得出经验教训，或者说明原因和影响。

由于主体部分内容较多，因此在实际撰写过程中，需要对获得的材料进行合理分类，有次序、有层次地将调查报告的主旨表达出来。具体来说，调查报告主体部分有以下几种结构形式：

（1）纵式结构。按照事物发展变化的过程或时间的先后顺序，将事物的发展变化按时间划分为几个阶段或几个层次，这样的层次安排有助于更加鲜明地表达主旨，也有利于读者对整个调查活动有一个全面深入的了解。

（2）横式结构。按照事物的内在逻辑关系对其进行分类归纳，将调查主体分成几个并列部分，并分别冠以小标题，从不同的方面来论述和分析。以这样的方式安排结构，可使报告的层次清晰、条理分明、观点明确、令人信服。

（3）纵横式结构。纵横式结构是纵式结构与横式结构在同一篇调查报告中综合运用的形式。对于反映和表述某些头绪繁杂的问题，纵横式的行文结构能够起到纲目并举、条理清晰的作用，通常适用于大型调查报告的写作。

3. 结语

结语，即调查报告的结束语，根据调查报告内容和类型的不同，结语的写法也略有差异。

反映基本情况的调查报告通常采用总结式结语，概括全篇主旨，加深读者印象，增强报告的说服力；反映新生事物的调查报告通常采用指导式结语，使用带有号召性和鼓舞性的语句热情赞美事物，指明今后的努力方向；揭露问题的调查报告通常采用措施式结语，在结尾处针对调查中出现的问题提出解决的办法、措施、意见和建议；推广典型经验的调查报告通常采用深化式结语，可在结尾处作出展望、指明方向，从更高、更广阔的背景上指明调查的现实意义，进一步深化主题。

总之，结语的写法灵活多样，但无论采用哪种写法，都应该做到简明扼要、意尽言止。

（三）落款

落款包括署名和成文日期，有两种标注方式。一是文尾标注，正文右下角标注，写明调查者和成文日期。二是题下标注，公开发表的调查报告，通常在标题下方写明调查者和成文日期。

五、调查报告的写作要求

（一）深入调查，充分占有材料

深入、细致地调查研究是写好调查报告的基础。只有通过调查，运用各种科学方法对客观世界进行准确的了解和考察，同时以辩证唯物主义方法论为指导，经过科学分析，才能得出对实践有指导意义的正确结论。因此，撰写调查报告前，必须做好深入细致、周密系统的调查研究工作。常见的调查方法有：问卷调查、典型调查、抽样调查、统计调查、开会调查、对比调查等，在具体的工作中要根据实际情况选择调查方法。

充分占有材料，是写好调查报告的关键。调查中掌握的材料必须全面，可以是正面的、反面的或侧面的，可以是直接的或间接的，可以是面上的或点上的，可以是口头的或书面的，可以是概括的或具体的，也可以是普遍的或典型的，还可以是现实的或历史的等。总之，占有的材料越多，调查研究越准确，写出的调查报告才越有价值。

（二）认真分析研究，提炼规律性认知

在掌握大量事实材料之后，要对这些材料进行一番“去粗取精、去伪存真、由此及彼、由表及里”的筛选加工，将原本零散、孤立的材料统一起来，并进行认真分析研究，从中找出事物的本质和规律，使得感性认识上升至理性认识，形成具有普遍指导意义的规律性认知。

（三）观点材料，紧密统一

在撰写调查报告过程中，若只有材料的堆砌而无观点的表达，或只提出观点而没有材料作支撑，得出的结论都很难具有说服力。因此，要把材料和观点统一起来，从材料说明观点，用观点统摄材料。材料的分析要准确、具体，观点的论述要深刻、周密。结论、观点始终应该在具体材料分析的基础上自然而然地得出，也就是说，材料与观点之间必须具有内在逻辑性。要实现这一要求，有以下四种方法：一是选择典型事例、典型材料说明观点，材料必须具有代表性和说服力；二是选择对比性材料，通过对比论证，突出观点；三是用数字材料说明观点，利用数字的准确性、客观性，增强观点的说服力；四是将综合材料和典型材料相结合来说明观点，先通过综合材料了解全貌，再举出典型材料考察具体情况，从而做到点面结合，充分具体。

（四）以叙为主，叙议结合

调查报告得出的观点来自于大量的事实材料，因而，调查报告要以介绍事实为主，事实叙述是调查报告的主体。在撰写调查报告的过程中，需要将调查对象的基本情况、问题、经验等用叙述的方式表述出来，以叙为主。此外，在叙述大量事实材料之后，对事实的分析、研究，对观点的提炼和论述，则需要用议论的表达方式。叙是议的前提和基础，议是叙的目的和升华。只有以叙为主、叙议结合，才能更好地阐明事理，揭示规律，表达观点。

【例文】

“心灵成长工程”理论与实践的研究调查报告

×省×市×学校

“心灵成长工程”是××市朝阳中心校结合学校办学理念提出的培养师生身心健康发展的一项系统发展工程。工程启动以来，为使研究活动取得实效，学校在学生、教师、学校领导及学生家长四个层面进行了问卷调查，目的就是要深入学生、教师、学校领导及学生家长的心理，了解他们的思想动态，关注他们的真实感受。针对调查问卷中呈现的问题，为“心灵成长工程”理论与实践模式的研究提供依据。

一、调查内容与方法

（一）调查内容

此次调查问卷分别从学生、教师、学校领导、学生家长四个方面进行的。学生问卷包括课堂学习、完成作业等六个部分计32个问题；教师问卷包括教学、管理等六个部分计24个问题；学校领导问卷包括对学校发展前景的态度、学校发展与个人发展的关系等七个方面计10个问题；家长问卷包括对孩子读书目的的认识、教育孩子采取的手段等八个方面计12个问题。

（二）调查统计方法

学生方面的调查对象根据学生的学习成绩和日常表现，按照优秀生、中等生、学困生三个层面分别从五年级抽取36人、六年级抽取39人，学生总数75人。教师方面的调查对象均是一线教师，包括一至六年级15位班主任和11位科任教师，教师总数26人。学校领导层面调查对象共有8位成员，包括2名校级领导和6名中层领导。家长层面的调查对象是一至六年级15个班每班各抽取了4位家长，共有60位学生家长参与问卷调查。

二、调查结果与分析

（一）学生层面

1. 课堂学习情况

课堂上100%的学生希望得到教师的表扬，95%的学生表示希望得到老师的关注，有90%的学生认为他们班级的学习气氛和谐融洽。课堂上98%的同学表示能专心听讲，愿意分组学习的同学达到85%以上。在学习上，帮助过别人或被别人帮助的同学占95%。课堂提问时老师提问学生回答和学生提问自己回答情况占有的比例相当，老师的课堂提问多倾向于学困生。课堂上教师的语言能做到简单明了，但对新学的知识经常是反复强调。

2. 完成作业情况

有80%的同学喜欢做作业，73%的同学认为老师布置的作业适量，22%的同学认为老师的作业量少，只有5%的同学认为老师的作业量多。60%的学生希望老师能面批面改。近70%的学生能按时上交作业，27%的学生基本能完成作业，但有时会感到有困难。不能及时上交作业的原因有三种：不会做的占40%；动作慢，注意力不集中的占35%；作业内容多，没时间做完的占25%。学生对待完成作业的态度还是比较认真的，在碰到较难的作业，近95%的同学会请教家长、老师或与同学探讨完成。

3. 兴趣爱好

电视和网络是影响学生学习兴趣的最大障碍，父母和老师的期望也会给20%的孩子带来压力。60%的学生喜欢跑、跳等体育运动，30%的学生喜欢唱歌、跳舞等文艺活动，40%的学生喜欢下棋、踢毽子、做游戏等自由活动。

（二）教师层面

1. 教学方面

90%以上的教师认为一节生动精彩的导言设计会极大激发学生的学习兴趣。同时60%以上的教师每节新授课都会设计精彩生动的导言。每学期的第一节课或是每单元的第一节课有近60%的教师会向学生讲解本册或本单元的主要学习内容。认为小组合作交流探究学习方式比较有效达80%，同时这80%的教师偶尔会在他们的课堂上使用小组合作探究学习方式。课堂上讲授时间与训练时间比为1∶1的占30%，2∶1的占21%，1∶2的占34%，无法确定的占15%。课堂上提问学生采用随机提问的教师占50%，有25%的教师会倾向提问学困生。只有50%的教师认为学生质疑再讨论回答的提问方式最为有效。60%以上教师赞同在课堂上设计游戏或相关学习活动会增加学生学习的趣味性。98%的教师当遇到班级大多数学生对所学知识没听懂时会调整教学方法，用别的思路再进行讲解。近60%的教师认为宽松活跃、融洽和谐、紧张有序的课堂教学氛围最为长久有效。

2. 管理方面

60%的教师认为学校的“星级评价”最为有效，其次是实物激励，适当的口头激励也能起到一定作用。批评惩罚的方式各有不同，采用“口头批评”“通知家长”“写悔过书”“无法确定”各占25%左右。认为自己的教学成绩达不到理想的状态的主要问题一是“原因错综复杂”，二是“有效的辅导不够”。对班级纪律比较满意的占70%，对学生学习气氛的满意率只达50%。

（三）家长层面

85%的家长认为读书是为了学知识、明事理，10%的家长认为读书是为了更好地帮助别人，5%的家长认为读书是为了学得一技之长；孩子成绩不理想时，90%以上的家长选择以谈心的方式教育孩子；了解孩子学习情况的方式，40%的家长选择了看考试成绩，20%的家长选择了听孩子汇报，40%的家长选择了到学校问老师；在希望学校为家长提供帮助方面，52%的家长选择孩子良好习惯的培养，18%的家长选择如何和孩子自由的交流，30%的家长选择如何提高孩子成绩。

（四）学校领导层面

（1）100%的学校领导对学校的发展前景充满信心。

（2）100%的学校领导认为学校的发展与教师个人的发展是密切相关的。

（3）在学校实现科学发展需要解决问题方面：认为教师素质和队伍应该优化的占87.5%；认为管理体制和机制有问题的占62%以上；认为教育教学质量应该提高的占37.5%；认为应该加强基础设施建设的占12.5%。

（4）在学校实现科学发展首要任务方面：37.5%的学校领导认为是加强师资队伍建设；优化学校管理体制、提高教育教学质量和改善办学条件各占25%。

（五）调查结论及建议

第一，课前教师要充分了解学生的学习基础，根据他们已有的知识水平来安排教学，合理地设计课堂教学内容，利用多种方法为学生创设具有吸引力的生活化的教学情境，激发学生的学习兴趣，尊重学生的主体地位；课中了解他们的思维过程和接受能力，才能使师生之间心心相印，情景交融。教师应多设计一些富有趣味性的教学活动，让学生在游戏中、在活动中掌握知识与技能，获得成功的体验。

第二，教师在教学中应以学生为重，优化教学方法，激发学生的学习兴趣，让学生成为学习的主体，放手让学生去发现问题，提出问题，解决问题。关注学生的学习过程，改变以往的教学结构，转变角色定位。让学生体验知识的生成过程，为学生创设轻松愉悦的学习环境，让学生积极思考，发散思维。同时还要充分发挥家庭教育的辅助作用，学校教育必须取得家长的支持与配合。

第三，学校领导对学校的发展前景充满信心，尽管在完成工作任务的过程中感觉有困难，但有信心能够凌驾于困难之上，一定能找到解决问题的方式方法；希望学校多提供学习发展的平台，在工作经验和方法上给予指导和点拨。

第四，家长普遍关注学校工作和孩子的教育问题。绝大多数家长对学校和老师的工作表示比较满意，有的家长也提出了建议和需求，希望我们的老师能成为孩子的良师益友，并在育人方面给予指导，提供科学合理的教育方法。希望学校环境好、质量优，成为孩子们另一个家。

第五节　规章制度

一、规章制度的含义

规章制度是党政机关、企事业单位、社会团体，依据党和国家的政策和法律，为规范人们的行为而制定的具有法规性和约束力的事务文书。规章制度是一个总称，既包括以国务院和地方人民政府的名义制定和公布的条例、办法和规定等行政法规，也包括社会团体、企事业单位内部制定的各类章程、守则、规程、制度、标准、须知、注意事项、公约等。

规章制度文书的使用范围极其广泛，因而有着广泛的群众基础，体现了绝大多数人的意志，在促进社会经济的繁荣发展、调动群众积极性等方面发挥着重要作用。所有类型的国家机关、企事业单位和社会团体，上至国家领导机关、下至基层单位，均可通过建立一系列规章制度来规定人们的职权范围、言行标准等，以保证工作、生产、学习、生活各方面协调有序地进行。

二、规章制度的特点

（一）规范性

所谓规范性，是指规章制度的制定必须要有一定的法律依据，需根据已有的法律、法规精神作出进一步的规范要求，符合国家相关的政策法规，不得与之相抵触；同时，规章制度在写作上也有一定的规范性，一般要求采用条理分明的条目式结构，执行的范围、条款、标准和要求等必须齐全，便于实施执行。

（二）约束性

规章制度从性质上来说属于法规，是根据相关法律规定进一步制定出来的人们共同遵守的行为规范、活动准则和办事依据，因而其目的就在于约束，要求人们无条件遵照执行。如果失去了约束力，也就失去了规章制度应有的作用和意义。

（三）公开性

规章制定成文后必须在相应的范围内公布才能生效，因此，规章制度都是公开性文件，让一切有关人员知晓，并遵照执行，方可体现其作用力。

（四）权威性

规章制度具有权威性，这种权威性来自制定单位的权威，是单位组织权力意志的体现。规章制度一旦生效，统辖范围内的所有人都必须遵守，不能有例外，更不容许随意解释和更改。

三、规章制度的类别

规章制度是一个统称，它包括各类行政法规、章程、制度、条例、公约、守则、规定、细则、办法等。不同类别的规章制度代表不同的用途，适用范围也有所不同。按其内容和性质的不同，可将规章制度分为以下四个方面：

（一）行政法规类

行政法规是指国家机关为加强行政管理工作依法规定的具有强制作用的各类条例、规定和办法。通常上，行政法规大致包括规定、条例、办法和细则等。

1．规定

规定是党政机关、社会团体和企事业单位制定的为处理某种特定事项、开展某项工作而对具体工作内容或行动作出规范性要求的法规性文书。规定是法律法规、方针政策的具体化，是处理具体问题的法则。

2．条例

条例是国家及其最高行政机关和地方立法机关根据宪法和法律制定并发布的，针对政治、经济、文化等各个领域内的具体事项而作出的系统性的、具有长期执行效力的法规性文书。条例是法的表现形式之一，具有法的效力。由于条例具有法律效力，其内容通常涉及重要事项，且其制发机关具有法定性，只有法定授权的党政机关才有权制定相关条例。因此，要注意条例的使用范围，不可越权制定。

3．办法

办法是国家机关为贯彻某项法令或做好某项工作而制定切实可行的具体措施的法规性文书，重在可操作性。

4．细则

细则是一种经常被使用的法规性公文文种。它是用来为已颁布的条例、规定、办法作出具体说明和阐释的文体，一般为了贯彻执行有关条例、规定和办法而制定。

（二）章程类

章程是党政机关、企事业单位和社会团体为保证本组织活动的正常运行，系统阐明该组织的性质、宗旨、组织原则、机构设置和职责范围，规定组织内成员的条件、权利、义务、纪律，并要求全体成员共同遵守的一种规则性、纲领性文书。

（三）规章类

规章类文书是党政机关、社会团体以及企事业单位为强化管理，在各自权限范围内制定的具有强制约束力的规范性文书。相比条例、章程等法规性文书，规章类文书一般不具有法律效力，只适用于对一定范围内的某一具体工作或活动作出规范，以保证该项工作或活动的顺利进行。规章类文书通常有以下几种类别：

1. 制度

制度是党政机关、企事业单位、社会团体依照国家法律的规定为加强对人们生活、工作、学习等方面的管理而制定并要求有关人员共同遵守的规范性文书。制度应用广泛，涉及工作和社会生活的方方面面，如办公制度、财务制度、档案管理制度等。

2. 规则

规则是党政机关、企事业单位、社会团体对某一事务或某项工作的行为准则作出具体规定的规范性文书。它是各种组织为保证工作、活动顺利开展，或达到某种目标，对人们的行为方式作出规定并要求其自觉遵循的准则。

3. 规程

规程是对某一事务或工作在一定范围内要求人们遵守的统一的要求和程序，目的在于规范人们的行动，保证工作或活动在一个有序、正常的程序内展开。

4. 守则

守则是党政机关、企事业单位、社会团体为维护公共利益和工作秩序，依照国家相关法律法规及全社会共同遵守的道德规范，结合本单位本部门的实际情况，向有关人员发布并要求其自觉遵守的规范性文书，是所涉及人员的行为准则和道德规范。

（四）公约类

公约是党政机关、社会团体和企事业单位或人民群众为了维护公共利益和公共秩序，保证工作、学习、生活的正常进行，在自觉自愿的基础上，对应共同遵守的道德规范和行为准则达成共识，并以条文形式呈现，以便共同遵守的公约性文书。公约不像条例、规定那样具有强制性，但是对有关单位和人员均具有一定的约束力，对工作、生活、学习起到指导和督促作用。

四、规章制度的写法及要求

规章制度文书虽类别较广，但在结构、写法和写作要求上却大体相同，具体如下：

（一）结构与写法

规章制度类文书主要由标题、题注和正文三部分组成。

1．标题

（1）发文机关＋事由＋文种。例如，《国务院关于禁止使用童工的规定》《上海市公共场所控制吸烟条例》。

（2）事由＋文种。例如，《关于小型企业租赁经营的规定》《机关档案工作条例》。

另外，如果文书是短期、暂时性的，需在文种前加上“暂行”。例如，《国营企业工资调节税暂行规定》。

2．题注

题注通常位于标题正下方，用括号加以标注，注明发文机关和成文日期。若文书是经过会议通过的，则要同时标明通过的会议及日期。随命令和通知发布的文书，一般在题注内容中不显示制发的时间和依据，但在独立使用时，应在题注中注明原命令和通知发布的日期。另外，有些文书不标题注，而是在正文右下方写明发文机关和成文日期。

3．正文

规章制度类文书的正文，多由总则、分则、附则三部分构成。

（1）总则。总则是文书的第一部分，主要包括制定文书的依据、目的、意义、指导思想、基本原则、基本概念、适用范围等，总则一般独立成章，然后分条撰写。若采用条款式写法，总则的内容则体现在前几条（款）中，常用“为了……特制……”的格式行文。

（2）分则。分则是文书的主体部分，通常分为若干章，每章有小标题，下列若干条款。分则分章节或条目来分列文书的具体内容，是规章制度文书的核心。

（3）附则。附则是文书的结尾部分，是对附则的补充说明，多用以说明该文书的生效日期、适用范围和对象、解释权限，以及与相关的法律政策的关系等问题。

需要说明的是，文书一般采用章条式写法，但如果其内容较为简单，也可以不分章，直接分条列出。在这种情况下，分则、总则、附则不必作外部标定，但三部分必须仍然是清晰的。

（二）写作要求

（1）符合国家法律法规。规章制度一经发布，就具有明显的强制性和约束力。因此，其制发过程、具体内容、实施步骤等必须依照党和国家的方针政策，必须符合有关法律法规。

（2）安排有序，条理清晰。规章制度采用章条式和条文式写法，主要是为了便于记忆、阅读和理解，也便于查找和引证，所以撰写中要合理地安排章节分布，要求条理清晰、层次分明，体现逻辑性。

（3）内容明确具体，语言规范严谨。规章制度是人们行动的准则，有较强的约束力。所以其内容要具体，明确地表达出倡导、允许、禁止和限制的内容，具有可操作性和可行性。同时，该文种的性质也决定了其写作语言的规范、凝练，文风要平实、庄重、严肃。

【例文1】

×市“惠农贷”小额贷款财政贴息办法（试行）

×财农字〔2014〕194号

为充分发挥财政资金引导作用，提高资金使用效率，进一步创新财政支农方式，加大对农村新型经营主体发展的扶持力度。试点推出“惠农贷”—小额贷款支农创新产品（以下简称“惠农贷”），市级财政将整合财政支农资金，设立“惠农贷”财政贴息引导基金，引导涉农小贷公司参与“惠农贷”运作，为我市新型农业经营主体提供融资服务。

一、参与条件

×市涉农小贷公司申请参与“惠农贷”，应按照本办法规定的扶持条件，对农业种养大户和家庭农场在从事农业生产经营过程中必需的流动资金提供小额贷款服务。涉农小贷公司申请参与“惠农贷”的条件，主要包括：

1. 按照就近原则，经有权部门批准设立的××市区涉农小贷公司。

2. 涉农小贷公司的信用资质必须达到2A级以上。

3. 除必要的保证措施以外，不得附加任何其他条件。

4. 年度支持农户数不得少于100户。

5. 年度放贷总额不得低于5 000万元。

6. 签订“惠农贷”协作协议，接受“惠农贷”管理小组指导与监管，并按规定报送相关报表与资料。

二、支持对象

“惠农贷”的支持对象为具有×市户籍的农业种养大户和家庭农场。

1. 种养大户。粮食种植户的土地经营面积应达到100亩以上；蔬菜种植户的设施生产面积达25亩以上、露地生产面积达30亩以上；生猪养殖户的生猪年出栏达2 000头以上，家禽养殖户的家禽年出栏20 000羽以上；水产品养殖户的水产养殖面积达25亩以上；从事其他种养业的，主要产业规模达到上述标准下限的70%以上。

2. 家庭农场。经工商登记取得营业执照。

三、支持范围

“惠农贷”的支持范围为从事农业生产经营活动。主要包括：

1. 粮食作物类的种植、加工和销售。

2. 蔬菜作物类的种植、加工和销售。

3. 生猪、家禽类的养殖和销售。

4. 常规水产品（指青鱼、草鱼、鲢鱼、鳙鱼、鲫鱼、鳊鱼，下同）的养殖和销售。

5. 其他农业生产类的种植、养殖、加工和销售。

四、申请贷款条件

1. 借款人资信情况良好，合法合规经营。

2. 借款用途明确，具备还款意愿及还款能力。

3. 借款人年龄在18周岁至65周岁之间，具有相应的从业经验，借款用途中应有不低于30%的自有资金投入。

4. 借款人在银行开立基本账户，借款人及其法定代表人无不良信用记录等。

5. 贷款人要求的其他条件。

五、贷款利率、期限及额度

对从事粮食、蔬菜、生猪、家禽和常规水产品的种养业贷款利率参照人民银行规定的一年期贷款基准利率执行；对从事其他种养业的贷款利率按银行规定的一年期贷款基准利率基础上最高上浮20%执行。

贷款期限根据借款人的实际用途、还款能力和授信担保方式等因素综合确定，一般期限最长不超过1年。

贷款额度应根据借款人的资信状况、资产规模、正常生产经营投资活动所需资金的合理范围、现金流情况、借款人的还款能力、担保方式等方面综合确定。原则上：

1. 粮食与蔬菜类的种植业单户单笔不超过80万元。

2. 生猪、家禽养殖类单户单笔不超过80万元。

3. 常规水产品养殖类单笔单户不超过50万元。

4. 其他农业生产类单户单笔不超过30万元。

六、财政贴息政策

实施财政贴息政策将有效降低农业种养大户和家庭农场获得“惠农贷”小额贷款的实际成本。

1. 建立“惠农贷”引导基金。“惠农贷”引导基金实行财政专户存储、专款专用，专项用于对农业种养大户和家庭农场申请“惠农贷”的小额贷款贴息。

2. 实行差别化财政贴息政策。对种植粮食、蔬菜类及生猪、家禽、常规水产品养殖类的小额贷款，财政给予年息5个点的补贴。对于其他农业生产经营类的小额贷款，财政给予年息2个点的补贴。

3. 财政贴息结算。每年年终后，参与“惠农贷”的涉农小贷公司，应按照“惠农贷”管理办法的有关规定，负责提出财政贴息申请并提供小额贷款明细清单等相关资料，报“惠农贷”管理小组审核，经管理小组审核确定后，由财政局办理财政贴息手续。

七、监督管理

为切实加强对“惠农贷”的监督管理，成立由市财政局、市委农办、市农委组成的“惠农贷”管理小组。管理小组具体负责“惠农贷”的推进、相关政策的研究与决定，财政贴息资金的审核与审批。具体明确如下：

1. 市财政局负责引导基金的整合与安排，制定与完善“惠农贷”政策，做好引导基金的管理工作，办理财政贴息的相关手续。

2. 市委农办和市农委做好“惠农贷”产品的宣传与推介工作，做好对支持对象的推荐，开展对“惠农贷”监督，参与对财政贴息审核。

本办法自2014年9月1日起试行，暂定一年。由市财政局、市委农办、市农委负责解释。

【例文2】

普通高等学校理事会规程（试行）

（2014年7月8日第21次部长办公会议审议通过）

第一条 为推进中国特色现代大学制度建设，健全高等学校内部治理结构，促进和规范高等学校理事会建设，增强高等学校与社会的联系、合作，根据《中华人民共和国高等教育法》及国家有关规定，制定本规程。

第二条 本规程所称理事会，系指国家举办的普通高等学校（以下简称“高等学校”）根据面向社会依法自主办学的需要，设立的由办学相关方面代表参加，支持学校发展的咨询、协商、审议与监督机构，是高等学校实现科学决策、民主监督、社会参与的重要组织形式和制度平台。

高等学校使用董事会、校务委员会等名称建立的相关机构适用本规程。

第三条 高等学校应当依据本规程及学校章程建立并完善理事会制度，制定理事会章程，明确理事会在学校治理结构中的作用、职能，增强理事会的代表性和权威性，健全与理事会成员之间的协商、合作机制；为理事会及其成员了解和参与学校相关事务提供条件保障和工作便利。

第四条 高等学校应当结合实际，在以下事项上充分发挥理事会的作用：

（一）密切社会联系，提升社会服务能力，与相关方面建立长效合作机制；

（二）扩大决策民主，保障与学校改革发展相关的重大事项，在决策前，能够充分听取相关方面意见；

（三）争取社会支持，丰富社会参与和支持高校办学的方式与途径，探索、深化办学体制改革；

（四）完善监督机制，健全社会对学校办学与管理活动的监督、评价机制，提升社会责任意识。

第五条 理事会一般应包含以下方面的代表：

（一）学校举办者、主管部门、共建单位的代表；

（二）学校及职能部门相关负责人，相关学术组织负责人，教师、学生代表；

（三）支持学校办学与发展的地方政府、行业组织、企业事业单位和其他社会组织等理事单位的代表；

（四）杰出校友、社会知名人士、国内外知名专家等；

（五）学校邀请的其他代表。

各方面代表在理事会所占的比例应当相对均衡，有利于理事会充分、有效地发挥作用。

第六条 理事会组成人员一般不少于21人，可分为职务理事和个人理事。

职务理事由相关部门或者理事单位委派；理事单位和个人理事由学校指定机构推荐或者相关组织推选。学校主要领导和相关职能部门负责人可以确定为当然理事。

根据理事会组成规模及履行职能的需要和学校实际，可以设立常务理事、名誉理事等。

第七条 理事会每届任期一般为5年，理事可以连任。

理事会可设理事长一名，副理事长若干名。理事长可以由学校提名，由理事会全体会议选举产生；也可以由学校举办者或者学校章程规定的其他方式产生。

第八条 理事、名誉理事应当具有良好的社会声誉、在相关行业、领域具有广泛影响，积极关心、支持学校发展，有履行职责的能力和愿望。

理事、名誉理事不得以参加理事会及相关活动，获得薪酬或者其他物质利益；不得借职务便利获得不当利益。

第九条 理事会主要履行以下职责：

（一）审议通过理事会章程、章程修订案；

（二）决定理事的增补或者退出；

（三）就学校发展目标、战略规划、学科建设、专业设置、年度预决算报告、重大改革举措、学校章程拟定或者修订等重大问题进行决策咨询或者参与审议；

（四）参与审议学校开展社会合作、校企合作、协同创新的整体方案及重要协议等，提出咨询建议，支持学校开展社会服务；

（五）研究学校面向社会筹措资金、整合资源的目标、规划等，监督筹措资金的使用；

（六）参与评议学校办学质量，就学校办学特色与教育质量进行评估，提出合理化建议或者意见；

（七）学校章程规定或者学校委托的其他职能。

第十条 理事会应当建立例会制度，每年至少召开一次全体会议；也可召开专题会议，或者设立若干专门小组负责相关具体事务。

第十一条 理事会会议应遵循民主协商的原则，建立健全会议程序和议事规则，保障各方面代表能够就会议议题充分讨论、自主发表意见，并以协商或者表决等方式达成共识。

第十二条 理事会可以设秘书处，负责安排理事会会议，联系理事会成员，处理理事会的日常事务等。

高等学校应当提供必要的经费保证理事会正常开展活动。

第十三条 理事会组织、职责及运行的具体规则，会议制度，议事规则，理事的权利义务、产生办法等，应当通过理事会章程予以规定。

理事会章程经理事会全体会议批准后生效。

第十四条 高等学校应当向社会公布理事会组成及其章程。

理事会应当主动公开相关信息及履行职责的情况，接受教职工、社会和高等学校主管部门的监督。

第十五条 已设立理事会或相关机构的普通高等学校，其组成或者职责与本规程不一致的，应依据本规程予以调整。

高等职业学校可以参照本章程组建理事会，并可以按照法律和国家相关规定，进一步明确行业企业代表在理事会的地位与作用。

民办高等学校理事会或者董事会依据《民办教育促进法》组建并履行职责，不适用本规程；但可参照本规程，适当扩大理事会组成人员的代表性。

第十六条 本规程自2014年9月1日起施行。

教育部部长　×××

×××年×月×日

第六节　领导讲话稿

一、领导讲话稿的含义

讲话稿有广义和狭义之分。广义的讲话稿泛指人们在特定的场合发表讲话的书面材料；狭义的讲话稿指领导讲话稿，即政府机关、企事业单位或者公司的领导在特定场合中发表讲话的书面材料，内容包括对工作、活动等的总结、指示和宣传等。

领导讲话稿提倡由领导人自己撰写，也可由领导授意，经秘书代写，最终由领导审定使用。但在现实工作中，由于领导公务繁忙，一般需秘书人员代拟讲话稿。好的讲话稿往往有助于进一步部署工作、提高认识、解放思想、鼓舞士气、总结经验、增强凝聚力，成为会议、活动等的精神核心。所以，掌握领导讲话稿的正确写法，是秘书人员应当具备的一项技能。

二、领导讲话稿的分类

（一）会议类讲话稿

这类讲话稿是领导讲话稿中数量最多、所占比重最大的一类。具体可分为：

1. 代表大会报告

代表大会报告指在党政机关、社会团体、学术组织依照法定程序召开的代表大会上领导人所作的主题报告，内容一般是对过去工作情况的回顾总结和对今后工作的安排部署，要求内容全面，表述严谨、庄重、书面化。

2. 会议开幕词、闭幕词

会议开幕词、闭幕词一般在隆重的大型会议上使用。开幕词重在写明召开会议的目的、意义，具有鼓舞性和启示性；闭幕词主要是总结会议内容，要求贯彻落实会议精神，并对今后工作提出要求，具有号召性。

3. 工作会议讲话稿

工作会议讲话稿指在总结和部署本单位会议上领导人根据既定的工作发表的具有指导意义的讲话，内容要求具体、明确、透彻、实在。

4. 庆功、表彰、纪念类会议讲话稿

庆功、表彰类会议讲话稿主要是概括、总结受表彰单位或个人的成绩和经验，对其给予肯定和鼓励，并提出推广、学习的要求，要富有感召力；纪念类会议讲话稿指在纪念重大历史事件、重要活动、人物的会议上领导人发表的具有反思、悼念、缅怀、纪念意义的文稿，内容要求客观、准确、实际。

5. 动员会议讲话稿

这类讲话稿指在发动和号召人们参加某项活动的会议上领导人发表的讲话文稿，重在振奋人心、鼓舞斗志。

（二）传播类讲话稿

这类讲话稿特指在非会议场合中，领导者出于向大众宣传某一主张、某项工作、某个消息而发表的讲话稿。这类稿件的发布途径多种多样，包括广播、电视、报刊、网络等，对象多为普通群众，篇幅一般较短，因而内容要求简明扼要、通俗易懂。

（三）礼仪类讲话稿

此类讲话稿指出于感谢、庆贺、慰问等目的，领导人在各种非会议场合中发表的讲话稿，包括欢迎词、致谢词、感谢词、祝贺词和慰问词等，要求亲切、简短，富于激情。

三、领导讲话稿的特点

领导讲话稿在内容、篇幅和语言方面具有显著特点，具体可概括为“两性两化”：

（一）针对性

讲话稿的内容和风格是由会议主题、领导者身份和听众的认知水平共同决定的。因此，领导讲话稿在内容上具有较强的针对性。撰写人员要根据会议或活动的主题、性质、议题、场合、背景、领导的指示、听众的身份和接受习惯等有针对性地撰写讲话稿，确定讲话内容。

（二）精简性

一般而言，会议或活动的讲话都有时间限制，这就要求讲话稿的篇幅要相对精简，不宜长篇大论，否则起不到讲话应有的效果。

（三）通俗化

领导讲话稿的语言比较通俗易懂，口语化程度高且形象、生动、具体，适合听众的听觉习惯和需要，易被听众理解和接受，并留下深刻印象。

（四）明确化

领导讲话稿的语言既要有一定的理论色彩，又要在听众的可接受范围之内，因而要求观点明确、得体，能针对某种问题、某一思想展开具有启发性的议论，明确表达观点，鼓励听众思考。

四、领导讲话稿的结构与写法

领导讲话稿没有固定的写作结构，可以根据所讲内容的不同，灵活地安排结构形式。一般而言，领导讲话稿由标题、署名和日期、正文三部分组成，大致写法如下：

（一）标题

领导讲话稿的标题有两种写法。

1. 单标题

由讲话人姓名（职务）、事由和文种构成。例如，《习近平在庆祝“五一”国际劳动节大会上的讲话》；有时可省略主语，如《在全省政法工作会议上的重要讲话》《在全县财税工作会议上的讲话》。

2. 双标题

这是正标题加副标题的形式。正标题为对讲话稿主要内容或中心思想的概括，以短语或短句形式呈现；副标题由讲话人姓名（职务）、事由和文种组成。如《携手探索浩瀚宇宙共创人类美好未来——习近平同志在国际天文学联合会第28届开幕式上的讲话》。

（二）署名和日期

将讲话者姓名和讲话日期加括号置于标题正下方，日期一般用阿拉伯数字书写。

（三）正文

领导讲话稿的正文一般由称谓、开头、主体和结尾四部分组成。

1. 称谓

领导讲话稿所使用的称谓要根据会议性质和与会者身份而定，在正文左侧顶格标明。国内各类会议一般使用“同志们”“朋友们”“各位代表”等称呼。有外宾参加的国际性会议，习惯称“尊敬的各位来宾、女士们、先生们、朋友们”等。在正式的外交场合中，要注意遵照国际惯例，按职位从高到低、女士优先等原则来排列称谓，如“尊敬的主席先生、各国首脑阁下、秘书长先生、女士们、先生们、朋友们”等。使用称谓要注意的原则是：“区分对象，遵照惯例，使用尊称”。

2. 开头

领导讲话稿的开头有多种写法，归纳起来有以下几种类型：

（1）开头简单描述场面、时间和空间，自然入题。例如，李克强总理在《携手开创中欧关系新局面——在中欧工商峰会上的主旨演讲》中，用的就是这种开头：“很高兴出席中欧工商峰会。今年是中国同欧盟建立外交关系40周年。中国有句古话，‘四十而不惑’，说的是一个人经过40年的成长与积淀，对事物应该有更理性、更清晰的认识。中欧关系经过40载风雨历程的考验，日趋成熟稳定，正处在谋划未来、大有作为的关键时期，寄托着双方民众的无限期待。”

（2）开头表示祝贺和慰问。这类开头多用于上级领导出席下级部门或系统会议时的讲话中。如司法部部长吴爱英在《司法部2012年新年贺词》中就采用了这种开头：“春回大地，万物欣荣。在2012年来临之际，我谨代表司法部，通过《法制日报》《中国司法》杂志和司法部网站、中国普法网，向广大司法行政干警和法律服务工作者表示亲切的问候和新年的祝福！向关心支持司法行政工作的社会各界人士，致以衷心的感谢和美好的祝愿！”

（3）开头开门见山、直奔主题、简洁明快，多用于工作类会议。例如，习近平在《在庆祝“五一”国际劳动节大会上的讲话》的开头：“今天，我们在这里隆重集会，纪念全世界工人阶级和劳动群众的盛大节日——‘五一’国际劳动节，表彰全国劳动模范和先进工作者，目的是弘扬劳模精神，弘扬劳动精神，弘扬我国工人阶级和广大劳动群众的伟大品格。”

此外，还有提出设问、说明目的、揭示问题等多种开头方式，无论采用哪种写法，都要求做到言简意赅、精简扼要。

3. 主体

主体部分是领导讲话稿的核心，在撰写过程中要求主题明确、内容充实、逻辑清晰、表达准确。通常有以下两种写法：

（1）按时间顺序行文。此写法包含三方面的内容，第一是对过去的工作情况进行概括，说明主要成绩、经验和问题；第二主要针对目前工作形势展开讨论，说明工作中现存的优势、劣势，工作进度等实际情况；第三是对今后工作的部署，包括制定工作方针，安排工作任务，提出相关要求等。

（2）分层次行文。此写法包含两个结构：一是递进式结构。按照从现象到本质，由表层到深层的思路展开，前后内容是由浅入深的递进关系。二是并列式结构。如果几个问题之间没有递进关系，可将这些问题相互并置地排列起来，彼此互不影响，分别予以说明。在具体写作过程中，并列式和递进式这两种结构常常要结合起来使用。

4. 结尾

结尾是对全文的收束，写法上较为灵活。一般是归纳全文、总结全篇；也有的发出号召，提出希望；还有的展望未来，坚定信念。总之，结尾的内容视具体情况而定。

五、领导讲话稿的写作要求

（一）主题集中明确，有针对性

文章意多则乱。因此，讲话稿的主旨要集中单一，讲求针对性。写作中要善于抓住具体问题、典型事件进行深入细致的分析，明确阐述观点、主张和见解，切忌不分主次、面面俱到或含糊其辞、模棱两可，从而冲淡讲话效果。

（二）语言得当

语言得当包含两点要求：其一，讲话稿的语言要求通俗易懂，恰当选用词语，采用直接叙述方式，注重前后句之间的逻辑衔接，实现书面语口语化。其二，讲话稿的语言要求生动形象，避免枯燥，可以采用打比方、举例子、运用拟人或使用格言等方法有效吸引听众注意力，激发听众兴趣，令讲话深入人心。

【例文】

习近平在庆祝“五一”国际劳动节大会上的讲话

（2015年4月28日）

同志们：

今天，我们在这里隆重集会，纪念全世界工人阶级和劳动群众的盛大节日——“五一”国际劳动节，表彰全国劳动模范和先进工作者，目的是弘扬劳模精神，弘扬劳动精神，弘扬我国工人阶级和广大劳动群众的伟大品格。

首先，我代表党中央、国务院，向全国各族工人、农民、知识分子和其他各阶层劳动群众，向人民解放军指战员、武警部队官兵和公安民警，向香港同胞、澳门同胞、台湾同胞和海外侨胞，致以节日的祝贺！向为改革开放和社会主义现代化建设作出突出贡献的劳动模范和先进工作者，致以崇高的敬意！在这里，我代表中国工人阶级和广大劳动群众，向全世界工人阶级和广大劳动群众，致以诚挚的问候！

“五一”国际劳动节，是全世界劳动人民共同的节日。从恩格斯领导成立的第二国际明确将1890年5月1日定为第一个国际劳动节起，历史车轮已走过125年。我们党历来高度重视通过纪念“五一”国际劳动节，启发职工群众觉悟，教育引导劳动群众，团结带领工人阶级和广大劳动群众为民族独立、人民解放和国家富强、人民幸福而奋斗。新中国成立后，我国工人阶级成为国家的领导阶级，我国工人阶级和广大劳动群众成为国家的主人，我们纪念“五一”国际劳动节具有了新的时代意义。

我们所处的时代是催人奋进的伟大时代，我们进行的事业是前无古人的伟大事业，我们正在从事的中国特色社会主义事业是全体人民的共同事业。全面建成小康社会，进而建成富强民主文明和谐的社会主义现代化国家，根本上靠劳动、靠劳动者创造。因此，无论时代条件如何变化，我们始终都要崇尚劳动、尊重劳动者，始终重视发挥工人阶级和广大劳动群众的主力军作用。这就是我们今天纪念“五一”国际劳动节的重大意义。

同志们！

党的十八大以来，党中央从坚持和发展中国特色社会主义全局出发，提出并形成了全面建成小康社会、全面深化改革、全面依法治国、全面从严治党的战略布局，确立了新形势下党和国家各项工作的战略目标和战略举措，为实现“两个一百年”奋斗目标、实现中华民族伟大复兴的中国梦提供了理论指导和实践指南。

历史赋予工人阶级和广大劳动群众伟大而艰巨的使命，时代召唤工人阶级和广大劳动群众谱写壮丽而崭新的篇章。我国工人阶级和广大劳动群众一定要以国家主人翁姿态，积极投身经济社会发展的火热实践，为共同创造我们的幸福生活和美好未来作出新的贡献。

——在前进道路上，我们要始终弘扬劳模精神、劳动精神，为中国经济社会发展汇聚强大正能量。劳动是人类的本质活动，劳动光荣、创造伟大是对人类文明进步规律的重要诠释。“民生在勤，勤则不匮。”中华民族是勤于劳动、善于创造的民族。正是因为劳动创造，我们拥有了历史的辉煌；也正是因为劳动创造，我们拥有了今天的成就。

中国特色社会主义事业大厦是靠一砖一瓦砌成的，人民的幸福是靠一点一滴创造得来的。劳动模范和先进工作者是坚持中国道路、弘扬中国精神、凝聚中国力量的楷模，他们以高度的主人翁责任感、卓越的劳动创造、忘我的拼搏奉献，为全国各族人民树立了学习的榜样。“爱岗敬业、争创一流，艰苦奋斗、勇于创新，淡泊名利、甘于奉献”的劳模精神，生动诠释了社会主义核心价值观，是我们的宝贵精神财富和强大精神力量。今天受到表彰的全国劳动模范和先进工作者，就是我国亿万劳动人民的杰出代表。党和人民感谢你们！全社会都要向你们学习！

伟大的事业需要伟大的精神，伟大的精神来自于伟大的人民。我们一定要在全社会大力弘扬劳模精神、劳动精神，大力宣传劳动模范和其他典型的先进事迹，引导广大人民群众树立辛勤劳动、诚实劳动、创造性劳动的理念，让劳动光荣、创造伟大成为铿锵的时代强音，让劳动最光荣、劳动最崇高、劳动最伟大、劳动最美丽蔚然成风。要教育孩子们从小热爱劳动、热爱创造，通过劳动和创造播种希望、收获果实，也通过劳动和创造磨炼意志、提高自己。

我们的根扎在劳动人民之中。在我们社会主义国家，一切劳动，无论是体力劳动还是脑力劳动，都值得尊重和鼓励；一切创造，无论是个人创造还是集体创造，也都值得尊重和鼓励。全社会都要贯彻尊重劳动、尊重知识、尊重人才、尊重创造的重大方针，全社会都要以辛勤劳动为荣、以好逸恶劳为耻，任何时候任何人都不能看不起普通劳动者，都不能贪图不劳而获的生活。

荣誉是继续前行的动力。广大劳动模范和先进工作者要珍惜荣誉、再接再厉，爱岗敬业、争创一流，用工人阶级的优秀品格、模范行动引导和鼓舞全体人民，再立新功、再创佳绩。各级党委、政府和工会组织要做好劳模管理服务工作，为他们干事创业创造环境和条件，更好发挥劳模的榜样、示范、引领作用。

——在前进道路上，我们要始终坚持人民主体地位，充分调动工人阶级和广大劳动群众的积极性、主动性、创造性。人民是历史的创造者，是推动我国经济社会发展的基本力量和基本依靠。推进“四个全面”战略布局，必须充分调动广大人民群众的积极性、主动性、创造性。

我们一定要发展社会主义民主，切实保障和不断发展工人阶级和广大劳动群众的民主权利。要坚持党的领导、人民当家作主、依法治国有机统一，坚持工人阶级的国家领导阶级地位，加快推进社会主义民主政治制度化、规范化、程序化，坚持和完善人民代表大会制度，推进协商民主广泛多层制度化发展，促进人民依法、有序、广泛参与管理国家事务和社会事务、管理经济和文化事业。要推进基层民主建设，健全以职工代表大会为基本形式的企事业单位民主管理制度，更加有效地落实职工群众的知情权、参与权、表达权、监督权。要尊重人民首创精神，甘当人民群众小学生，把蕴藏于工人阶级和广大劳动群众中的无穷创造活力焕发出来，把工人阶级和广大劳动群众智慧和力量凝聚到推动各项事业上来。

我国工人阶级和广大劳动群众要增强历史使命感和责任感，立足本职、胸怀全局，自觉把人生理想、家庭幸福融入国家富强、民族复兴的伟业之中，把个人梦与中国梦紧密联系在一起，把实现党和国家确立的发展目标变成自己的自觉行动。

——在前进道路上，我们要始终实现好、维护好、发展好最广大人民根本利益，让改革发展成果更多更公平惠及人民。人民对美好生活的向往，就是我们的奋斗目标。全心全意为工人阶级和广大劳动群众谋利益，是我国社会主义制度的根本要求，是党和国家的神圣职责，也是发挥我国工人阶级和广大劳动群众主力军作用最重要最基础的工作。

国家建设是全体人民共同的事业，国家发展过程也是全体人民共享成果的过程。我们一定要适应改革开放和发展社会主义市场经济的新形势，从政治、经济、社会、文化、法律、行政等各方面采取有力措施，促进社会公平正义，实现好、维护好、发展好最广大人民根本利益，特别是要实现好、维护好、发展好广大普通劳动者根本利益。

党和国家要实施积极的就业政策，创造更多就业岗位，改善就业环境，提高就业质量，不断增加劳动者特别是一线劳动者劳动报酬。要建立健全党和政府主导的维护群众权益机制，抓住劳动就业、技能培训、收入分配、社会保障、安全卫生等问题，关注一线职工、农民工、困难职工等群体，完善制度，排除阻碍劳动者参与发展、分享发展成果的障碍，努力让劳动者实现体面劳动、全面发展。要面对面、心贴心、实打实做好群众工作，把人民群众安危冷暖放在心上，雪中送炭，纾难解困，扎扎实实解决好群众最关心最直接最现实的利益问题、最困难最忧虑最急迫的实际问题。

劳动关系是最基本的社会关系之一。要最大限度增加和谐因素、最大限度减少不和谐因素，构建和发展和谐劳动关系，促进社会和谐。要依法保障职工基本权益，健全劳动关系协调机制，及时正确处理劳动关系矛盾纠纷。我国工人阶级和广大劳动群众要发扬识大体、顾大局的光荣传统，正确认识和对待改革发展过程中利益关系和利益格局的调整，正确处理个人利益和集体利益、局部利益和全局利益、眼前利益和长远利益的关系，树立法治观念，增强法律意识，自觉维护社会和谐稳定。

——在前进道路上，我们要始终高度重视提高劳动者素质，培养宏大的高素质劳动者大军。劳动者素质对一个国家、一个民族发展至关重要。劳动者的知识和才能积累越多，创造能力就越大。提高包括广大劳动者在内的全民族文明素质，是民族发展的长远大计。面对日趋激烈的国际竞争，一个国家发展能否抢占先机、赢得主动，越来越取决于国民素质特别是广大劳动者素质。要实施职工素质建设工程，推动建设宏大的知识型、技术型、创新型劳动者大军。

我们一定要深入实施科教兴国战略、人才强国战略、创新驱动发展战略，把提高职工队伍整体素质作为一项战略任务抓紧抓好，帮助职工学习新知识、掌握新技能、增长新本领，拓展广大职工和劳动者成长成才空间，引导广大职工和劳动者树立终身学习理念，不断提高思想道德素质和科学文化素质。要深入开展中国特色社会主义理想信念教育，培育和践行社会主义核心价值观，弘扬中华优秀传统文化，开展以职业道德为重点的“四德”教育，深化“中国梦 劳动美”教育实践活动，不断引导广大群众增强中国特色社会主义道路自信、理论自信、制度自信。要创新思想政治工作方式方法，加强人文关怀和心理疏导，打造健康文明、昂扬向上的职工文化，丰富职工精神文化生活，不断满足广大职工群众精神文化需求。

三百六十行，行行出状元。任何一名劳动者，要想在百舸争流、千帆竞发的洪流中勇立潮头，在不进则退、不强则弱的竞争中赢得优势，在报效祖国、服务人民的人生中有所作为，就要孜孜不倦学习、勤勉奋发干事。一切劳动者，只要肯学肯干肯钻研，练就一身真本领，掌握一手好技术，就能立足岗位成长成才，就都能在劳动中发现广阔的天地，在劳动中体现价值、展现风采、感受快乐。

同志们！

我国工人阶级是我们党最坚实最可靠的阶级基础。我国工人阶级从来都具有走在前列、勇挑重担的光荣传统，我国工人运动从来都同党的中心任务紧密联系在一起。在当代中国，工人阶级和广大劳动群众始终是推动我国经济社会发展、维护社会安定团结的根本力量。那种无视我国工人阶级成长进步的观点，那种无视我国工人阶级主力军作用的观点，那种以为科技进步条件下工人阶级越来越无足轻重的观点，都是错误的、有害的。不论时代怎样变迁，不论社会怎样变化，我们党全心全意依靠工人阶级的根本方针都不能忘记、不能淡化，我国工人阶级地位和作用都不容动摇、不容忽视。

全心全意依靠工人阶级，要解决认识问题，更要解决实践问题。各级党委和政府要把全心全意依靠工人阶级的根本方针贯彻到经济、政治、文化、社会、生态文明建设以及党的建设各方面，落实到党和国家制定政策、推进工作全过程，体现到企业生产经营各环节。要不断营造环境、搭建平台、畅通渠道、创新方式，为广大职工成长成才、就业创业、报效国家、服务社会创造更多机会，为广大职工参与企事业单位民主管理、参与国家治理和社会治理打开更广阔的通道。

同志们！

今年是中华全国总工会成立90周年。90年来，在中国共产党领导下，中华全国总工会及其各工会组织为我国革命、建设、改革事业作出了重大贡献。在此，我代表党中央、国务院，向为党的工运事业作出卓越贡献的老一代工会工作者，向全国各级工会组织和广大工会干部，向广大职工和工会积极分子，表示热烈的祝贺！

工会是党联系职工群众的桥梁和纽带，工会工作是党的群团工作、群众工作的重要组成部分，是党治国理政的一项经常性、基础性工作。新形势下，工会工作只能加强，不能削弱；只能改进提高，不能停滞不前。希望各级工会组织和广大工会干部坚定不移走中国特色社会主义工会发展道路，坚守工会工作的主战场，狠抓工会工作的中心任务，模范履行工会组织的政治责任，更好发挥工会组织作用。要坚持自觉接受党的领导的优良传统，牢牢把握正确政治方向，牢牢把握我国工人运动的时代主题，带领亿万职工群众坚定不移跟党走。要坚决履行维护职工合法权益的基本职责，把竭诚为职工群众服务作为工会一切工作的出发点和落脚点，帮助职工群众通过正常途径依法表达利益诉求，把党和政府的关怀送到广大劳动群众心坎上，不断赢得职工群众的信赖和支持。要坚持把群众路线作为工会工作的生命线和根本工作路线，把工作重心放在最广大普通职工身上，着力强化服务意识、提高维权能力，改进工作作风，破除衙门作风，坚决克服机关化、脱离职工群众现象，让职工群众真正感受到工会是“职工之家”，工会干部是最可信赖的“娘家人”。要自觉运用改革精神谋划推进工会工作，创新组织体制、运行机制、活动方式、工作方法，推动工会工作再上新台阶。要发挥民间外交优势，增进我国工人阶级同各国工人阶级的友谊，发展同各国工会组织、国际和区域工会组织的关系，为维护世界和平、促进共同发展作出新的更大贡献。

各级党委要加强和改善对工会的领导，注重发挥工会组织的作用，健全组织制度，完善工作机制，加大对工会工作的支持保障力度，及时研究解决工会工作中的重大问题，热情关心、严格要求、重视培养工会干部，为工会工作创造更加有利的条件。

同志们！

伟大的事业呼唤着我们，庄严的使命激励着我们。我国工人阶级和广大劳动群众要更加紧密地团结在党中央周围，勤奋劳动、扎实工作，锐意进取、勇于创造，在实现“两个一百年”奋斗目标的伟大征程上再创新的业绩，以劳动托起中国梦！

第七节　会务文书

一、会务文书的含义

会议是人们为解决问题或交换信息而召开的一项有组织、有目的的社会活动，在会前、会中和会后的会务活动中，都会产生一些文字材料，并以各种方式传递给与会人员，这些材料被统称为会务文书。简言之，会务文书就是为做好会议的组织工作和服务工作所制作的一系列文书。在日常工作中，会务文书是协调工作关系、提高工作效率、确保国家机关、企事业单位和社会团体的管理工作正常进行的有效保证。秘书工作者掌握会务文书的写作方法，对于更好地发挥会议的作用具有重要意义。

二、会务文书的特点

（一）针对性

会务文书是为召开会议而撰写的，要以会议的主题、议题、议程、内容等为依据，因而具有较强的针对性。不同的会议有不同的会务文书，如人民代表大会有会议筹备方案、会议通知、会议议程和日程、会议名单、会议主持词、会议报告、会议议案等；企业会议文书则有会议通知、会议日程、会议记录、会议报告等。

（二）实用性

与大部分事务文书一样，会务文书属于应用文，其基本属性在于应用。会议文书与会议的主题、议题、内容以及议程、日程等都有密不可分的关系，是为解决会议中实际出现的问题而制定的文书，因此讲求实际应用。

（三）多样性

会务文书具有多样性，主要表现在几个方面：一是内容的多样性。从会议筹备、召开到会议结束，从会议协调、会议接待到会议管理等，各方面都涉及专门的文书。二是写作形式的多样性。会务文书既有文字式的，也有表格式的；既有章节式的，也有序号式的；既有总分式的，也有并列式的。

（四）程序性

会务文书具有程序性。一是从总体而言，会议文书具有程序性，如会议议程、会议日程、会议流程、主持词、开幕词、闭幕词等。二是就某一单个会议文书来说也有程序性。例如，会议通知这一文书就需要包含一系列程序性内容：会名、会议召开时间与地点、会期、会议主要内容、参加会议人员范围、入场凭证、筹备会议的联系单位和联系人及联系电话、会议食宿、交通工具、需携带的会议文件、材料及会议的一些特殊要求等。

三、常用会务文书的写法

（一）开幕词

开幕词是在一些大型会议的开幕式上有关领导就会议所作的开宗明义的简短讲话。用来宣布大会开幕，简要介绍会议的形势和背景，阐明会议宗旨、指导思想、目的意义、会议中心和议程，提出开好会议的要求和会议注意事项，引导会议围绕既定主题和议程顺利进行。

一般而言，开幕词由标题、题注、称谓、正文四部分构成。

1. 标题

常见的开幕式标题有两种写法：

（1）公文式标题。

一是会议名称加文种，如《×××公司第×届职工代表大会开幕词》。

二是在会议名称和文种前加致词人姓名、职务等，以突出领导人对会议的高度重视。如《×××同志在中国少年先锋队队员和辅导员代表会议上的开幕词》。

（2）新闻式标题。

主标题突出开幕词中心，副标题说明是什么会议开幕词，有的还冠以致词人姓名。这一写法多在报刊发表时使用。例如，《共建面向未来的亚太伙伴关系——在亚太经合组织第二十二次领导人非正式会议上的开幕词》。

2. 题注

开幕词的题注包括两个内容：

（1）时间。标题正下方括号内注明开会时间。

（2）致词人姓名。

3. 称谓

在正文之前顶格书写，如“各位代表”“同志们”之类，称呼后用冒号。如果有重要来宾到会时，也可以加上专指性称呼，以示尊重、礼貌。

4. 正文

正文一般分为三个部分，即开头、主体、结尾。

开头部分：在郑重宣布会议开幕之后，简要说明会议召开的背景、根据和目的，介绍与会人员情况。

主体部分：要说明会议的主要任务即会议的性质、主要议题、议程及要求，提出会议的指导思想，阐明会议召开的重要意义即会议将要产生的作用和影响。这部分内容正是会议主题、基调所在。

结尾部分：常用鼓舞性语言发出号召，提出希望和开好会议的要求，最后通常用“预祝大会圆满成功”作结。

【例文】

共建面向未来的亚太伙伴关系

——在亚太经合组织第二十二次领导人非正式会议上的开幕词

（2014 年 11 月 11 日，雁栖湖国际会议中心）

中华人民共和国主席　习近平

各位同事：

很高兴同大家聚会北京雁栖湖畔。首先，我谨对各位同事的到来，表示热烈的欢迎！

每年春秋两季，都有成群的大雁来到这里，雁栖湖因此得名。亚太经合组织的 21 个成员，就好比 21 只大雁。“风翻白浪花千片，雁点青天字一行。”今天，我们聚首雁栖湖，目的就是加强合作、展翅齐飞，书写亚太发展新愿景。

今年是亚太经合组织成立 25 周年。亚太经合组织的 25 年，也是亚太发展繁荣的 25 年。亚太经合组织见证了亚太发展的历史成就，亚太发展也赋予亚太经合组织新的使命。

当前，世界经济复苏仍面临诸多不稳定不确定因素，亚太发展也进入新的阶段，既有机遇，也面临挑战。如何破解区域经济合作碎片化风险？如何在后国际金融危机时期谋求新的增长动力？如何解决互联互通建设面临的融资瓶颈？这些都需要我们深入思考、积极应对。

面对新形势，我们应该深入推进区域经济一体化，打造有利于长远发展的开放格局。亚太经合组织应该发挥引领和协调作用，打破种种桎梏，迎来亚太地区更大范围、更高水平、更深层次的新一轮大开放、大交流、大融合。要打破亚太内部的封闭之门，敞开面向世界的开放之门。要在推进茂物目标的同时大力推进亚太自由贸易区进程，明确目标、方向、路线图，尽早将愿景变为现实，实现横跨太平洋两岸、高度开放的一体化安排。

面对新形势，我们应该全力推动改革创新，挖掘新的增长点和驱动力，打造强劲、可持续的增长格局。后国际金融危机时期，增长动力从哪里来？毫无疑问，动力只能从改革中来、从创新中来、从调整中来。我们要创新发展理念，从传统的要素驱动、出口驱动转变为创新驱动、改革驱动，通过结构调整释放内生动力。我们要改变市场管理模式，使市场在资源配置中起决定性作用，更好发挥政府作用。我们要推动科技创新，带动能源革命、消费革命，推动亚太地区在全球率先实现新技术革命。我们今年推动互联网经济、城镇化、蓝色经济等领域合作，探讨跨越“中等收入陷阱”问题，抓住了重大、前沿的国际经济议题，开了个好头。

面对新形势，我们应该加快完善基础设施建设，打造全方位互联互通格局。互联互通是一条脚下之路，无论是公路、铁路、航路还是网路，路通到哪里，我们的合作就在哪里。互联互通是一条规则之路，多一些协调合作，少一些规则障碍，我们的物流就会更畅通、交往就会更便捷。互联互通是一条心灵之路，你了解我，我懂得你，道理就会越讲越明白，事情就会越来越好办。实现亚太全方位互联互通，就是要让脚下之路、规则之路、心灵之路联通太平洋两岸的全体成员，打通融资贵、融资难的瓶颈，就是要加强公私伙伴关系建设，实现联动式发展。

各位同事！

亚太经合组织是一个大家庭，打造发展创新、增长联动、利益融合的开放型亚太经济格局，符合所有成员共同利益。为了实现上述目标，亚太经济体需要共同构建互信、包容、合作、共赢的亚太伙伴关系，为亚太地区和世界经济发展增添动力。

第一，共同规划发展愿景。亚太未来发展攸关每个成员利益。我们已经在启动亚太自由贸易区进程、推进互联互通、谋求创新发展等方面达成重要共识，要将共识转化为行动，规划今后5年、10年甚至25年的发展蓝图，一步步扎实向前推进。

第二，共同应对全球性挑战。在后国际金融危机时期，我们既要抓住经济增长这个核心，加强宏观政策协调，又要妥善应对流行性疾病、粮食安全、能源安全等全球性问题，以信息共享增进彼此了解，以经验交流分享最佳实践，以沟通协调促进集体行动，以互帮互助深化区域合作。

第三，共同打造合作平台。伙伴意味着一个好汉三个帮，一起做好事、做大事。我们应该将亚太经合组织打造成推动一体化的制度平台，加强经验交流的政策平台，反对贸易保护主义的开放平台，深化经济技术合作的发展平台，推进互联互通的连接平台。亚太经合组织的发展壮大有赖于大家共同支持。

我愿在此宣布，中方将捐款1 000万美元，用于支持亚太经合组织机制和能力建设，开展各领域务实合作。

第四，共同谋求联动发展。伙伴意味着合作共赢、互学互鉴。当前，一些亚太发展中经济体面临较多困难，没有他们的发展，亚太发展就不可持续。我们要加大对发展中成员的资金和技术支持，发挥亚太经济体多样性突出的特点，优势互补，扩大联动效应，实现共同发展。

未来3年，中国政府将为亚太经合组织发展中成员提供1 500个培训名额，用于贸易和投资等领域的能力建设项目。

各位同事!

在“共建面向未来的亚太伙伴关系”主题下，我们将围绕“推动区域经济一体化”，“促进经济创新发展、改革与增长”，“加强全方位基础设施与互联互通建设”三项重点议题展开讨论。我期待并相信，这次会议将为亚太发展注入新的活力。

一花不是春，孤雁难成行。让我们以北京雁栖湖为新的起点，引领世界经济的雁阵，飞向更加蔚蓝而辽阔的天空。

谢谢大家!

（二）闭幕词

闭幕词是大型或重要会议闭幕式上有关领导对会议所作的带有评价性、总结性的简短讲话。着重对会议作出评价，总结大会成果，提出贯彻会议精神的要求和希望，并宣布会议圆满结束。

闭幕词与开幕词相同，一般由标题、题注、称谓和正文四部分组成。其中，标题、题注、称谓的写法与开幕词基本相同，只是标题中的文种改为“闭幕词”。略有不同的是正文的写法，闭幕词的正文也分为三个部分：开头、主体、结尾。

1. 开头

用一段或一句简短的文字简要说明会议在什么条件和情况下开得怎么样，实事求是地对会议作出评价。

2. 主体

即会议闭幕词的中心和重点部分。会议的性质不同，闭幕词的主体内容也不同，但通常都包含以下几个方面：

（1）对会议作出总结。说明会议取得的成绩，完成的议题，讨论研究解决的问题，取得共识的经验，会议的主要工作等。

（2）今后的工作任务。根据会议精神对今后工作作出部署和要求，突出会议精神，体现会议宗旨。

3. 结尾

用坚定有力的语言对与会者（和有关方面）发出号召、希望，用热情真挚的语言感谢大家对会议成功召开的支持，对与会者表示真诚的祝愿，最后郑重宣布会议胜利闭幕。常见的说法是：“现在，我宣布，××××大会胜利闭幕。”

【例文】

程郁缀在国际汉学翻译家大会上的闭幕词

（2014年11月2日）

尊敬的各位学者：

中华文明是世界文明的一个重要组成部分，灿烂的中华文明极大地丰富了世界文明的宝库！把中华文明成果翻译介绍到全世界，和世界其他国家的文明交流融合，必将推动全人类的文明进步事业！在座的各国翻译家们，为汉学的翻译付出了自己的辛劳，取得了可喜的成就，令人敬佩！

我们欢迎全世界的汉学翻译家们继续从事这方面的工作，把更多的汉学成果介绍给世界人民。正如袁行霈先生所说的：翻译工作是中外文化交流的桥梁，翻译家则是中外文化交流的使者。在座的翻译家们都是汉学翻译的友好使者，都是国际上一流的优秀学者。一流的学者当然应当具有一流的情怀，所谓一流的情怀，我以为就是人文情怀，就是人类情怀。所谓人类情怀，我以为就是放眼全人类，为全人类的文化交流、为全人类人民的幸福生活和社会的繁荣进步，作出我们学者的不懈努力和应有贡献！

早在2500年前，孔子的学生子夏就发出了一个伟大的声音："四海之内皆兄弟也！"21世纪初，我们北京大学在创办一年一度的"北京论坛"时（朋友们，再过六天，我们将在钓鱼台国宾馆召开第11届"北京论坛"），我们北大学者经过深思熟虑，精心凝练出一个响亮的主题，叫作"文明的和谐与共同繁荣"！我们愿意把我们的文明成果奉献给全世界人民共享，我们愿意同包括在座的朋友们在内的各国翻译家，把汉学翻译推进到一个新的阶段；我们北京大学国际汉学家研修基地，欢迎全世界的汉学家们来此研修访学，在世界范围内大力提升国际汉学研究的学术水平。经过在座的和不在座的朋友们的共同努力，经过我们锲而不舍、九死不悔的艰苦奋斗，国际汉学翻译一定会推出更多的优秀成果，国际汉学研究一定会取得更大更新的成就。对此，我们任重道远；对此，我们满怀信心！

尊敬的各位学者：

愉快的时光总是短暂的，美丽的未名湖畔的两天研讨会很快就要落下帷幕了，大家即将踏上回家的路。此时，我们意犹未尽；此时，我们依依不舍！这使我想起了1 000多年前晚唐诗人韦庄在送日本国来唐朝留学的僧人敬龙回归时所写的一首诗，诗的题目是"送日本国僧敬龙归"，诗曰："扶桑已在渺茫中，家在扶桑东更东。此去与师谁共到？一船明月一帆风。"——结句"一船明月一帆风"，何等空灵，何等飘逸，余韵袅袅，不绝如缕！请允许我借用这首诗的后两句："此去与师谁共到？一船明月一帆风"，来表达以袁行霈先生为主任的我们北京大学国际汉学家研修基地，对在座尊贵的客人、亲爱的朋友们表达我们的一往深情！大会结束以后，陪伴着各位学者踏上归途的那"一船明月一帆风"——那一船明月、一船皎洁纯净的明月，那一帆金风、一帆清爽宜人的金风，正是我们北京大学国际汉学家研修基地的全体同仁，热情地陪伴着你们、回到你们那温馨的家园！

谢谢！

（三）会议记录

会议记录是在开会的过程中由记录人员把会议的基本情况、研究和讨论的问题、报告和发言的内容、形成的决议和各方面的意见等，如实记录下来的书面材料。会议记录可以作为传达、贯彻会议精神，执行会议决定的依据，也可以作为重要的历史资料保存，为人们提供与会者发言等会议内容的查阅。

会议记录的撰写要求做到真实、完整。通常来说，会议记录由标题、正文、结尾三部分构成。

1. 标题

会议记录的标题由三部分构成：单位名称、会议内容和文种，例如，《××政府第九次常务会议记录》。

2. 正文

会议记录的正文包含两个部分：会议组织情况、会议内容。

（1）会议组织情况的内容主要包括：

会议名称：写明召开会议的单位名称或规范化简称、会议的年度、会议的内容等。例如，“××公司2015年度职工代表大会”。

会议时间：要写清楚年月日时，也可以写上午或下午。

会议地址：要写清楚具体地点，如××会议室。必要时要注明会议室所在地址。

出席人：根据会议性质、规模和重要程度的不同，出席人一项的详略也有所不同。出席人少，要写清楚出席者的姓名、职务；出席人多，可以只写出席人数和范围。

列席人：按照出席人的记录方法写作。

缺席人：缺席者不多，要写上姓名，注明缺席原因；缺席人较多，只写明缺席人数即可。

主持人：写明会议主持人的姓名、职务。

记录人：写明会议记录人的姓名、职务。

（2）会议内容是会议记录的重要组成部分，由于会议性质、议题、规模的不同，会议内容的写法较为灵活，没有固定的格式，通常包含以下内容：

会议议题、宗旨、目的。会议议题较多时，要一一列出。

会议议程。会议议题讨论的程序。

会议报告和讲话。会议领导人或发言人所做的报告或讲话。

会议讨论或发言。

会议表决情况。应写明会议表决事项；参加会议表决人数，赞成、反对和弃权人数；有的会议还要写明具体参加表决人姓名，如反对人姓名；其他人姓名，如选举会议中的候选人姓名、监票人姓名等。

会议决定和决议。会议对某项重要事项进行讨论后，要形成要求下级或有关部门贯彻落实、需要对自己职权范围内的重要事项作出决策，提出肯定或否定的意见，对重大活动进行规划和安排。

会议结论。会议所达成的共识或主持人的结论性总结发言。

会议内容的记录方法有详细记录、摘要记录和决议记录三种。详细记录用于重要会议。这种会议讨论、研究的问题比较复杂，要求尽可能地记下发言者的原话，怎样讲就怎样记；特别重要的发言，不仅要完整无误地记录发言内容，而且最好记下发言者的语气姿态和会场反应情况。摘要记录多用于对一般性会议的记录，只需记录会议的关键和重点，即在会上报告了什么事情，讨论了什么问题，作出了哪些决议等。决议记录通常只需记录会议议题和决议事项，不记录其他内容，与会议纪要的写法很接近。

3. 结尾

会议记录的结尾只需在正文后另行空两格写“散会”字样。另外，在会议记录的右下方，须由会议主持人和记录人在对记录认真校核后，分别签上姓名，以示对此负责。

【例文】

××公司项目会议记录

时间：×年×月×日

地点：公司会议室

出席人：公司各部门主任

缺席人：无

主持人；×××（公司副总经理）

记录人：×××（办公室主任）

一、主持人讲话：今天主要讨论一下“××办公室”软件是否投入开发以及如何开展前期工作的问题。

二、发言：

技术部朱主任：类似的办公软件已经有不少，如微软公司的Word、金山公司的WPS系列办公区按键软件，以及众多的财务、税务、管理方面的软件。我认为首要的问题是确定选题方向，如果没有特点，千万不能动手。

资料部祁主任：应该看到的是，办公软件虽然很多，但从专业角度而言，大都不很规范。我指的是编辑方面的问题。如Word中对于行政公文这一块就干脆忽略掉，而书信这一部分也大多是英文习惯，中国人使用起来很不方便。WPS是中国人开发的软件，在技术上很有特点，但中国运用文方面的编辑十分简陋，离专业水准很远。我认为我们定位在这一方面是很有市场的。

市场部唐主任：这是在众多航空母舰中间寻求突破，我认为有成功的希望，关键的问题就是必须小巧，并且速度极快。因为我们建造的不是航空母舰，这就必须考虑到兼容问题。

各部门都同意立项，初步的技术方案将在十天内完成，资料部预计需要三个月完成资料编辑工作，系统集成约需要二十天，该软件预定于元旦投放市场。

散会。

主持人：（签名）　　　　　　　　　　　　　　记录人：（签名）

（四）会议报告

会议报告是国家机关、社会团体、企事业单位领导人或负责人在会议上代表本单位、本部门，针对本系统、本单位的基本工作，向全体与会人员所做的全面、系统的讲话。会议报告的内容或阐述党和国家的路线、方针、政策，或申明领导核心的主张、决策，或分析形势以统一认识，或总结成绩阐述经验教训以鼓舞士气。它的作用在于指挥、指导工作，宣传教育群众，动员大家齐心协力搞好工作，具有较强的鼓动性和极强的理论色彩。

会议报告通常由标题、题注、称谓、正文几部分组成。

1. 标题

标题有两种形式：

（1）公文式标题：“事由＋文种”，如《关于第十二届全国人民代表大会第三次会议代表提出议案处理意见的报告》；“会议名称＋事由＋文种”，如《中国人民政治协商会议全国委员会常务委员会工作报告》。

（2）新闻式标题：主标题提出报告中心，副标题说明会议名称、事由、文种，有的还写明报告人姓名和时间，如《努力工作，狠抓落实，推动我市反腐斗争深入发展——×××同志在市委第六次全会上的报告》。

2. 题注

会议报告的题注包含两个内容：

（1）时间。标题正下方括号内注明开会时间。

（2）报告者姓名，必要时需注明报告者职务。

若标题中已标明了姓名、时间，就不必另外加题注。

3. 称谓

在正文之前顶格书写，一般多用泛称，如“各位代表”“同志们”之类，称呼后用冒号。如果有重要来宾到会时，也可以加上专指性称呼，以示尊重、礼貌。

4. 正文

正文包括前言、主体和结尾三部分。

（1）前言。前言也称导言、引言，即报告的开头部分，通常揭示报告的内容范围，或者开门见山揭示报告主旨；或者阐述会议的意义和主题；或者概述报告的背景和形势；或者说明报告的缘起。

（2）主体。会议报告的主体部分是报告的核心。由于会议议题、内容和规模不同，会议报告主体部分的写法也有很大差异。一般包括：①分析形势，总结成绩，阐述经验教训；②指明方向，布置任务；③提出工作目标，说明措施办法；④摆事实讲道理，阐述热点问题等。

（3）结尾。会议报告的结尾部分一般是表示决心、提出希望；或表达祝愿、表明态度；或发出号召、提出贯彻落实的要求等。

【例文】

关于第十二届全国人民代表大会第三次会议代表提出议案处理意见的报告

（2015年3月14日第十二届全国人民代表大会第三次会议主席团第三次会议通过）

十二届全国人大三次会议副秘书长王万宾

十二届全国人大三次会议主席团：

受大会秘书处的委托，我向大会主席团就本次会议代表所提议案的处理意见报告如下。

在本次会议上，全国人大代表认真贯彻党的十八大和十八届三中、四中全会精神，以邓小平理论、“三个代表”重要思想、科学发展观为指导，深入贯彻习近平总书记系列重要讲话精神，紧紧围绕全面建成小康社会、全面深化改革、全面依法治国、全面从严治党的战略布局，着眼于党和国家工作大局，着力解决人民群众普遍关注的突出问题，依法向大会提出属于全国人民代表大会职权范围内的议案。到3月10日大会规定的代表提出议案的截止时间，共提出议案521件。其中，有关立法方面的510件，有关监督方面的8件，有关决定事项方面的3件。以代表团名义提出15件，代表联名提出506件。

依法提出议案，是人大代表代表人民的利益和意志依法参加行使国家权力的重要体现。代表们闭会期间深入调查研究，认真听取人民群众意见，会议期间认真酝酿讨论议案文本，努力提高议案质量。与本届前两年相比，今年代表议案数量分别增加120件和53件；领衔提出议案的代表282名，分别增加60名和20名。代表通过专题调研、视察或者座谈走访等方式形成的议案有390件，占议案总数的74.86%；在提出的法律案中，附有法律草案文本的有210件，占法律案总数的41.26%。

建设中国特色社会主义法治体系，完善以宪法为核心的中国特色社会主义法律体系，是党的十八届四中全会作出的重大部署，也是全国人大代表关注的焦点之一。代表提出的立法方面的议案占议案总数的97.89%，其中涉及制定法律的213件，占41.76%，修改法律的296件，占58.04%，还有1件关于加强立法解释工作的议案。在法律案中，宪法相关法类60件，占11.79%；民商法类64件，占12.57%；行政法类189件，占37.13%；经济法类104件，占20.43%；社会法类40件，占7.86%；刑法类33件，占6.48%；诉讼与非诉讼程序法类19件，占3.73%。

经初步分析，代表提出的立法方面的议案在内容上主要涉及以下几个方面：一是，在完善社会主义市场经济体制，使市场在资源配置中起决定性作用和更好发挥政府作用，切实提高经济发展质量和效益等方面，提出编纂民法典，修改物权法、公司法、证券法、反不正当竞争法、专利法、促进科技成果转化法、标准化法以及农村土地承包法、土地管理法、农民专业合作社法等法律，制定财政税收、金融监管、电子商务、社会信用等方面的法律。二是，在加强社会主义民主政治建设，坚持和完善人民代表大会制度，完善和发展基层民主制度，完善国家机构组织，推进反腐败国家立法等方面，提出修改选举法、代表法、地方组织法、人民法院组织法、人民检察院组织法、村民委员会组织法、行政监察法以及法官法、检察官法等法律，修改刑法等法律加大对贪污贿赂犯罪惩治力度。三是，在保护生态环境，解决人民群众关注的突出环境问题等方面，提出修改大气污染防治法、水污染防治法、环境影响评价法等法律，制定土壤污染防治、资源综合利用、生态补偿、气象灾害防御等方面的法律。四是，在保障和改善民生，推进社会治理体制创新等方面，就教育、就业、医疗卫生、社会保障、食品安全、慈善、民族地区经济社会发展和妇女儿童、老年人、残疾人以及归侨侨眷合法权益保护等，提出一批修改和制定法律的议案。五是，在促进文化繁荣发展方面，提出制定公共文化服务保障法、文化产业促进法、公共图书馆法等法律。六是，在加快国家安全法治建设方面，提出制定国家安全、网络安全等方面的法律。代表提出的8件监督方面的议案，要求对农业法、职业教育法、水污染防治法、消费者权益保护法、老年人权益保障法、消防法等法律的实施情况进行执法检查。

根据全国人民代表大会组织法和全国人民代表大会议事规则的规定，大会秘书处对代表议案逐件进行了认真分析研究，认为没有需要列入本次全国人民代表大会会议审议的议案。大会秘书处建议，将代表议案分别交由全国人民代表大会有关专门委员会在大会闭会期间审议。其中，建议交由民族委员会审议4件，法律委员会审议147件，内务司法委员会审议79件，财政经济委员会审议116件，教育科学文化卫生委员会审议63件，华侨委员会审议1件，环境与资源保护委员会审议65件，农业与农村委员会审议46件。上述议案经有关专门委员会审议后，依法向全国人大常委会提出审议结果的报告，经全国人大常委会审议通过后印发第十二届全国人民代表大会第四次会议。

认真审议全国人民代表大会主席团交付的代表提出的议案，是法律赋予全国人民代表大会各专门委员会的重要职责。为此，大会秘书处提出如下建议：

一、把审议代表议案与服务党和国家工作大局更好地结合起来。建议各专门委员会在审议议案时，按照“四个全面”的战略布局，着力从保证重大改革于法有据、立法主动适应改革和经济社会发展需要出发，认真研究吸纳代表议案关于深化改革、推进法治等方面的合理意见建议，注重增强法律的及时性、系统性、针对性、有效性，从法律制度上推动中央重大战略举措的贯彻落实，促进改革和法治相辅相成、相互促进、相得益彰，为实现全面建成小康社会战略目标提供坚实的法律支撑。

二、把审议代表议案与落实全国人大常委会工作部署更好地结合起来。全国人大常委会工作报告对今后一年的工作作出了全面部署。建议各专门委员会在审议议案时，紧紧围绕贯彻落实本次会议精神和全国人大常委会工作部署，统筹谋划和推进人大立法、监督等各项工作。对代表议案所提立法项目和监督事项已列入工作计划的，通过多种方式听取和吸纳代表意见建议，以提高工作质量、增强工作实效。对尚未列入工作计划的加强调研论证，议案所提立法项目确属必要、立法条件较为成熟的，研究提出列入年度立法计划或者补充列入立法规划的建议。针对代表议案反映比较集中的问题，结合全国人大常委会监督工作安排，研究提出安排听取审议专项工作报告、开展执法检查、进行专题调研的建议。

三、把审议代表议案与加强同人民群众的联系更好地结合起来。尊重代表的权利就是尊重人民的权利。建议各专门委员会审议议案时，加强同人大代表的联系，通过多种方式听取人民群众的意见，高度重视议案反映的人民群众的愿望和诉求，努力做到民有所呼、我有所应。积极邀请相关代表参与立法起草、论证、协商、审议、评估，参加有关立法调研、执法检查活动，列席全国人大常委会和专门委员会会议，充分发挥代表作用。加强与国务院及其有关部门、最高人民法院、最高人民检察院的联系，加强同相关专门委员会和常委会工作机构、办事机构的协调，努力形成工作合力，提高议案审议质量。改进议案审议结果答复工作，直接向提出议案的代表反馈审议结果和意见采纳情况，加强和改进议案审议工作宣传报道，积极回应社会关切。

以上报告，请予审议。

（五）会议议程

会议议程，即会议议事的程序。具体来说，就是会议所要讨论的主要内容的顺序安排。会议议程一般在会议报到时就会发至与会人员手中，或在大会开始前即告知与会人员。制定会议议程的目的在于确保与会者对会议情况的预先了解，保证与会者能更充分地参与会议的磋商讨论，从而更有效地发挥会议的作用。

会议议程是大中型会议的必备内容，在撰写编排上要求简洁凝练，逻辑性强。一般包括标题和正文两部分。

1. 标题

标题由会议内容（事由）和文种两部分组成。如《全国政协八届三次会议议程》。

2. 正文

按一定先后顺序，逐一列出会议需要讨论的各项议题。这里需注意：一是要将同类性质的议题排在一起，切忌将属于不同体系、互不联系的议题放在一起；二是分清轻重缓急，重要的、紧急的问题先讨论，次要问题后讨论；三是尊重领导人和本单位内部的会议习惯，不同单位在安排会议议程时往往有所不同。另外，编定议程时要对议题内容进行高度提炼和概括，语言要简洁。

【例文】

第十二届全国人民代表大会第三次会议议程

（2015 年 3 月 4 日第十二届全国人民代表大会第三次会议预备会议通过）

一、听取和审议国务院总理李克强关于政府工作的报告

二、审查和批准国务院关于 2014 年国民经济和社会发展计划执行情况与 2015 年国民经济和社会发展计划草案的报告

批准 2015 年国民经济和社会发展计划

三、审查和批准国务院关于 2014 年中央和地方预算执行情况与 2015 年中央和地方预算草案的报告

批准 2015 年中央预算

四、审议全国人民代表大会常务委员会关于提请审议《中华人民共和国立法法修正案（草案）》的议案

五、听取和审议全国人民代表大会常务委员会委员长张德江关于全国人民代表大会常务委员会工作的报告

六、听取和审议最高人民法院院长周强关于最高人民法院工作的报告

七、听取和审议最高人民检察院检察长曹建明关于最高人民检察院工作的报告

八、其他

（六）会议日程

会议日程是对会议活动按日作出的详细安排，是议程的具体化，也是会议有条不紊地进行下去的有效保证。同议程相似，日程也是在会议报到时就发至与会者手中，以便与会者合理安排参会时间，提高会议参与度。另外，日程一旦确定，就不能随意更改。

会议日程的编排较为简单，且形式多样。通常用表格或条款的形式写明以下内容：会议日期、主持人、具体开会时间、开会地点、会议内容、召集人、其他（包括会议期间各项活动的安排，就餐时间、地点等）。会议日程的编排要求简洁明了，使人一目了然。

【例文】

××市第十二届人民代表大会第四次会议日程

（2014年2月9日××市第十二届人民代表大会第四次会议主席团第一次会议通过）

日期	上午	下午
2月9日（星期日）	代表和列席人员报到。 9：00，召开各代表团召集人会议。 10：30，各代表团活动： 1. 推选各代表团团长、副团长； 2. 酝酿市十二届人大四次会议主席团和秘书长名单（草案）； 3. 讨论大会议程（草案）和日程（草案）； 4. 学习会议须知，明确会议注意事项； 5. 明确代表小组召集人，确定记录员、生活员。 各代表团活动后，以代表团为单位进行临时党组织活动。	1：30，举行市“两会”全体中共党员会议。 2：30举行的市人大常委会代表工作表彰会结束后，举行预备会议： 1. 选举大会主席团和秘书长； 2. 表决大会议程（草案）。 预备会议结束后，主席团举行第一次会议： 1. 推选大会主席团常务主席； 2. 通过大会执行主席分组名单（草案）； 3. 决定大会副秘书长； 4. 通过大会日程（草案）； 5. 讨论通过关于代表提交议案截止时间的决定（草案）； 6. 讨论提出大会选举办法（草案）。
2月10日（星期一）	9：00，举行第一次全体会议： 开幕式。 ×××代市长作政府工作报告。	分代表团审议政府工作报告和计划报告、预算报告。
2月11日（星期二）	分组（或代表团）审议政府工作报告和计划报告、预算报告。	分组审议政府工作报告和计划报告、预算报告，讨论大会选举办法（草案）。 4：30，主席团举行第二次会议： 1. 听取各代表团对政府工作报告和计划报告、预算报告审议情况的汇报； 2. 听取各代表团对大会选举办法（草案）审议情况的汇报，并通过该选举办法（草案）。 晚上6：30，财政经济委员会召开会议。
2月12日（星期三）	9：00，举行第二次全体会议： 1. 市人大常委会代主任×××作××市人大常委会工作报告； 2. 市中级人民法院院长×××作市中级人民法院工作报告； 3. 市人民检察院检察长×××作市人民检察院工作报告； 4. 表决大会选举办法（草案）。	分组审议市人大常委会、市法院、市检察院工作报告。 4：00，主席团举行第三次会议： 1. 通过财政经济委员会关于××市及市本级2013年财政预算执行情况和2014年财政预算的审查报告（草案）； 2. 讨论提出大会关于政府工作报告和计划报告、预算报告的决议（草案）； 3. 讨论提出有关候选人建议名单（草案）； 4. 提出总监票人、副总监票人建议名单（草案）。 主席团第三次会议结束后，召开大会临时党委扩大会议。

（续上表）

日期	上午	下午
2 月 13 日（星期四）	分组审议市人大常委会、市法院、市检察院工作报告；酝酿、讨论有关候选人建议名单（草案），讨论总监票人、副总监票人建议名单（草案），推荐监票人。 11：00，主席团举行第四次会议： 1. 听取各代表团对市人大常委会工作报告、市法院工作报告、市检察院工作报告审议情况的汇报； 2. 讨论提出大会关于市人大常委会工作报告、市法院工作报告、市检察院工作报告的决议（草案）。	分代表团审议市人大常委会、市法院、市检察院工作报告；讨论大会关于六个报告的决议（草案）；酝酿、讨论有关候选人建议名单（草案），讨论总监票人、副总监票人建议名单（草案）。 4：30，主席团举行第五次会议： 1. 听取各代表团对有关候选人建议名单（草案）审议情况的汇报，并通过该建议名单（草案）； 2. 听取各代表团对总监票人、副总监票人建议名单（草案）审议情况的汇报，并通过该建议名单（草案）； 3. 通过监票人名单（草案）； 4. 讨论通过关于代表议案处理意见的报告（草案）； 5. 听取各代表团对大会关于六个报告决议（草案）审议情况的汇报，并通过大会各项决议（草案）。
2 月 14 日（星期五）	9：00，举行第三次全体会议： 1. 通过总监票人、副总监票人名单（草案）； 2. 选举； 3. 表决关于××市人民政府工作报告的决议（草案）； 4. 表决关于××市 2013 年国民经济和社会发展计划执行情况与 2014 年国民经济和社会发展计划的决议（草案）； 5. 表决关于××市及市本级 2013 年财政预算执行情况和 2014 年财政预算的决议（草案）； 6. 表决关于××市人大常委会工作报告的决议（草案）； 7. 表决关于××市中级人民法院工作报告的决议（草案）； 8. 表决关于××市人民检察院工作报告的决议（草案）。 大会闭幕式： 1. 市人大常委会主任讲话； 2. 省委常委、市委书记××同志讲话。	

【思考题】

1. 什么是事务文书？事务文书具有哪些特点？
2. 如何写好计划？
3. 总结的基本内容一般包括哪些方面？
4. 调查报告的结构包括哪些部分？
5. 规章制度有哪些特点？
6. 请根据自己所参加的学校社团或自己的兴趣爱好，拟写一份社团组织的章程或守则。
7. 请说说如何区分会议议程与会议日程这两类文书。
8. 请结合本校实际情况，为学校秋季运动会撰写一份开幕词。

第四章
礼仪类文书写作

当今社会衡量一个国家经济发达程度的三大标志是：以计算机技术为代表的科学技术水平，以旅游业为代表的生活富裕程度，以公共关系为代表的经营管理效能。我国已经进入一个全面公共关系时代，人际交往日益频繁，祝贺、迎送、答谢等活动越来越多。社交礼仪文书的写作越来越受到各界的重视，它能促进双方关系的发展，也是一种文明交流方式的体现。机关、企事业单位和社会团体要联系上下、树立良好的公众形象，常常要用书面的形式沟通、联络，如邀请客人出席招待会、开业典礼、座谈会、宴会、交易会、沙龙、学术讨论会的请柬；迎来送往、欢送告别、喜庆场合的欢迎词、欢送词、答谢词；向有关单位及公众宣布事项的启事和声明；还有书信、名片、题词及婚丧寿诞方面的文书等。礼仪文书已然成为当今社会必不可少的交往手段之一，也是秘书必不可少的写作技能之一。

【导入案例】

某单位准备举行“销售额突破千万元庆功联谊会”，于是给相关部门和单位邮寄了请柬，邀请大家前来参加，并准备了精美的礼品，用来感谢受邀者对本单位的帮助和贡献。结果活动当日多数单位并没有接受邀请前来参加活动，因而整个活动场面异常冷清，也没有取得预期的效果。单位领导为此感到困惑，经过相关询问才得知是所送请柬出现问题导致。该公司所送的请柬方式、请柬的格式以及用语等都不符合礼仪文书的要求，因而使得受邀请者或因没有及时收到请柬而未能出席，或因对请柬引起的重视不足而忘记出席，或因不明确受邀请的原因以及联谊活动的目的而不来参加活动，或因请柬中对其所在单位名称或个人姓名的错写、漏写不满而拒绝前来。

【讨论】

（1）你怎么理解礼仪文书的重要性？

（2）正确、得体的请柬应当如何撰写？

【要点阐述】

第一节　礼仪文书概述

礼仪文书是指国家机关、企事业单位、社会团体或个人在喜庆、丧哀、欢迎、送别及其他社交场合用以表示礼节、具有规范写作格式的文书。

一、礼仪文书的特点

（一）社会交往

礼仪文书注重“以礼相待”，强调因人、因事、因地、因时地待人接物。如节日庆典礼仪，迎来送往、寻求访见、宴请聚会、答谢辞行、邀约请托、问候抚慰、致谢道歉等礼仪活动，大多需要书面的文字材料来展示丰富的礼仪内容。

（二）约定俗成

礼仪文书一般都具有比较固定的格式和用语，是一种比较规范的文体。比如书信，不仅称谓语、开头结尾的应酬和问候祝颂语有很多讲究，而且也要注意行文中书写的款式，如果用错了对象、场合或不合乎情境，就会伤感情，影响交际效果。当然，礼仪文书的写作要求，并不像正式的机关公文一样有法规的规定，而是一般根据约定俗成的规范进行写作。

二、礼仪文书的种类

礼仪文书的种类很多，包括贺卡、请柬、名片、祝贺信、慰问信、感谢信、祝酒词、祝寿词、对联等。常用的是机关团体、企事业单位和人民群众在节日和其他礼仪场合中用到的各类请柬和聘书，欢迎词、欢送词和答谢词等，感谢信、慰问信和答谢信，贺信（电）和祝词，以及用于一定范围内需要周知的文书，如启事和声明等。

三、礼仪文书写作注意事项

（1）目的要明确。礼仪文书要根据不同的对象、场合和具体的事由，表达特定的内容，传达特定的信息。

（2）措辞要贴切。礼仪文书应该准确、恰当地表达出礼仪的要求，力求把文书写得简洁庄重、大方得体、恰到好处。

（3）内容要真实。礼仪文书中的内容要真实、客观，实事求是，对于文书中涉及的时间、地点和事件等有关信息要仔细核对，以免造成不良影响。

（4）格式要规范。礼仪文书用于不同场合的社会交往，也就有相应的文种形式，不同的文种形式有各自不同的写作格式。

（5）风格要“清新”。撰写礼仪文书的时候要避免一成不变的格式或者套话、空话连篇。在做到雅俗共赏的同时，要能展现自身独具一格的品位。

第二节　欢迎词、欢送词、答谢词

一、欢迎词

（一）欢迎词的含义、特点及种类

欢迎词是由领导人在会议、欢迎仪式或者宴会等场合中发表的对宾客的到来表示欢迎的讲话稿。它的内容包括欢迎对象、欢迎事由、欢迎单位等。

欢迎词侧重于情感交流。古语云："有朋自远方来，不亦乐乎?"因此在致欢迎词的时候，应当以愉快的心情，富含激情的言语表现出诚挚的情谊，让客人有"宾至如归"的感觉，这样才能为下一步各种活动的完满进行打下良好的基础。欢迎词大多是在现场向宾客口头表达的，所以欢迎词在用语上既简洁又富含生活情趣，这样才能拉近主人同来宾之间的亲密关系。

欢迎词的种类有：

1. 依据表现方式的不同划分

现场讲演欢迎词。一般是由欢迎人在被欢迎人到达时在欢迎现场口头发表的讲话；报刊发表欢迎词。这是发表在报刊或公开发行刊物上的欢迎词，一般在客人到达前后发表。

2. 依据公私性质的不同划分

私人交往欢迎词。这种欢迎词一般在个人举行的较大型的宴会、聚会、茶会、舞会、讨论会等非官方的场合下使用，通常在活动正式开始前进行，具有很强的即时性、现场性；公事往来欢迎词。这种欢迎词一般在较庄重的公共事务中使用，要求有事先准备好的得体的书面稿，文字措辞上要求更正式和严格。

（二）欢迎词的写作格式

欢迎词一般由标题、称呼、正文、结尾、落款五个部分组成。

1. 标题

首行正中书写标题，字体略大。标题一般由致词人、致词场合和文种三要素构成，如"×××在欢迎×××会上的讲话"也可以单独由文种命名，如"欢迎词"。

2. 称呼

开头顶格书写，采用敬称、全称。如"尊敬的×××""亲爱的×××先生"等。称呼要做到对来宾的尊敬，以及对来宾的热忱欢迎，这样会使整个欢迎仪式显得庄重、亲切和热烈。

3. 正文

正文部分包括三方面的内容：致词人对客人表示热烈的欢迎、诚挚的问候；阐述来访的仪式，赞颂客人在各方面取得的成就，或回顾双方之间的交往与友谊；传达良好的祝愿和希望。

4. 结尾

以简短的话语，再次表示热烈的欢迎和诚挚的祝愿。

5. 落款

落款于正文右下方，署上致词单位名称，致词者身份、姓名。下一行署上成文日期。

（三）欢迎词写作注意事项

首先，欢迎词用于礼仪社交场合，因此要十分注意礼貌，措辞要慎重、得当。其次，欢迎词的目的在于欢迎客人的到来，因此要写得真诚热情、友好礼貌。最后，欢迎词是一种礼节性的外交或者公关辞令，因此篇幅不宜过长，宜短小精悍、言简意赅。

【例文1】

欢迎词

尊敬的各位嘉宾，各位媒体朋友：

大家好！非常欢迎大家来到“2012××网媒体高峰论坛”。再过两天就是××网九周年的生日，作为中国主流网络媒体之一，我们见证了这些年媒体变迁和格局重塑的宝贵经历。我们很高兴在这样一个回顾过去与展望未来的历史时刻，能够和各位媒体行业中的精英，共同探讨“新媒体与专业主义”。

在座的各位，都是国内外媒体行业的资深从业人士。我们也许来自不同的国度，在稍微不一样的媒体环境和媒介领域中，经营着各自的理想和梦想。我们不管是从学术、商业，还是内容运营的角度来看待媒体行业，也许我们最大的共识，是近年来，互联网和移动技术对整个媒体行业所带来的影响和变化，远超于我们的预期。作为推动国内互联网媒体行业全面发展其中的一位推行者，我今天特别想借助这个契机与各位分享其中两个比较显著的趋势。那就是：移动和社交。

根据中国互联网信息中心2012年7月发布的“中国互联网络发展状况统计报告”显示，中国网民总数已达到5.38亿。其中移动互联网用户达到3.88亿，第一次超过了使用台式机上网的用户数量，这也意味着中国网民互联网接入的方式以及用户行为有了个全新的格局。

另一方面DCCI的一项调查显示：中国的互联网用户中，19岁及以上的微博用户占比已达到89%，整体中国微博用户量约为3.27亿，占比已经超出中国网民数量一半以上。70%的微博用户平均每天使用一次及以上。而根据××自身的产品使用统计数据来看，中国的用户实际上会同时使用多种社交工具。不管是QQ、微博，还是微信等，都是目前热门的社交工具。这说明，社交已经成为最关键的互联网使用需求之一。

由此我们可以看到，便捷化以及社交化正在成为中国网民的核心需求，而这种需求的变化必然会主导和影响新媒体以及传统媒体行业的发展方向。人们已经习惯在路上、飞机上、地铁上，在任何等候的片刻，都会使用手机及移动设备获取资讯、休闲和娱乐。

根据《时代》杂志对包括中国在内的8个国家相关的研究，我们当中五分之一的人，每10分钟会看一次自己的手机，四分之一的我们，睡觉的时候靠得最近的不是我们的亲人，而是我们的手机。明年中国的智能手机用户总量将突破4亿，在这些用户当中，资讯的接入方式和传播，将变得更加个性化、易用，以及便捷化。移动互联网的快速发展，正在推动我们进入了多屏时代。而作为媒体需要关注及解决的是，在这样一个被各种设备争抢注意力的环境下，如何生产、整合，以及传播资讯去串联用户的多屏化接触点以及碎片化时间和注意力。

这，也许是中国式眼球经济2.0版本的正式到来。

女士们，先生们，随着社交媒体的出现及广泛应用，网民关系的建立正在经历着从线下到线上的转移，他们乐于在网络中表达自己，也喜欢在社会化媒体当中结交，以及维系朋友。原本线下的小圈子变成了互联网上庞大的、开放的关系链。仅以××为例，每天有9 400万用户在使用微博，200万人在写博客，两亿用户在××Qzone上传图片。

在全球，每天有5万个小时长度的视频被上传到YouTube。这些大数据的总和，如果被加起来，相当于有1.7亿张的DVD容量。

在这个过程中，个人作为资讯的发现和传播者，成为事件的源头和结点，在改变着新闻的路径和传播。这些网民社交化的个人行为，对于媒体行业来说，是个全新的内容再次传播以及个人媒体作为资讯价值加工的一个全新渠道和机会。同时，这也对媒体从业者的职业素养、思维和行为带来了前所未有的冲击和挑战。我们，确实到了需要共同面临用户行为变化重新洞察和了解的地步。

如何拥抱这个崭新的机会和挑战？

我们认为，无论是社交还是移动需求的满足，都需要以建设和维护大数据底层运营作为基础。在传统门户时代，与流量伴生的数据的价值，长期被严重低估。进入大数据时代后，我们不能再一次在同样的格局里犯同样的错误。

我们需要通过用户自己定位的标签，提供他们需要的资讯、产品及服务，最终构建一个不仅仅读懂用户需求的大数据在线媒体平台，更要有具备预知用户潜在需求的媒体运营能力。这也是我们下一代××网的追求和战略目标。

有意思的是，这样的变化并没有使有价值的专业资讯成为过去式。相反，翔实、客观的新闻报道，还原事件背后的真实，触动社会敏感神经，让民众清楚地认知，为历史留下最有价值的新闻事实，这一方面仍然是媒体记者和编辑的价值所在，同时也是用户对于新闻真相不变的期望。

如何在技术驱动的媒体变迁中，实现媒体融合转型之道，这是需要我们一起共同去思考、探讨、实践的。在这个过程中，媒体、用户、技术之间相互学习变得非常重要。

The idea of media value creation is becoming a hybrid concept of “social ideation and social production”, more than ever。

共同解放思想，共同拥抱这个新格局，是共同推动媒体形态进一步发展的必然要素。

女士们，先生们，还有两天，××网就迎来九周岁的生日，如果以人的年龄来比较，我们正处于活力、积极的少年时期，正在学习和成长。在过去的11个月里，我们不断地改变与突破，4月××网首页及科技等频道完成了意义重大的全新改版，8月在伦敦奥运大事件报道中，我们多平台间产品的联动，移动互联网和传统互联网应用整合，让亿万用户共同打造了史上首届“社交奥运”。

在即将到来的12月，××网所有核心频道的文章页将全部改版完成，这标志着“下一代××网”构建完成。××网媒将凭借对大数据的整合能力，围绕用户个性化、社交化、便捷化需求，打造全新的复合型媒体平台。

××网作为中国广具社会影响力的网络媒体，愿意与在座的媒体同行一起，以高度的社会责任感，记录、展现和推动中国媒体行业和新闻工作的发展。创建一个长期的、稳定的、开放的交流平台。

最后，衷心祝贺本次××网媒体高峰论坛能取的圆满成功！

××集团高级执行副总裁×××
201×年×月×日

【例文2】

上海××酒店总经理致××职业技术学院酒店管理系师生的欢迎词

尊敬的××职业技术学院院长、老师、酒店管理系同学：

欢迎你们来上海××酒店。我们十分高兴地迎接你们的到来。在此，请允许我以上海××酒店总经理的身份，代表上海××酒店和全体员工，向远道而来的××职业技术学院院长、酒店管理系部分师生，表示热烈的欢迎和衷心的感谢！

××职业技术学院是一所综合性普通高等学院，其酒店管理系的培养目标是为适应对外开放及旅游业、酒店业发展的需要，培养掌握现代旅游与酒店专业理论知识和操作技能，具有现代化管理思想和素质，熟悉现代酒店、旅游经营管理方法和手段，并有较强的实践能力和应变能力的应用型人才。我们热烈欢迎贵校师生前来本酒店参观学习，希望通过此次的学习，共同推动双方的友谊以及合作的步伐。

本酒店坐落于××路×号，是一所五星级酒店，它是本地区的地标建筑，环境优雅、配套齐全，室内有大型的酒楼与健身设施，是娱乐与居住的不二之选。同时，本酒店希望能与××职业技术学院酒店管理系师生共同学习，共同促进酒店管理业的发展。

最后，对××职业技术学院院长、老师、酒店管理系同学的来临表示热烈欢迎。

祝大家生活愉快、身体健康！

上海××酒店总经理×××
201×年×月×日

二、欢送词

（一）欢送词的含义、特点及种类

欢送词是领导人在欢送仪式或者宴会场合中向来宾发表的表示欢送的讲话稿。它的特点是：惜别性。中国自古就有重视情谊的民族传统，因此欢送词要表达亲朋远行时的感受，字里行间洋溢着依依惜别之情。口语化。同欢迎词一样，口语性也是欢送词的一个显著特点。

欢送词的分类同欢迎词大致一样，这里不再详细说明。

（二）欢送词的写作格式

欢送词的格式由标题、称呼、正文、结尾和落款构成。

1. 标题

同欢迎词一样，由欢送对象与文种构成，如“欢送×××的讲话”，或者以文种名为标题，如“欢送词”。

2. 称呼

称呼与欢迎词的写法相同。

3. 正文

首先简要表达热情、诚挚的欢送之意，然后对来宾此次来访所取得的成绩、贡献加以称颂，最后对未来进行展望，提出进一步增进友谊或者加强合作的希望。

4. 结尾

再次表达对宾客的惜别之情，表示对再次来访的期待，并祝愿其一路平安。

5. 落款

落款部分的写法与欢迎词相同。

（三）欢送词写作注意事项

欢送词的写作要求基本与欢迎词一致，只是在正文内容上有所区别，要对客人在来访期间取得的成绩加以肯定，评价要适当，语气要中肯。

【例文 1】

欢送词

尊敬的各位领导、各位同仁、各位贵宾：

上午好！今天，我们欢聚一堂，欢送×××老师光荣退休，大家的光临给欢送会带来了浓浓的暖意。我在这代表学校对大家的光临表示衷心的感谢。“回首执教生涯，笑看桃李芬芳。”×××老师，您为学校的发展，为学生的成才贡献了力量，奉献了青春年华，真可谓黑发染霜，呕心沥血。今天，我们特欢聚一堂为您举行欢送会。

×××老师，您用知识的甘霖滋润着学生的心田，您用青春的热血承传着人类的文明，您用无悔的青春演绎着诗意的人生，您用 43 年的执着选择了淡泊，您用 43 年的平凡造就了伟大，您用 43 年的高尚摒弃了功利，您用 43 年的微笑勾画着年轮……

43 年来，您始终默默无闻、无私奉献；43 年来，您在工作中一直乐于吃苦，敢于挑重担；43 年来，您不但坚持教主要课程，而且长时间任学校会计。无论教学工作，还是会计工作，您都用崇高的使命感和高度的责任感去对待，您都能一丝不苟地出色地完成任务。您任会计多年，票据整理得整齐而且规范，账务、财务料理得鱼清水白；您担任主课，不管代什么课，每年统考成绩都能居于中上游。临近退休了，您仍然坚持教主课。不管分内分外事，您都能挺身而出却不计报酬。

尊敬的×××老师，您是一位出色的教师，您是一位模范班主任，您是一位优秀的会计。您就要离开三尺讲台了，聚也依依，散也依依。千言万语，万语千言，道不尽我们对您的无限眷恋之情。

我们相信，您即使离开了讲台，您仍然会心系校园，关注教育。我们真诚邀请您退休后经常光临办公室，经常提出您的合理化建议，经常献一献您的锦囊妙计。

最后让我们真诚祝愿：祝愿您快乐幸福，安康永远！

×××学校校长×××
201×年×月×日

【例文2】

致××先生的欢送词

尊敬的××先生：

在您工作期满即将调赴新职之际，我谨代表××集团全体员工，对您五年来所付出的艰苦努力，对您为本集团所作出的杰出贡献，表示深深的感谢！

五年前，您放弃了优越的生活条件，远渡重洋，来到这片贫瘠的土地。那时候，这里满目荒凉，一片泥泞。您不顾环境恶劣，与中国员工一起白手起家，艰苦奋斗。您不仅学会了中国说的“冬练三九，夏练三伏”，还常常把“向雷锋同志学习”挂在嘴上。我们一起熬过了多少不眠之夜，攻克了一个又一个技术难关。没有您的先进技术和奉献精神，就不可能有今天的××区绿浪遍野，五谷丰登。

当年您与中国员工一起种下的经济作物林，现在开始获得回报了，而您却要离开了。您将承担更加重要的工作，我们为您感到高兴、自豪。不论您走多远，这里的一草一木都将永远记住您的无私奉献。

在此依依惜别之际，让我们为您献上一曲《友谊地久天长》，祝愿我们的友谊地久天长，也祝愿您工作顺利，身体健康！

总经理×××
201×年×月×日

三、答谢词

（一）答谢词的含义及种类

答谢词是指在特定的公共社交场合，东道主致欢迎词或欢送词后，客人所发表的对东道主的热情接待和照拂表示感谢的讲话。

答谢词根据不同的标准可分为不同的类型。

如依据致谢缘由和内容的不同，可分为“谢遇型”答谢词和“谢恩型”答谢词，前者是用来答谢别人的招待的致词，常用于宾主之间，用在欢迎或者欢送场合；后者是用来答谢别人的帮助的致词，常用于捐赠或者送别仪式的场合中。依据答谢词发表的不同时间也可以分为两类：一类是在交往活动开始时，先由主人致欢迎词，接着由客人致答谢词；另一类是在交往活动结束后，客人对主人的盛情款待表示感谢，表达辞别之意。

（二）答谢词的写作格式

答谢词一般由标题、称谓、正文、结尾组成。

1. 标题

标题位置为首行居中。有两种形式：一是说明在什么场合下的答谢词，如“在×××（仪式）上的答谢词”；二是只写“答谢词”三字。

2. 称谓

另起一行顶格书写致谢对象的姓名、头衔。如果对象不是具体的，也可以采用泛称。称呼后加冒号。

3. 正文

正文一般包括以下几个部分：首先对主人的盛情接待或给予的帮助表示感谢，并且对主人方面所作出的成就和贡献表示赞颂；其次表明自己与对方进一步加强合作与巩固友谊的愿望。

4. 结尾

再次表示感谢，并向对方表示良好的祝愿。

（三）答谢词的写作注意事项

首先，在社交礼仪场合，必要的客套话不能省略，因此答谢词应该写得热情洋溢，表达真情实感。其次，作为做客一方，来宾还需了解当地民情、民俗以及主人一方的习惯，切不可与之相悖。最后，答谢词还应该做到与主人的欢迎词或欢送词相互照应，不能对主人致词里的信息充耳不闻，这是对主人的尊重。

【例文1】

××大酒店开业庆典答谢词

各位领导，各位来宾，各位女士、先生们，朋友们：

××大酒店在各有关方面和在座各位的大力关心支持下，今天正式开业并举行庆典仪式。值此，我谨代表××大酒店全体员工，对各位领导，各位来宾表示热烈的欢迎！对关心和支持××大酒店发展的各位领导，各位朋友表示最诚挚的感谢！

××大酒店是在原××饭店的基础上，为适应市场和餐饮业的发展而建成的集餐饮、住宿、娱乐、承办会议为一体的综合性酒店。××能有今天的发展，是全体员工辛勤工作的结果，更是各位领导、各界朋友关心支持、大力帮助的结果。不忘老朋友，结识新朋友，是本店的一贯宗旨。今后，我们将不辜负大家的厚望，进一步强化内部管理，不断改善服务环境，努力提高服务水平，竭诚为广大客户提供高标准、规范化的优质服务。由衷希望新老朋友一如既往地关心、支持××酒店。

最后，让我再次对各位的光临表示衷心的感谢！祝各位来宾身体健康，家庭幸福，事业兴旺！

【例文2】

××职业技术学院院长在上海××酒店欢送晚宴上的答谢词

尊敬的上海××酒店××总经理、尊敬的上海××酒店的朋友们：

首先，请允许我代表××职业技术学院酒店管理系部分师生对上海××酒店××总经理及上海××酒店对我们的盛情接待表示衷心的感谢。

我们学院首次来贵酒店参观学习，此次学习时间虽短，但收获颇大。仅几天的时间，我们对贵酒店的酒店管理业有了比较全面的了解，与贵酒店建立了友好的合作关系。这一切，都得益于主人的真诚合作和大力支持。对此，我们表示衷心的感谢。

酒店管理业是发展的产业，有着广阔的发展前景。贵酒店的酒店管理业具有现代化管理理念和素质，管理人员具有较强的实践能力和应对能力。我们有幸与贵酒店建立友好的合作关系，为我院酒店管理业的发展提供了新的契机，必将推动我们学院酒店管理业迈上一个新的台阶。

最后我代表××职业技术学院酒店管理系的师生再次向上海××酒店表示感谢，并祝贵酒店生意兴隆。更希望彼此继续加强合作，共创明天。最后，我建议：为我们今后更加密切合作，干杯！

第三节　感谢信、慰问信、表扬信

一、感谢信

（一）感谢信的含义及种类

感谢信是向帮助、支持和支援过自己的集体（党政机关、企事业单位、社会群体等）或个人表示感谢的一种应用文书。

感谢信的应用非常广泛，既可以用于组织之间，也可用于个人之间或者个人与组织之间；既可以用于个人活动，也可以用于商务活动。在日常生活中，感谢信能表扬先进、弘扬正气，体现人与人之间相互关爱；而在商务活动中，感谢信已然成为一种使用率较高的公关手段。

感谢信的书写一定是基于对方给予己方的帮助、支持和支援，因此感谢的事项应该如实反映，事件也要符合真实情况；感谢信是有感而发，它表现的是感谢方内心真实的情感以及对对方的肯定与赞美，因此感情要诚挚热情。

感谢信依据不同的标准有不同的划分方式。如依据感谢对象可分为写给集体的感谢信和写给个人的感谢信。写给集体的感谢信一般是个人在困境时得到了集体的帮助，并在集体的关心和帮助下，克服了困难，渡过了难关，所以要用感谢信的方式表达自己感激之情；写给个人的感谢信，可以是个人，也可以是集体为了感谢某个人曾经给予的帮助或关照而写的。按照感谢信的发布形式则可分为公开张贴的感谢信和内部传达的感谢信两类。前者包括在报社登报、电台广播或者电视台播报的感谢信；是一种可以公开张贴的感谢信，后者由撰写方直接寄给单位、集体或个人。

（二）感谢信的写作格式

1．标题

首行正中书写，由感谢者、感谢对象、文种三要素构成。可以只写“感谢信”三个字；还可加上感谢对象，如“致×××的感谢信”；还可以再加上感谢者如“×××致×××的感谢信”。

2．称谓

另起一行顶格写上感谢对象的单位名称或者个人姓名附上适当的称呼，后面加上冒号。如果感谢的对象比较多，可以一一罗列，也可以先使用笼统的称呼，在正文中再逐一表示感谢。

3．正文

从称谓下面一行空两格书写。主要包括两个部分：第一部分是写感谢理由，以叙述的方式交代要感谢的对象，写清时间、地点、事件等基本情况。第二部分是在叙事和评论的基础上直接表达对对方的感激之情，情感要诚挚、热情。

4．致敬词

一般是另起一行空两格或者直接接着正文写上“此致”，然后换行顶格写上“敬礼”以表尊敬；也可以在正文后另起一行写上“再次表示诚挚的感谢”或者“致以最真挚的谢意”等语句。

5．落款

署上感谢者的单位名称或者个人姓名以及成文日期。

（三）感谢信写作注意事项

1．内容要真实，评誉要恰当

感谢信的内容必须真实，不能夸大其词，也不能过分溢美、过于拔高。

2．感情丰富

感谢信的重点在于感谢，因此情感要真挚、饱满，字里行间要洋溢着感激之情。

3．表达方式多样化

感谢信通常采用叙述、议论、抒情相结合的语言表达方式。

【例文1】

中共北京市委北京市人民政府
致全市人民的感谢信

尊敬的市民朋友们：

在党中央、国务院的坚强领导下，举世瞩目的纪念中国人民抗日战争暨世界反法西斯战争胜利70周年大会取得圆满成功，中共北京市委、北京市人民政府向广大市民表示衷心的感谢，并致以崇高的敬意！

举办纪念大会，对于团结动员全党全军全国各族人民更加奋发有为地为实现中华民族伟大复兴的中国梦而奋斗，具有十分重要的意义。做好纪念大会的筹备和服务保障工作，是党中央、国务院和全国人民交给我市的一项重大政治任务，责任艰巨，使命光荣。为确保纪念大会的圆满成功，全市人民满怀热情、积极参与、无私奉献，确保了城市运行安全顺畅、社会氛围热烈祥和。特别是本市采取的临时管理措施，给市民的生活和出行带来了不便，但广大市民朋友顾全大局、全力配合，给予充分理解和热情支持，展现了首都人民良好的精神风貌和爱国爱党的情怀，为首都赢得了荣誉。荣誉归功全市人民！

市委、市政府再一次真诚感谢全市人民的支持和奉献！我们将在今后的工作中加倍努力，全心全意地为市民服务，为把北京建设成为国际一流的和谐宜居之都而不懈奋斗！

中共北京市委北京市人民政府
2015 年 9 月 3 日

【例文 2】

××公司致全体员工的感谢信

亲爱的全体员工：

你们好！首先祝愿各位身体健康，工作顺利，阖家幸福！

我们××公司能有今天令人瞩目的业绩，凝聚着你们的智慧、汗水、才干和艰辛。你们是×××创业期的开拓者，是成长期的耕耘者。你们以不离不弃的坚定信念，用勤奋、敬业、忠诚，铸造了××美好的今天，还将用青春和激情续写着××的明天。

公司能取得今天的成绩，离不开你们的不懈努力。感谢你们几年如一日的辛勤工作，感谢你们对企业的忠诚、敬业与信任，感谢你们不畏困难挑战仍旧选择为××工作，感谢你们对公司的支持，严格遵守公司制度。同时公司希望你们能再接再厉，共同奋进，让××更上一层楼。

看到××现在运作有序，员工们和谐共处、乐业安居，公司发自内心地向你们表示深深的敬意和感谢，你们辛苦了！也许公司还有很多地方存在不足，但公司确信，只要我们携手共创，××将拥有更辉煌的未来！

总经理×××
201×年×月×日

二、慰问信

（一）慰问信的含义、特点及种类

慰问信是指以组织或个人的名义向遇到意外损失、遭遇重大灾难或在某方面取得突出成绩的单位或个人表示问候、鼓励、致敬的一种书信。慰问信如果以电讯的方式发送，则称之为慰问电。

慰问信的特点是：

1. 公开性

慰问信可以直接寄给组织或个人，但大多是以张贴、登报，或在电台、电视台播放的形式出现。

2. 针对性

慰问信一般是针对对方遭遇灾难或取得成绩的事实而发，因此要针对不同的事由选择不同的写作方式。

3. 安抚性

沟通情感是慰问信的基本出发点。无论对方是遭遇灾难还是取得成绩，发文一方都需用温暖的语言表达真切的情感，表达出对对方诚挚的鼓励、亲切的问候，使对方得到宽慰。

慰问信依据不同的标准可以分为以下两大类：

1. 按照发送形式

可以分为慰问信、慰问函和慰问电。

2. 按照对象和内容分类

（1）对取得突出成就或作出巨大贡献的集体或个人的慰问。

主要是向取得突出成就或作出巨大贡献的集体或个人表示慰问与鼓励，希望他们戒骄戒躁，继续努力。

（2）对遭遇灾难或蒙受巨大损失的集体或个人的慰问。

主要是向遭遇灾难或蒙受巨大损失的集体或个人表示同情和安慰，鼓励他们克服暂时的困难，加倍努力以期尽早改变现状。

（3）节日慰问。

一般是由上级对下级或单位对职工所进行的节日问候，尤其是对节假日仍然坚守工作岗位的部门或职工的慰问，向他们的奋斗和奉献精神致以崇高的敬意。

（二）慰问信的写作格式

慰问信通常由标题、称谓、正文、结尾和落款五个部分组成。

1. 标题

首行正中书写。慰问信的标题包括三要素：慰问方、慰问对象和文种。它有四种写作方式，分别为：单独用文种名称，如“慰问信（函）”；由慰问方和文种构成，如“省委省政府的慰问信”；由慰问对象和文种构成，如“致×××抗洪部队的慰问信”；由慰问方、慰问对象和文种构成，如“省委省政府致×××抗洪部队的慰问信”。

2. 称谓

另起一行顶格书写。写明慰问对象的单位名称或个人姓名。

3. 正文

第三行空两格书写。内容应该包括两个方面：

（1）缘由。即写清楚致信的缘由，一般是慰问事件的时间、过程及影响；接着写上表示慰问的话语，如“向你们致以节日的问候”或“致以崇高的敬意”。

（2）慰问内容。全面、具体地叙述对方先进思想和先进的事迹，对取得荣誉的集体或个人进行褒扬，对他们所做的贡献表示肯定；或对对方所遭受的困难和损失表示关切、同情。

4. 结尾

结合当前的形势提出殷切的希望，并写上表示慰勉、祝愿的话语，如“请接受我们诚挚的慰问和衷心的祝愿”。如果要写以“祝”开头的话语，那么“祝”字后面的话应另起一行，空两格书写，一般不连写在上文末尾。

5. 落款

署上发文单位的名称或个人的姓名，在署名正下方写上成文日期。

（三）慰问信写作注意事项

首先，慰问的对象要明确。针对不同的慰问对象、不同的慰问事件，恰如其分地表达慰问之情。如果慰问的对象是多个，则要注意慰问对象的完整性，切勿遗漏。

其次，要把握好慰问信的主旋律。慰问信的重点在于慰问，事件及经过点到即止，不宜篇幅过长。

最后，慰问信的措辞要得体、准确，情感要真诚、诚恳。不可过于公式化、概念化，也不可套话连篇。

【例文】

致全国广大教师的慰问信

全国广大教师们：

第二十九个教师节到来之际，我正在遥远的乌兹别克斯坦进行国事访问。首先，我代表党中央、国务院，向全国1 400万教师，致以诚挚的问候和崇高的敬意！祝大家节日快乐！

长期以来，我国广大教师认真贯彻党的教育方针，默默耕耘、无私奉献，用爱心、知识、智慧点亮学生心灵，培养了一批又一批优秀人才，为我国教育事业发展、为国家发展和民族振兴作出了突出贡献。

百年大计，教育为本。教师是立教之本、兴教之源，承担着让每个孩子健康成长、办好人民满意教育的重任。希望全国广大教师牢固树立中国特色社会主义理想信念，带头践行社会主义核心价值观，自觉增强立德树人、教书育人的荣誉感和责任感，学为人师，行为世范，做学生健康成长的指导者和引路人；牢固树立终身学习理念，加强学习，拓宽视野，更新知识，不断提高业务能力和教育教学质量，努力成为业务精湛、学生喜爱的高素质教师；牢固树立改革创新意识，踊跃投身教育创新实践，为发展具有中国特色、世界水平的现代教育作出贡献。

各级党委和政府要把加强教师队伍建设作为教育事业发展最重要的基础工作来抓，提升教师素质，改善教师待遇，关心教师健康，维护教师权益，充分信任、紧紧依靠广大教师，支持优秀人才长期从教、终身从教。

全社会要大力弘扬尊师重教的良好风尚，使教师成为最受社会尊重的职业。

祝全国广大教师身体健康、工作顺利、生活幸福！

习近平

2013年9月9日

三、表扬信

（一）表扬信的含义、特点及种类

表扬信是用来表彰和赞扬集体或个人的先进事迹、先进思想的一种专用书信。

表扬信的特点有：

1. 公开性

表扬信可以直接写给表扬对象，也可以写给表扬对象的所属单位，还可以写给报刊社、电台、电视台等新闻媒体。

2. 褒扬性

表扬信从正面表扬先进集体或个人的先进事迹、先进思想，其实质是通过精神鼓励达到表彰先进、优化社会风气、促进社会的和谐与进步的目的。

表扬信主要有两种类型：一是上级机关或群体团体对下级机关或个人的表扬。这类表扬信可以在表彰或纪念会上由领导人宣读，也可以登报、广播；二是个人之间或个人对某一群体的表扬。这类表扬信主要是赞颂对方的高尚品德和奉献精神，有感谢的意思。

（二）表扬信的写作格式

表扬信通常由标题、称谓、正文、结尾和落款五个部分组成。

1. 标题

首行正中书写。一般来说，表扬信的标题单独由文种名称“表扬信”组成。

2. 称谓

第二行顶格书写。写上被表扬的机关、单位、团体的名称或个人的姓名。写给个人的表扬信，应在姓名之后加上“先生”“同志”等字样，后边加冒号。若直接张贴到某机关、单位、团体的表扬信，开头可不必再写受文单位。

3. 正文

另起一行，空两格书写。内容一般包括以下两个方面：首先要交代表扬缘由，陈述事件过程及意义；其次在叙述的基础上进行评价、议论，赞颂对方所作所为的道德意义。

4. 结尾

如果表扬信是写给被表扬者单位或领导的，则可以提出建议，建议单位或领导对其予以表扬，如“×××同志的优秀品德值得大家学习，建议予以表扬”。如果是写给被表扬者本人的，则要适当谈些“深受感动”“值得我们学习”等方面的内容。

结尾部分还应该写上表示祝愿的话，如“此致敬礼”“谨表谢意”“向你学习”等。

5. 落款

署上单位名称或个人姓名。如果以个人名义写的表扬信，应在后面详细地写明发信人的地址，签上自己的姓名。并在右下方注明成文日期。

（三）表扬信的写作注意事项

（1）内容要客观、真实。表扬信中的叙事应该实事求是，对被表扬的人和事要准确无误，评价要恰如其分，不可过多拔高。

（2）语气要真诚、热情，文字要朴素、精练，篇幅要短小精悍。

（3）表扬信与感谢信不同，它的重点在于表扬，对对方行为的认可，赞颂其高贵的品格。

【例文】

表扬信

尊敬的××院领导及全体医护人员：

我是来自××的×病患者。我通过网络知道了××医院的医疗水平与技术，了解到××医院医护人员的良好服务，抱着极大的希望与信心来到贵医院接受治疗。

经过一个多月的治疗，我和家人真正感受到了医护人员周到、热情的服务。在这里使我特别感动的有两点：第一点：办完住院手续后，血液科×主任就马上给我作了全面的病情分析和初步检查，与×××大夫两人为我做了思想工作，鼓励我解除思想负担。第二天×主任和×××大夫还亲自给我做了骨穿检查，在手术过程中两位医生嘘寒问暖，并说在院期间如果生活及病情等各方面有困难，可随时告诉他们，他们会尽最大的努力帮助我。这种态度，让我们外地病人及家属有种无比温暖和亲切如家的感觉。

在一个多月的治疗过程中，×主任、×××大夫更是关怀备至，有问必答，化验及治疗结果会随时告知我们，使我及家属心中有数。更可贵的是陪护我的家属有病，正在查房的刘院长知道后立即为他看病开药，使我很是感动，同时充分证明了咱们××医院从领导到医护人员具备高尚的医德品质。第二点，我想谈谈护理人员有着良好的服务态度和对病人关怀备至的情怀。特别是护士长×××同志，在我住院第一天留下的印象是热情周到、诚恳待人、关心病人、胜似亲人，她详细讲述了住院须知的事项，告诉我们餐厅位置、伙食情况、送暖水瓶、安排护士给我洗脚，嘘寒问暖，并精心给我做了 PICC 导管术，术后及时观察涂药，没有发现任何不适现象。护士长的这种优良态度一定会给病人留下良好的印象，同时也会给贵院带来美好的声誉，总之在护理团队中从护士长到每个护士都给病人一种不是亲人胜似亲人的真切感动。

在此我以一个病人的观点特向院领导对 z 致表扬信一封，望院领导对他们给予表扬、鼓励！

此致

敬礼！

×××

201×年×月×日

第四节　聘书、请柬

一、聘书

（一）聘书的含义、特点及种类

聘书又称为聘请书，是指单位或个人用来聘请有关人员担任某一职务或完成某项工作任务时所使用的一种专用文书。聘书通常以单位的名义加盖公章，按照规定的格式书写，并且一般在某种公开的场合由聘用单位当面颁发给被聘者。

聘书的特点有：

1．证明性

聘书是被聘者担任某一职务或完成某项工作任务时的身份证明，也是对被聘者工作能力的一种证明。

2．契约性

被聘者接受了用人单位的聘书就意味着被聘者和聘用单位之间达成了一种契约关系，因此必须按照聘用单位的要求履行自身职责。

聘书的种类有：

（1）按照聘书的内容可分为职业聘书、职务聘书和职称聘书三种类型。

（2）按照聘任的方式可分为临时聘书、正式聘书和兼职聘书三种类型。临时聘书是一个单位在工作、生产、科研活动中，由于自身力量的不足，需要聘请外单位有关人员来协助时而使用的凭证；正式聘书一般在实行聘任制的单位中使用；兼职聘书是指聘请其他单位的人才到本单位兼任长期或短期工作所使用的凭证。

（二）聘书的写作格式

聘书一般包括标题、称谓、正文、结尾和落款五个部分。

1．标题

首行书写，一般直接采用文种，如“聘书”或“聘请书”。印制的聘书标题通常烫金处理。

2．称谓

可以开头顶格书写受聘者的姓名和头衔等称呼，后边加上冒号；也可以在正文中写明受聘人的姓名称呼，如“兹聘请×××……”印制聘书通常采用后者。

3．正文

正文一般包括以下内容：一是聘请的原因和所担任的职务或所从事的工作。二是聘请的期限，如“聘期两年”或“聘期自××××年×月×日至××××年×月×日”。三是聘任待遇。可直接写在聘书上，也可另附详尽的聘约写明。另外，还可以写上对被聘者的希望。

4．结尾

一般写表示敬意或祝颂的结束用语，如“此致敬礼”“此聘”等。

5. 落款

署上发文单位的名称或单位领导的姓名、职务，并署上成文日期，加盖公章。

（三）聘书写作注意事项

聘书通常都是按规定的格式印制好，再由发文单位填写完成。写作时要交代清楚为何聘请、聘请谁、做什么等内容；聘书如果是以单位名义发出的，还要加盖公章；聘书的篇幅应短小精悍，简洁明了，不宜冗长；手写的聘书还要注意书写整洁、美观，不可潦草。

【例文1】

聘书

兹聘请×××先生为××大学传播与设计学院客座教授。聘期从2006年12月1日至2015年11月30日。

××大学校长　×××
××××年×月×日

【例文2】

聘书

尊敬的×××先生：

鉴于您多年来对爱国主义事业的关心和支持，以及您良好的社会形象，特聘请您担任常务委员职务。

特此聘请

中国××组织委员会
201×年×月×日

二、请柬

（一）请柬的含义、特点及种类

请柬，又称为请帖或柬帖，是单位或个人邀请有关人士出席会议、参加某项活动时所使用的一种书面形式的通知。

请柬的特点有：

1. 告知性

发请柬的目的在于告知被邀请者活动的有关情况，因此请柬中要准确写明相关活动的时间、地点、内容和要求等，不能出错或遗漏。

2. 郑重性

请柬其实就是邀请信，不过它比邀请信更为郑重，能表明对被邀请者的尊敬，也表明了邀请者的郑重态度。比较隆重的活动邀请来宾时均采用请柬的形式。如果被邀请者身份尊贵，请柬还需由专人当面送达。

3. 艺术性

请柬的郑重性要求请柬在款式和装帧设计上要讲究艺术性。请柬的语言要热情、恭敬、简洁，文字要精练、典雅，采用艺术字体等。

请柬的种类有：

（1）按照书写形式可以分为竖式请柬和横式请柬。竖式请柬由右向左纵向书写，是传统的中式请柬形式。横式请柬则是随着中西方文化的融合而产生的，它更符合现代人的阅读和书写习惯。

（2）按照内容，可以分为用于婚嫁活动的婚嫁请柬；用于寿庆、满月、乔迁、庆典等庆祝活动的庆贺请柬；用于报丧的丧葬请柬；用于其他日常应酬交际活动如学术会议、社团聚会、饯别送行等的普通请柬四种。

（二）请柬的写作格式

请柬一般由标题、称谓、正文、敬请语、附语和落款六个部分组成。

1. 标题

请柬的标题一般只在首行正中书写“请柬”“请帖”“喜帖”等字样，还可以单独写在封面上。

2. 称谓

如果邀请的对象是个人，那么在被邀请者姓名后加“先生”“女士”“夫人”等字样以示尊重，也可以在姓名前面或后面加上头衔，如“中国外交部部长××先生”。为表敬意还可以在称谓前加上“尊敬的”等词语。

如果邀请的对象是单位或部门，没有具体邀请人或者不便直接写个人姓名时，可直接写单位或部门名称，如“××大学文学院”。

3. 正文

写清楚活动的时间、地点及缘由。

4. 敬请语

正文后另起一行写上“恭候光临”“敬请届时出席”等敬请语。

5. 附语

一般是对请柬正文中提到的活动作详细的说明，比如对与会者着装的要求，对被邀请人食宿的安排等，但并不是所有的请柬都有附语。

6. 落款

署上邀请单位的名称或邀请人的姓名，并标明时间。若是单位所发还需加盖公章。

（三）请柬写作注意事项

首先，文字要严谨、准确。请柬的文字很少，因此要在有限的篇幅中交代清楚活动的时间、地点和缘由，务必做到准确、简明扼要。其次，语言要讲究。请柬作为礼仪交往的媒介一定要郑重，因此要求书写时能够根据具体的场合、内容、对象，采用得体、大方的措辞。

【例文1】

请柬

尊敬的×××先生：

谨定于二〇一×年×月×日（星期×）为×××先生×××女士举行结婚典礼，敬备喜筵，敬请光临。

席设：××酒店××厅

时间：二〇一×年×月×日

×××、×××敬邀
二〇一×年×月×日

【例文2】

请　柬

××市园林绘画艺术展定于××××年×月×日至×日在××市国际博览中心展览馆南厅举行，敬请×××先生光临指导。

展出时间：上午八时至十时
下午两时至五时

××市园林局（公章）
××××年×月×日

第五节　贺信（电）、祝词

一、贺信（电）

（一）贺信（电）的含义、特点及种类

贺信（电）是领导机会、单位或领导人个人对取得巨大成绩、作出卓越贡献的集体或个人，或者对国内外发生的重大喜事、举办的重要会议或对知名人士的寿辰表示祝贺、赞颂的一种专用信函。当然，贺信（电）也可用于亲朋好友之间对一些喜庆的事表示祝贺。贺信的使用范围非常广泛，已经成为现代社会交往中不可或缺的一种礼仪文书。

贺信（电）的特点是：

1．祝贺性

贺信（电）是对他人或组织所取得成绩、胜利或对诞辰、婚姻等喜庆活动表示良好的祝愿。它在社交礼仪中能促进双方友谊，能给予对方支持与鼓励。

2．及时性

一旦得知对方的喜讯，或者收到喜庆活动召开的消息，应该第一时间发出贺信（电），让对方知道自己对其关注和重视，表明己方感同身受到对方的喜悦、欢庆之情。

贺信（电）根据不同的标准可以分为以下几类：按照贺信（电）收发双方的关系，可分为上级对下级的贺信（电）、下级给上级的贺信（电）、平级单位之间的贺信（电）、国与国之间的贺信（电）和个人之间的贺信（电）。按照贺信（电）的内容可分为公务贺信（电）和私人贺信（电）。按照贺信（电）的发布形式可以分为公开的贺信（电）和私下的贺信（电）。

（二）贺信（电）的写作格式

一般来说，贺信（电）由标题、称谓、正文、结尾和落款五个部分组成。

1．标题

贺信的标题有四种写法：一是首行正中写上“贺信（电）”两字；二是由收信人加文种构成，如“致王鹏先生的贺信”；三是由发信人加文种构成，如“××市政府贺信”；四是由发信人、收信人加文种构成，如“××市政府给××先生的贺信”。

2．称谓

顶格书写，写上被祝贺的对象。如果收信人是单位或机关，则写上单位或机关的全称，如“××钢铁集团总公司”。如果收信人是个人，则采用姓名后面加“先生”“女士”等称呼。

3．正文

首先，表明祝贺的缘由，对对方所取得的成绩或举办的喜庆活动给予充分的肯定和高度的赞扬。其次，写出自己祝贺的心情，由衷地表达自己真诚的祝福。最后，鼓励对方，提出希望。

4．结尾

结尾写上一些祝愿的话，如“此致敬礼”“祝健康长寿”等。

5．落款

写明发文单位名称或个人姓名，并署上成文日期。

（三）贺信（电）写作注意事项

1．感情真挚热情

贺信（电）是向对方表示祝贺，加强彼此合作或增强双方友谊的重要手段，因此要体现自己真诚的祝福，切不可敷衍了事。

2．内容要真实、评价要适当

贺信（电）在热情赞扬对方所取得成绩时要做到恰如其分、实事求是，否则会让对方感到不安。

3．语言精练，篇幅要短小精悍

贺信（电）篇幅不宜过长，避免陈词滥调。

【例文1】

习近平致申办冬奥会代表团的贺信

申办冬奥会代表团:

北京携手张家口获得了2022年第二十四届冬季奥林匹克运动会的举办权，我向你们致以热烈的祝贺。

你们为申办冬奥会付出了巨大的努力。希望你们再接再厉、扎实工作，在全国各族人民大力支持下，把2022年冬奥会办成一届精彩、非凡、卓越的奥运盛会。

习近平
2015年7月31日

【例文2】

贺信

“张连伟”杯国际青少年高尔夫球邀请赛赛事组委会:

欣闻第15届“张连伟”杯国际青少年高尔夫球邀请赛将于2015年8月10日在深圳名商高尔夫球会举行。中国青少年协会向赛事组委会表示热烈的祝贺。

作为我国高尔夫球运动员的杰出代表，张连伟刻苦训练，顽强拼搏，为国争光的精神是年青一代的榜样。15年来，张连伟同志和你们坚持致力于青少年和后备人才的培养，做了大量工作，值得大力提倡和学习。

希望你们再接再厉，为我国高尔夫球事业的发展作出更大贡献。

最后，预祝第15届“张连伟”杯国际青少年高尔夫球邀请赛圆满成功。

中国青少年协会
201×年×月×日

【例文3】

致首届中韩公共外交论坛的贺信

尊敬的尹炳世外长，尊敬的柳现锡理事长，尊敬的李肇星会长，尊敬的各位来宾:

值此首届中韩公共外交论坛开幕之际，我谨向论坛致以热烈祝贺!

为落实中韩两国领导人的共识，两国举办首届中韩公共外交论坛。这是中韩友好交流的一件大事，必将为促进中韩公共外交合作和人文领域交流、深化两国人民的相互了解和友好情谊作出应有贡献。此次论坛的主题是“为心信之旅的相会”，表达了中韩人民渴望真诚沟通、增信守义的积极意愿。

中韩两国地缘相近、文缘相通、心缘相亲。建交21年来，两国关系取得了历史性进展，各领域交流合作达到前所未有的水平。今天，两国关系站在新的历史起点上。中国人民正努力实现中华民族伟大复兴的中国梦，韩国正致力于开启“国民幸福时代”，我们对中韩全面推进各领域互利合作充满信心。双方进一步加强公共外交领域合作，应天时，得地利，享人和，是充实和深化中韩战略合作伙伴关系的又一重要举措，将为中韩友好交往增添浓墨重彩的一笔。

公共外交在中国有深远历史渊源，汲取了中华传统文化精粹，传承了中国开展人民外交、民间外交的有益经验，并适应时代发展和形势变化，不断丰富内涵、创新形式。中国公共外交旨在向世界介绍、展示一个真实的当代中国，推动中华文明与世界其他文明的交流互鉴，增进中国与各国人民之间的友好合作、相互了解与信任，推动建设持久和平、共同繁荣的和谐世界。

“国之交在于民相亲。”中国将继续扎实推进公共外交和人文交流，并愿与韩方一道，通过开展全方位公共外交合作，进一步增进国民感情，为中韩战略合作伙伴关系夯实民意基础，共同开创两国关系更加美好的未来。

祝论坛取得圆满成功！

中华人民共和国外交部部长　王毅

2013 年 9 月 24 日

二、祝词

（一）祝词的含义、特点及种类

祝词也称贺词，是指在重大节日、重要会议或其他喜庆场合向单位或个人表示祝贺的一种礼仪文书。祝词一般通过口头表达，写好发言稿后直接到现场宣读。

祝词的特点为：感情热情洋溢，符合时代潮流，即祝词针对喜庆的事而作，是撰写者发自内心的祝贺，由衷表达自己的喜悦之情，并用情真意切的言辞来营造热烈的气氛；言简意赅，即祝词的篇幅一般较短，文词简练。

祝词一般可以分为四类：

1．祝贺寿诞

这类祝词的对象是老年人。赞颂对方已取得的成绩和祝愿对方健康长寿。

2．祝贺婚嫁

这种祝词用于婚宴场合，祝福新人婚姻幸福美满。

3．祝贺事业

这类祝词涉及范围广泛，可用于会议开始前预祝其圆满成功，会议结束后祝贺其圆满结束，还可用于开工庆典、商铺开张、社团纪念等活动场合。

4．祝贺酒宴

这种祝词用于喜庆佳节、招待贵宾的场合。

（二）祝词的写作格式

祝词一般由标题、称谓、正文和结尾四个部分组成。

1. 标题

首行正中书写。标题有三种形式：一是直接用文种，如“祝词”；二是由致词者、致词场合和文种构成，如“习近平致亚信非政府论坛年会的贺词”；三是由致词对象和致词内容组成，如“庆祝张宁教授百年寿辰祝词”。

2. 称谓

开头顶格书写，写明祝贺对象的名称。如果对象是个人，一般在姓名后面加上称呼或有关职务头衔以表尊重，如“尊敬的×××董事长”。

3. 正文

一般包括以下内容：一是表明自己的身份及代表谁来祝贺；二是表达对祝贺对象诚挚的问候与祝福；三是评价祝贺对象已取得的成就；四是展望美好前景。

4. 结尾

写一些祝愿的话语再次向对方表示衷心祝贺，如“祝愿各位事业丰顺、身体健康”。

（三）祝词写作注意事项

首先，情真意切，语言上要热情饱满，使对方感到温暖、愉悦或受到鼓舞、激励。其次，避免使用谴责、批评口吻。最后，形式可以多种多样，应充分发挥撰写者的写作才能，使祝词别出心裁、妙趣横生。

【例文】

新年贺词

同志们，朋友们，女士们，先生们：

时间过得真快，2014 年就要过去了，2015 年正在向我们走来。在这辞旧迎新的时刻，我向全国各族人民，向香港特别行政区同胞和澳门特别行政区同胞，向台湾同胞和海外侨胞，向世界各国和各地区的朋友们，致以新年的祝福！

2014 年是令人难忘的。这一年，我们锐意推进改革，啃下了不少硬骨头，出台了一系列重大改革举措，许多改革举措同老百姓的利益密切相关。我们适应经济发展新常态，积极推动经济社会发展，人民生活有了新的改善。12 月 12 日，南水北调中线一期工程正式通水，沿线 40 多万移民搬迁，为这个工程作出了无私奉献，我们要向他们表示敬意，希望他们在新的家园生活幸福。这一年，我们着力正风肃纪，重点反对形式主义、官僚主义、享乐主义和奢靡之风，情况有了很大改观。我们加大反腐败斗争力度，以零容忍的态度严惩腐败分子，显示了反腐惩恶的坚定决心。这一年，我们加强同世界各国的合作交往，主办了北京亚太经合组织领导人非正式会议，我国领导人多次出访，外国领导人也大量来访，这些活动让世界更好地认识了中国。

为了做好这些工作，我们的各级干部也是蛮拼的。当然，没有人民支持，这些工作是难以做好的，我要为我们伟大的人民点赞。

这一年，我们通过立法确定了中国人民抗日战争胜利纪念日、烈士纪念日、南京大屠杀死难者国家公祭日，举行了隆重活动。对一切为国家、为民族、为和平付出宝贵生命的人们，不管时代怎样变化，我们都要永远铭记他们的牺牲和奉献。

这一年，我们也经历了一些令人悲伤的时刻。马航 MH370 航班失踪，150 多名同胞下落不明，我们没有忘记他们，我们一定要持续努力、想方设法找到他们。这一年，我国发生了一些重大自然灾害和安全事故，不少同胞不幸离开了我们，云南鲁甸地震就造成了600 多人遇难，我们怀念他们，祝愿他们的亲人们都安好。

新年的钟声即将敲响。我们要继续努力，把人民的期待变成我们的行动，把人民的希望变成生活的现实。我们要继续全面深化改革，开弓没有回头箭，改革关头勇者胜。我们要全面推进依法治国，用法治保障人民权益、维护社会公平正义、促进国家发展。我们要让全面深化改革、全面推进依法治国如鸟之两翼、车之双轮，推动全面建成小康社会的目标如期实现。

我国人民生活总体越来越好，但我们时刻都要想着那些生活中还有难处的群众。我们要满腔热情做好民生工作，特别是要做好扶贫开发和基本生活保障工作，让农村贫困人口、城市困难群众等所有需要帮助的人们都能生活得到保障、心灵充满温暖。

我们要继续全面推进从严治党，毫不动摇转变作风，高举反腐的利剑，扎牢制度的笼子，在中国共产党领导的社会主义国家里，腐败分子发现一个就要查处一个，有腐必惩，有贪必肃。

我们正在从事的事业是伟大的，坚忍不拔才能胜利，半途而废必将一事无成。我们的蓝图是宏伟的，我们的奋斗必将是艰巨的。全党全国各族人民要团结一心，集思广益用好机遇，众志成城应对挑战，立行立改破解难题，奋发有为进行创新，让国家发展和人民生活一年比一年好。

中国人民关注自己国家的前途，也关注世界的前途。非洲发生了埃博拉疫情，我们给予帮助；马尔代夫首都遭遇断水，我们给予支援，许许多多这样的行动展示了中国人民同各国人民同呼吸、共命运的情怀。当前世界仍很不安宁。我们呼唤和平，我真诚希望，世界各国人民共同努力，让所有的人民免于饥寒的煎熬，让所有的家庭免于战火的威胁，让所有的孩子都能在和平的阳光下茁壮成长。

谢谢大家。

习近平

2014 年 12 月 31 日

第六节　启事、声明

一、启事

（一）启事的含义、特点及种类

启事是指机关团体、企事业单位或公民个人向公众陈述事项、告知音讯、请求协助时所使用的告知性文书。

启事的特点为：其一，周知性。启事是为了向社会大众公开陈述有关事项，使大众得以周知，因此往往采用多种途径发布，如抄写张贴、印刷发送、报刊登载等。其二，祈请性。启事的目的不仅是向社会大众公开告知有关事项，更多在于请求公众予以协助、帮忙。

启事根据内容的不同可分为找寻、征召、周知三大类。找寻类启事是为请求公众予以帮助，如寻人启事、寻物启事等；征召类启事是向公众发布征召消息并期望公众积极响应，如招工启事、征婚启事、征文启事等；周知类启事是为告知公众有关事项，以便让公众知晓，如“开业启事”“迁址启事”“更名启事”等。

（二）启事的写作格式

启事一般由标题、正文、落款三个部分组成。

1. 标题

首行正中书写。启事的标题有三种：一是直接写上文种“启事”两个字；二是由启事事项加文种构成，如“招工启事”等；三是由单位名称、启事事项加文种构成，如“南京物资实业集团总公司聘请法律顾问启事”等。

2. 正文

启事的正文部分主要是写明启事的目的、意义、要求、条件等内容。正文部分的要求要有条理，简明扼要，切忌模棱两可，更要避免歧义。为显郑重，正文后可写上“此启”或“特此启事”这样的结束语。

3. 落款

正文后右下角署上启事单位的名称或个人姓名，如有需要还需写上联系地址、电话号码、邮政编码等信息，最后标上成文日期。

（三）启事写作注意事项

首先，内容必须真实，并且要单一明了，不能弄虚作假；其次，要简短醒目，语言要准确、通俗。

【例文 1】

“弘扬抗战精神暨纪念抗战胜利七十周年征文活动”征文启事

2015 年 9 月 3 日是伟大的世界反法西斯战争暨中国人民抗日战争胜利七十周年。此时，广泛收集抗战资料，大力宣传抗战事迹，努力弘扬抗战精神，深入研究抗战理论，深切缅怀抗战先烈，这对于坚定不移地走中国特色的社会主义道路，培养和造就大批忠诚于中国共产党、忠诚于国家、忠诚于民族、忠诚于人民的党员干部队伍和新型公民，对于实现“中国梦”即中华民族的伟大复兴，有着非常重大的现实意义和十分深远的历史意义。为此，我们特向社会各界征集各类纪念文章和史料文物，诚邀各界专家、学者、网友及社会同仁积极参加。要求如下：

一、作品观点正确，史料真实翔实，内容力求新颖（新材料、新观点、新视野），文字优美。

二、作品形式不限，字数不限，论文、通讯、见闻、诗歌、散文、剧本、照片，均可投稿；作品引文请注明出处，曾在其他刊物上发表过的作品请予注明；史料包括有关抗战时期的各种文物、图书、图片、音像等。

三、作品征集时间为 2014 年 5 月 1 日至 2016 年 12 月 31 日，时间跨度共三年；来稿请注明作者姓名、性别、工作单位、职务、职称、通讯地址、电话、邮编、电子邮箱等。

四、本次征文属公益活动，没有评奖，没有稿酬。征文活动开始，由××网—中国××网和××八路军太行纪念馆作为主办单位，参与制作名为“弘扬抗战精神暨纪念抗战胜利七十周年征文活动”的专题网站，陆续刊登来稿；史料将在××八路军太行纪念馆进行展示，有关文字介绍和照片将在专题网上刊登；每年底将征文、史料介绍汇编出版专刊，选登优秀征文作品。

五、来稿一律请寄××网—中国××网和××八路军太行纪念馆网，方式如下：

投稿 QQ：

投稿邮箱：

联系电话：

发起单位：

【例文 2】

招工启事

我公司是生产大型方矩管的专业企业，主要有 200 机组、300 机组、400 机组和 600 机组等大型生产设备，因生产需要公司急招如下工种人员：

1. 普工：要求 45 周岁以下，身体健康，有无经验均可，薪资 1 800 ~2 500 元，一个月后熟练按产量提取，薪资在 2 000 ~4 000 元。

2. 方矩管管机熟练工：要求在其他方矩管企业从业管机 1 年以上，薪资2 000 ~3 000 元，试用期后按产量提取，薪资在 2 000 ~4 000 元（长期）。

3. 班组长（调整工）：熟悉方矩管调整工艺，能够管理领导班组人员独立操作生产。（长期）工资面议。

地址：××工业区

电话：

联系人：企管部王先生

天津市×××有限公司
×年×月×日

二、声明

（一）声明的含义、特点及种类

声明是机关单位、社会团体、企事业单位或公民就有关事项或问题向公众表明立场、观点、态度或主张的一种告知性文书。声明发布的途径多种多样，可以在报刊登载，也可以通过广播、电视传播，还可以张贴。

声明的特点有：

1. 公开性

声明所涉及的内容是需要向社会大众公开说明的有关事项，通过多种公开途径发布。

2. 表态性

声明通常是就某一事件或问题表明自己的立场和态度。

3. 严肃性

声明的事项是重要而严肃的，不是所有的事情都可以采用声明的方式。

声明按照内容可分为三类：一是当自己的合法权益受到侵害时，为维护自己的合法权益、引起公众关注，并要求侵权方停止侵害行为而发表的声明；二是当自己遗失了支票、证件、印鉴等重要凭据或证明文件时，为防止他人冒领、冒用而发表的声明；三是政府外交专用的声明。

（二）声明的写作格式

声明一般由标题、正文、落款和附项四个部分组成。

1. 标题

声明的标题一般有三种形式：一是单独由文种构成；二是由事由加文种构成，如“遗失声明”；三是由发文机关名称或个人姓名、声明事项加文种构成，如“×××科技公司关于借贷宝相关问题的声明”等。

2. 正文

由发表声明的原因，发布者的立场、态度和主张构成。为显郑重，正文后面可以“特此声明”作为结语。

3. 落款

署上发布单位的名称或个人姓名，另起一行写明成文日期。

4. 附项

有的声明正文中希望公众检举揭发侵权者的内容，如有必要，还应在署名项目的右下方附注自己单位的地址、电话、传真号码以及邮政编码，以便联系。

（三）声明写作注意事项

（1）内容要真实，不能胡编乱造，以确保声明的严肃性。

（2）态度要鲜明，措辞要严谨，不能在维护自己合法权益的同时侵害他人的合法权益。

（3）行文要简洁，层次需分明，条理应清晰。

【例文】

关于媒体发布我公司不实报道的澄清声明

2015 年 7 月 3 日晚间，我公司关注到部分媒体相继推送关于我公司产品不实报道的文章，对我公司名誉造成重大损害。现对报道中不实内容作出如下澄清：

1. 目前我公司仅有少数近期新发行的产品触及止损线，我公司已启动相关应对方案，最大程度保护投资者利益。

2. 关于我公司团队管理能力的描述，与事实严重不符。我公司投研团队成员均有多年从业经验，核心投资人员来自大型公募基金及一线券商，有丰富的大规模资金管理经验，且过往投资业绩优异。

我公司将继续秉承勤勉尽责的态度，应对当前市场风险状况，最大程度维护投资人的利益。

特此声明！

×××投资管理有限公司
201×年×月×日

【思考题】

1. 请柬、聘书有什么特点？

2. 写祝词要注意哪些问题？

3. 声明与启事如何区别？

4. 感谢信与表扬信的区别是什么？

5. 写作题：

（1）2015 年 8 月 20 日，国家自然科学基金委员公布了 2015 年度自然科学基金项目评审结果，××大学总立项数量保持了近年来的高位运行态势，达 297 项，在省内仅次于两所 985 高校，位列第三，在全国地方高校中则名列第一。请你以××省教育厅的名义写一封贺信。

（2）近期，为打造××市工业经济升级版，大力发展品牌经济，实现“××市制造”

向“××市创造”“××市智造”的延伸，由市经信委、市政府新闻办主办了2015年度××市“十大自主品牌”和“十大公共服务平台”评选活动。如果你是该市市政府办公室秘书，请你以市政府的名义写一份祝词。

（3）××化妆品××专卖店于9月6日盛大开业。××是中国驰名商标化妆品牌，由××市化妆品公司定点生产。9月6日至9月16日开业期间，全场8折优惠，专卖店地址：××市××路××号，电话×××。请根据以上材料，写一则开业启事。

（4）上海市××企业将聘请张××同志担任本公司的法律顾问，聘期自2015年3月起至2017年3月止。请你以××企业的名义写一份聘书。

第五章
传播类文书写作

作为机关、企事业单位和社会团体桥梁与纽带的秘书部门，工作包罗万象，而其中重要的一项便是上情下达、下情上报、联系左右，新时代的秘书工作者还要经常和媒体打交道，因此，秘书工作者学会沟通、善于沟通，通过文字沟通促进交流、达成共识，防止因传播不及时、信息不对称而造成工作失误就显得尤其重要。传播类文书也因此成为秘书写作的重要一类。

【导入案例】

下面这篇文章刊于《秘书之友》2014 年第 10 期，作者是裴仁君先生，使用时有删节。

微时代与公文写作

一、微时代已悄然来临

今天这个时代，有人将其定义为知识经济时代，有人说这是个信息时代，也有人说我们已处于读图时代，各种说法不胜枚举。而就在当下，一个描述我们这个时代的新名词渐渐流行起来，这就是“微时代”。环顾周围你就会发现，现在以“微”字开头的新名词、新事物越来越多，微博、微信、微话剧、微小说、微电影、微课、微企、微广告、微管理、微财经、微营销、微旅行、微美容，一个个“微××”如雨后春笋般不断涌现，包围着我们，裹挟着我们，越来越深刻地影响着我们的工作、生活与学习。不可否认，“微时代”确已悄然来临。

当笔者惊愕于身边“微”词语的众多且满心欢喜地得出我们已进入微时代这一结论的时候，殊不知，“微时代”已不是什么新鲜名词，早在2009 年“微时代”就已出现在网络上并迅速成为人们热议的话题。然而，令笔者诧异的是，众多帖子或资料当中没有一条是同时论及微时代与公文写作的。“文变染乎世情，兴废系乎时序”（刘勰《文心雕龙》），文章是社会现实的反映，世情变，文必变，当小说、戏剧等文学作品开始“微”起来的时候，公文及公文写作不可能依然“我行我素”，超然独立于时代潮流之外。所以，研究探讨微时代对公文写作带来的影响与挑战以及应采取什么样的应对策略就显得既重要也很有必要。

二、微时代对公文写作的影响

要搞清楚微时代对公文写作会产生什么样的影响，就应先对微时代的出现原因以及什么是微时代加以探讨。

微时代的出现，笔者认为主要有两个原因，一是科技尤其是网络技术、通信技术的发展为大量“微”新事物的出现提供了坚实可靠的技术保障。如作为微传播主要形式的微博，其传播速度非常快，同时，它又限制使用者每篇微博不能超过140个字符，它将信息最大限度地精炼化，只保留最有吸引力的一句话、一张图片或一段音频、视频，在方便接收的同时也方便在更大范围内传播。二是微传播的出现满足了快节奏高效率压力大的现代人渴望在最短时间内获取高价值信息和渴望拥有话语权的需求。现代人工作节奏快，生活压力大，社交圈子相对狭小，每个人每天虽能接触到海量信息但有用信息相对匮乏，而同时每个人都想拥有一定的话语权。微传播强大的在线性、互动性、集成性、开放性恰好能满足人们的这一需求。使用者借助搜索关键词，可以方便快捷地查到自己感兴趣的信息；使用者可以在坐车途中、室内户外随时随地阅读信息；使用者还可以通过手机微信、彩信、短信以及电脑QQ、MSN、Skype等多种途径发布、转发、扩散信息。相对于传统信息传播，微传播主要有以下重大改变：一是信息传播主体队伍剧增，人人都可成为信息传播主体；二是传播的信息内容变小、变少、变细、变微；三是信息传播速度更快、更强；四是信息阅读方式、信息消费方式更加便利灵活。

微传播的出现应是一种信号，它标志着人类社会从此迈入伟大的“微时代”。微传播相对于微时代所具有的标签意义，使得人们在谈论微时代的概念及特征时也主要基于信息传播的角度。人们认为所谓的微时代，是以微博作为传播媒介代表的时代，是一个基于网络技术、3G技术、移动通信终端日益小型化多样化而横空出世的对传统信息传播方式大革命的时代，是一个以短小精悍为文化传播特征的时代，是一个信息传播瞬时化、碎片化、平民化、去中心化的时代，是一个信息获取便捷化多样化、信息阅读即时化随机化的时代，是一个真正信息大爆炸的时代。

尽管微传播与微时代之间的关系非常密切，但在微传播与微时代之间画等号显然并不恰当。以目前出现的微旅行、微美容、微管理、微职业等新“微”事物新“微”词语来看，微时代的内涵与外延似乎要远远超出信息传播领域，照此发展下去，以后姓“微”的事物将会越来越多。微时代及其概念本身将一直处于被构建被定义的过程中，微时代将走向何方、还有哪些“微”姓事物出现非笔者所能预测，这也不是本文所要探讨的议题。然而，有一点已经非常明确，即微传播的出现以及微时代的发展变化确实给公文写作带来了冲击与挑战。

基于信息学理论，公文写作无疑属于一种特殊的信息生产形式。消费制约着生产，当生活在微时代的人们接收信息的渠道、阅读信息的方式、传播信息的途径、评价信息价值的标准发生改变的时候，信息的生产方式、信息的生产过程、信息的产品质量标准也必然要随之作相应的改变。公文承载着关系国计民生的各种重要公务信息，在微时代已然来临的情况下，公文及公文写作仍固守传统信息生产模式显然是不合时宜的，它必将在写作内容、写作理念、写作风格、文本价值取向等方面全方位地接受微时代的影响与洗礼，从而以一种崭新的面目出现在世人面前。

三、微时代微传播语境下的公文写作

微时代最具活力最具代表性的是微传播，微传播的核心文化特征是“微”，而这“微”又体现在微传播的方方面面。信息主体上讲究“微”——发布者可以是小民，是草根；信息内容上讲究“微”——所发布的信息可以小到一句话，一张图片；信息发布方式上讲究

“微”——发布信息动作简单到按一下键盘键、手机键；信息传播效果上讲究“微”——小信息可以产生大影响，收到以“微”博大的效果。微时代的来临及微传播的盛行体现了当下国人新的价值理念与价值追求，他们追求信息的短、小、精，在信息质量方面求新、求真、求快、求实。对洋洋万言的长篇信息他们无暇阅览，对其也无好感，碰到这样的文章他们只会嗤之以鼻，或吐槽或扔板砖。在这种时代语境下，当代的公文或公文写作必然要发生改变，也就是说，要想跟上时代发展的步伐，在进行公文写作时就要尽可能做到以下几点：

一是公文写作文本及内容须微型化。(略)

二是公文写作价值要追求新闻化。(略)

三是公文写作政务处理要更加精细化、文本处理要更加严谨化。(略)

四、建议建立与微时代公文写作发展相配套的工作机制

微时代的公文将不断向“微”方向发展，公文求简、求少、求短、求精、求新、求实。相较过去，公文更难写了，标准更高了。公文在以文辅政方面将更显专业化、科学化、民主化、法制化，微时代的公文写作注定是一份苦差事、难差事。面对不可阻挡的时代潮流，为了适应微时代的发展要求，笔者建议建立与微时代公文写作发展相配套的工作机制，主要有：

一是建立公文写作社会效益评估机构，完善相关机制。建议有条件的政府机关或部门成立非实体公文写作社会效益评估机构，完善相关制度，指定专人负责，其主要职能是通过对一份即将起草或即将发出的公文的行文目的、领导意图、写作质量、公文价值、发文效果等的充分论证，为领导主持下一步公文处理工作提供参考依据，从而尽可能地降低发文风险。

二是建立公文责任追究制。公文如果出问题要有人对其负责，要建立公文办理领导责任制。有关领导一定要切实履行责任，严格办文流程，严把核稿关，不轻易发文；必须发文时一定把好公文发出前的最后一道关口，确保发出的公文不是次品、劣品，如果因公文而招致不良社会效果应有人为之担责。

三是搭建发文主体与公文受体之间的交流互动平台，拓展畅通信息沟通渠道。依据接受美学观点，作者拿出作品只意味着写作过程完成了一半，该作品的另一半写作过程通常由读者来完成。微时代的公文写作也是这样，再也不能像以前那样以会议贯彻会议、以文件传达文件了。建议建立多种形式的发文主体与受体之间的交流互动平台，完善发文效果跟踪机制，指定专人负责收集发文后的相关信息，解答公众疑惑，指导相关部门或人员将公文内容、公文精神切实落到实处。

四是建立媒体公关与公文危机应对机制。智者千虑，必有一失。面对复杂多变的社会形势，无论我们在公文写作过程中考虑得多周到，都有可能出现这样或那样的疏漏。为了有效减少或杜绝公文后遗症的发生发展，在微时代确有必要建立媒体公关与公文危机应对机制。现在不少政府机关或部门已经意识到媒体公关与应对的重要性，纷纷开展媒体应对技巧培训，制订危机事件媒体应对方案，这些都是非常好的举措，但如果能制订专门的公文危机应对方案并将其纳入地方政府整体危机事件应对机制的建设中就更好了，这样就能从制度和机制层面有效化解公文危机带来的执政风险，最大限度地降低和消除公文危机带来的负面影响。

【讨论】

（1）微传播对人们的生活和工作产生了哪些影响？

（2）新时代对公文写作的要求发生了哪些变化？

（3）微时代公文写作所追求的价值目标是什么？

【要点阐述】

第一节　传播类文书概述

一、传播类文书的性质和作用

（一）传播类文书的性质

广义地说，传播是指为树立政府、单位、个人或商品的正面形象，向公众进行有目的的宣传的各种方式和手段的总和，传播类文书就是这种宣传的专用文体。秘书写作的传播类文书是有特定含义的，指秘书部门为了建立本机关本部门的良好形象、实现传播信息的职能而写作的文字材料。

（二）传播类文书的作用

传播以各种信息传递方式为媒介。对于信息的发布者来说，其目的就是让公众知晓自己所发布的信息并给公众留下深刻的印象；对于信息的接受者来说，他们获取了自己需要的信息；而对于媒介者来说则是一种赚取信息传播费用的商业行为。

二、传播类文书的分类

常见的传播类文书有解说词、导游词、广播稿、新闻评论、新闻、通讯、广告、启事和海报等。由于传播类文书种类较多，分类标准各不一样，划分范围也宽窄不等，如从传播的载体来划分，可分为报刊消息、新闻类，启事类，海报类等；如从写作的目的与特点来划分，可分为消息、简讯类，特写、专访类，综述、编者按、评论类等。秘书工作中常用的传播类文书主要有消息、通讯、简报、快报、启事、海报等文种。

三、传播类文书的写作原则

（一）内容的真实性原则

传播类文书以传播信息为目的，所以内容上绝对不能虚构，必须客观地反映存在的事实，否则就会失去信任。

（二）表现的文学性原则

传播类文书虽然不能等同于文学作品，但它同样需要引起读者注意，调动他们阅读的积极性，感染他们，以达到宣传的目的。这就要求传播类文书写作时也要采用比喻、叙述等文学表现手法，使语言表现灵活生动。

第二节　消息、通讯

一、消息概述

（一）含义

消息是以最直接、最简练的方式报道新近发生或发现的具有一定的社会意义的事实的一种新闻文体，是最经常、最大量运用的报道体裁。

消息一般包含六个要素，即何时、何地、何人、何事、何因及如何发生。写作消息要设想并回答读者想知道的问题：When（何时）、Where（何地）、Who（何人）、What（何事）、Why（何因）以及 How（如何），即“五个 W”和“一个 H”。

（二）分类

消息的类别很多，主要有动态消息、综合消息、人物消息、评述性消息、简讯等。

（三）特点

消息的特点可以用四个字来概括：“新”“真”“快”“短”。“新”，从时间上说，消息报道的是新近发生的事情，从内容上说，它反映的是新鲜、新奇的事情；“真”是指消息报道的内容必须是真实的；“快”是指消息要迅速快捷地反映现实；“短”是指消息一般笔墨集中，篇幅短小。

二、消息的结构

消息的结构比较固定，大多数消息的结构都是“倒金字塔”式的，即最重要的材料放在开头，次要材料放在后面。消息的结构为：标题、消息头、导语、主体、结尾，并在文中穿插背景材料。

（一）标题

标题揭示消息主要内容并以醒目、简短的形式体现。消息的标题有四种形式，可以根据消息的种类和内容灵活选择。其具体形式为：

1. 正题

即只有一行标题，又称单行式标题。概括与说明主要事实即可。例如，《西南联大千名学子戎马沙场》。

2. 引题＋正题＋副题

又称三行式标题。引题揭示消息的思想意义或交代背景，说明原因，烘托气氛；正题与上述内容相同；副题提示报道的事实结果，或作内容提要。例如，《中国人民抗日战争暨世界反法西斯战争胜利70周年（引题）、现场磨合纪念大会各项组织工作（正题）、大会专项演练顺利举行（副题）》。

3. 引题＋正题

又称双行式标题。例如，《跑步锻炼助大脑灰质发育（引题）、有氧锻炼提高数学成绩（正题）》。

4. 正题＋副题

也是双行式标题。例如，《越南支陵番荔枝进入成熟旺季（正题）、中国商人前往订购（副题）》。

标题是消息中最醒目的部分，是消息的眼睛，拟写得好，可以吸引读者；拟写得差，一篇好消息也会被埋没。制作标题采用哪种形式，要根据内容而定。标题要求是醒目、准确、简洁、新颖、生动，题文一致，抓住要旨；要简明、准确地概括消息内容，帮助读者理解报道的事实。

（二）消息头

消息头是消息的标志，是新闻发出媒体、地点和时间的交代与说明。消息头的构成：媒体＋地点＋时间。消息头空两格书写，字体一般较粗。例如，**“新华网　贵阳8月22日电”**。

（三）导语

导语是指一篇消息的第一自然段或第一句话，一般用简明生动的文字，写出消息中最主要、最新鲜的事实，并且提示消息的主题思想。导语的要求，一是要抓住事情的核心，二是要能吸引读者看下去。因此，要做到第一条，必须具备训练有素的分析能力；要做到第二条，则要有写作技巧。

导语的形式主要有叙述式、描写式、提问式、结论式、号召式和议论式几种。

1. 叙述式

用摘要或综合的方法，把消息中最新鲜、最主要的事实简明扼要地写出来。也就是直截了当地用客观事实说话，简明扼要地反映出新闻中最重要、最新鲜的事实，给人一个总的印象，以促其阅读全文。

2. 描写式

描写式导语的一般特点是根据目击的情况，对新闻中所报道的主要事实，或者事实的某个有意义的侧面，作简练而有特色的描写，向读者提供一个形象，给人以生动具体的印象，以吸引读者，增强新闻的感染力。

3. 提问式

一般是先揭露矛盾，鲜明地、尖锐地提出问题，再作简要的回答，引起读者的关注和思考。

4. 结论式

将结论写在开头，提示所报道事件的意义或者目的。

5. 号召式

一开头就提出号召，给读者指出方向和奋斗目标。

6. 议论式

往往采用夹叙夹议的方式，通过极有节制、极有分寸的评论，引出新闻事实。这种开头又可分为三种形式：评论式、引语式、设问式。

总之，在写作导语时，要明确集中地反映出整篇消息的主要内容，六要素不一定要面面俱到，但必须具备时间、地点、事情等要素，此外导语要短小精练，要言不烦。

（四）主体

消息主体又称“消息躯干”“消息主干”，是消息中最基本、最重要的部分。它紧承导语，对导语中简要表述的内容用事实作进一步的阐述、解释或回答，对导语中未提到的次要材料进行补充说明。

主体是消息的主要部分，花费的笔墨最多，写作时要特别注意。首先，要中心明确，围绕导语确定的中心选择材料。其次，主体的内容要和导语一致，而且要详略得当。如主体部分内容较多，就应当特别注意安排好结构，做到严谨、层次清晰。

主体部分的结构有：

（1）纵式结构，即按照事件发生的时间顺序来安排写作层次。

（2）横式结构，即按空间转换或事物的逻辑顺序来安排写作层次。

（3）纵横结合式结构，是纵式结构和横式结构的交叉使用，适用于综合消息的写作。

（五）背景

背景材料是指就消息中有关新闻事实的历史、环境和原因等进行解释说明的材料。但它并不是消息结构上的一个独立部分，也不是每篇消息都有的。写新闻有时要交代背景，目的在于帮助读者深刻理解新闻的内容和价值，起到衬托、深化主题的作用，也就是回答五个“W”中的Why。常用的背景材料有：对比性材料、说明性材料、注释性材料。

背景材料的写作要选择适当，数字或解释准确无误，切忌喧宾夺主、主观臆断。

（六）结尾

结尾是消息的结束语。并不是所有的消息都必须有结尾，而是要根据实际需要而定。结尾写作与一般记叙文结尾的写作并无大的不同。

消息结尾的写作方法大体有以下几种：

1. 总结式

这种方式比较常见。一般是在对新闻事实进行叙述之后，或对导语进行回应、总结，或阐明一种观点和道理，点出主题。

2. 评论式

以一种评论、议论的方式作为结尾的作用在于，一是进一步点明主题，二是埋下伏笔，引人深思或以便进行连续或跟踪报道。

3. 补充式

在围绕报道主题进行叙述后，于结尾处再补充一个信息，或用背景材料，或用一个围绕主题的次要事实，以进一步深化主题，增大信息量。

4. 呼吁式

在反映一定的问题后，写作者直接提出或者借他人之口说出解决问题的办法，或者直接呼吁有关部门应当如何做，以期完整、负责地对待一个问题。

5. 展望式

在结尾处再告诉读者新闻的后续事项，以期引起关注。这种结尾方式也较为常用，可以起到增大信息量的作用。如某篇消息的结尾是："据悉，这种状况已经引起了有关部门的高度重视，解决问题的有关法规即将出台。"

6. 提问式

这种方法也是为点明主题而出现的，虽为问句，实则答案就在其中。

7. 花絮式

多用于现场新闻，以增强鲜活性，从侧面揭示主题。

三、消息写作的语言要求

语言的魅力就在于它的形象和生动。一篇成功的消息，必须体现这一语言特点。

（一）避免空洞的说教，使读者身临其境

消息写作要有新的突破，就要善于把概念的表述诉诸充实具体的形象，使报道内容可闻、可见、可触、可感，也就是要做到"我在现场"，这样才能将受众带到新闻现场，增强读者的阅读欲望和浏览兴趣。

（二）借用散文笔法写消息，使读者获得审美愉悦

让新闻活起来，增强可读性，采用一些散文的笔法是有效的手段，如将散文以情感秩序为主的开放式结构引入新闻写作当中，已经成为越来越多的人用以增强新闻作品美学价值的常用手段。

（三）运用口语化表述，增强新闻可读性

语言中最具亲和力的莫过于口语，消息若能采取口语化表达，能极大地增强新闻传播的亲和力。因为口语是人们面对面沟通、生活中司空见惯的交流语言，若能在新闻作品中恰到好处地使用这类语言，就能营造一种接受性较强的人际传播情境，使受众感受到浓烈的人情味，吸引受众的心灵视线；口语在结构上不像书面语那么严谨、规范，而是多以短句为主，易读、易记、易懂。这种语言如果运用到消息写作中，能使新闻作品读起来朗朗上口，也有利于拓宽消息的传播领域；口语多采用人们熟悉的词汇和句式结构，能让读者以一种较为放松的姿态融入阅读过程中去。

四、消息写作的误区

一些新闻信息，或者空乏无力、没有说服力，或者枯燥乏味、无法吸引受众，原因除了写作者的写作能力需要加强、水平需要提高以外，还因为许多作者在消息写作中存在着一些误区，主要表现为以下几个方面。

（一）标题弱化

如上所述，标题是新闻的眼睛，如果眼睛不明亮，新闻是很难吸引人的。有些作者在写作过程中将大部分心思用在了稿件的内容上，常常是写完稿后再拟标题，想不出好的就随意瞎编了事。标题绝对是一篇稿件成功与否的关键所在，因为读者阅读消息时，最先看到的是消息的标题，一个好的标题会抓住读者的眼球，让他不由自主地被吸引着看下去；而一个索然无味的标题只能让人一扫而过，不想再细读下面的新闻。因此，我们要多在标题拟定上下功夫，按照创新、贴切、准确、精练等原则拟好每一个标题。

（二）角度错位

消息的报道应该精益求精，努力增强其新闻性、亲民性和创新性，尤其要在调整报道方向、拓展大众视角上下功夫，善于从小的新闻素材中提取最有价值的新闻点。比如，基层会议和基层领导的活动不是新闻的重点，而会议上出台的重要举措和领导强调的工作导向才是重点，写作时只有选择好的会议报道角度，将这些新闻要点“拎”出来，稿件才能出彩。如果说真实是新闻的生命，那角度就是新闻的灵魂，找准了新闻的角度，也就找到了报道成功之源。

（三）贪大求全

有些作者在写作时总想把单位的各项工作全面地反映出来，写消息时往往不得要领地将方方面面都带上一笔，殊不知，那是陷入了另一个消息写作的误区：贪大求全。秘书有时在新闻写作时常会不自觉地带有机关公文写作的痕迹，把稿件写成了总结报告，面面俱到却面面不到。其实，即使是公文写作也不能不分轻重缓急。消息写作中要求的是一事一题，一篇消息只需说清楚一个新闻事实就可以了，如果出现两个或两个以上的主题，这篇消息就很难写出质量了。

【例文1】

阅兵准备工作有序进行

《人民日报》（2015年8月22日01版）

本报北京8月21日电 （记者苏银成）记者从国务院新闻办公室举行的新闻发布会上获悉：纪念中国人民抗日战争暨世界反法西斯战争胜利70周年阅兵活动已进入倒计时，各项准备工作正在紧锣密鼓有序进行。

据悉，此次阅兵活动，我军共编50个方（梯）队，正式受阅约1.2万人，拟动用40多种型号装备500多件、20多种型号飞机近200架。阅兵按照机动进入、列队、阅兵式、分列式、疏散回撤5个步骤组织实施，阅兵式和分列式时间大约70分钟。

据介绍，11个徒步方队由三军仪仗队和10个英模部队方队组成，主要是前身为八路军、新四军、东北抗联、华南游击队的现役英模部队。2个抗战老同志乘车方队由从大陆遴选的、目前健在的国共两党抗战老兵，我党我军和国民党抗日英烈后代，以及抗战支前模范代表组成，老兵平均年龄90岁。27个装备方队由陆军、海军、空军、第二炮兵、武警部队和四总部直属部队联合编成，展示的武器装备中84%是首次亮相。10个空中梯队，包括空中护旗方队、领队机梯队、预警指挥机梯队等我军现有先进作战和保障机种。

此外，俄罗斯、哈萨克斯坦等10多个国家派方队和代表队参加阅兵。这些来自世界五大洲的外军方队和代表队来华参阅，充分体现了共同纪念世界反法西斯战争胜利的鲜明态度，体现了对世界持久和平的追求与向往。

【例文2】

民族地区义务教育巩固率将达95%　基本县域内均衡发展

《北京日报》(2015年8月18日)

本报讯（记者贾晓燕）昨天，教育部网站刊发国务院《关于加快发展民族教育的决定》。我国将加快推进少数民族和民族地区教育发展，到2020年，民族地区教育整体发展水平及主要指标将接近或达到全国平均水平，九年义务教育巩固率达到95%，基本实现县域内均衡发展。

依据决定要求，我国将在全国小学高年级、初中开设民族团结教育专题课，在普通高中思想政治课程中强化民族团结教育内容，在普通高校、职业院校开设党的民族理论与政策课程。同时，将中华优秀传统文化融入中小学教材和课堂教学。

今后，中西部地区招生协作计划、农村贫困地区定向招生专项计划、教育部直属高校及其他自主招生试点高校招收农村学生专项计划等将向民族地区倾斜。东中部省市职业院校招收民族地区学生的比例将适当提高。高校民族班、预科班招生规模以及东中部高校招收内地西藏新疆班高中毕业生规模将适度扩大。民族地区和东中部省市双向扩大高校招生规模的做法将得到鼓励支持。

五、通讯

（一）通讯的概念及种类

通讯是详细、深入地报道人物、事件、工作、概貌等的一种新闻体裁。它比消息的内容更为详尽，还可直接抒发作者的感受，具有较强的形象性和感染力。

通讯一般分为四大类：人物通讯、事件通讯、工作通讯和风貌通讯。

1. 人物通讯

人物通讯是以报道人物为主的通讯，所报道的人物可以是各行各业的模范人物，可以是爱国人士、科学家、演员、运动员等社会名流，可以是生活和工作中取得较大成绩的普通人，也可以是反面人物。人物通讯通过对一个或几个人物的言行和事迹的报道，达到教育社会的目的。

2. 事件通讯

事件通讯是以记事为主，报道事件发生、发展过程的通讯。事件通讯所选的事件，应当具有较强的情节性。事件通讯要完整深入地报道新闻事件的来龙去脉，并阐明其典型意义，体现时代风貌。

3. 工作通讯

工作通讯是报道先进工作经验或某项工作教训的通讯。这种类型的通讯常介绍有典型意义的经验，总结工作中的教训，其目的是概括出具有规律性的东西，指导和推动各项工作的顺利开展。

4. 风貌通讯

风貌通讯也称概貌通讯，它主要报道某一地区、部门、单位的自然风貌、风土人情、发展变化、生活状况或进行某一活动的基本面貌。与其他通讯相比，风貌通讯的时效性要求稍低些，更讲究知识性和文学性。

（二）通讯的写法

通讯由标题和正文两部分组成。

1. 标题

标题是通讯的重要组成部分。好的标题，可以鲜明地表现通讯的主题，增强通讯的可读性。一般来讲，通讯的标题为单行式，如《空军工程大学传唱抗战歌曲争当红色传人》，也有的加副标题，副标题是交代报道的对象和新闻的来源，如《追忆湘北抗战　全国300名骑手湖南穿村跃湖上大山》。拟写通讯标题时，可以直接突出新闻事实，如《河北高碑店养老社区明年竣工吸引北京人异地养老》；也可以曲笔达意，即写标题时故意不直接书写其事其情的笔法，使标题具有文学性；还可以提出问题，引人注意，如《集体下跪借钱是道德勒索吗》等。

2. 正文

正文是通讯的主体部分，要用足够的、典型的、有极大说服力的事实来充分表现通讯的主题。通讯一般采用时序和逻辑结构，但是通讯的结构仅仅是写作时的思路而已，叙述时还必须要有细节的介绍，因为正是这些细节的存在，通讯才能比新闻提供更多的信息，在叙述时也更为感人。

【例文】

四川藏区定居牧民的“家事”

中国新闻网　2015年8月7日

中新社记者　徐杨炜　八月的川西高原，阳光明媚，草原上开满了不知名的花朵。公路两旁可见成群的牦牛，牛群不远处总会有一顶顶白色帐篷，不时冒出炊烟。

四川官方于2009年启动实施“牧民定居行动”，至2012年结束，覆盖阿坝、甘孜等地。仅在阿坝藏族羌族自治州，就已有4万余户、21万余藏族牧民实现了家家有固定住房、户户有新帐篷的目标。

一家人的安乐窝

23岁的藏族青年泽仁洲已经完全适应了定居之后的生活。他家的两层藏式小楼修建于2009年，一共花了10万元人民币。

“政府补助了4万，无息贷款3万，家里出了点，房子很快就修好了。”泽仁洲家所在的松潘县川主寺镇牧场村，紧邻国道，与九寨沟、黄龙景区相隔不远，时有游客经过。定居后的牧民们看到了商机，在当地政府的引导下，开始搞乡村旅游。泽仁洲家也是其中之一。

泽仁洲的父亲告诉记者，家里的装修风格是纯藏式的，铺上地板，再把楼上空余的房间收拾出来，“旅游旺季的时候，游客基本没断过”。他说，正因为搞了“牧家乐”，自家的贷款两三年前就已还清。

对家的变化，泽仁洲和年迈的老阿妈感受最为深刻。在泽仁洲的童年记忆中，除了牦牛和藏獒，他没有其他玩伴。“（印象）最深刻的是，要随时搬迁帐篷，就算奶奶生病了也要跟着我们一起搬。”

现在，泽仁洲既可以时常与同龄人唱歌、聊天，又可以陪着奶奶看藏语电视，还能通过智能手机随时知晓全球大小事，“我感觉很幸福”，泽仁洲笑了笑，“准备找媳妇了”。

牦牛的暖棚

离开红原县瓦切镇，沿着两米多宽的牧道行驶十余公里，就到了东里能周家的冬季暖棚，暖棚前的院子里长满了齐膝高的青草。

东里能周告诉记者，暖棚是根据统一标准设计修建的，钢窗通风，屋顶一边用彩钢板搭建以防御冬季气温骤降，另一边用采光板，在冬春两季可采阳光取暖。

“让‘老弱病残’的牦牛在暖棚里过冬。”“以前冬天特别冷，雪特别大的时候，身体差的牦牛很容易就死了。”他回忆道，有一年冬天他家至少有20多头牦牛没能扛过去，“现在就不一样了，我们冬天有定居房住，病牛也有房子住了”。

暖棚一侧，是东里能周的“办公”用房。冬天里，他和妻子大多时候就会在这间房子里住着，既能温暖过冬，也能照顾牦牛。而再远处，原来过冬时居住的矮土棚早已荒废多时。

老牧民的小希望

见到拉·索科时，他和儿子正在自家的夏季草场里忙碌着。帐篷里摆放着两张折叠床，柜子上摆着政府发放的便携式卫星电视，旁边供奉着一位麦洼寺活佛的照片。帐篷外拴着一匹黑色骏马，停放着一辆摩托车。

“我身边没有人说定居的政策不好，对我们牧民而言，这大大改善了生产生活条件。”拉·索科说，修建定居房前，村里乡里的干部来征求意见，大部分人都是赞成的。“剩下的一部分人看到之前修的房子都很不错，大家就都修了定居房。”

拉·索科说，给牦牛修的暖棚、发的帐篷和“九件套”，都是非常符合牧民实际需求的。“发的帐篷太好了，我都舍不得用。”他告诉记者，政府还给牧民配备了太阳能电池，这样既能在帐篷里看电视，又能使用电动的奶油分离器，“相当方便”。

在年过花甲的拉·索科看来，定居生活带来的改变，不仅是生产生活条件，更多的是意识的变化，“尤其是对于下一代的教育更重视了”。

拉·索科有两个孙子，小的在读幼儿园，大的马上就要读小学。“希望他们从小都把基础打好，走好每一步，以后考到大山外面的好学校读书。”

第三节 新闻评论

一、新闻评论的含义、特点及种类

（一）含义

新闻评论是对最近发生的新闻事件及其有关问题提出一定看法和意见的一种新闻文体。这类文体有广义和狭义之分。广义的新闻评论，是新闻言论的总称，新闻言论是报纸、广播、电视和时事政治性刊物传播的言论作品，属于议论文体的范畴。狭义的新闻评论是指社论、专栏评论（包括社内个人署名评论和社外的专栏）和读者来信等评论性文章。

（二）特点

新闻评论与消息、通讯有明显的区别。消息、通讯重在反映情况，报道事实；而评论则重在直接发表意见，阐明观点。评论具有很强的论说性，它着眼于揭示事物的本质，指明意义和发展趋势，通过对事物的分析判断，给人以指导；消息、通讯也要发表意见和观点，只是发表的方式是间接的，寓意见、观点于事实之中，用事实说话，通过叙述事实来发表意见。从文字表达方式来看，消息、通讯是叙述性的，它的叙述只是客观地、朴素地叙述事实；而评论以论理为主，运用概念、判断、推理等逻辑形式直截了当、旗帜鲜明地发表作者的主张，表明作者的立场，虽然也要用到叙述的方法，但叙述的目的完全是为论理服务的。

新闻评论和一般的政论文也有明显区别。新闻评论较一般的政论文具有更强烈的实效要求和更直接的针对性，否则就容易成为明日黄花，失去其发表的价值。新闻评论的思想性，与迅速及时地抓准社会问题有直接关系。一般的政论，虽然也要联系实际，从现实出发，但更为重要的是注意道理的一般说服力和生命力。有的政论，则要有意识地注意发表时机，与客观现实保持一定的距离。

从新闻评论与消息、通讯、一般政论的区别中可以看出，具有新闻性和政论性，是新闻评论的本质特征。孤立地看新闻评论的某一具体作品，虽有新闻性和政论色彩浓淡、强弱的差别，但这只是量的差别，而不是质的不同。

（三）种类

新闻评论的种类很多，分类方法也多种多样。例如，按评论的内容分，有政治评论、经济评论、思想评论、时事评论、文艺评论等；按内容的严肃程度来分，有社论、评论员文章、短评、编者按、编后记等；按内容性质分，还可将新闻评论分为提示性评论、立论性评论、驳论性评论、阐述性评论、解释性评论等。

二、新闻评论的写作

（一）新闻评论的写作要素

新闻评论是属于议论文范畴的文体，它的要素也就是议论文的要素，即论点、论据、论证。这三种要素，对所有的新闻评论来说，都是必须具备的，缺少哪一种，都会影响评论的质量和效果。没有论点的新闻评论，等于没有说明什么问题，论点不准确、不鲜明、不突出，小则影响评论的质量，大则导致读者对某些问题产生错误的认识和理解。没有必要的论据，论点就得不到充分的证明和支持，不能说服读者；论据不充分、不可靠，会给人以强词夺理的感觉。不讲究论证方法，论点和论据之间缺乏必然的联系，论点和论据分家，会造成逻辑混乱，层次不清，论点同样得不到证明。

1. 论点

论点是作者对所论述的问题的观点或见解，有中心论点和分论点之分。中心论点也称总论点或基本论点，是作者对所论述问题的基本观点，是评论的全部观点的高度概括和集中，是评论的灵魂和统率；分论点也称从属论点，是从中心论点中派生出来的，是围绕中心论点并为中心论点服务的，分论点经过证明之后，就会成为证明总论点的论据，对总论点会起到支持的作用。对新闻评论的论点的基本要求是正确、新鲜、集中、有针对性。

2. 论据

论据是作者证明论点的根据，是新闻评论的基础或支柱。一篇好的新闻评论，除了必须有正确、深刻的论点以外，还要有确凿、充足的论据。论据要真实、典型。所谓真实，就是要符合客观实际，而且要做到准确无误；所谓典型，就是要有代表性，有普遍意义。

3. 论证

论证是运用论据证明论点的推理过程，也是论点和材料相统一的过程，是用材料论证论点的逻辑方法。与一般的议论文相同，新闻评论不能仅有正确、深刻的论点和确凿、充分的证据，还必须通过恰当的论证，揭示论点和论据之间内在的逻辑关系，使材料和观点有机地统一起来。对论证的基本要求一是要对具体情况必须进行透彻的分析，通过分析抓住事物的本质；二是论证要有严密的逻辑性，使观点和材料、分论点和总论点紧密结合，产生强大的逻辑力量；三是对错误观点要抓住要害，击中要害，进行有力的批驳。

（二）新闻评论的写作要求

好的新闻评论具有明显的理论色彩、感情色彩和文学色彩。没有色彩的评论，是平庸的、枯燥的、单调的，不是好的评论。

1. 理论支撑

新闻评论的理论色彩，是从作者运用马克思主义的基本原理，分析现实生活中的重要问题中呈现出来的。就事论事、只停留在事物表面现象的评论，无理论色彩可言，不能给读者以深刻的启示，是新闻评论写作的大忌。因此写作评论时要跳出就事论事的圈子，从现象深入本质，认识事物的发展规律，从理论的高度分析客观事物，提出正确的、新鲜的见解，这样才能提高读者的认知水平，达到新闻评论的写作目的。为使新闻评论具有理论色彩，必须对重大的理论问题提出鲜明的见解，并作出理论上的阐明；必须将重大的现实问题，提到理论的高度进行分析；同时也要将具体事件，提到时代精神的高度进行论述，充分说明具体事件的意义。

2. 富有情感

好的新闻评论，不但要以理服人，而且要以情感人，要有浓厚的感情色彩。

写作新闻评论，作者不但要有理论家洞察事物本质的眼光，而且要有文学家的气质，对客观事物要爱憎分明，有伸张正义、维护真理、疾恶如仇的责任感，要和读者的思想感情打成一片、融为一体，和读者同呼吸、共命运，并在具体的写作中，将这种感情自然地流露出来，反对装腔作势地抒发虚假的感情，这样才能打动读者，引起读者强烈的感情共鸣，增强新闻评论的感染力、说服力。

3. 文学渲染

新闻评论写作可以恰当运用描写、抒情、比喻、双关等文学表现手法，使评论形象生动，为广大读者乐于接受。否则即使道理讲得不错，如果读来索然无味，也达不到应有的宣传效果。因此要恰当地运用文学表现手法，使抽象的理论变得形象生动。

三、几种常见新闻评论的写作

（一）社论

社论是在报刊上发表的代表编辑部意见的具有指导性的新闻评论。它是新闻评论中等级最高的一种形式，通常刊登在报刊的最显著位置，是报刊的灵魂。如各级党委机关报的社论，都代表同级党组织发言，通过对政治、经济、文化、外交等领域中的重大事件或问题的评论，阐释党的路线、方针和政策，提出看待事件或解决问题的指导思想和方法，以说服、教育、引导和发动广大读者，具有很强的指导性。

1. 社论的特点

社论和一般的政论文比较接近，其特点如下：

（1）鲜明的政治性。社论的政治性，不是文学作品中所蕴含的必须由读者去捕捉的政治性，而是一种鲜明的态度和不容置疑的论断，论题是现实生活中所需要的、民众普遍关心的问题。

（2）强烈的现实性。这是指社论的现实指导作用。社论对现实工作和生活具有极大的组织和推动作用，对社会活动的参加者有直接的鼓动、教育、支持作用，并要总结经验，提供指导工作的有效手段、方式和方法。社论这种作用的发挥与否，取决于选题的针对性和论述的深刻程度。不触及现实生活中迫切需要回答的问题，不触及事物的本质，便不可能发挥指导作用。

（3）深刻的理论性。社论一般就事论理，不能就事论事，在对事实或现象的具体分析中虚实并举，着重从理论上说明问题，从理论的高度对客观实践作出新的总结，使实践在理论的指导下有新的提高和发展。

2. 社论的分类

按内容的不同，社论可分为三类，具体如下：

（1）专题性社论。这是一种对某一事件、某一问题、某一典型发表意见的社论。

（2）概述性社论。这是对某一个时期的工作、政策进行分析、总结的社论。

（3）常规性社论。这是逢重大节日、会议或颁布某种法令、政策时表示态度，提出指导意见的社论。

也可将社论分为政治性社论、务虚性社论、务实性社论、时事性社论、论战性社论五类。

3. 社论写作的要求

（1）选准论题。社论是报刊上最有权威的言论，论题的确定十分重要，因此要从实际工作和社会生活出发，从民众的情绪要求出发选取和确立论题。只有在这样的选题下，社论才会具有针对性和指导性。不能对无关紧要的事件、工作、问题以社论的形式进行论述，否则会降低社论的品格。

（2）向民众说话。社论总是向各方面的读者说话的，不同的对象所关心的问题不同。社论应以广大的民众为对象，不宜将读者只限于部分党政干部和有关专业部门的工作人员；应当讨论民众所普遍关心或具有普遍兴趣的问题，而不应仅讨论很小一部分专业人员所关心或感兴趣的问题；要坚持平等的态度，不能高高在上，板着脸孔训人，不但要告诉读者“应该怎样”，还要讲清楚“为什么要这样”。

（3）虚实结合，论证具体。社论的政策性、理论性很强，若不注意虚实结合，很容易将社论写得抽象枯燥，缺乏文采。因此必须全面准确地理解政策、体现政策，既不落俗套，又要生动活泼，富有文采。在说理过程中，要善于在理论与实践相结合的基础上分析、说明问题，善于在正面与反面观点的论辩交锋中展开论述，善于通过夹叙夹议将具体和抽象结合起来进行说理，这样才能有助于增强社论的思想水平和理论色彩。

【例文】

调整人口政策应对“未富先老”

《南方都市报》(2015 年 8 月 23 日 AA02 版)

近日，全国政协委员、政协经济委员会委员贾康撰文提出，“单独二孩”政策还达不到十八届三中全会所要求的“促进人口长期均衡发展”的目标。要实现这一目标，需要使生育率逐步提升到世代更替水平附近。因此，有必要进一步调整人口政策，应尽快放开二胎生育。

在专家看来，人口政策的调整越来越具有紧迫性了，因为自 2012 年国家统计局发布统计公告指出中国劳动适龄人口绝对数量首次下降以来，这一指标已经连续三年出现了下降。众所周知，中国的改革开放之所以取得举世瞩目的成就，劳动力优势的发挥是其中重要因素。劳动适龄人口占总人口比重较大正是获得所谓“人口红利”的一个前提，劳动适龄人口绝对数量连续三年下降所带来的冲击不言而喻。

劳动适龄人口数量的连续下降，铸就了中国人口新的结构。据 2013 年中国第一部老龄事业发展蓝皮书《中国老龄事业发展报告》透露，2012 年中国老年人口数量达到 1.94 亿，老龄化水平达到 14.3%，这一比例明显高于 10% 的联合国传统老龄社会标准。预计到 2030 年，中国 65 岁以上人口占比将超过日本，成为全球人口老龄化程度最高的国家。这标志中国已经进入事实上的“老龄社会”。

一个发展中国家随着经济的发展逐渐丧失人口红利，乃至进入老龄社会，原本是一种必然，从某种程度上说，能够进入老龄社会本身就是经济发展的自然结果，放眼世界，经济最发达的国家往往就是老龄化程度最高的国家，原因皆在于此。但中国老龄化问题的特殊性在于“未富先老”。尽管中国的财富增长速度世界罕见，但相比之下，人口老化的速度却更快。据统计，世界历史预期寿命从40岁到70岁，发达国家用了约100年，中国只用了不到50年，让生育率下降也只用了其他国家的1/3时间。

过早地失去人口红利，“未富先老”，会呈现出一种什么样的状况？年轻人出走、生源锐减、劳动力短缺、城镇萧条，还有越来越大的养老压力，近来舆论关注的东北恰是人们观察未来老龄社会的一个窗口。

人口红利的消失，老龄化社会的提前到来，带来了一系列的问题。应对这些问题，必须未雨绸缪，而对现行人口政策进行深入的研究、讨论并进行适当调整无疑是首要之着。

其实在制定现行人口政策之初，制定者就已做好了调整的准备。1980年，《中共中央致全体共产党员、共青团员的一封公开信》中说：“到三十年以后，目前特别紧张的人口增长问题就可以缓和，也就可以采取不同的人口政策了。”另据经济学家贾康透露，当时专家集团的意见也认为对人口的计划生育控制以30年为期较为妥当。显而易见，现行人口政策不论在特定的时期起到过什么样的作用，也无法成为一剂万应灵药，需要因时而变，根据人口形势的变化而作出调适。

调适的步伐已经开始，2013年11月，十八届三中全会决定启动实施“单独二孩”政策，这是中国人口政策改革的实质性步骤。日前，央视报道称，针对社会关心的“全面放开二孩”问题，卫计委有关负责人透露目前正在抓紧制定相关规定。这一切意味着当下或处于人口政策调整的一个窗口期。

但在专家看来，目前这些调整的措施似乎过于稳健，特别是对紧迫的现实问题还构不成有力的回应。一个事实是，在单独二孩政策实施前，国家卫计委预测实施后每年新增出生人口将达到200万，而根据国家卫计委今年1月公布的数据，单独二孩申请人数只有106.9万对夫妇，真正的出生人数仅为47万人。这证明正在实施的单独二孩政策的效果远低于预期。

现在传出新的五年规划中将把人口政策的调整放到优先位置的消息让人鼓舞和期待，经过人口政策的调整，中国应对“未富先老”必会获得一个不错的基础。

（二）短评

短评是新闻评论的一种，是新闻评论中的轻型武器。它的使用频率很高，具有广泛的群众性，编者可以写，记者可以写，读者也可以写。报刊上的“今日论语”“读者论坛”“漫话”“快语”“新世说”“谈家常”等栏目，都属于这种短评。

短评与社论或一般的政治论文、学术论文相比较，具有明显的单一性和群众性特点。单一性是指短评的论题和内容都很单纯、集中，具有一理一评、一事一议的特色。群众性是指短评是最容易掌握的一种评论，拥有很大的读者群和作者群，而且题材广泛，涉及人们工作、学习和生活的各个方面，是广开言路、活跃思想、加强社会主义精神文明建设的有力武器。

短评从评论对象和内容性质上来分，有下列三种：

1. 提示性短评

是配合下列新闻或问题写成的评论：一是事件、问题本身就有一定重要性，但本质意义一点即明；二是新闻报道的事物尚处于萌芽状态，或者只是个别现象；三是新闻报道的内容具有多种发展的可能，属于暂时尚难或不宜作出论断的事件或问题；四是新闻报道的内容属于某些有争议和准备展开讨论的问题。

2. 立论性短评

是配合方向性新闻而写的评论。方向性新闻是具有时代特点、体现时代精神、符合时代潮流的新闻。

3. 驳论性短评

是配合批判性新闻而写的评论。批评性新闻指的是批评和揭露诸如违法乱纪、玩忽职守、扰乱社会治安等问题的新闻。

短评写作的要求主要是:“短”“新”“活”。“短”是要短小精悍,“新”是要新鲜独到,“活”是要活泼生动。

短评写作的要求:

1. 分析对象,选定题材

短评大多是配合新闻报道写成的。短评的依托性,要求作者首先必须对评论对象进行认真分析,了解对象是何种性质的新闻,准确地掌握新闻报道的内容性质,然后才能选定题材。短评要选取群众当前感兴趣的、具有方向性的新事物、新问题,言人之所盼言;选取群众当前关心的甚至为之焦虑的问题,言人之所欲言;选取群众正在疑惑且有争议又亟待解决的问题,言人之所未言;选取群众尚未明确察觉而需要及时提醒的问题,言人之所该言。

2. 围绕中心,角度多样

短评内容的新鲜独到,与其所依托的报道有密切关系。新闻报道若能提供新的由头、新的思想、新的依据,就会有助于短评内容的新鲜独到。而从新颖独特的角度立论,是克服短评平庸化的重要措施。一般来说,短评的立论在围绕中心工作的前提下,可以从先进人物的言行中建立论点,这是一种正面的立论角度;另外也可以从反面或侧面的角度,针对部分人对报道的片面看法甚至流言蜚语展开论述;或者从正反事实的对照中立论,使短评有褒有贬,是非鲜明,也会获得很好的效果。

3. 述而不详,评而少论

短评与报道是相辅相成的关系,新闻报道是短评立论的依据,短评是新闻报道的理论升华。这种关系要求短评在表达上必须述而不详,评而少论。“述”是交代写作由头,引述论据。由于短评和报道总是配合在一起发表的,因而引用事实要高度概括,不能一味地或者过多地复述报道内容。“评”是作评定,下判断。各种短评,尤其是提示性短评,都要求观点明朗,论点集中,一语中的,只讲非讲不可的道理,而少发议论。

4. 重视说理

说理方法很多,最常见的有以下几种。

(1)对比说理。就是把相反、相对的两种事物、两种见解、两种做法或一事物的相反、相对的两个方面放在一起,形成是非得失的对照和高低优劣的反衬,进而在相互联系和比较中展开由表及里、有破有立的说理方法。这种方法运用得好,有助于显示事物的本质及其意义,强化说理效应,明辨是非利弊。

(2)比喻说理。这种说理方法可增强论证的形象感和感情色彩,在实际运用中,可以比喻为由头,也可以比喻为论点或论据。

(3)算账说理。就是以数字为论据,以算式显示论断。这种方法运用得好,有助于提出问题、论证问题,增强短评的知识性、新鲜感和说服力。

【例文1】

安全出行贵在自觉

如果大家都自觉地不乘坐非法营运摩托车、三轮车，非法营运就没有市场；如果没有非法营运摩托车、三轮车给我们带来“方便”，我们步行的机会就会更多，在日益拥堵的今天，还会有更多人考虑骑行，这对于环境保护、可持续发展大有裨益，何乐而不为呢？

【例文2】

国务院要求“推动各地落实带薪休假制度”

落实带薪休假既是生活质量提升的具体体现，也是社会公平的鲜活体现。同时还要用更高质量的旅游休闲等消费服务方式引导大家“会休假”。在经济增速放缓的背景下，中国官方越来越重视鼓励旅游休闲等消费，以助力经济稳定增长。旅游既需要钱也需要时间，作为促进旅游休闲消费的关键一环，推进带薪休假的落实也成为应有之义。

【例文3】

说“绰号”

前不久，《解放军报》刊载了一位青年战士的信。信中战士诉说了自己由于身材矮小，被别的同志称为“跳蚤”而不胜苦恼的心情，呼吁舆论予以批评制止。何以如此？我看大抵是因为这样的绰号含有讥讽、蔑视之意，而无尊重和爱护之情。

送人绰号之风，目前在部分中学生中颇为盛行。有的人认为，赠绰号既可以加深交情，又可增添生活情趣；有的人则认为这样既不文明礼貌，又影响团结。这两种迥然不同的看法似乎都有一定道理，其实又都过于绝对化。

赐人绰号，古来有之。《水浒传》中的英雄人物，几乎人人都有绰号。宋江号称“及时雨”，李逵唤作“黑旋风”，鲁智深名曰“花和尚”，还有“豹子头”林冲、“浪里白条”张顺等。这些绰号大都概括了这些人物的主要特征，不但无损其形象，反而脍炙人口，留传于世。

如今在我们学生当中，也常可听到像“胖墩”“大炮”“作家”等一类的称呼，亦即绰号。它们分别反映了某些学生的外形、性格、爱好等特点，包含着一种亲切感，体现了在集体当中一种融洽的关系，呼者有情，闻者惬意。而另一些同学，则以取笑他人为快，常送人一些带讥讽意味的绰号。比如，人家矮胖一点，就称作“水缸”或“炮弹”；瘦长一些，就叫作“打枣杆”或“电线杆”；门牙大一点，就名曰“大板牙”。这些绰号难免伤害对方，妨碍团结。上述那位战士为绰号“跳蚤”而深感不满，原因就在这里。

绰号有褒有贬，起绰号不仅反映了一个人的思想感情，也反映了一个人的文化教养、心理素质，乃至伦理道德等问题。在这里，不妨借用孔子说过的一句话：“己所不欲，勿施于人。”送人以绰号，应慎之又慎，切忌随意性。我以为有益于友谊，有利于团结的绰号，用一用亦未尝不可。但必须看对象，大凡长辈、老师，或者性格内向的男女同学，尤其是女同学，或褒或贬，一律以不起绰号为好。另外还要分场合、时间，即使是关系密切的同辈或小辈，在正式、庄重的场合，千万不要称呼其绰号或即兴送人绰号。

可见绰号之赠与不赠、称与不称，需看对象、视场合而定，做到言谈得体、举止文明。否则将会使人窘迫，惹人恼怒，既有伤于人亦有损于己，于文明礼貌更是相去甚远。这也就难怪那位青年战士要诉诸报端了。

（三）编者按

编者按是一种依附于新闻报道或文稿的新闻评论，是报社、通讯社、广播电视台等新闻媒体的编者对新闻稿件所加的评价、批注、建议或说明性文字。它的主要功用在于针对稿件中的观点或材料，解释有关方针、政策，表明编者的态度和建议，强调稿件的中心思想或现实意义，提供背景情况，传递最新信息，帮助读者权衡是非，引导社会舆论。

1. 编者按分类

就性质和内容分，编者按有说明性按语和政论性按语两类；就位置和形式分，编者按有文前按语、文中按语和编后按语三种。

（1）说明性按语的写作目的在于帮助读者理解新闻材料，说明有关情况，交代背景，介绍作者，表明刊载或转载的目的，以引起读者的阅读兴趣。

（2）政论性按语的职能在于：一是提纲挈领、简明扼要地点明报道或文章的中心思想，揭示事物的意义，便于读者领会文义；二是依附报道或文章及时传达党和政府的有关指示精神，交代或重申有关问题的政策界限；三是赞扬先进、批评错误，明辨是非，提出建议。

（3）文前按语也称题下按语，在广播、电视中称“编前话”，是报刊编辑者最常用的按语形式。其地位重要，位置显著，行文要求提纲挈领、言简意赅，不必复述所依附的材料，无须展开论证，只用论断性语言直接提出论断，写法上不如编后按语灵活。

（4）文中按语与新闻报道既有配合关系，又有渗透关系，是插入文中、标上括号、附在某句或某段文字后的按语。这种按语有感即发，有疑即注，有错即批，直截了当，灵活醒目，能于字里行间表明编辑部的立场、观点和态度。

（5）编后按语是编者按语的一种表现形式，是编者对新闻稿件有感而发的一种抒情、联想和议论性文字。它的写作目的在于深化稿件主题，使稿件锦上添花。

2. 编者按的写作要求

（1）既依附于新闻报道，又不拘泥于新闻报道。编者按对新闻报道和文章材料有着较强的依附性。这种依附性表现在按语中就是从报道或文章本身所提供的事实和材料中提炼观点和意见，直接表明编辑部的立场和态度的，如果离开报道本身，按语就成了无源之水、无本之木，失去了存在的可能。但依附并不是拘泥于报道，简单地重复报道本身所提供的事实和见解，好的按语善于依托个别的典型材料指导一般，将民众的思想认识提高到理论和政策的高度。

（2）精悍短小，点到为止。由于按语本身无须具体地复述论据，无须展开具体的论证，只需直截了当地发表意见和主张，因此要求按语的写作必须言简意赅，篇幅短小，对论点（包括意见、建议、希望、要求等）点到为止。按语和所依附的新闻报道是同步发表的，复述绝不能多；另外，写作按语要字斟句酌，掌握省字省句的基本功，力求把多余的字、句压缩到最低限度，做到言简义丰。

（3）旗帜鲜明，讲究分寸。编者按的行文虽然简短，但态度必须鲜明泼辣，不能吞吞吐吐、拐弯抹角、含混不清，而鲜明泼辣并不是简单生硬，更不是强迫命令。写作按语，尤其是含有批驳性内容的按语，要区分问题的性质，不能主观武断、盛气凌人；按语要体现报纸编辑部的立场，行文语气要和报纸的身份相一致；按语要有一定的权威性和指令性，但权威性和指令性并不能从强迫命令中产生和形成。

（4）风格多样，迅速及时。按语是新闻评论中使用最为灵活的一种文体，它形式多样，风格多样，有的按于文前，有的插入文中，有的落在文尾，有的针对一篇报道或一组报道，有的配合一封来信、一个专栏，有的针对文章中的一段文字、一个提法甚至一句话。在论述方面，可以表扬赞颂，可以批驳辩论，可以讽刺抒情，可以明志说理。因此按语可以形成各种不同的风格，或心平气和，或正襟危坐，或促膝谈心，不拘一格，运用灵活。

另外，编者按同样需要迅速及时，讲求时效。

【例文 1】

编者按：为全面反映各地各校开展“我的中国梦”主题教育活动的工作部署和重要举措，把教育系统“我的中国梦”主题教育活动不断引向深入，特编发“‘我的中国梦’主题教育活动专辑”，供参考。

——摘自教育部简报 2013 年第 21 期《凝聚爱国情怀　激发报国热忱》

【例文 2】

编者按：盲目的恐慌和逃离，通常是个人心理的正常反应，并不应该予以苛责。然而，当恐慌心态成为群体性反应，公共场合中的每个人盲目跟风、亦步亦趋，无疑凸显出了公众对公共安全的焦虑。尤其，近年来，公共场合的突发事件频发，持刀伤人、爆炸等现象的出现，都让公共安全面临严峻的挑战。面对危急情况，人们通常选择自保方式，惊慌、逃避自然成了首选。

面对群体性恐慌，需要公民个体认知能力和道德素养的提升，对公共场合内的事件作出清晰判断，而不是随波逐流。同时，在突发事件面前，公民个体更应该掌握逃生与自救的技巧，并避免对公共秩序造成破坏。但是，更为关键的则在于，如何减少或杜绝公共场合中的安全隐忧，让每个人都能免除安全之虞。

见晕恐慌的背后，需要公民个体理性心态的支配，但前提必须是社会公共安全秩序得以构建，消除安全焦虑心态滋生的土壤。从这个方面来看，在政府责任范围内，应该侧重做好管理、救助、安全防范等，使所有的潜在风险能够得到有效防控。同时，公民如何应对突发事件，还需要政府强化职责，在应对思路、方式等方面，给予必要的培训教育和互动沟通。

公共安全隐忧的存在，必然会放大公共安全焦虑，见晕恐慌也不会只是个案。应对公共安全事件，无疑是一场持久战，需要做好宏观与微观层面的工作。唯有如此，公共安全秩序才能得以构建。公众才能更加理性，群体性恐慌才会越来越少。

——摘自中国青年网《见晕恐慌放大公共安全焦虑》

第四节　解说词

一、解说词的概念和特点

解说词是根据选用的实物或照片、资料等，对其中表现的事物、人物进行解释或介绍的一种应用文体。它包括电影、电视解说，文物、名胜书画等的解说以及展品解说等。秘书工作者要经常向内外宾客和领导介绍本机关、本单位的一些基本情况及相关成果等，了解解说词的写作很有必要。

解说词主要有以下特点：

1. 真实性

解说词针对事物或人物作实际解说，不是凭空捏造、不着边际的吹嘘。

2. 通俗性

解说词不仅是让人看的，更是让人听的，所以读起来朗朗上口，明白易懂。

3. 形象性

解说词不是干巴巴的说教和背诵，而是用形象性的语言对事物进行描绘，有文采，能用语言打动人心。

二、解说词的写法

解说词的结构一般包括标题、开端、主体和结尾四个部分。

1. 标题

解说词的标题点明事物的名称和主要特征。例如，《成都武侯祠中的一副对联》。

2. 开端

开端介绍事物的概况，让读者和听者对事物的全貌有个清晰完整的了解，并且留有联想的余地。

3. 主体

主体是对事物深入细致的说明和介绍，包括事物的历史概况、性质特点和发展现状等，在解说时可根据对象的不同有所侧重。

4. 结尾

结尾可以是对全文的总结，也可以是对开端的呼应，如果在开端和主体中意思已经表达清楚也可以不写。

三、解说词写作的基本要求

写解说词首先要全面了解被解说的对象；其次是语言要通俗化、口语化，简明扼要；再次是说明时要倾注真挚的感情；最后要灵活运用多种表达方式。

【例文】

《主食的故事》解说词

主食通常提供了人类所需要的大部分卡路里。中国人的烹调手艺与众不同，从最平凡的一锅米饭、一个馒头，到变化万千的精致主食，都是中国人辛勤劳动、经验积累的结晶。然而，不管吃下了多少酒食菜肴，主食，永远都是中国人餐桌上最后的主角。

老黄的全名叫黄国盛，认识他的人都叫他老黄，从每年农历十一月初开始，老黄每隔三天，都会拉着自己家里做的七百个馍馍，骑一个半小时的三轮车，到县城里去卖。

老黄卖的黄馍馍，就是用糜子面做成的馒头，是陕北人冬天最爱吃的一种主食。糜子，又叫黍，是中国北方干旱地区最主要的农作物。

8 000 多年前，中国黄河流域开始栽培黍。

在中国，五谷始终是一个变化中的概念。大约两千年前，五谷的排序为稻、黍、稷、麦、菽。而今天，中国粮食产量的前三名已经变成稻谷、小麦和玉米。中国，从南到北，广袤的国土，自然地理的多样变化，让生活在不同地域的中国人，享受到截然不同的丰富主食。

丁村，这个中原最古老的村落，谷物加工的历史已有上万年。附近曾经出土过中国最古老的石磨，证实了这一点。

擀面，是中原女孩子在成为女人的成长中，必须要掌握的生活技艺。按照中国人的风俗礼仪，过生日贺寿是一定要吃面条的，中国人称为长寿面。为什么中国人过生日要吃面？面条是怎么成为中国人贺寿的象征的？有一个说法是面的形状长瘦，谐音长寿。面条成为讲究讨口彩的中国人最喜欢的主食。

兰州人都说，“自己的早晨是从一碗牛肉拉面开始的”，这个有着一千多家拉面馆的城市，每天要消耗一百万碗拉面，是兰州人心目中，当之无愧的主食王者。一碗面从拉制到煮熟上桌，看似不到两分钟时间，但其背后却有着很深的门道。

土生土长的西安人曹石，计算机系硕士毕业后，利用业余时间和朋友组了一个用西安方言演唱的说唱乐队。身兼大学教师、乐队的主唱作词、多种角色的他，在这首最广为流传，描写三秦大地平民美食的说唱里，一连串列举了陕西几十种诱人的美食，在曹石的歌里，被冠以经典传统的是牛羊肉泡馍。泡馍是最土生土长的西安主食，吃泡馍最讲究的是掰馍，对西安人来说，这不但是个进食的过程，还是个享受的过程，每个人根据自己喜好的口感，掰出大小、形状不一的馍块，再配以熬煮了十几个小时的老汤，一碗看似豪爽简单的羊肉泡馍，其实内在精致复杂。

几乎所有的中国人都知道一个概念：北方人喜欢吃面食，而南方人则离不开米饭，这是因为一千年前形成的两大农业布局，一个是黄河流域以黍和麦为主的旱作农业，而另一个则是长江流域的稻作农业。因此出现了中国独特的“南米北面”主食格局。

地处太湖流域的嘉兴，正处于中国最古老的稻作文化区之中，在相当长的时间里，嘉兴以天下粮仓而著称。然而，以江南精致细腻生活方式著称的嘉兴人，踏实放心的一天，却是从一个热腾腾的肉粽子开始的。

在现代化流水线上，粽子这个古老的食物，呈现出与传统方式不一样的生命力。刘光荣，这个从四川来嘉兴打工的裹粽技师，从每天上午8点到下午4点，要完成超过3 000只粽子。平均每分钟裹7个粽子，每一个粽子，用的时间不到十秒钟，而分量的准确率是百分之百。

在这样的车间里，每一个工作日，就会有大约100万只粽子被生产出来。

每年晚稻成熟，就到了宁波人打年糕的时候。孩子们约好都从宁波回到村里来看望阿公阿婆，四代同堂的一家人像今天这样围坐在一起的日子，一年只有难得的两三次。在这个颇为丰盛的餐桌上，自然少不了孩子们最喜欢吃的年糕。

做年糕是宁波人庆贺新年的一种传统，以前的宁波家庭要在新年之前做上几十斤至上百斤年糕，泡在冬水里储藏，从腊月一直吃到来年。

宁波水磨年糕用当年新产的晚粳米制作，经过浸泡、磨粉、蒸粉、搡捣的过程，分子进行重新组合，口感也得以改善。搡捣后的米粉团，在铺板上使劲揉压，再揉搓成长条，一条最普通的脚板年糕就成型了。

五岁的宁宁最高兴的事情就是跟着曾祖外婆一起做年糕。等宁宁长大的时候，也许不会记得年糕的做法，但那种柔韧筋道的口感，承载着家庭的味道，则会留在宁宁一生的记忆里。

春节，对于中国人来说，是一个属于家庭的节日。2012年春节，白波跟全家人一起在北京过年。作为一名职业摄影师的白波，常年在各地摄制组工作，一年中，也只有在过年这样难得的日子里，儿女们能回到父亲身边。

饺子是中国民间最重要的主食，尤其是年三十晚上，吃饺子取更岁交子之意，在中国人的习惯里，无论一年过得怎样，春节除夕夜合家团圆吃“饺子”，是任何山珍海味所无法替代的重头大宴。如今，在几乎所有的传统手工食品都已经被放到了工业化流水线上被复制的今天，中国人，这个全世界最重视家庭观念的群体，依然在一年又一年地重复着同样的故事。

在这个时候，中国人心里，没有什么比跟家人在一起吃饭更重要的事情了，这就是中国人的传统，这就是中国人，这就是中国人关于主食的故事。

第五节　简报

一、简报的含义

简报有两层含义：一是内部刊物，是党政机关、人民团体、企事业单位编发的一种以反映情况、交流经验、传递信息为主要内容的简要报道。这种刊物又常以“工作动态”“工作简讯”“情况反映”“内部参考”等名称出现。二是指这种内部刊物上刊载的文章，即用来沟通信息的具有简要报告和内部报道性质的应用文。本节所讲的是第二种。

简报所传递的信息、报道的情况一般都不适宜公开发表，有些简报的内容甚至还有机密性。简报主要用于单位或系统内部，具有通过交流经验、沟通情况、反映问题，起指导工作、推动工作的积极作用，也可反映与本单位有关的社会动态、民情民意。它简明、快捷、灵活、信息量大，是目前上至中央机关、下至地方单位普遍重视和频繁使用的重要文书。

二、简报的特点

简报的主要特点如下：

1. 及时性

简报是对机关单位、团体情况及时迅速的报告，讲求时效性。它发现问题快，撰写成文快，编印制发也快。

2. 简明性

简报是简要的报告，所以一般篇幅要短，语言简明扼要、精练生动，除了综合报告，一般每篇不超过 1 000 字。

3. 连续性

一个机关一个阶段的简报一般就能反映出其工作活动情况，并能对机关各部门的工作产生指导作用。

三、简报的写作格式

简报虽然不是正式的党政机关公文，但在长期的工作实践中也形成了约定俗成、较为严格的格式。简报的结构一般由报头、报文、报尾三部分组成，每部分用横线隔开。

（一）报头

报头一般用大字写在首页上端居中位置，约占首页三分之一的篇幅。居中排印简报名称；正下方是期刊编号；名称左下方注明编印单位，右下方注明编印日期；密级注在名称的左上方（一般简报无密级）。

（二）报文

报文是简报的主体部分，其结构可根据具体情况采用不同的形式。

1. 标题法

将简报的主要内容分成各个组成部分，分别用小标题注明。一个部分有一个小标题，自成一章，一目了然。会议简报多用此法。

2. 新闻报道法

以新闻报道的形式，对有关情况进行综合叙述。

3. 按语法

一般用于特别重要或转发的材料。在材料的前面加上按语即内容提要，以强调其意义或概括其主要内容。按语写在间隔线的下方、标题的上方。

4. 因果法

先写“结果”，后介绍“原因”。多用于经验介绍类的简报。

需要注意的是，简报的写法很灵活，写作时可不拘一格，适当变通。

（三）报尾

报尾位于简报最后一页下方，用分隔线将报文与报尾隔开，线下标明抄报、抄送单位或领导个人，再下一行注明印刷份数。

四、简报写作注意事项

第一，立足真实。简报中涉及的任何材料必须准确无误，真正做到喜不夸大、忧不缩小。要实事求是，切忌弄虚作假。

第二，善抓重点。选题要结合形势，选择与中心工作、重点工作密切相关的新事物、新动向。如果迟写慢发，信息一旦陈旧，简报就会贬值，甚至失去意义。

第三，力求简洁。叙述事实、反映情况，要简洁明快，语言必须精练、准确、朴实无华。力戒空洞议论，不要长篇大论。

第四，讲究规范。简报报头、报文的编写，必须规范，不能“创新”。

附：简报格式（示意图）

内部材料
注意保密

简报名称
第×期

×××(单位)编　　　　年　月　日

[编者按]
正文标题

正文

报：××单位（对上级单位）
送：××单位（对同级单位）
发：××单位（对下级单位）

印发份数:×××

【例文1】

各地各高校深入贯彻习近平总书记、李克强总理等中央领导同志关于建设中国特色新型智库的重要指示精神，创新体制机制，整合优质资源，加强互动交流，稳步推进中国特色新型高校智库建设工作。

设立机构，汇聚智库建设力量

北京大学在中国经济研究中心基础上组建国家发展研究院，立足于国家改革发展实践，致力于重大战略、制度、政策和基础理论问题的跨学科综合研究。上海市教委成立上海市高校智库研究和管理中心，首批设立18个上海高校智库，推动高校人文社会科学围绕国家（区域）发展战略中的热点难点问题开展决策咨询研究。福州大学2014年底出台《智库建设实施方案》，建立福建省经济与社会发展智库基地（中心），着力培养咨政研究核心人才库和专业智库团队。

聚集需求，提供优质咨政成果

中国人民大学国家发展与战略研究院创办《问题与思路》，围绕重大战略和热点问题提供政策建议近200篇。武汉大学国家领土主权与海洋权益协同创新中心积极为国家有关部门提供咨询服务，参与有关政策、文件的制定。中国政法大学司法文明协同创新中心围绕中国特色社会主义司法理论体系重大问题，开展综合研究。华中师范大学中国农村研究院实施百村十年观察项目，开展中国农村博物馆、农村数据库等平台建设工作。

举办论坛，促进智库成果交流

中国大学智库论坛秘书处和复旦大学连续两年举办中国大学智库论坛年会，围绕国家亟须和中央重大决策组织专家学者贡献高校智慧。温州市高校和温州市有关部门联合举办首届帕累托·温州高校智库论坛，探索推动产业升级、提高城市可持续核心竞争力的有效举措。南京师范大学江苏法治发展研究院连续八年与江苏省有关部门合作举办“法治江苏建设高层论坛”，发布《江苏法治发展年度报告》，为区域经济社会发展出谋划策。

健全机制，优化智库发展环境

南京大学出台智库建设实施计划，鼓励专家、学者、青年教师和专职科研人员围绕国家和地方重大战略需求开展决策咨询研究，在职称评审、绩效奖励上给予重点倾斜。中央民族大学、中山大学、四川大学等高校将被采纳的咨政成果纳入学校科研评价系列。云南省高校智库实行以主任负责制为主体的实体化管理体制，探索人才柔性流动的“旋转门”机制，完善以贡献和质量为导向的绩效评估办法。

【例文2】

梧州市抓好藤县示范点“三抓三提升”
着力和谐医患关系取实效

梧州市卫生局以创先争优活动为契机，以“强基层，提能力，改作风，惠民生”为主题，着力抓好藤县卫生示范点工作，切实推进医患和谐取得实效。

一是抓破解难题，提升医疗卫生服务能力。突出医疗惠民利民核心，藤县全县卫生系统坚持从群众最不满意的地方改起，从群众最需要的地方做起，努力为群众提供方便、价廉、优质的医疗卫生服务。今年以来，完善了乡镇卫生院和村卫生所基础设施建设，完善了新农合制度。具体表现：一是各级医疗机构起付线降低，其中乡镇级为50元，县级为200元，地市级以上为400元。二是补偿比例提高，乡、县、地市级以上分别为85%、70%、50%，2012年1~9月新农合政策范围内的报销比例达75.4%。三是住院补偿封顶线从2011年的5

万元提高到今年的8万元，重大疾病补偿封顶达15万元。同时，为缓解基层医疗单位医生不足这一制约基层医疗服务质量的瓶颈问题，诚招了一批编外专业技术人员50多名，举办各类专业人员培训班16期，培训专业技术人员300多人（次），进一步增强了服务能力。

二是抓服务民生，提升群众健康生活指数。藤县全县卫生系统突出服务民生这个中心，组织各医疗卫生单位深入乡村开展义诊和体检活动，免费为群众提供医疗、预防、保健等服务，诊治病人8万多人。全面开展了10项国家基本公共卫生服务项目，完成城乡电子健康档案654 641份，规范化电子建档率63.73%；全县健康教育共更新宣传栏203期，播放音像资料种类870种，发放宣传印刷资料1 503种共257 047份，举办健康知识讲座154期，开展健康咨询活动125次，进行个体化健康教育1 837人次；我县登记管理高血压患者35 349人、糖尿病患者规范管理5 466人；对31 502名65岁以上老年人进行健康管理，对2 486名重症精神病患者进行登记管理。

三是抓公开承诺，提升医疗卫生系统形象。围绕构建和谐医患关系，藤县全县卫生系统通过开展党员示范岗、党员先锋岗、党员示范窗口创建，引导党员亮标准、亮身份、亮承诺，比技能、比作风、比业绩，进一步提升了卫生系统形象。爱卫办把卫生改厕作为预防疾病、保护群众身体健康、建设社会主义新农村的一件大事来抓，年内建成农村无害化厕所10 000座。县直医疗卫生单位500多名医护工作者集体公开承诺，拒收“红包、回扣、提成”，用实际行动捍卫了医务工作者尊严。

第六节　倡议书

一、倡议书的含义和作用

倡议书是为了更好地完成某项任务，个人或集体提出某些合理化建议或创造性措施，向广大群众或有关单位公开发出倡议，希望大家响应时所使用的一种专用书信。

倡议书的作用主要有：其一，倡议书具有广泛的群众性，它可以在较大范围内调动群众的积极性，使大家心往一处想，劲往一处使，齐心协力共同做好一些有益于社会的事情和开展某些公益活动；其二，倡议书是开展精神文明建设的一个有效方法。倡议书的内容一般是与人们的日常生活相关的事项，如倡议爱护花草树木、保护生态环境，倡议众志成城、同心协力做好某件事等。这些都有利于人们的身心健康，属于社会主义精神文明的重要内容。

倡议书是一种建议、倡导，它不给人强制的感觉，而是在倡导、号召之中宣传了真、善、美，使人们在无形中受到深刻的教育。

二、倡议书的特点

1．内容的宣传性

倡议书不是对某个人、某一集体或某一单位而言的，它往往面向广大群众，或对一个部门的所有人发出，或对一个地区的所有人发出，甚至向全国发出。所以其广泛的群众性是倡议书的根本特征。为完成某些重大任务经由个人或集体带头发出号召，鼓励动员大家去做，但又不具有强制性。

2．对象的不确定性

倡议书是要求广大群众响应的，然而其对象范围往往是不确定的。即便是在文中明确了具体的对象，但实际上有关人员可以表示响应，也可以不表示响应，因为它本身不具有法定约束力，而与此无关的别的群众团体却可能有所响应。

3．形式的公开性

倡议书是一种广而告之的书信。它就是要让更多的人知晓、了解，从而激起更多人的响应，以期在最大的范围内引起共鸣，达到号召的效果。

三、倡议书的结构与写法

倡议书一般由标题、称呼、正文、结尾和落款五部分组成。

1．标题

倡议书的标题一般由文种名单独组成，即在第一行正中用较大的字体写“倡议书”三个字；另外，标题还可以由倡议内容和文种名共同组成，如《循环用水倡议书》。

2．称呼

倡议书可根据倡议的对象而选用适当的称呼，也可以不用称呼，而在文中指出。

3．正文

倡议书的正文包括两方面的内容：

（1）倡议书背景、原因和目的。倡议书的发出贵在引起广泛的响应，只有交代清楚倡议活动的原因、当时的背景事实，以及发布倡议的目的，人们才会理解和信服，才会自觉地行动，如果这些因素交代不清就会让人觉得莫名其妙，难以响应。

（2）倡议的具体内容和要求。这是正文的重点部分。倡议的内容一定要具体化，要开展怎样的活动，做哪些事情，具体要求是什么，它的价值和意义有哪些等，均需一一写明。倡议的具体内容一般是分条开列的，这样写清晰明确，使人一目了然。

4．结尾

结尾要表明倡议者的决心和希望，或者写出某种建议。倡议书一般不在结尾写表示敬意或祝愿的话。

5．落款

在正文或结尾的右下方写明倡议者单位、集体或个人的名称或姓名，并署上发倡议的日期。

四、倡议书写作注意事项

第一，倡议书的内容要符合新的精神和潮流，不违背国家的方针政策，切实可行。第二，倡议书的背景目的要写清楚，理由要充分。第三，倡议书的措辞要恰当，情感要真挚，同时要富于引导性。第四，倡议书的篇幅不宜太长。

【例文】

学习雷锋倡议书

雷锋，一个一直驻守在人们心中的伟大形象。雷锋精神是我们中华民族精神的重要内涵之一，是中华儿女最崇高思想品质的结晶。

2013 年 3 月 5 日，是毛主席“向雷锋同志学习”题词发表 50 周年的纪念日。四十多年来雷锋不曾远去。作为一名当代大学生，我们更应该把这种雷锋精神发扬光大。因此，我们发出以下倡议：

1. 在班级中，从小事做起，搞好个人卫生，保持教室清洁。
2. 在校园中，自觉做到不乱扔果皮纸屑，把学校当成自己的家。
3. 遵守纪律，爱护公物，见到有损坏公物的行为要及时制止。
4. 热心帮助身边有困难的同学。
5. 利用休息时间到校外，如车站、敬老院、社区等社会场所进行服务。
6. 积极参加学校组织的“学雷锋志愿者”活动，贡献自己的微薄力量。
7. 发扬雷锋的“钉子”精神，奋进求是，努力学习。学习雷锋品质，像钉子那样，有挤劲和钻劲，培养和树立革命的人生观，多读书，读好书，努力掌握文化科学知识，不断提高自己的水平。

“一花独放不是春，百花齐放春满园。”希望每位同学都积极参与学雷锋活动，不仅是在“雷锋日”，更要时刻将雷锋精神牢记于心，并付诸行动。让我们树起实干的桅杆，鼓起理想的风帆，在人生的航道上乘风破浪。

××大学学生会
2014 年 3 月 5 日

【思考题】

1. 什么是消息？请以本市代表队参加的乒乓球省级比赛为内容写一篇消息。
2. 通讯一般可分为哪几类？
3. 短评写作的方法有哪些？
4. 请编写一份反映校园生活的简报。
5. 请向全校师生写一份提倡勤俭节约的倡议书。

第六章
专用文书写作

随着社会的不断发展、科学技术的日益进步，人们的活动领域也在不断拓宽，秘书写作涉及的文种就越来越多。从具体的写作实践来看，不同的文种有不同的发文意图和行文目的，也有不同的功能与作用，不同级别、不同类型、不同单位、不同部门的秘书，在选择文书种类时是有不同要求的。在某些专业部门或专业活动领域内，秘书工作者要掌握一些相应的专用文书的写作方法，这将更有利于做好秘书工作。

【导入案例】

《当代秘书》于2000年第10期上登载了一篇题为“文字秘书要定向积累专业知识”的文章，文章的作者是当时北京大学中文系的王首程老师，面对新时期社会发展下秘书职能转型的必然趋势，王首程提醒秘书工作者平时要有意识地积累专业知识，全面提高文书写作技能。下面是这篇文章的内容：

文字秘书要定向积累专业知识

没有秘书写不了的文章。但是，一名秘书能够进入的写作领域却极其有限。实用性文章只是一个载体，所承载的是社会各个领域——各产业、各行业、各部门的具体的信息，这些信息多数不属于社会共享的资源，而只能在相应的范围内供特定的社会群体或人士阅读。其原因一方面是因为出自秘书之手的实用文章往往涉及本行业或本部门的专门技术和管理信息，只适宜在特定的通道内传递；另一方面，一般公众如果不具备相应的专门知识，也无法解读相应的内容。

不过，文字秘书对专业技术的了解和专业技术人员有着很大的区别。秘书一般是从整体上、宏观上以及与外界的联系上来认识和把握专业知识的，特别需要注意从历史背景、横向联系方面积累相应的经验，还要特别注意锻炼将各类知识“链”化在一起的能力。

历史背景

敏锐的政治嗅觉，准确的政策尺度，恰当的处理办法——秘书笔下流溢而出的此类书函文稿常常博得上司的信赖与赞赏。有些秘书甚至因此而获得“成熟”“老道”“铁笔”之誉。原因之一就是拟文者对文稿所涉及的事项的历史背景、来龙去脉，清清楚楚，因而有可能实事求是、一矢中的。

譬如：某市教育主管部门欲拟一份文件，要求全市各高级中学处理好高三年级“综合科目”的复习备考问题，不准设综合课程来对付高考，以免加重考生和学校的负担。拟这样一份文稿有两条行文思路。一是冷峻地告诉受文者：不准！倘有不从者将予以处罚。另一条思路是告诉受文者：不要！并进而说明为什么不要。既要考综合科，又不要设课程，那么该怎么办？前一条思路主旨明确、文稿简洁，但受文者思想疙瘩难以解开，执行中仍会有抵触情绪，甚至会直指行文者官僚主义、脱离实际。按后一条思路行文则文稿必然要追述高考开考综合科目的历史背景，交代此前高考科目设置以及发展到开设综合科目考试的演变轨迹，接着交代综合科目的设计思想以及为什么不需要专门设置课程去对付这门考试。这样的文件发到基层更容易收到实效。但起草这样的文件，拟文者至少要对高考科目设置的历史、现状、未来发展趋势具有深刻的认识。

拟文者对文中涉及事项的深刻认识来自平时的积累，其中有些就是拟文者自身的以及本部门的工作经验的总结。先做专家，再写美文，这样的文件就有可能在实践中成为强有力的指挥工具。但是，秘书们一方面既不能保证全部参与本单位的各项实践活动，又不允许对自己不了解或了解不多的事项每临行文就一概加以拒绝。因此，纵向知识的获得一是靠实践；二要靠自己平时边观察思考边积累；三是在接受了拟稿任务后，集中精力探本求源。

横向视野

仅有对文稿主旨内容历史与现状的了解仍然是不够的。纵向知识记录了客观事物自身消长的历史。仅凭这个记录却无法从中对其各阶段消长的价值作出确切的评价。对客体对象性质的科学评价还依赖于同类对象间的同期比较，以及主旨内容与周边对象之间的联系。正是通过横向的比较，我们才发现了自身的优势与不足；正是由于以联系的观点对客观对象进行了系统分析，对主旨内容的定量把握才有了实在的依据。

横向知识是处在相同时段上的位于不同空间方位的与文稿主旨内容同类的知识。仍以前述草拟禁止设置综合课程对付高考的文稿为例：为了对高考设置综合课程的必要性和意义作出判断，有必要掌握当今兄弟省市的、发达国家的大学入学考试科目设置的现状及其演变趋势。例如，当清楚地了解了韩国、日本、美国、欧洲等均比较重视中学生的智力的综合发展，不少发达国家大学的入学考试也都开设了综合科目之后，将其反映在文稿中，有可能明显增强文稿的说服力。

再如2000年春节前夕，杭州、合肥等已经禁放烟花爆竹多年的省会城市宣布允许在春节期间有控制地燃放爆竹。其他禁放爆竹的城市如果不了解这些信息，可能会面临一些压力。及时了解了上述信息之后，倘若亦有节日期间有控制地开禁燃放烟花爆竹的意向，则可以将周边城市的开禁作为参照的依据，倘若仍然坚持既定的禁放政策，则亦有必要回应市民，让其了解本地与周边城市的不同之处，争取更多的市民对本地坚持的禁放政策予以支持。

和关于题旨的纵向历史知识相比，显示知识宽度的处于不同空间方位的横向知识对文字秘书更为重要。拟文秘书对题旨所涉及的有关内容可以允许其略有所知，而不必一定要成为技术上的专家。但是却不可以对相关的横向知识孤陋寡闻。沿着题旨的纵向坐标开掘下去，无论开掘得多么深入，所获得的还是单一的关于本题旨的知识。而沿着横向坐标拓展开去，就会获得一连串的知识。更有意义的是：纵向知识多是历史，横向知识才是生机勃勃的现实世界，并有可能预示着崭新的未来世界。

知识“链”化能力

业务能力由对业务对象历史背景的深刻了解构成，由及时掌握与业务对象同期水平相关的横向资料构成，还和系统的思维方法以及对系统中相关知识的了解密切相关。通过事物之间的联系方式来把握对象是辩证唯物主义者认识世界的方法之一。世间几乎没有一种物体可以在自己的时空隧道里随心所欲地自由飞翔。作为客观存在的物体，总是要以各自特定的方式和周边的其他客体联系交织在一起。失去了和周边的联系，物体的存在就失去了意义。很多业务能力出众的人都是善于准确发现自己的工作对象和周边事物存在着哪些联系，各以什么方式联系在一起的人。这些人首先看到的是由丰富多彩的世界构成的巨大的网络。自己所从事的工作、谋划的事项、推出的决策，都是以各自的方式存在于网络之中的“节点”。而另一些人看到的只是自己的工作或谋划对象本身。由前一种人位居秘书岗位执笔行文，其文稿内容的可行性、说服力可能就大得多。而由后者来行文，则很容易在文稿内容上失之偏颇。

当然，身为一名秘书，很难对众多的关联问题进行决策，甚至在很多问题上都没有发言权。但是，一个执笔拟文的秘书，应该具有和题旨内容相关的业务能力，并有责任在上司的决策中发挥参谋、咨询、建议作用，并应及时将相关信息反馈给上司。拟文者不关心题旨对象的“左邻右舍”，缺少在系统的“网络”中发现“节点”的能力，可能使很多工作陷于被动。

【讨论】

（1）为什么说秘书写作要“先做专家，再写美文”？

（2）你怎样理解文章最后一段“一个执笔拟文的秘书，应该具有和题旨内容相关的业务能力”这句话？你觉得“业务能力”主要指什么？

（3）从这篇文章中你得到了哪些启发？你认为文字秘书需要积累哪些专业领域的知识？

【要点阐述】

第一节　专用文书概述

众所周知，秘书写作的目的是解决实际工作中的问题，而现代生活丰富多彩，行为主体以及业务活动也是多种多样，在秘书写作的实际操作中，为了解决具体的工作问题、实现具体的工作目标，就需要使用到针对这些特定问题与目标的专用文书。简单来说，专用文书即指在某些专业化的职能部门根据其专业需要而形成并使用的具有一定专业内容和特征的文书，它们有行业范围的限制和其专有的适用范围。这些专用文书在其各自岗位上发挥着其他文书无法发挥的作用，了解并学会写作专用文书是当下社会秘书工作者必须具备的专业资质。

一、专用文书的含义

专用文书，是指在某些专业部门或专业活动领域内使用的文书，是针对某个行业、某种需要在一定领域和范围内使用、具有该专业部门或该专业活动领域特定内容和规定格式等特点的文书种类。不同的系统、不同的行业、不同的业务部门等都有与之相适应的专用文书，如外交公文、军事公文、法律公文、经济公文、科技公文等，它们都属于专用文书，这些专用文书在各自的业务领域内发挥着其他种类文书无法替代的作用。

秘书写作是人类社会活动的产物，是以解决公务活动中的具体问题为目的，特定的公文只有在相应的权限和范围内制发才能生效。如果错误地选择公文种类，就会失去它的效用。秘书工作者只有充分地了解与掌握专用文书的写作，才能全面提高自己的写作技能，更好地服务与协助专业化的社会工作。

二、专用文书的分类

专用文书门类繁多，涉及各行各业，所以对于它们的分类难有统一的标准。可以按功用将其划分为管理文书、礼仪文书、教学文书等；可以按其形成缘由划分为规章文书、契约文书、事务文书等；也可以依据其适用对象划分为外交文书、私人文书、公共文书等。

大多数情况下，按照实用性的原则，我们通常根据专用文书的用途和适用领域对其进行分类，划分为如会务文书、经济文书、法律文书、科技文书、外交文书、军事文书、教学文书等明显以专业性的名词来命名的文书种类。不同名称的专用文书，概括地表明和反映了它们的不同性质、作用和适用范围，也反映着不同的使用目的和要求，因而必须根据不同的情况，恰当选择和正确使用相应的专用公文。只有选择了正确的、体现了行文目的的专用公文文种，才有助于发挥专用文书应有的效用。

各种专用文书内容各异、格式多样，在用语与结构方面各具特色，甚至在表达方式上也不尽相同。不同的文种所涉及的专业领域不同，专业用词自然也不同，因而有的文种要求语言简练、平实，有的则要求语气庄重、严谨；有的文种重点突出，全文都围绕一个具体的问题并最后得出结论，有的则是综合论述、面面俱到、巨细无遗；有的文种多以文字进行表述，利用文字彰显思维逻辑、说明理据，而有的文种却要求辅以大量的数据分析和表格的形式等进行陈述，落脚于现实效益。下面我们选择了几类比较常见的专用文书，简单介绍它们各自的特点。

（一）法律文书

法律文书指一切涉及法律内容的文书，它既包括具有普遍约束力的规范性法律文件，如各种法律、行政法规、地方性法规及规章等，也包括不具有普遍约束力的非规范性法律文件，指国家司法机关、律师及律师事务所、仲裁机关、公证机关和案件当事人依法制作的具有法律效力或法律意义的非规范性文件。

法律文书按其适用对象和范围一般分为六种类别：民事诉讼类法律文书，如起诉状、答辩书等；刑事诉讼类法律文书，如刑事自诉状、上诉书等；婚姻家庭类法律文书，如离婚协议书、遗嘱、收养协议书、婚前财产协议书等；公司类法律文书，如公司合同、人事管理办法、资产管理办法、股权转让协议等；劳动类法律文书，如劳务合同、劳务仲裁申诉书等；经济类法律文书，如买卖合同、承包合同、合伙协议、租赁合同等。

所有的法律文书都具有不同程度的法律效力或意义，对行文者与受文者形成一种法律约束力，是具体实施法律的重要手段之一，也是进行法制宣传的生动教材，因而其制作格式与内容表述都有严格的要求。法律文书的制作首先有一个合法性问题，它包括制作主体法定、制作手法有据、正确适用实体法、符合法定程序四个方面。法律文书除了内容要求法定性之外，还要求有相对固定的写作结构与准确的专业用语。另外，在表达方式上，写作时以综合表达、叙议为主，运用真实的材料依法说理，阐明事情的焦点，并要求遵守相应的叙事原则与引证要求。

（二）经济文书

经济文书是人们在经济工作中所使用的各类反映经济活动内容的文书的统称，它是人们在经济活动和经济交往过程中所使用的反映经济情况、处理经济事务、研究并解决经济实际问题的一种专门处理经济事务的应用文。

常用的经济类公文有经济合同和经济协议书、市场调查报告、市场预测报告、经济活动分析报告、审计报告、税务检查报告、商品说明书、商函、经济消息、广告文案策划、招标书、投标书以及经济广告等。

随着中国经济的不断发展，经济专用文书的使用频率越来越高。一份高质量的经济文书不仅传递了必要的经济信息，推进企业改善经营管理；还能作为法定依据的凭证，使活动的双方避免不必要的经济纠纷；甚至还引导有关部门制定有效的经济政策，促进政府经济管理部门发挥职能作用，更好地规范社会的经济行为。因此，经济文书的写作必须从实用的目的出发，讲究实效，重视解决实际问题。与此同时，经济文书的写作必须要以翔实的材料为依据，而材料要真实，就需要大量的经济调研信息、扎实的经济理论基础与一定的市场分析和判断能力。经济文书在表达方式上要做到突出重点，遣词用语要准确精练，必要时要附以数据、图表等形式。

（三）科技文书

科技文书是指表达一定科学技术内容的各种实用文书，是以科学技术方面的内容为研究和表述对象，用于科学技术的生产、交流、传播和普及的一类实用文体。科技文书根据其表现形式主要可以分为四类：①论文类科技文书，如学术论文、毕业论文等；②报告类科技文书，如各种科技考察和调研报告、实验报告；③说明类科技文书，如各种产品说明书、专利说明书；④其他科技文书，如专利申请书、发明申报书、项目申请书。

科技文书最基本的要求是讲求科学性和真实性，这也是这类文书最重要的特点。所以此类文书的写作者必须具备相关的科技知识和实事求是的科学态度，写作所依据的材料必须真实可靠，论述要周到严密，专用名词、术语的使用都要准确无误。科技文书的表达形式也是多种多样，多是以议论和说明为主。近几年，随着科学技术的发展，科技文书的基本格式正逐渐标准化，科技文献的撰写和编辑也被制定了一系列国际标准，因而，科技文书的书写格式，包括符号、表格、插图的使用等，都需要参照规范的标准格式。值得一提的是，科技文书与其他专用文书相比，最大的价值就在于其创造性，所以，科技文书的撰写不仅需要科学、严谨的学术态度，还需要作者挖掘出具有科技价值的内容。

（四）外交文书

外交文书是指使用于国家及其外交机关、派出机构、外交代表与他国及其外交主管机关之间，或国家与联合国等国际组织之间进行国际联络和外事活动的专用文书。比较常见的外交文书有各种公约、条约、协定、议定书、外交声明、公报、宣言，照会、备忘录、外交信函、电报，国书、颂词、答词、委托书等。

外交文书体现国家对外方针政策和法规，具有申明和承担国家之间在政治、经济、军事、文化等方面的相互权利与义务的作用。外交文书的行文和格式必须遵循国际惯例并体现对等的原则，书写格式、用纸规格、用印及签署等都十分讲究。另外，外交文书作为一种比较正规的场合化文书，遣词造句要慎重，行文语气要庄重，要学会熟练地使用各种交际用语。

三、专用文书的写作特点与写作要求

（一）写作特点

虽然每种不同的专用文书都有其各自的内容、格式要求以及语言风格，但整体上来说，它们都有以下一些共同的特点：

1. 文类的专业性

专用文书与其他文书的最大差别就是其涉及专业性的内容。如经济文书与法律文书，它们都涉及大量经济与法律方面的专业知识，只有掌握了这些专业知识、具备相应的理论功底，才能写出符合要求的专用文书，达到解决具体问题的目的。内容的专业性还体现在专用文书的专业用语方面，如外交文书的用语要照顾国际惯例，讲究外交辞令；法律文书使用规范化的法律术语等。

2. 内容的针对性

专用文书都有其特有的行业领域，体现一定的业务内容，并且其业务内容受行业、部门职能的制约。业务内容的处理是专用文书诞生的重要原因，专用文书自诞生那一刻起就决定了其目的性，它永远都是以解决某一特定问题的面目出现的。如经济文书中的市场调查报告，它是在经济活动领域内对某种市场经济行为进行调查和分析的应用文，市场调查的行为抱有强烈的目标性，即为了改善经营现状，实现经济效益。

3. 功能的专用性

每个文种的专用文书均专用于某一领域，也就是说专用文书有行业范围限制，是各自所属行业专用的，外行业一般不能使用。大部分的专用文书活跃于特定的部门、适应特定行业的需要，如外交文书在外交部、大使馆、领事馆使用，是进行外交活动的一种工具；法律文书在检察和司法机关等使用，是处理各类法律事务的工具。

许多专用文书功能的专用性也源于其自身的特殊制作程序，如法律文书必须由法定的主体进行制定，又如司法文书按照诉讼程序撰写等，这些特殊的制作程序也决定了相应专用文书功能的专用性。

4. 格式的多样性

许多专用文书有特定格式，如会计文书、司法文书等，除书面文字形式外，较多地会采用数字、表格等形式，对于相应的图形项目和形式，每种专用文书都有特殊的规定，需要按照规定进行填制。

（二）写作要求

根据以上特点，我们可以总结出一些专用文书写作的基本要求：

1. 掌握专业知识，熟悉业务内容

每一行业不仅有本行业通用的术语和专用名词，也有相应的政策、法规纪律以及职业规范和工作程序。全面掌握相应的专业知识、积累丰富的实践经验对于秘书进行专用文书的写作来说是至关重要的。

2. 明确写作目的，选择合适文种

每一类专用文书都是文种众多、用途各异，写作专用文书必须依照写作目的，选择恰当的文种，这需要写作者熟悉行业特点，并能熟练掌握各种专用文书的写作。选对文种非常重要，一旦文种选择不当，将直接影响专用文书实用效能的发挥。

3. 尊重客观事实，论证周密细致

专用文书的写作始终需要恪守实事求是的原则，从实际出发，尊重客观事实。要以科学的态度对待研究中的各种问题，论证、分析时要体现清晰的逻辑思维，能提供相应的理据。此外，写作中所涉及的各种数据和有关内容必须真实可靠，文书的语言要避免产生歧义，引用资料都必须查对核实，否则它将会造成受文者的误解，产生无法挽回的损失。

4. 熟悉格式规范

各种专用文书一般都有相对应的专用格式，如合同格式、起诉状格式等，国际的外交文书等还要遵循国际标准。把握文体格式规范，掌握恰当的表述方法，是专用文书写作不可忽视的重要原则。

5. 养成与专用文书写作有关的其他能力

如写作经济文书时，要培养自己调查取材的能力；写作科技文书时，要培养自己逻辑思辨的能力；写作外交文书时，要提升自身礼仪方面的素养等。

总之，专用文书的写作能力是现代社会生活中秘书工作者必备的素养，同时也是其综合能力的体现，只有通过不断的学习与实践才能获得提高。

第二节　经济文书写作

一、经济文书的含义与特点

经济文书是经济应用文的通称，是人们在经济工作中所使用的各种反映经济活动内容的文书的统称，是人们在经济活动和经济交往过程中所使用的反映经济情况、处理经济事务、研究并解决经济实际问题的一种具有实用价值和一定惯用文章体式的专业应用文书。一般说来，经济文书是在经济活动中形成并使用的，包括文字、图表、公式、数字、符号等多种表现形式。

经济文书与财经文书是什么关系呢？我们认为，财经文书有广义与狭义之分，狭义的财经文书专指各类只为财经工作所用的财经专业文书，是专门应用于经济活动领域的应用文体；广义的财经文书是指人们在涉及财务工作中所使用的各种反映了经济活动内容的文书，它既包括财经专业领域的经济文书，也包括其他专业部门或领域使用的反映经济活动内容的文书。结合经济文书与财经文书的定义来看两者关系，结果是一目了然的，经济文书其实就是广义的财经文书，狭义的财经文书是包含在经济文书的范围内的。

作为一种特定的专用文书种类，经济文书具体有以下特点：

（一）内容专业

经济文书的内容自然与经济相关。和其他专用文书一样，它的内容是专业性的。经济文书内容的专业性具体体现在三个方面：围绕经济活动、重视经济规律、讲求经济效益。所有的经济文书都与某种经济目的挂钩，其存在就是为了解决现实中经济方面的问题，因而内容的专业性是经济文书首要的特点。

（二）政策鲜明

这一特点是与内容专业性的特点紧密相连的。大部分经济文书产生于经济业务的需要，而经济工作是一项政策性很强的工作，它深受政策法规的制约，因而经济文书的制定必须重视体现相应的政策内容。政策性在财经与金融类的经济文书中体现得尤为明显。另外，诸如经济合同、审计分析报告、经济广告等经济文书，它们直接服务于经济活动，为避免产生不必要的经济纠纷与经济损失，这些经济文书本身就会涉及某些法律规定的内容，因而必须依法拟制，这样才可能生效并得到法律的保护。

（三）目的实用

经济文书的最终目的就是为了切实解决某些经济问题、追求经济效益，这种效益可以是寻求财富的增加，也可以是避免财富的损失。相比于其他的专用文书，经济文书的实效性更为突出，实效正是经济文书的生命。比如市场调查报告、市场活动预测报告、可行性研究报告、经济广告等，追求实效是这些文书最重要也是首要的目的。

（四）信息及时

当下社会信息量剧增、经济信息瞬息万变，作为经济信息载体的经济文书只有及时反映急速变化的经济活动情况，才有可能实现经济文书的实效。比如写作经济预测报告、经济决策报告时，因为市场的变化不会等待任何一个人，所以写作时必须及时，否则就会时过境迁，丧失有利的工作时机。

（五）形式规范

不少经济文书都有它惯常使用的格式，写作时应当遵守；经济文书的语言，要做到平实简明、精当无误，根据真实的材料进行科学的分析，并作出合理的判断。此外，运用翔实的数据也是经济文书突出的写作特点，数据及图表有助于准确、高效地表达信息，缩短行文周期，提高时效性。

二、经济文书的写作要求

经济文书的种类繁多，常见的有经济广告、广告文案，合同、意向书、协议书，投标书、招标书，商函，经济消息，项目建议书，预算、决算报告，审计报告，经济决策报告，市场调查与预测报告，经济活动分析报告，可行性研究报告，经济工作计划、经济工作总结等。秘书工作者对最常用的经济文书应当能够熟练使用，在具体的应用实践中，也要根据不同的目的与适用对象选择合适的经济文书种类。

不同种类的经济文书，其具体的写作要求与格式也不尽相同。但是，如果从较为宏观的角度来看，经济文书的写作普遍需要注意以下几个方面：

（一）重视经济专业知识的积累和相关能力的培养

经济文书的专业性要求撰写者具备一定的专业知识基础，不仅如此，撰写者还应该保持敏锐的观察能力，能够洞悉市场瞬息万变的经济活动情况、关注国家和政府的经济政策，对各种经济现象能做到认识清、反应快、判断准。政策、法律、必需的经济方面的专业知识以及经济领域的实践经验对于经济文书的写作来说，都是至关重要的，所以，秘书平时一定要注意相关知识的积累与能力的培养。

（二）行文主旨要明确

经济文书十分强调实效性，而它是通过经济文书的主旨得以体现的。经济文书的写作要始终围绕所针对的对象和问题展开，不可以随便偏离。在具体的行文中，作者要通过文章的具体材料表达出清晰的中心思想、基本观点，说明主要问题，作者对经济事务的见解、评价和态度不应该是模棱两可、含糊不清的。

（三）搜集的材料要真实、准确、典型

材料是构成经济文书内容的物质基础。材料的搜集要注意三个方面：第一是真实，真实的经济信息与市场数据才能确保经济文书的生命，否则它只会成为失效的白纸；第二是准确，这里的准确即要求材料能够紧扣文章的主旨，只有准确，才能体现经济文书的针对性与实用性，材料是否准确关乎观点能否成立；第三是典型，材料是庞杂的，为了争取较高的时效性，材料的筛选讲求快、狠、准，此时典型材料是最佳的选择，它能够深刻地揭示经济活动的本质，又具有代表性与说服力，可以起到以一当十的作用。

（四）合理规划文章结构、表述准确

经济文书在写作时要合理规划结构，这样全文才能始终围绕主旨展开，做到层次清晰、前后衔接连贯；语言的表述要严谨，图表以及数据的使用要根据其起到的具体作用进行相应的处置。

三、意向书、协议书与经济合同

（一）意向书

意向书在经济领域使用较多，它是经当事人双方或多方接洽过的，对某合作事项正式签订条约或达成协议之前表达初步合作设想的意向性文书。意向书往往是签订协议、合同的基础文书，但是它本身只表达某种合作意向，是不具有法律效力的，因而不具备合同的约束力。

与正式的合同相比，意向书的内容比较简略，在正式签订相关协议、合同前其具体内容经由当事人双方或多方协商后可以灵活变更。

意向书的写作一般包含三个部分：标题、正文与尾部。标题部分由“项目名称＋文种”组成，如《×××、×××企业经济联合意向书》。正文部分是意向书的主体部分，包含签订意向书的目的、意义以及意向事项。尾部部分是由意向书签订各方签字认可并加盖公章、私章及签署日期。

【例文】

×××项目合作意向书

甲方：×××
乙方：×××

双方就×××项目的合作事宜，经过初步协商，达成如下合作意向：

一、同意就×××项目开展合作研究开发。

该项目的基本情况是：

二、前期工作由甲乙双方各自负责。

甲方应做好以下工作：

1.（略）

2.（略）

乙方应做好以下工作：

1.（略）

2.（略）

三、在甲乙双方完成前期工作基础上，双方商定于××××年××月××日签订正式合同。

四、本意向书是双方合作的基础。甲乙双方的具体合作内容以双方的正式合同为准。

甲方：　　　　　　　　　　乙方：
代表人：　　　　　　　　　代表人：

××××年××月××日

（二）协议书

协议书是在社会活动中协作的双方或多方，为保障各自的合法权益，经共同协商达成一致意见后，由有关各方共同签署的具有法律效力的记录性应用文书。协议书作为一种具有法律约束力的契约文书，是签订双方协作关系的具体反映，也是达到双方当事人议定的某一目的的有效措施，它能监督双方信守诺言、约束轻率反悔行为，作用与合同基本相同。

协议书的写作由四个部分组成：标题、签订协议当事人的名称、正文与结尾。标题要突出协议书的中心内容或者协议书的性质，如《×××公司、×××公司联营协议书》《拆迁协议书》。标题的左下方并列签订协议的各当事人的单位名称或法定代表人姓名，或自然人姓名。为行文方便，协议书中需规定好“甲方”和“乙方”，将其在相应的名称或姓名后面用括号注明。正文部分主要是协议书的条款内容，包括所议定的事项、各当事人应承担的义务和享受的权利，如完成什么项目、达到何种要求、完成时限、报酬等。具体说来，正文部分要体现以下六个条款内容：标的、数量、质量、价款或者报酬、履行条款期限、违反条款的责任处理，此外，还要注明本协议一式几份、由谁保管及协议的有效期限。结尾部分要落款与签署日期。

【例文】

××开发区管委会、×××自来水公司投资合作框架协议书

甲方：××开发区管委会（以下简称甲方）
地址：　　　　　　　　　　　　　　　　邮编：
授权代表：　　　　　　　　　　　　　　职务：
电话：　　　　　　　　　　　　　　　　传真：
乙方：×××自来水公司（以下简称乙方）
地址：　　　　　　　　　　　　　　　　邮编：
授权代表：　　　　　　　　　　　　　　职务：
电话：　　　　　　　　　　　　　　　　传真：

依据甲方产业发展和乙方企业发展战略，为充分发挥双方优势，甲、乙双方根据《中华人民共和国合同法》及相关法律法规的规定，本着平等互利、合作双赢的原则，经友好协商，就乙方在甲方境内投资建设《××××》项目，达成投资协议如下：

一、合作内容

乙方在××开发区××工业区内投资建设《××××》项目，项目建设时间为201×年×月—201×年×月，项目用地××亩（以内）。

二、双方的权利和义务

（一）甲方的权利和义务

1. 甲方将位于________约________亩土地作为________项目建设用地以招拍挂方式出让。乙方承诺参与该用地的竞拍。若乙方未能竞得该用地，本合同自行终止，甲乙双方均放弃主张本合同约定的所有权利。

2. 本项目土地出让金以摘牌价为准，出让金总额按土地实际面积结算。

3. 项目土地出让金交纳以国土部门规定为准。

（二）乙方的权利和义务

1. 乙方项目用地按土地招拍挂制度依法取得。

2. 乙方按计划加快建设项目的规划和论证进度，力争尽快核准具备开工建设条件；加大项目前期工作力度，在甲方配合下及时办理环境影响评价及审批、项目备案、工商登记等前置手续，加快项目建设进度，力争早日建成产生效益。

3. 项目建设启动后，在项目发展必需的所有条件具备的前提下，按照本《投资合作框架协议书》，拟定《××××》项目的投资规划和项目实施计划，报送甲方备案，项目总投资为人民币×亿元（后附项目规划及实施方案）。

4. 按照循环经济的理念进行项目的设计和建设，做到清洁生产、节能减排。在项目选址建设、生产经营中，遵守环保、土地、水利、林业、安全生产、城乡规划等法律法规，并接受监督。

5. 乙方项目总投资应不低于________万元。企业注册资金不低于________万元。乙方应于本合同签订之日起30日内在××注册成立具有独立法人资格的企业。新企业注册成立后，本合同乙方项下所有的义务与权利相应转移到新注册的企业。若乙方未按照上述约定履约，则视同乙方单方面解除本合同，甲方则保留将本用地另行安排其他项目的权利，并追究乙方违约责任。

三、保障措施

1. 本协议签署生效后，双方应及时会商项目实施计划和相关补充协议，加快项目建设推进。

2. 双方各自成立项目领导小组，定期共同召开工作交流会，协调项目的推进落实。

3. 双方各指定一名负责人，负责本协议的实施指导、检查和督促。

四、违约责任

1. 本协议签署生效60日内，甲、乙双方任何一方不全面履行本协议的相关约定，守约方可书面催告对方在一定期限内履约；若违约方仍无实质性改善，并导致双方合作目标受到严重影响时，则守约方有权要求对方赔偿相关损失，并有权终止本协议。

2. 乙方在甲方境内按招拍挂所购地块必须用作《××××》项目及相关产业项目建设，不得改变土地用途或自行转让。否则，甲方有权将此用地另行安排，由此造成的一切损失由乙方负责。

五、其他事项

1. 本协议全部条款只对协议双方有效，不得作为其他使用，不得发布于任何公开媒体。

2. 甲、乙双方对本投资协议均负有保密义务，非经对方同意，任何一方不得将本协议内容对外进行公开或泄密。

3. 未尽事宜，双方以补充协议完善。

4. 本协议自甲、乙双方签字、盖章之日起生效。

5. 协议附件同样具有法律效应。

6. 本协议一式肆份，甲、乙双方各执贰份，各份文本具有同等法律效力。

甲方：（公章）
法定代表人：×××
201×年××月××日

乙方：（公章）
法定代表人：×××
201×年××月××日

（三）经济合同

经济合同是合同的一种，它是法人之间或法人与其他经济组织、个体工商户、农村承包经营户之间，为实现一定的经济目的、明确相互权利和义务而订立的书面协议。根据我国《合同法》第九章至二十三章的规定，规范化合同有十五种：买卖合同，供用电、水、气、热力合同，赠与合同，借款合同，租赁合同，融资租赁合同，承揽合同，建设工程合同，运输合同，技术合同，保管合同，仓储合同，委托合同，行纪合同和居间合同等。

经济合同是双方或多方的法律行为，合同双方或多方当事人必须具有合法的资格且取得一致的协议，否则合同就不能成立。在签订合同中，合同双方或多方当事人的法律地位是平等的，采取胁迫手段所签订的合同是无效的。经济合同一经依法签订，就具有了法律效力，各方面的权利和义务受到国家法律的保护，任何一方违约都要承担经济和法律责任。

现实生活中经济合同的内容多种多样，合同的形式也多种多样，但大多数经济合同都有较为稳定的结构模式和内容条款。经济文书的结构包含首部、正文、尾部和附件四个部分。首部由标题、当事人基本情况及合同签订时间、地点构成。标题要体现合同的性质、内容或种类。在当事人基本情况标注中要写明双方在合同中的买卖关系，即“买方”和“卖方”。正文部分即合同的主要条款。尾部要包括以下内容：双方当事人签名、盖章，单位地址、联系电话、邮政编码，银行开户名称、银行开户账号，签证或公证等。附件主要是对合同有关条款的说明性材料或证明材料。

经济合同的内容条款要求详细完备，一般要具备以下基本内容要素：

1. 标的

标的是合同所有当事人权利义务共同指向的对象，是合同必备的基本条款，必须明确具体。不同性质的合同标的不同，如借款合同的标的是货币，租赁合同的标的是出租物，建设工程合同工的标的是工程项目。

2. 数量和质量

数量和质量条款是合同的主要条款。数量是衡量当事人权利义务大小的尺度，是以数字和计量单位来衡量标的的尺度。质量是检验标的内在素质和外观形态优劣的标准，标的质量标准一般应写明国家、部颁、省级或行业标准字样。

3. 价款或者报酬

价款是根据合同取得财产的一方当事人向另一方当事人支付的以货币表示的代价；报酬是根据合同取得劳务的一方当事人向另一方当事人支付的以货币表示的酬金。价款或报酬是有偿合同的必备条款，合同中不仅需要说明它们的数额，还要说明其计算标准、结算方式和程序等。

4. 履行期限、地点和方式

履行的期限是指合同当事人双方履行义务的具体时限，对双方都有制约力，是当事人履行合同的时间限度。履行地点和方式是确定验收、费用、风险和标的物所有权转移的依据。

5. 违约责任

违约责任指当事人不履行合同义务或履行合同义务不符合约定而承担的责任。它的签订有利于督促合同当事人自觉履行合同，发生纠纷时也有利于确定违约方所承担的责任，这是合同履行的保障性条款。

6. 解决争议的方法

主要指合同当事人之间解决争议的方法，有和解、调解、仲裁、诉讼四种，订立合同时，需要约定解决争议的方法。

7. 其他条款

除了以上基本条款外，双方当事人应根据实际情况约定其他有关双方权利和义务的条款，如租赁合同，还可补充租赁用途、租赁期间的维修条款等。

【例文】

商铺租赁合同

出租方（以下称甲方）：
承租方（以下称乙方）：

甲方愿意将产权属于自己的房屋出租给乙方。双方根据国家相关法律、法规，经协商一致，订立本合同，详细情况如下：

第一条 房屋坐落地址 甲方出租的商铺坐落地址：________号，建筑面积________平方米。

第二条 租赁期限 租期________年，自________年____月____日起至________年____月____日止。

承租人有下列情形之一的，出租人可以中止合同，收回房屋：

1. 承租人擅自将房屋转租、转让或转借的。
2. 承租人利用承租房进行非法活动的，损害公共利益的。
3. 承租人拖欠租金累计达30天的，并赔偿违约金________元。

合同期满后，如出租方仍继续出租房屋，承租方享有优先权。但租金按当时的物价及周围门市租金涨幅作适当调整。

第三条 租金和租金交纳期限：

1. 每年租金为人民币________万________仟元整（￥________元）。
2. 从第二年起，租金每年比上一年度增加________元（即第二年为________元，第三年为________元，第四年为________元，……）。
3. （或）为减轻乙方负担，经双方协商，甲方同意乙方租金分______期付款，付款期限及金额约定如下：

第一期：租金为________元，付款时间为________年________月________日。
第二期：租金为________元，付款时间为________年________月________日。
第三期：租金为________元，付款时间为________年________月________日。
第四期：租金为________元，付款时间为________年________月________日。
第五期：租金为________元，付款时间为________年________月________日。
第六期：租金为________元，付款时间为________年________月________日。
……

［或3. 乙方每（_______月、年）缴纳一次租金，乙方以现金形式支付租金。］

4. 乙方必须按照约定向甲方缴纳租金。如无故拖欠租金，甲方给予乙方7天的宽限期，从第8天开始甲方有权向乙方每天按实欠租金1%加收滞纳金。

第四条 租赁期间房屋修缮 出租方将房屋交给承租方后，承租方的装修及修缮，出租方概不负责。如承租方不再使用出租方的门市后，承租方不得破坏已装修部分及房屋架构。

第五条 各项费用的缴纳

1. 物业管理费：乙方自行向物业管理公司交纳。
2. 水电费：由乙方自行缴纳（水表表底数为__________度，电表底数为__________度，此度数以后的费用由乙方承担，直至合同期满）。

3. 维修费：租赁期间，由于乙方导致租赁房屋的质量或房屋的内部设施损毁，包括门窗、水电等，维修费由乙方负责。

4. 使用该房屋进行商业活动产生的其他各项费用均由乙方缴纳（其中包括乙方自己申请安装电话、宽带、有线电视等设备的费用）。

第六条　出租方与承租方的变更：

1. 如果出租方将房产所有权转移给第三方时，合同对新的房产所有者继续有效。出租人出卖房屋，须在3个月前通知承租人，在同等条件下，承租人有优先购买权。

2. 租赁期间，乙方如欲将租赁房屋转租给第三方使用，必须事先书面向甲方申请，由第三方书面确认，征得甲方的书面同意。取得使用权的第三方即成为本合同的当然乙方，享有原乙方的权利，承担原乙方的义务。

第七条　违约金和违约责任

1. 若甲方在乙方没有违反本合同的情况下提前解除合同或租给他人，视为甲方违约，负责赔偿违约金____________元。

2. 若乙方在甲方没有违反本合同的情况下提前解除合同，视为乙方违约，乙方负责赔偿违约金________元。

3. 承租方违反合同，擅自将承租房屋转给他人使用的，应支付违约金________元。如因此造成承租房屋损坏的，还应负责赔偿。

第八条　免责条件　若租赁房屋因不可抗力的自然灾害导致损毁或造成承租人损失的，双方互不承担责任。租赁期间，若乙方因不可抗力的自然灾害导致不能使用租赁房屋，乙方需立即书面通知甲方。

第九条　争议的解决方式　本合同在履行中如发生争议，双方应友好协商解决，协商不成时，任何一方均可以向人民法院起诉。

第十条　本合同如有未尽事宜，一律按《中华人民共和国经济合同法》的有关规定，经甲、乙双方共同协商，作出补充规定，补充规定与本合同具有同等效力。

第十一条　合同双方签字盖章后生效，如一方违约，另一方有权向违约方要求赔偿违约金________元。

本合同共________页，1式2份，甲、乙双方各执1份，均有同等法律效力。

出租方：（签字盖章）
法定代表人（签字）：
联系电话：
联系地址：
身份证号码：

承租方：（签字盖章）
法定代表人（签字）：
联系电话：
联系地址：
身份证号码：

合同签订地点：
合同签订时间：201×年××月××日

四、经济活动分析报告

经济活动分析是经济管理部门和企业单位为了加强控制或改善生产和经营管理，提高经济效益，保障经济活动的正常进行，以科学的经济理论和各种经济资料（如计划指标、会计统计资料，调查材料等）为依据，对一个地区、一个行业、一个单位或一个部门的经济活动，或某一项经济活动的情况进行系统、客观的分析和总结的一种行为，反映这种分析过程与结果的书面材料就是经济活动分析报告。简而言之，经济活动分析报告是经济管理部门或企业单位用来对本系统的业务活动或企业内部的生产经营活动进行分析研究并反映其结果的一种经济管理应用文书。

经济活动分析报告注重研究性，它围绕特定的目的和经济工作中具体的问题，借助各种经济资料为经济活动分析提供比较全面的数据，但是仅靠数据是不能说明问题的，经济活动分析报告还必须对这些数据进行深入研究，从本质上揭示其发展规律。没有科学的分析，是写不出有说服力的报告的，因而经济活动分析报告非常注重研究性。另外，经济活动分析报告的内容是经济活动过程及其结果，它是一种回顾型的研究文书，是对以往及现有经济工作成绩与问题、经验及教训的总结，同时也对未来的经济活动具有指导意义，因而它也有总结性与指导性两个特点。

经济活动分析报告有不同的分类标准，如依据国民经济的不同部门，可以分成工业经济活动分析报告、农业经济活动分析报告、商业经济活动分析报告等；按分析的依据可以划分为财务分析报告与统计分析报告等；按分析对象的范围可以分为宏观经济分析报告和微观经济分析报告。通常情况下，我们较常使用的分类是按其分析的内容进行划分的，主要有三类：根据各项经济指标对某一部门或单位经济活动情况进行分析撰写的综合经济活动分析报告、针对某个专门的问题进行分析而撰写的专题经济活动分析报告和围绕几个经济指标或抓住一两个问题进行分析而撰写的简要经济活动分析报告。

经济活动分析报告的写作特别要注意两个问题，一是搜集材料，二是选择分析方法。材料的搜集要量、质兼重，它们是写作的基础。与此同时，对于材料的处置要运用合理的方法，写作者要综合运用各种经济分析方法，从不同的角度和方面去剖析经济现象。常用的分析方法有比较分析法，因素分析法，综合比算法和预测分析法四种。

比较分析法也叫对比分析法、指标分析法，它要求把在同一基础上（时间、内容、项目、条件）可比较的数据资料加以比较，根据比较的结果来研究经济活动的情况和原因。运用比较法进行经济活动分析时，必须注意经济现象或经济指标的可比性。一般可以从“比计划、比历史、比先进”三个方面进行比较。因素分析法，是把比较法所确定的差异数值作为分析的对象，重在探索产生矛盾的原因，揭示影响经济活动的若干因素及其影响程度，从而剖析、探究生产经营活动中最关键的因素，以针对性地采取有效措施。综合比算法是对多种指标进行综合对比和计算的评价，从整体上来权衡利弊得失的一种方法，运用这种方法可全面平衡地考虑存在的问题，以及今后应采取的相应措施。预测分析法，又叫动态分析法，是根据已有的经济指标对经济活动进行预测的方法，是以发展的眼光对经济活动的变化情况及其趋势进行研究，就今后的经济活动提出各种设想和措施的分析方法，它的研究内容包括：同一时间、空间条件下企业的发展速度、发展水平、增长的绝对值等。

经济活动分析报告一般由以下几方面构成：

1. 标题

可以是公文式的标题，一般是“单位名称 + 时间 + 分析对象 + 分析内容”，例如《××公司2015年第一季度财务分析报告》。也可以用非公文式的标题，标题并不标上“情况分析”“情况总评”等字样，可单独让经济活动分析的内容成题，如《××市汽车消费市场呈现三大转变》，有时可以在这些标题的下面加一个副标题揭示出它是经济活动分析报告。

2. 前言

前言的写法多样，有的是以简洁的语言介绍经济活动的背景，有的是说明分析对象的基本情况，有的是提出问题以及揭示分析结论，也有省略前言部分直接表述中心内容的写法等，但无论何种形式，前言的撰写都要简洁。经济文书的前言一般都比较灵活，甚至可以省略，所以一般可以归纳到正文部分。

3. 正文

正文是经济活动分析报告的核心，要详写经济活动的情况。一般包括主要经济指标完成情况、技术和管理措施情况、业务工作的开展情况等。详述经济活动的情况是为了“分析”，因为报告不能只堆砌材料、罗列事实，要针对相关情况进行分析。在分析的基础上，还要回答今后的经济活动将会“怎么样”或“怎么办”的问题，总结经验、提出建议是经济活动分析报告的精华所在。

4. 结尾

经济活动分析报告的结尾要视具体情况而定，一般多是回应标题，对全文作一个总结，提出希望或要求，但有些情况比较单一的报告可省去结尾这一部分。结尾之后要有落款，写明撰写经济活动分析报告的单位名称或作者姓名，加盖印章并标明日期等，有的还需要单位负责人签署。

【例文】

××市电力局2012年上半年经济活动分析

我局半年来，在市政府的正确领导下，经济态势运行良好。各种营销经济指标较之去年均有较大幅度的增长，经济效益明显增强，然而由于受各种条件的限制，尤其是受经济环境和买方市场的约束，我局部分经济指标离系统的要求仍有差距，未能达到预期目标。为了更好地总结经验，找出差距，现将我局1~6月份营销活动综合分析如下：

一、上半年各项指标完成情况及分析

（一）购电量

1. 购电量完成情况。

2012年1~6月份购网电量完成7 512 384千瓦时，较2011年1~6月份完成电量7 515 552千瓦时，少购电量3 168千瓦时，基本与去年持平。

购网电量与去年同期持平的主要原因是：由于林区木材产量下降，多种经营、林产工业等替代产业滞后，导致用电量明显下降，影响了我局购电目标的完成。我们采取各种措施拓宽电力市场，建立了增供扩销激励机制，制定了增供扩销奖励办法，分解指标层层考核，调动了营销人员的积极性。

（1）根据市场的实际情况，经过多方比较，反复测算，制定了线路台区经济指标承包责任制，激发了广大职工的劳动积极性，取得了明显的经济效果。

（2）“诚信工程”的实施，密切了供用电双方关系，一定程度上激发了用户用电的积极性。提高服务质量，简化用电报批手续，推进无障碍办电，缩短了办电时间，加快了办电速度，争取时间多供电。

2. 按用电类别分析各类别购电量增减原因，列举诸如新装、增装容量，同比增长率。

（二）购电平均单价

1. 今年1～6月份完成平均电价××元/千瓦时，与去年同期完成××元/千瓦时相比上升了××元/千瓦时。完成内部利润×××万元。平均单价虽然较去年同期有较大的提高，但与系统要求相比较仍然较低，主要受用电构成影响，今年1～6月各类用电见下表（略）。由此可见：居民电量所占比重较大，而商业、工业电量比重较低，由于林区经济持续低迷，工业电量呈现负增长，影响了购电单价的提高。

2. 购电平均单价同比增长的因素。

（1）从去年以来四次调价影响数额。

（2）基本电费增长影响数额。

（略）

3. 分析影响购电平均单价同比下降的因素。

（略）

（三）电费收缴完成情况

（略）

（四）节能降损工作

2012年1～6月综合线损率完成24.33%，与去年同期完成的25%下降了0.67个百分点。今年，我们下大气力抓好按线、按台区考核线损工作的落实（略）。

二、上半年主要工作

狠抓用电管理，大力降低线损。

（略）

三、目前工作中存在的问题和不足

1. 营业管理体制有待按农电系统进行全面改革，规章制度有待进一步完善。

2. 长期以来，我们虽然狠抓员工队伍建设，在这方面也投入了大量财力、物力，但员工的整体素质仍不很高。

四、下半年工作思路

增强以电力市场为导向的思想观念，做好市场需求预测工作，以人为本，加强营销队伍的培训工作，提高队伍整体素质，发展人才战略，进一步完善管理机制和制约机制，量化责任追究制和激励机制。认真执行各项管理办法，加大营销管理力度和考核力度，确保全年指标顺利完成。

（略）

××市电力局

2012年××月××日

五、市场调查与预测报告

（一）市场调查报告

市场调查报告是以市场为对象进行调查研究，有计划有目的地搜集、整理、分析有关市场营销方面的情报信息，以得出科学的结论，为市场营销提供切实可行的决策依据的经济管理应用文书。

市场调查报告对市场营销的正确决策有着至关重要的作用，它是获取市场信息的主要途径，旨在反映市场营销方面的情报资料，揭示商品需求的状况以及对需求状况产生影响的诸多要素，并对这些影响因素进行科学的分析，力求作出准确的结论。

市场调查报告可以分为综合市场调查报告、专题市场调查报告和典型市场调查报告三大类。综合市场调查报告围绕产品市场营销的诸多方面进行调查研究，涉及的面比较广，花费的时间相对较长。专题市场调查报告侧重于对某一个专门问题进行专项调查，重在研究某个具体的文体，具有很强的针对性。典型市场调查报告主要借助对典型问题的研究进行推广，一般在小范围内先进行试验，积累了一定的成功经验后，再慢慢将营销活动的局面逐步打开，多用于营销活动的起步阶段。

市场调查报告是一种要求具有实践性的应用文体，因而写作前需要先做好市场调查的工作，这样有利于市场调查报告的写作。

市场报告的结构一般包含四个部分：标题、前言、正文和结尾。

1. 标题

市场调查报告的标题根据市场调查的目的、内容、范围等项目拟定，一般要直接反映出市场调查的内容，如《2015 年 × × 市大众汽车市场调查》《2015 年儿童用品消费意向调查》等。

2. 前言

前言是对市场调查的简单说明，主要说明调查的目的、对象、范围，也可以说明调查了多长时间、运用了什么样的方法、调查结果来自哪些渠道、采用了什么样的数据处理方式等。

3. 正文

正文是市场调查报告的核心部分，既要反映市场调查的基本情况，又要表明调查者的观点、分析、结论与建议。正文部分要求条理清晰、逻辑严密。

4. 结尾

结尾要简明，可以补充说明正文里没有具体说明的问题，或是一些统计数据和附件及其他材料。结尾要注明作者的单位和姓名以及写作时间。

市场调查报告的写作一定要注意真实性，必须如实反映情况，内容要真实可靠。内容的安排要注意详略得当，突出重点，选取的例子与材料有典型性。与此同时，市场调查报告是具有时效性的，具体的调查活动要注意效率问题。

【例文】

××市居民家庭饮食消费状况调查报告

为了深入了解本市居民家庭在酒类市场及餐饮类市场的消费情况，特进行此次调查。调查由本市××大学承担，调查时间是2014年7月10日至8月15日，调查方式为问卷式访问调查，本次调查选取的样本总数是2 000户。各项调查工作结束后，该大学将调查内容予以总结，其调查报告如下：

一、调查对象的基本情况

（一）样品类属情况。在有效样本户中，工人320户，占总数比例18.2%；农民130户，占总数比例7.4%；教师200户，占总数比例11.4%；机关干部190户，占总数比例10.8%；个体户220户，占总数比例12.5%；经理150户，占总数比例8.52%；科研人员50户，占总数比例2.84%；待业户90户，占总数比例5.1%；医生20户，占总数比例1.14%；其他260户，占总数比例14.77%。

（二）家庭收入情况。本次调查结果显示，从本市总的消费水平来看，大部分的人均收入在4 000元左右，样本中只有约2.3%的消费者收入在6 000元以上。因此，可以初步得出结论，本市总的消费水平一般，商家在定价的时候要特别慎重。

二、专门调查部分

（一）酒类产品的消费情况

1. 白酒比红酒消费量大。分析其原因，一是白酒除了顾客自己消费以外，用于送礼的较多，而红酒主要用于自己消费；二是商家做广告也多数是白酒广告，红酒的广告很少。这直接导致白酒的市场大于红酒的市场。

2. 白酒消费多元化。

(1) 从买白酒的用途来看，约52.84%的消费者用来自己消费，约27.84%的消费者用来送礼，其余的是随机性很大的消费者。

买酒用于自己消费的消费者，其价格大部分在50元以下，其中50元以下的约占26.7%，50～200元的占22.73%，从品牌上来说，××酒、××酒、××酒相对看好，约占18.75%。从红酒的消费情况来看，大部分价格也都集中在50～100元之间，其中，50元以下的占10.23%，价格档次越高，购买力相对越低。从品牌上来说，以××红酒、××红酒为主。

送礼者所购买的白酒其价格大部分选择在200～500元之间（约28.4%），约有15.34%的消费者选择500元以上。这样，生产厂商的定价和包装策略就有了依据，定价要合理，又要有好的包装，才能增大销售量。从品牌的选择来看，约有21.59%的消费者选择××白酒，10.795%的消费者选择××白酒，另外对红酒的调查显示，约有10.2%的消费者选择100～150元的价位，选择150元以上的约5.11%。总之，从以上的消费情况来看，消费者的消费水平基本上决定了酒类市场的规模。

(2) 购买因素比较鲜明，调查资料显示，消费者关注的因素依次为价格、品牌、质量、包装、广告、酒精度，这样就可以得出结论，生产厂商的合理定价是十分重要的，创名牌、求质量、巧包装、做好广告也很重要。

（3）顾客忠诚度调查表明，经常换品牌的消费者占样本总数的32.95%，偶尔换的占43.75%，对新品牌的酒持喜欢态度的占样本总数的32.39%，持无所谓态度的占52.27%，明确表示不喜欢的占3.4%。可以看出，一旦某个品牌在消费者心目中形成，是很难改变的，因此，厂商应在树立企业形象、争创名牌上狠下功夫，这对企业的发展十分重要。

（4）动因分析。主要在于消费者自己的选择，其次是广告宣传，然后是亲友介绍，最后才是营业员推荐。不难发现，怎样吸引消费者的注意力，对于企业来说是关键，怎样做好广告宣传，消费者的口碑如何建立，将直接影响酒类市场的规模。而对于商家来说，营业员的素质也应重视，因为其对酒类产品的销售有着一定的影响作用。

（二）饮食类产品的消费情况

本次调查主要针对一些饮食消费场所和消费者比较喜欢的饮食进行，调查表明，消费有以下几个重要特点：

1. 消费者认为最好的酒店不是最佳选择，而最常去的酒店往往又不是最好的酒店，消费者最常去的酒店大部分是中档的，这与本市居民的消费水平是相适应的，现将几个主要酒店比较如下：

××大酒店是大家最看好的，约有31.82%的消费者选择它，其次是××宾馆和××酒店，都是10.23%。调查中我们发现，××宾馆虽然说是比较好的，但由于这个宾馆的特殊性，只有举办大型会议时使用，或者是贵宾、政府政要才可以进入，所以调查中作为普通消费者的调查对象很少会选择。

2. 消费者大多选择在自己工作或住所的周围，有一定的区域性。虽然在酒店的选择上有很大的随机性，但也并非绝对如此，例如，××酒店，也有一定的远距离消费者惠顾。

3. 消费者追求时尚消费，如对手抓龙虾、糖醋排骨、糖醋里脊的消费比较多，特别是手抓龙虾，在调查样本总数中约占26.14%，以绝对优势占领餐饮类市场。

4. 近年来，海鲜与火锅成为市民饮食市场的两个亮点，市场潜力很大，目前的消费量也很大。调查显示，表示喜欢海鲜的占样本总数的60.8%，喜欢火锅的约占51.14%，在对季节的调查中，喜欢在夏季吃火锅的约有81.83%，在冬天的约为36.93%，火锅不但在冬季有很大的市场，在夏季也有较大的市场潜力。

三、结论和建议

（一）结论

1. 本市的居民消费水平还不算太高，属于中等消费水平，平均收入在5 000元左右。

2. 居民在酒类产品消费上主要是用于自己消费，并且以白酒居多，红酒的消费比较少，属于个人消费的酒品。

3. 消费者在买酒时多注重酒的价格、质量、包装和宣传，也有相当一部分消费者持无所谓的态度。对新牌子的酒认知度较高。

4. 对酒店的消费，主要集中在中档消费水平上，火锅和海鲜的消费潜力较大，并且已经有相当大的消费市场。

（二）建议

1. 商家在组织货品时要根据市场的变化制定相应的营销策略。

2. 政府和商家应采取积极措施引导消费者的消费，实现城市消费的良性循环。

调查者：××局××
2014 年××月××日

（二）市场预测报告

市场预测报告是以一定的经济理论为指导，依据准确的统计资料和已掌握的有关市场信息，对市场的过去和现状进行深入调查，并通过科学的方法进行分析研究，从而预测未来发展趋势的一种预见性报告。

市场预测报告的特点是：

1. 预见性

市场预测报告的性质就是对市场未来的发展趋势作出预见性的判断，是对未来事件的预测，关键在于对市场历史和现状的把握程度，目的是将市场需求的不确定性最小化。

2. 针对性

市场预测报告用以指导具体的经济活动，因而每一次市场调查和预测最好能针对某一具体的经济活动或某一产品的发展前景，选定的预测对象越明确，市场预测报告的现实指导意义就越大。

3. 时效性

市场行情瞬息万变，有价值的市场调查报告和预测报告不仅要追求准确，还要强调及时，如果时过境迁，则会毫无价值。

4. 参考性

市场预测报告起到的是一种参考性质的作用，一般说来它能在合理的时限内帮助决策者作出更好的决策，具有较高的参考价值；但另一方面，市场的情况千变万化，各种突发情况往往非人力所能控制，所以在参考预测报告的时候还要注意实际情况的变化。

市场预测报告按照不同的标准可以划分为不同的种类，如按预测时间可以划分为针对 1 年左右经济活动发展变化趋势的短期预测报告，针对 2～4 年经济活动发展变化趋势的中期预测报告和针对 5 年及以上时间经济发展前景的长期预测报告，还有一些季度、年度等时限的市场预测报告。按照预测的方法可以分为定性预测报告和定量预测报告。定性预测报告是对影响需求量的各种因素，如质量、价格、消费者、销售点等进行调查、分析研究，在此基础上预测市场的需求量而写成的报告。定量预测报告包括数字预测法预测报告和经济计量法预测报告。按预测的内容来分，可以分为综合性市场预测报告和专题性市场预测报告，这一分类可以参照本节上文对综合市场调查报告、专题市场调查报告的解释。

市场预测报告的写作需根据具体的预测内容进行撰写，通常情况下，包含以下几个部分：

1. 标题

市场预测报告的标题一般由“预测期限 + 预测对象 + 预测内容 + 文种”组成，如《2015 年 × × 市液晶电视机购销情况的预测》，也可以由“预测对象 + 预测结论”组成，如《× × 市汽车供应量即将达到饱和》等。

2. 前言

前言一般说明预测的目的、缘由，介绍预测的时间、地点、对象和预测方法，也可以概述预测对象的主要情况、提出主要内容和观点、指出预测活动的意义等。

3. 正文

这是市场预测报告的中心部分，它包括对历史和现状的分析，对前景的预测以及提出建议等与营销策略。简单说来，就是问题、现状分析、趋势分析和对策建议。要注意分析的全面性，可以采用图文结合的方式进行表述，分析的时候要条理清晰、言之有理。

4. 结尾

结尾是市场预测报告的收尾和结束，强调市场预测报告的对策与建议，主要起到全文首尾呼应的作用。最后要写上落款，包括作者名称和单位名称以及日期。

对于市场预测报告的写作，要注意确定明确的预测目标，切实进行相关调查研究实践工作。还要重视对资料的掌握，对历史、现状进行深入分析，这是写好市场预测报告的前提。此外，预测本身带有不确定性，加之市场变幻莫测，这就要求在进行预测时，要全面掌握各方面的情况和科学的预测方法，尽可能增强预测的准确性，提出的建议也要具有可行性，避免空谈。

【例文】

我国笔记本电脑市场的预测报告

随着我国经济的快速发展，国民生活水平的提高，笔记本电脑已经走入了普通家庭。为了更好地了解我国笔记本电脑的发展趋势，我们调查我国笔记本电脑的发展现状和特点，并对我国笔记本电脑市场作出初步预测。

我国笔记本电脑市场是在 2000 年发展起来的，自 2001 年在国内逐步普及以来，笔记本电脑市场销量每年均保持 20% ~30% 的快速增长速度。截至 2008 年底，国内笔记本个人消费市场与行业市场的销售份额已基本持平，个人用户在购买及消费笔记本强大的市场潜能上逐步得到释放。但 2008 年的金融危机给我国笔记本电脑市场带来的冲击前所未有，我国笔记本电脑销售量同比下降了 20%。直到 2009 年国家开始推行“电脑下乡”活动才有所改善，销售量同比增长 20. 3% 。

2010 年笔记本电脑市场继续回温，但新情况又出现了。4 000 元以下更具“平民化”和“差异化”特质的笔记本逐渐崭露头角，一时成为笔记本用户的新宠。因此主流笔记本价格下降成为一大特点，一项来自 IDC 的调查数据显示：世界前十大笔记本厂商从 2009 年起，大多都降低了笔记本的平均销售价格，整体平均降价幅度达到 8% 左右。

就 2011 年我国的笔记本电脑市场环境来看，有几大特点。第一，诱人的前景成为引发市场激烈竞争的导火索，主流品牌与非主流品牌、国内品牌与国外品牌、老牌厂商与新进入者竞争更加激烈。第二，价格成为“撒手锏”，市场竞争主要以价格战为主。就连一向高高在上的IBM也迫于压力，不得不推出了多款低价笔记本来争夺市场，但这却只能让电脑厂商和用户都疲惫不堪。第三，台系品牌来势汹汹。台系笔记本厂商，通过外树品牌、强练内功、全面营销等方法齐头并进，牢牢把握其主要客户群——学生和家庭用户的基础上拓展市场。第四，国外品牌掌控高端需求，国内品牌把持中低市场的格局，发展艰难。国外品牌以其时尚的外观，极强的创新性，最高新的技术，掌握了我国的高端笔记本市场。其中包括索尼、三星、Dell等。相对的国内品牌笔记本电脑在配置和性能上都无法与国外品牌相比。

根据以上情况，我们可以对2011年我国的笔记本电脑市场作出以下预测：

（一）继续保持高速增长态势。其理由（略）。

（二）供求比较平衡。（略）

（三）技术继续升级。（略）

（四）价格下调趋势。（略）

（五）消费者更看重电脑自身的质量和售后服务。（略）

（六）高端笔记本电脑渐渐被大家所接受。（略）

此次对我国笔记本电脑市场的调查和预测是为了更好地了解我国经济发展趋势和笔记本电脑市场的运作，为未来笔记本电脑市场的投资做准备。由此我们可以预见未来我国笔记本电脑市场发展势头良好，投资环境优越。但笔记本电脑市场的健康发展还有赖于国家的宏观调控和各品牌笔记本电脑公司的努力。

撰稿者：××局××
201×年××月××日

六、招标书与投标书

（一）招标书

招标书又称招标通告、招标启事、招标广告，它是招标单位在兴建工程、合作经营某项业务或进行大宗商品交易时，公布相应的标准和条件，公开邀请投标单位竞争进行承包或承办，并据此在相互竞争的投标单位之间选择出最佳对象而形成的书面文件。在招标活动中，招标公告或投标邀请书都称为招标书，招标书的发出表示招标活动的正式开始。

招标书需要明确表述招标项目或招标工程的主要目的、基本情况、产品要求以及其他具体规定等，语言表述要实在具体，必须清楚地写明有关招标的做法和步骤。另外，招标书的撰写者必须充分做好市场调查和研究工作，摸清市场信息，以明确招标项目的标准和条件，供投标单位参考。

招标书的结构一般由标题、正文和结尾三个部分组成。

1．标题

标题一般包括招标单位名称、项目名称、文件名称等内容，标题下一般还需标明招标书的编号，以便归档与查询。常见写法有四种：一是“招标单位名称＋招标性质及内容＋招标形式＋文种”；二是“招标性质及内容＋招标形式＋文种”；三是只写文种名称“招标书”；四是广告性标题，例如《谁来承包××工厂》。

2. 正文

正文要写清楚招标依据、原因，并翔实交代招标方式、招标范围、招标程序、招标内容的具体要求、双方签订合同的原则、招标过程中的权利和义务及其他注意事项等内容。正文的表述要注意层次清晰，可以进行分条书写。

3. 结尾

结尾应当写明招标人的名称、地址、邮编、电话、电子信箱等，可以方便有兴趣的投标人进行联系。

【例文】

××学校学生食堂建设工程招标书

1. 招标条件

本招标项目××县××镇初级中学学生食堂已由××县发展和改革委员会以“×发改发〔2015〕××号”文核准招标，项目业主为××县××镇初级中学。建设资金来自财政性资金，招标人为××县××镇初级中学，现对该项目进行公开招标，特邀请有兴趣的潜在投标人参与投标。

2. 项目概况与招标范围

2.1　工程名称：××县××镇初级中学学生食堂工程；

2.2　本招标项目建设地址：××县××镇××街××号；

2.3　建设规模：新建食堂一栋，建筑面积为 1 297.50 平方米，总投资约为 170 万元；

2.4　计划工期：120 日历天；

2.5　招标范围为：招标文件、施工图范围内的消防、电气、给排水、土建部分，详见工程量清单和答疑补遗等所有的施工内容。(略)

3. 投标人资格要求

3.1　本次招标要求投标人须具备建设行政主管部门颁发的房屋建筑工程施工总承包叁级及以上资质，并在人员、设备、资金等方面具有相应的施工能力；

3.2　资格审查方式：资格后审；

3.3　本次招标不接受联合体投标。

4. 招标文件的获取

4.1　公告发布时间：2015 年××月××日；

4.2　该工程不需报名，直接投标，凡有意参加投标者，请于 2015 年××月××日起在××市××的××网下载招标文件等有关资料；不管下载与否都视为投标人全部知晓有关招标过程和事宜；

4.3　招标文件及图纸资料售价 1 000 元/套，售后不退。投标人在递交投标文件时，缴纳招标资料费后，方能提交投标文件。

5. 投标文件的递交

5.1　投标文件递交的截止时间为 2015 年××月××日××时××分（北京时间），地点为××县××招投标交易中心一楼接件处；

5.2　逾期送达的或者未送达指定地点的投标文件，招标人不予受理。

6. 发布媒体：
7. 联系方式：
招标人：××县××镇初级中学
招标代理：×××工程管理（集团）公司
地　址：××县××镇××街××号
联系人：
电　话：
传　真：

××县××镇初级中学招标领导小组
2015年××月××日

（二）投标书

投标书与招标书相对应，是对招标书的回答，是投标单位在充分领会招标文件意图、进行现场实地考察和调查的基础上，按照招标书的条件和要求，向招标单位提交的报价并填具标单以达到订立合同目的所编制的文书，它必须密封后送达招标单位，因而又称标函。

写投标书之前，应该对招标的项目进行周密的调查研究，投标书的各项内容要在专家充分论证的基础上实事求是地填写，投标的具体内容要说明清晰。

投标书依据不同的标准可以划分为不同的种类，如按投标的使用对象可以划分为生产经营性投标书、技术投标书、生活投标书；按照招标的标的物，可以分为货物投标书、工程投标书和服务投标书；按照其书写形式，可以分为表格式投标书和说明式投标书两种。

投标书的内容比较集中，也比较明确，都是围绕招标书中提出的条件和要求而编制出准确具体的投标方案和相关说明，写作内容包含三个主要部分：标题、正文和结尾。

1. 标题

投标书的标题都是由“投标”、内容名称和文种三项组成，也可以简单写成“投标书”。

2. 正文

正文部分因投标文书的性质和作用不同而无法统一其具体内容，但都应写明承担招标项目的意愿，并写明投标的依据和具体措施及实施方案。

3. 结尾

结尾主要由投标企业的印鉴和法人代表的签章及日期、地址、电话号码等构成。

结尾部分之后，如有必要还应加上附件，将单位项目的主要部分标价及相关材料、设备等予以补充和详细的说明。

撰写投标书一定要谨记围绕招标书所提出的要求和条件进行明确、完整的回答，说明的文字和数据一定要准确、真实。另外，投标书的送达时间一定要注意，因为招标活动都会有明确的时限，投标书须在规定的时间内密封送达。

【例文】

投标书

致：××市政府采购中心

根据贵方为×××工程项目招标采购货物及服务的投标邀请BGPC－××××××－××，签字代表×××经正式授权并代表投标人××公司提交下述文件正本一份及副本×份：

1．投标一览表

2．投标分项报价表

3．货物说明一览表

4．技术规格偏离表

5．商务条款偏离表

6．资格证明文件

7．遵守国家有关法律、法规和规章，按招标文件中投标人须知和技术规格要求提供的有关文件

8．以______形式出具的投标保证金，金额为人民币______元。

据此，签字代表承诺：

（1）附投标价格表中规定应提交和交付的货物投标，总价为人民币__________万元（¥______）。

（2）投标人将按招标文件的规定履行合同责任和义务。

（3）投标人已详细审查全部招标文件，包括第××号。我们完全理解并同意放弃对这方面有不明及误解的权力。

（4）本投标有效期为自开标日起______个工作日。

（5）在规定的开标时间后，投标人保证遵守招标文件中有关保证金的规定。

（6）根据投标人须知第1条规定，我方承诺，与贵方聘请的为此项目提供咨询服务的公司及任何附属机构均无关联，我方不是贵方的附属机构。

（7）投标人同意提供按照规范要求的与其投标有关的一切数据或资料，完全理解贵方不一定接受最低价的投标或收到的任何投标。

9．与本投标有关的一切正式往来信函请寄：

地址：

邮编：

电话：

传真：

电子信箱：

联系人姓名、职务：

投标人：（加盖公章）

签字人：（授权代表）

投标单位：××公司

签字日期：201×年××月××日

七、预算、决算报告

（一）预算、决算报告概述

预算、决算报告是指经济独立核算单位定期向各级财政主管部门或人民代表大会所作的财政和财务方面的预算计划、决算总结的书面报告。预算即针对未来一定时期内收入和支出所作的计划，决算则是对其收入与支出结果的总结。

预算、决算是国家方针政策在财政方面的具体体现，具有管理和调节功能及控制、约束和评价的作用。它可以有效地加强领导，使相关单位各部门和职工明确财务管理方面的奋斗目标及成本与利润方面应实现的程度，使各项财务指标收支管理做到有计划、有控制，为经济决策提供依据。秘书工作者在工作中常常会接触到这类文书。

预算、决算报告的分类标准多种多样，有按形式划分的，有按内容划分的，有按单位划分的，也有按写作格式划分的。这里我们主要理解一下按内容划分的分类：由财政部门编报的财政预算、决算报告和由单位财务部门编报的财务预算、决算报告。财政预算、决算报告的报告主体是各级行政单位、事业单位和人民政府财政部门；财务预算、决算报告的主体是一般的企事业单位。

预算、决算报告的内容构成与写作形式相对固定，其中财政预算、决算报告的要求非常严格，具体要参照国家相关法规及政策内容行文，而财务预算及决算的报告写作则相对宽松。

预算、决算报告的写作要注意的是：

1. 预算、决算要合规、合法、合理

这一点是对预算、决算的专业性要求。从事相关工作的人必须精通业务，熟练掌握各种预算方法，预算收支安排要贯彻国家方针政策、符合管理体制要求和相关经济计划指标的要求，还要注意统筹兼顾、注重效益。决算要严格遵照相关规定的程序和要求，严格遵守报送时间，决算编制要做到正确、完整、及时。

2. 报告结构严谨、条理清晰

这是对预算、决算报告的写作要求。它是用来表述预算、决算草案内容的，文字之外，应该辅以表格说明，相关表格的文字说明及数据要做到简练、完整、准确无误。对于涉及内容较多的，要分条列项写清楚，突出重点。

3. 决算报告要与预算报告相呼应

预算报告反映的是计划，决算报告反映的是对计划的执行程度，两者在结构与内容上都要做到相互呼应，这样才能进行科学的比对。

（二）预算、决算报告的写作

1. 预算报告的内容与结构

不同的单位有不同的要求与规定，但大体上说来，财务预算报告的内容要包括以下几个方面：

一是编制预算的指导思想与原则。预算报告要结合本单位、本部门的实际情况，说明预算编制的指导思想与原则，一般企业预算报告的指导思想都是侧重在业务方面。

二是上期预算的执行情况及结果分析。报告中需要将上期的工作与经营状况做简单陈述，并对上期预算的执行结果进行分析与反思，以此作为本次预算报告写作的依据。

三是本次预算的收支安排。这是预算报告的核心内容，需要分条列项阐释清楚相关内容与指标数据。

四是为完成预算任务需要采取的措施。在提出预算要求上，要分析实际情况，并有针对性地提出为完成指标任务切实可行的措施。

一份完整的财务预算报告一般由四部分构成：

（1）标题，由“报告单位+报告期+报告内容+文种”构成。

（2）主送机关，需要上报的预算报告需要写明主送机关，如“×××市×××局”。

（3）正文，一般分为三个部分，前言、主体和结尾。前言写明预算编制的指导思想和原则，或者编制预算的依据和目的。主体谈本期的预算安排以及为完成预算任务所应采取的措施，本期的预算安排可以在分析上期预算执行结果的基础上展开。结尾一般是提要求、发号召、谈希望之类，这部分内容并不重要，预算报告主体写完也可以立即结束。

（4）签署，包括落款、时间以及相关人员的签字、盖章。

2. 财务决算报告的内容与结构

一般单位的财务结算主要是对年终结算三表（损益表、资产负债表、现金流量表或财务状变动表）的项目内容和变化情况进行补充和说明，重点是对其作出评价和分析，包括以下内容：

（1）概况，概述报告的基本情况，如经营状况、成绩或业绩、主要问题等。

（2）预算执行结果的分析及收入、支出各主要构成项目的完成情况。

（3）预算执行结果的影响原因分析，类似于总结经验，是决算报告的核心。

（4）财务管理工作的情况以及存在的问题及今后的打算。

财务结算由四个部分构成：

（1）标题，由“报告单位+报告期+报告名称”组成。

（2）主送机关。

（3）正文，一般有三个部分：前言、主体和结尾。前言概述报告内容的基本情况。主体包括具体预算执行结果的叙述与分析，财务管理工作情况的分析等。结尾反思存在的问题，并提出今后的打算。

（4）签署，包括落款和报告发出时间以及签字和盖章等。

【例文】

×××公司2014年度财务决算及2015年度财务预算报告

各位代表：

受大会委托，我向大会作财务报告，请审议。

一、2014年度财务决算

2014年是×××公司发展史上的关键一年，在×××集团的正确企业精神引导与领导的英明指导下，公司彻底淘汰了落后的××生产线，新的××生产线正式投入生产。全体员工在公司党政班子的带领下，团结一致，弘扬“卓越、自强、进步”的××企业精神，以

×××思想为指南，以公司三届一次职代会提出的各项任务为目标，进一步转变观念，抓管理，降成本，不断完善经济责任制和岗位星级管理，苦练内功，在市场竞争日益残酷的情况下，仍取得了骄人的成绩，各项指标再创历史新高。全年产销首次突破100万吨大关，实现税利×××万元，公司综合实力进一步增强，为企业下一步的发展打上了坚实的基础。

2014年，公司生产××吨，比上年增加214 505.5吨，增长26.29%；销售××吨，比上年增加207 310.70吨，增长25.34%；全年完成销售收入×××万元，比上年同期增加15 583.61万元，增长28.09%；实现利税×××万元，比上年减少782.54万元，降低11.46%。

（一）费用完成情况

1. 2014年×××单位制造成本×××元，比上年增加29.28元，提高17.44%。

成本上升的主要原因：

（1）××平均单价459.89元，比去年同期上升165.99元，升幅达56.48%，使每吨××成本上升22.84元；

（2）××单位电耗104.40度，比去年同期上升7.22度，使每吨××成本上升3.32元；

（3）××单位电价0.46元，比去年同期上升0.03元，使每吨××成本上升3.13元。

分步及各品种××单位成本完成情况如下：

（略）

2. 销售费用：全年发生×××万元，同比下降58.81万元，下降10.48%；吨××销售费用6.63元，同比下降0.23元，下降3.35%。

3. 管理费用：全年发生×××万元，同比增加66.31万元，上升5.44%；吨××管理费用46.92元，同比增加5.72元，上升9.88%，主要是支付给×××公司的租赁费。

4. 财务费用：全年发生×××万元，同比增加12.23万元，上升23.35%；吨××财务费用6.01元，同比增加8.50元，上升33.26%。

（二）利润完成情况

2014年度公司实现利润×××万元，同比减少928.20万元，降低8.44%。

利润减少的主要原因：

1. ×××平均单价比去年同期上升5.99元，影响利润1 729.78万元。

2. ×××上升，影响利润251.44万元。

3. ×××，影响利润121.35万元。

综合上述因素，扣除××单价、销量等增利因素，全年实现利润×××万元。

（三）税金完成情况

2014年应交税金（增值税、营业税、城建税及教育附加费）2 236.92万元，同比增加47.65万元，增长5.96%，全年实际上交税金×××万元，企业增值税平均税负率为×××。

（四）资产、负债及权益情况

1. 2014年末资产总计×××万元，同比增加×××万元，增长6.53%。

（1）流动资产年末合计×××万元，同比增加×××万元；

（2）长期投资年末合计×××万元，同比减少×××万元；

（3）固定资产年末合计×××万元，同比增加×××万元。

2. 2014年末负债总计×××万元，同比增加×××万元，增长8.06%。

（1）流动负债年末合计×××万元，同比增加×××万元；

（2）长期负债年末合计×××万元，同比减少×××万元。

3. 2014年末所有者权益总计×××万元，同比增长×××万元，增长2.86%。

（五）职工福利费支出情况

2014年全年计提职工福利费×××元，同比降低×××元，降低2.94%。各项福利支出×××元，同比降低×××元，下降11.63%。

1. 职工医药费支出×××元，同比降低×××元，下降1.74%。

2. 独生子女费支出×××元，同比增加×××元，增加92.33%。

3. 煤气补贴支出×××元，同比降低×××元，下降5.12%。

4. 其他支出：×××元，同比增加×××元，增加69.12%。

（六）财务评价指标

1. 资产负债率：×××，同比上升1.02%。

2. 流动比率：×××，同比上升4.17%。

3. 速动比率：×××，同比上升0.69%。

4. 存货周转率：×××，同比上升309.91%。

5. 应收账款周围率：×××，同比上升313.77%。

6. 资本金利润率：×××，同比下降22.94%。

7. 成本费用利润率：×××，同比下降6.44%。

8. 销售利润税率：×××，同比下降7.15%。

二、2015年度财务预算

2015年，国家继续加强宏观调控，困难与机遇并存。面对日趋激烈的市场竞争环境，我们要继续以中央精神为指南，认真贯彻集团公司的各项战略意图，弘扬“卓越、自强、进步”的××企业精神，科技创新，开源挖潜，居危思进，从俭从紧，进一步转变观念，以改革求发展，以科技创效益，继续实行经济责任制，岗位星级管理等一系列行之有效的管理办法。实施目标标杆管理，加快各类人才培养。在确保完成2015年生产、经营目标的同时，争取靠新促强，在集团公司的正确领导下，通过全体员工的共通努力，我们有信心、有能力完成全年的生产、经营目标：产销完成×××万吨，实现利税×××万元。

根据公司今年的工作方针和工作目标，结合去年完成的实绩及今年的市场预测，我们对各项指标进行了逐一分解、落实，实事求是地安排了今年的财务预算。

（一）成本费用预算

2015年计划生产×××万吨，水泥平均单位制造成本预算为×××元，要求比上年实际降低3.25元。

1. 分步及各品种××单位成本预算。

（1）××：单位成本×××元，要求比上年实际降低1.40元；

（2）××：单位成本×××元，要求比上年实际降低9.44元；

(3) ××：单位成本×××元，要求比上年实际降低10.1元；

(4) ××：单位成本×××元，要求比上年实际降低20.01元。

2. 产品销售费用：全年预算×××万元。

3. 管理费用：全年预算××万元。

4. 财务费用：全年预算×××万元。

(二) 利润及税金预算

1. 2015年计划销售××万吨，全年××平均单位售价预算为×××元，全年实现销售收入预算为×××万元，实现利润总额预算为×××万元。

2. 税金（含增值税、营业税、城建税和教育附加费）全年预算完成××万元。

3. 全年利税合计预算完成××万元。

2015年的奋斗目标已经明确，这个目标是本着实事求是的原则，结合2014年的生产、经营实绩，针对2015年市场出现的严峻形势和集团公司要求完成的效益目标，通过认真的分析，科学的测算而制定的。在新的一年里，我们要加大改革力度，内抓管理，外拓市场，在预算的执行过程中，开源挖潜，从俭从紧，严格控制成本，努力降低原、燃材料采购成本，充分调动营销人员工作积极性，降低应收账款，促进资金回笼，从严控制各项费用开支，抓营销、拓市场、抓管理、促效益，全体员工团结一致，统一思想，积极发挥主人翁精神，参与企业生产经营管理，总结经验，明确目标，确保2015年生产经营目标的顺利完成。

×××公司（加盖公章）
2015年××月××日

第三节 法律文书写作

一、法律文书概述

(一) 法律文书的含义与特点

法律文书是一切具有法律效力或法律意义的文字材料的总称。广义上它既包括具有普遍约束力的规范性法律文件，主要指法律、行政法规、地方性法规、规章等具有普遍约束性的文书；也包括不具有普遍约束力的非规范性法律文件，指国家司法机关、律师及律师事务所、仲裁机关、公证机关和案件当事人依法制作的具有法律效力或法律意义的非规范性文件，主要包括司法文书和诉讼文书两类。司法文书是由我国公安机关、检察机关、审判机关和司法行政机关在处理刑事、民事等诉讼案件过程中，依照法定程序制定的具有法律效力或法律意义的文书；诉讼文书是指国家司法机关和诉讼当事人在诉讼活动中依照法定程序和规格制作使用的具有法律意义或法律效力的文书，例如公检法在诉讼中制作的各种文书和案件当事人、律师及律师事务所自书或者代书的在诉讼中的文书，此类文书只对当事人具有约束性。

我国法律文书的历史，最早可追溯到西周时期，《朕铭》中就记载了伯扬夫对一放牛人的判决书。1840 年之后，西方法律制度传入中国，清朝沈家本等人编纂了《考试法官必要》，开创了现代意义上法律文书的先河。到了现代，我国的法律文书种类越来越多，对文书制作的要求也逐渐增加。法治社会对法律文书的规范化要求更高，秘书工作者工作中常常会接触到法律问题，所以应当熟悉法律文书的制作。

总体上说来，法律文书具有以下特点：

1. 制作的合法性

法律文书的制作必须符合法律的规定，它的制作必须由有权制定文书的机关或个人依照法律规定的程序而制作，例如公检法制作的相关法律文书必须经过单位领导签批同意并加盖单位印章。

2. 内容的法定性

法律文书的内容必须合乎法律的规定。不同类别的法律文书虽然在内容上存在差异，但是其内容必须按照法律规定的要求写出。例如民事起诉状中必须写清楚原告、被告的相关信息以及诉讼请求；刑事判决书中必须要有被告人个人信息及前科情况，经审理查明的事实和判决结果等。

3. 形式的程式性

法律文书的结构固定化、用语程式化。法律文书结构一般包括首部、正文、尾部三个部分。首部一般包括制作机关、文种名称、编号，当事人基本情况，案由及审理经过；正文一般包括案情事实、请求（处理）理由、请求（处理）意见；尾部一般包括交代有关事项、签署、日期、用印以及附注说明。

4. 语言的规范性

法律文书的措辞要适当，语言要准确。法律文书的内容不能杂糅，而是依据事实，简练、精准。例如，公安机关制定的起诉意见书中会很明确地写出犯罪嫌疑人×××（姓名）触犯了《中华人民共和国刑法》××条××款，涉嫌××罪；又如检察文书中的起诉书中会有这样的文字“本案由×××（侦查机关）侦查终结，以被告人×××（姓名）涉嫌×××罪，于××××年××月××日向本院移送审查起诉”。

5. 效力的稳定性

法律文书一经制作后，非经法定程序不得变更或撤销；一旦生效，便有国家强制力保证执行，任何机关、单位和个人都必须执行或认可，否则将会承担相应的法律后果。

法律文书写作时应注意以下几点要求：

第一，遵循格式，写全事项。法律文书的写作内容每部分都有明确的规范，只有准确、完整地写清各项要素，才符合文书的法定要求。

第二，叙事清楚，主旨鲜明。例如，刑事案件法律文书叙述时要求写明作案时间、地点、作案人、被害人、作案目的、动机、情节、手段、造成的后果以及证据等；民事、行政类案件的案情叙述需围绕当事人各方的纠纷事实，包括纠纷发生的时间、地点、当事人、内容，纠纷的发展过程，各方争执的意见及证据等。

第三，依法说理，语言精准。法律文书列举事实必须证据确凿，分析受理必须以法为据，根据案情引用法律的同时要根据法律论述道理。与此同时，法律文书的文字必须言简意赅、语句规范，不能用方言土语、粗话脏话。

法律文书的出现具有重大意义，它是保证国家法律法规正确实施的手段，是保证诉讼活动正常依法进行的依据，是诉讼活动和非诉讼活动的忠实记录，是考察司法人员的重要尺度。伴随着现代社会人们法律意识的逐渐增强，学习写作与处理各类法律文书对于秘书工作者来说是十分必要的。

（二）法律文书的分类

如上所述，法律文书广义上分为规范性法律文书和非规范性法律文书两种，而其具体划分一般是有四种分类形式，分类标准包括：制作的主体、诉讼的性质、文书的性质和用途以及文书格式的体制。

法律文书根据制作主体不同，可以分为侦查机关的刑事法律文书，检察机关的检察文书，裁判机关的诉讼文书，监狱、公证、仲裁文书，律师诉讼文书和诉状，申请书等。

侦查机关的刑事法律文书即公安机关的法律文书，包括立案决定书、起诉意见书、讯问笔录等，侦查机关的刑事法律文书是刑事案件处理中不可或缺的文书，由于它涉及对一起刑事案件的最初描述，所以其中一部分也作为刑事证据来使用。检察机关的检察文书即检察院的检察文书，主要包括起诉书、不起诉决定书以及职务犯罪涉及侦查终结报告、起诉意见书等。检察文书是各级检察院为实现其监督职能所制作的文书，是处理刑事案件中不可或缺的一部分。裁判机关的诉讼文书即法院的诉讼文书，主要包括判决书、调解书、裁定书等。法院的诉讼文书是一起案件最终处理结果的显示，既有涉及民事诉讼的、刑事诉讼的，也有涉及行政诉讼案件的。监狱文书主要是为了处理有关执行刑罚和改造罪犯而制作的。公证文书是公证人行使公证权的体现，国家公证机关对公民所要求公证的事项经过法定程序的审核后，公证处如认为正确无误合乎法律，便可向其发公证文书。仲裁文书的作用类似于裁判机关的诉讼文书，是仲裁机构受理经济合同纠纷案件后的处理结果的反映，对申请仲裁的当事人及有关人员具有约束力。律师诉讼文书和诉状及申请书均是有关当事人基本法律诉求的显示，律师诉讼文书和诉状基本都是代书，如各类民事起诉状；而申请书大部分都是当事人自书，如上诉状、申请劳动仲裁等。

法律文书根据诉讼的性质不同，可以分为刑事诉讼文书、民事诉讼文书、行政诉讼文书，其中每一类又包括一审程序文书、二审程序文书、再审程序文书和执行文书等。刑事诉讼文书是解决刑事案件中必须制定的文书，包括前文中所述的侦查机关的刑事法律文书、检察机关的检察文书、裁判机关的刑事判决书及刑事裁定书、监狱的法律文书以及当事人制作的刑事上诉状等。民事诉讼文书是当事人申请解决民事纠纷的文字表达，是民事纠纷处理结果的显示，包括民事起诉状、民事调解书和仲裁决定书等。行政诉讼文书主要是人民法院面对行政案件中当事人提起的诉讼或复议后依法作出裁决或处理决定的法律文书，包括行政起诉状、行政上诉状、行政申诉状和行政复议申请书等。

法律文书根据文书的性质和用途不同，可以分为笔录类、报告类、书状类、判决类、决定类、裁定类、仲裁类、调解类、公证类、论辩类、法律事务类、合同类、专利类、商标类、司法事务类等。笔录类法律文书主要是作为处理案件的证据而存在，例如刑事案件中的讯问笔录、询问笔录等。报告类法律文书是案件事实和其他相关情况的简要反映。书状类法律文书主要是表达制定机关或个人的诉讼请求，例如前文所提到的起诉书、民事起诉状等。判决类、决定类、裁定类、仲裁类、调解类法律文书是诉讼案件和非讼案件处理结果的显示，具有相对约束性，仅对当事人有法律效力。因为是不同性质案件，所以作出的法律文书在名称上会有所区别。公证类法律文书对应前文所述公证文书，此处不再赘述。论辩类法律文书是表达当事人看法的文书，如辩护词。法律事务类、司法事务类法律文书是涵盖了其他案件和纠纷涉及的法律文书之外的文书，如医疗纠纷处理的法律文书等。合同类法律文书是规定合同双方权利义务的文书。专利类、商标类法律文书是赋予一部分人知识产权的文书，同时约束其他人不得侵犯他人知识产权。

法律文书根据文书格式体制的不同，可以划分为文字叙述类、表格类、填空类、笔录类。不同法律文书在格式上会有差异，制作法律文书选择更为适宜的文书格式，方便当事人理解，同时能够提高解决案件和纠纷的效率。文字叙述类、笔录类法律文书都是比较常见的文书。表格类、填空类法律文书是比较清晰简明地反映有关事实的文书，例如接处警工作登记表。

法律文书的分类对法律文书的发展和使用具有重要意义，方便了制作主体和当事人诉讼请求的表达，也方便了纠纷和案件的解决。

二、起诉书

起诉书属于检察法律文书。所谓检察法律文书是指检察机关为实现法律监督的职能而依法制作的具有法律效力和法律意义的法律文书。它是检察机关行使检察职权的重要凭证，保证了检察机关工作的顺利进行和法律的实施，是办理案件的实时记录、案件办理质量的重要反映、总结经验和复查案件的重要依据，同时也可以作为法制宣传的重要材料。

起诉书是人民检察院侦查或审查确认被告人的行为构成犯罪，依法应当交付审判，而向人民法院提起公诉的文书。

起诉书包括首部、正文、尾部三部分。首部的内容由三部分组成：标题和文书编号、被告人基本情况以及案由和案件审结过程。正文部分包括公诉机关指控的犯罪事实、公诉机关认定的证据以及起诉的理由和法律依据。尾部分为送达机关、检察人员的签字、成文日期和院印以及附项四部分。

首部标题的制作机关名称一般为××省××市人民检察院，如果被告人是外国人或无国籍人，则标题前一定要加“中华人民共和国”字样，文书名称即起诉书。首部的文书编号即“×检×刑诉〔××××〕×号”：按顺序分别填院名、部门、文书性质、年度（必须四位数）、序号，例如“×检诉刑诉〔2014〕97号”。首部的被告人基本情况包括：被告人姓名、性别、出生年月日、身份证号码、民族、文化程度、职业或工作单位职务、住址及户籍地、前科情况、因本案被采取强制措施情况。其中如果被告人是盲人或聋哑人，则要在基本情况中写明，如果被告人是外国人，则还要写明被告人的国籍、护照号码和国外居所。首部的案由和审结过程注意要如实简要描述。例如：

××省××市××区人民检察院

起诉书

×检诉刑诉〔2015〕××号

被告人崔××，男，1980年××月××日出生，身份证号码××××××××××

××，汉族，高中文化，无业，住××市××区××路××号××幢××室（户籍所在地：××市××区××路××幢××室）。被告人崔××曾因吸毒，于2015年3月11日被行政拘留十日。被告人崔××因涉嫌容留他人吸毒罪，于2015年3月12日被××市公安局××分局取保候审，同年5月6日经本院决定取保候审，同日由该分局执行取保候审。

本案由××市公安局××分局侦查终结，以被告人崔××涉嫌容留他人吸毒罪，于2015年5月6日向本院移送审查起诉。本院受理后，同日已告知被告人崔××有权委托辩护人，依法讯问了被告人崔××，审查了全部案件材料。

正文案件事实部分叙述时应注意以下几点：第一，事实必须客观真实，表述必须准确；第二，事实要素必须完整（犯罪的主观方面和客观方面均需陈述准确）；第三，叙述事实应当按照合理的顺序进行，主要有“先重后轻”“客观过程”以及“被告人”顺序三种顺序方式；第四，叙述事实应当简明扼要；第五，叙述事实应当处理好其中的特殊问题，例如涉及国家秘密的部分应当保密，必须要叙述则应抽象描述；涉及个人隐私的要注意屏蔽有关当事人的姓名；有自首情节的要注明自首的具体情况；涉及共同犯罪的，如果有共犯在逃的，在逃犯后要注明“另案处理”。例如：

经依法审查查明：

2010年至2014年间，被害人刘××（女，殁年41岁）因房产继承、分割等问题多次滋扰其生父刘×、继母伍×，被告人刘×、伍×多次报警后调处未果。

2014年3月8日10时许，被害人刘××来到××市××区××号被告人刘×、伍×的住处，对二被告人进行滋扰，双方再次发生冲突。在此过程中，二被告人分别持事先准备好的金属空心圆棍棒击打被害人刘××头、胸背部等部位数下，致刘××当场死亡。经法医鉴定：刘××系被金属类圆柱状棍棒多次击打头部致严重颅脑损伤而死亡。

作案后被告人刘×拨打110报警，并与被告人伍×在现场等候，公安机关将二被告人抓获归案。

认定上述事实的证据如下：

1. 金属空心圆棍棒等物证；
2. 接处警工作登记表、立案决定书、发破案经过、手机通话记录单等书证；
3. 证人宋××等人的证言；
4. 被告人刘×、伍×的供述和辩解；
5. ××市公安局出具的法医学尸体检验鉴定书等鉴定意见；
6. ××市公安局××分局制作的勘验笔录、检查、辨认笔录；
7. 刘×拨打110报警录音等试听资料。

本院认为被告人刘×、伍×故意非法剥夺他人生命，其行为触犯了《中华人民共和国刑法》第二百三十二条，犯罪事实清楚，证据确实、充分，应当以故意杀人罪追究二被告人刑事责任。被告人刘×、伍×共同故意杀人，适用《中华人民共和国刑法》第二十五条第一款的规定。根据《中华人民共和国刑事诉讼法》第一百七十二条的规定，提起公诉，请依法判处。

尾部第一部分是送达机关，写完“此致”后另起一行顶格写致送的人民法院的全称。第二部分是检察人员的签名，公诉人的法律职务要写明，例如检察长、检察员和代理检察员等。第三部分是成文日期和院印，成文日期用数字写清年月日。第四部分是附注，在文书尾部顶格写“附”字样，内容两项以上的要用序号标注，附注要写明被告人强制措施情况、证据目录、涉案款物情况以及刑事附带民事诉讼情况。

三、合同类文书写作

合同类法律文书是平等主体双方或多方就一定事务表达各自意志所签订的具有法律效力或法律意义的文书。合同类法律文书的种类有很多，广义上可分为经济合同、行政合同两大类，根据实现的方式不同可以分为实践合同、诺成合同和要式合同，具体来看经济合同又包括了劳务合同、租赁合同、借款合同、担保合同、买卖合同、保管合同、赠与合同、建设工程合同、运输合同、委托合同、居间合同和承揽合同等。

合同类文书的结构主要由标题、约首、正文和尾部组成。标题包括合同的性质、文种或者标的、性质和文种；约首包括订立合同各方当事人姓名或名称；正文包括目的指向和各条款；尾部包括公章、法定地址、法人姓名、开户行、签订合同地点和日期以及双方签名。写作过程中应注意以下三点：一是遵守《中华人民共和国合同法》平等互利、协商一致和等价有偿的原则；二是格式要规范；三是语言准确，其中的标点和数字都要准确，技术术语也要正确使用。

这里介绍合同类法律文书最常见的买卖合同及其写作方式。买卖合同是平等主体两方基于平等自愿原则而签订的买卖货物的协议，该协议对买卖双方有法律效力，一方负有支付货款的义务，而另一方负有交付货物的义务。

买卖合同首部要写明买卖双方的基本信息，有法定代表人的也要注明。正文部分就是由必备条款（标的、数量、价款三项）和其他一般条款（质量、履行地点、期限、方式、违约责任和解决争议的办法等）构成。尾部由买卖双方签字、联系方式和日期组成，有委托代理人的，委托代理人也要签字。

【例文】

商品买卖合同

出卖人：×××（以下简称甲方）
住所地：
法定代表人：

买受人：×××（以下简称乙方）
住所地：
法定代表人：

甲、乙双方根据《中华人民共和国合同法》等有关法律规定，在平等、自愿的基础上，经充分协商，就乙方购买甲方产品达成以下买卖合同条款。

一、产品名称、型号、数量

二、产品质量

1. 质量标准：

2. 乙方对产品质量的特殊要求：

3. 乙方对产品包装的特殊要求：

4. 乙方对产品质量有异议的，应当在收到产品后五日内提出确有证据的书面异议并通知到甲方；逾期不提出异议的，视为甲方产品质量符合本合同约定要求。但乙方使用甲方产品的，不受上述期限限制，视为甲方产品符合合同约定要求。

三、产品价款

1. 产品的单价与总价：________

上述货物的含税价为：________ 总价款为：________

2. 甲方产品的包装费用、运输费用、保险费用及交付时的上下力资费等按下列约定承担：

甲方产品的包装物由________提供，包装费用由________承担。

甲方产品的运输由________办理，运输费用由________承担。

甲方产品的保险由________办理，保险费用由________承担。

甲方产品交付时的上下力资费由________承担。

乙方承担的上述费用，乙方应当在甲方交货前一次性给付甲方。

四、产品交付

甲方产品交付方式为：乙方提货/甲方送货/甲方代办托运。

产品交付地点为甲方所在地，交货时间为合同生效后________天，若乙方对甲方产品有特殊要求的，甲方应当在乙方提供相关确认文件后________天内交货。但乙方未能按约定付款甲方有权拒绝交货，乙方未能及时提供相应文件的，甲方有权延期交货。

在合同约定期限内甲方违约未能及时交货的，产品的灭失、毁损的风险由甲方承担；产品交付后或乙方违约致使甲方拒绝交货、延期交货的，产品的灭失、毁损的风险由乙方承担。

五、价款结算

乙方应在本合同书签订________日内向甲方预付货款________元，甲方交付前给付价款__________元，余款由乙方在收到甲方产品之日起________天内付清。

乙方应当以现金、支票或即期银行承兑汇票方式支付甲方价款。

双方同意乙方未能付清所有价款之前，甲方产品的所有权仍属于甲方所有。

六、合同的解除与终止

双方协商一致的，可以终止合同的履行。一方根本性违约的，另一方有权解除合同，但应当及时书面通知到对方。

七、商业秘密

乙方在签订和履行本合同中知悉的甲方的全部信息（包括技术信息和经营信息等）均为甲方的商业秘密。

无论何种原因终止、解除本合同的，乙方同意对在签订和履行本合同中知悉的甲方的商业秘密承担保密义务。非经甲方书面同意或为履行本合同义务之需要，乙方不得使用、披露甲方的商业秘密。

乙方违反上述约定的，应当赔偿由此给甲方造成的全部损失。

八、违约责任

本合同签订后，任何一方违约，都应当承担违约金________元。若违约金不足以弥补守约方损失的，违约方应当赔偿给守约方造成的一切损失（包括直接损失、可得利益损失及主张权利的费用等）。

九、不可抗力

因火灾、战争、罢工、自然灾害等不可抗力因素而致本合同不能履行的，双方终止合同的履行，各自的损失各自承担。不可抗力因素消失后，双方需要继续履行合同的，由双方另行协商。

因不可抗力终止合同履行的一方，应当于事件发生后________日内向对方提供有权部门出具的发生不可抗力事件的证明文件并及时通知对方。未履行通知义务而致损失扩大的，过错方应当承担赔偿责任。

十、其他约定事项

1. 乙方联系人或授权代表在履行合同过程中对甲方所作的任何承诺、通知等，都对乙方具有约束力，具有不可撤销性。

2. 签订或履行合同过程中，非经甲方书面同意或确认，乙方对甲方任何人员的个人借款，均不构成乙方对甲方的预付款或已付款款项。

3. 乙方联系地址、电话等发生变化的，应当及时通知到甲方，在乙方通知到甲方前，甲方按本合同列明的联系方式无法与乙方联系的，由乙方承担相应的责任。

4. 本合同未约定的事项，由双方另行签订补充协议，补充协议与本合同书具有同等法律效力。

5. 乙方应当在签订合同时向甲方提供其合法经营的证明文件，并作为本合同的附件。

6. 签订本合同时，双方确认的合同附件为本合同不可分割的组成部分，与本合同具有同等法律效力。

十一、争议解决

本合同履行过程中产生争议的，双方可协商解决。协商不成的，应向甲方所在地人民法院提起诉讼解决。

十二、明示条款

甲、乙双方对本合同的条款已充分阅读，完全理解每一条款的真实意思表示，愿意签订并遵守本合同的全部约定。

十三、本合同经双方盖章或授权代表签字后生效。

十四、本合同书一式四份，双方各执二份。

甲　方：	乙　方：
委托代理人：	委托代理人：
电　话：	电　话：
传　真：	传　真：

合同签订地点：

合同签订时间：201×年××月××日

四、判决类文书写作

判决类法律文书是裁判机关即法院对一定事实作出判决后制作的具有法律意义和法律效力的文书。判决类法律文书是法院行使审判权的体现，也是约束当事人行为的文书。根据诉讼程序的不同，判决类法律文书一般分为民事判决书、刑事判决书、行政判决书和刑事附带民事判决书。

判决类法律文书的制作，本质上必须具有逻辑性和公正性。逻辑性是指判决使用的是三段论式的逻辑形式。公正性是判决书不可或缺的属性，因为判决书的基本功能在于为纠纷的解决提供一个合理的证明。司法判决存在的基本价值在于体现利益分配的公正，判决的公正性是第一位的，判决形式或实质的其他特点是第二位的，是对公正性的支持而不能替代公正本身。

下面重点介绍两种常见的判决类文书及其写作要求。

（一）民事判决书

民事判决书包括一审程序的民事判决书、二审程序的判决书和审判监督程序的民事判决书等几种类型。民事判决书也是法律界常用的一种文体，如何写好民事判决书是法律文书写作的重要研究内容之一。民事判决书首部包括标题、文书编号、纠纷双方当事人和诉讼参与人的基本情况、案由和案件审理过程，正文部分包括当事人的诉讼请求、经审理查明的事实以及法院的判决和法律依据，尾部包括审判人员、人民陪审员和书记员的签字和成文日期。

民事判决书的写作要求主要有以下几个方面：首先，应当反映诉辩式的审判过程，即判决书中应将诉方与辩方的请求及为支持请求的主要事实、理由写清楚，写完整。其次，民事判决书应有针对性地反映当事人举证、质证情况和法院认证意见。法院在列举当事人的证据时，列举能支持其主张的证据就可以了。法院认证是法院就当事人提供的证据能否支持其主张所作的认定。然后，关于法院认证在判决书中，应表述为："经庭审质证，本院对本案的证据认证如下。"关于查明部分应表述为"本院依据上述有效证据及当事人陈述，可以认定以下案件事实"。最后，判决理由应做到说理、论证透彻有力。

【例文】

××市××区人民法院
民事判决书

〔201×〕××初字第××号

原告×××，又名×××，性别×，民族×。

被告×××，又名×××，性别×，民族×。

委托代理人×××，××律师事务所律师。

原告×××与被告×××离婚纠纷一案，本院受理后依法适用普通程序，公开开庭进行了审理，原被告及被告代理人均到庭参加诉讼，本案现已审理终结。

原告诉称：（略），我认为我们感情已破裂，要求离婚。

被告辩称：（略）

经审理查明，（略）原告来院诉讼要求离婚。

上述事实有双方当事人陈述、婚约、结婚证复印件、户口簿等复印件在卷佐证。

本院认为，原被告婚前相互了解不够，婚姻基础差，婚后未能建立起真挚的夫妻感情，双方均认为夫妻关系已无法维系，原告要求离婚应予准许。据此，根据《中华人民共和国婚姻法》第三十二条及最高人民法院关于适用《中华人民共和国婚姻法》若干问题的解释（二）第十条之规定，判决如下：

准予×××和×××离婚。

案件受理费100元，由×××、×××各自承担50元。

如不服本判决，可在判决书送达之日起15日内向本院递交上诉状，并按当事人人数提出副本，上诉于×××中级人民法院。

审判长：
审判员：
人民陪审员：
二〇一×年××月××日
书记员：

（二）刑事判决书

刑事判决书是人民法院依照刑事诉讼法规定的程序，对刑事案件审理终结，根据查明的事实和证据，依法对被告人定罪量刑的书面决定。刑事判决书可以分为第一审刑事判决书和第二审刑事判决书。

刑事判决书应当写明：被告人的基本情况，包括被告人的姓名、性别、年龄、籍贯、住址、职务、以前是否受过刑事处罚、是否被逮捕、羁押日期等；辩护人和公诉人的情况；判决认定的事实、理由和适用的法律依据；判决结果和上诉期间与上诉的法院。对一审判决，被告人可以在收到判决书之日起10日内向上一级法院提起上诉。当然刑事判决书中首部的标题、文书编号以及尾部的合议庭人员签字、日期、院印也是不可少的。

【例文】

××市中级人民法院

刑事判决书

〔201×〕××初字第××号

公诉机关×××人民检察院。

被告人（略）（写明姓名，性别，出生年月，民族，出生地。文化程度，职业，工作单位，住址和因本案所受强制措施情况等，现羁押处所）

辩护人（略）（写明姓名，工作单位和职务）

×××人民检察院以×检〔201×〕×诉×号起诉书，指控被告人×××犯××罪，于××××年××月××日向本院提起公诉。本院依法组成合议庭，公开（或者不公开）开庭审理了本案。×××人民检察院指派检查员×××出庭支持公诉（被害人×××及其法定代理人×××，诉讼代理人×××），被告人×××及其法定代理人×××，辩护人×××，证人×××，鉴定人×××等到庭参加诉讼。本案现已审理终结。

×××人民检察院指控（略）（概述人民检察院指控被告人犯罪的事实，证据和适用法律的意见）。

被告人×××辩称（略）（概述被告人对指控的犯罪事实予以供述，辩解，自行辩护的意见和有关证据）。辩护人×××提出的辩护意见是……（概述辩护人的辩护意见和有关证据）。

经审理查明，（略）（首先写明经庭审查明的事实，其次写明经举证，质证的证据及其来源。最后对控辩双方有异议的事实证据进行分析，认证）。

本院认为，（略）（根据查证属实的事实，证据和有关法律规定，论证公诉机关指控的犯罪是否成立，被告人的行为是否构成犯罪，犯的是什么罪，应否从轻或者从重处罚，对于控辩双方关于适用法律方面的意见应当有分析地表示是否予以采纳，并阐明理由）。依照……（写判决的法律依据）的规定，判决如下：

（略）（写判决结果，分三种情况）：

第一，定罪判刑的表述为：

“一，被告人×××犯××罪，判处……（写明主刑和附加刑）（刑期从判决执行之日起计算，判决执行以前先行羁押的，羁押一日折抵刑期一日即自××××年××月××日起至××××年××月××日止）二，被告人×××……（写明决定追缴，退赔或者发还被害人，没收财务的名称，种类和数额）。”

第二，定罪免刑的，表述为：

“被告人×××犯××罪，免于刑事处罚。”

第三，宣告无罪的，无论是适用《中华人民共和国刑事诉讼法》第一百六十二条第（二）项还是第（三）项，均应表述为：

“被告人×××无罪。”

如不服本判决可在接到判决书的第二日起十日内，通过本院或者直接向×××人民法院提出上诉。书面上诉的应当提交上诉状正本一份，副本×份。

审判长：
人民陪审员：
人民陪审员：
（院印）
二〇一×年××月××日
书记员：

五、民事诉讼文书写作

民事诉讼文书的民事起诉状在民事诉讼活动中使用较多，民事起诉状是民事立案的前提，是当事人表达诉讼请求的体现。民事起诉状的写作中必不可少的要素有以下几项：原被告基本情况和联系方式、诉讼请求以及事实和理由。其中事实和理由部分要写明纠纷产生的原因、涉及相关事项的具体内容、诉讼请求的法律依据等。民事起诉状的构成同一般民事诉讼文书，只是在内容的表述中有所区别，并且民事起诉状尾部要附注诉状副本的数量和证明文件等，如果涉及合同等文件也要一一列明。

【例文】

民事起诉状

原告：×××

名称：________ 地址：____________________ 电话：____________

法定代表人：姓名：________ 职务：________

委托代理人：姓名：________ 性别：________ 年龄：________

民族：________ 职务：__________ 工作单位：________________________

住址：________________________ 电话：________________

被告：×××

名称：________________ 地址：____________________ 电话：________________

法定代表人：姓名：________ 职务：________

诉讼请求：____

事实和理由：____

此 致

____________人民法院

原告人：__________（签章）

法定代表人：__________（签章）

201×年××月××日

附：合同副本________份。

本诉状副本________份。

其他证明文件________份。

民事诉讼文书中的授权委托书是法人单位或者个人将部分诉讼权利授予其他人而制作的具有法律效力或意义的文书，因而授权委托书可以分为公民个人使用的和法人单位使用的两种，法人单位使用的写作样式如下：

【例文】

授权委托书（法人单位用）

委托单位：________________________

法定代表人：________，职务：________

受委托人：姓名：________，工作单位：________　职务：________

姓名：________，工作单位：________　职务：________

现委托上列受委托人在我单位与________因________纠纷一案中，作为我方诉讼代理人。

代理人×××的代理权限为：

代理人×××的代理权限为：

委托单位：

法定代表人：

201×年××月××日

民事诉讼文书中的民事答辩状是民事被告、被上诉人针对原告或上诉人的起诉或上诉，阐述自己认定的事实和理由，予以答复和辩驳的一种书状。依照《中华人民共和国民事诉讼法》的规定，人民法院应当在立案之日起5日内将起诉状副本发送给被告或被上诉人，被告或被上诉人在收到之日起15日内提出答辩状。

民事答辩状由首部、正文和尾部三部分组成。首部包括标题（即民事答辩状）、答辩人的基本情况和答辩缘由三部分。其中答辩人的基本情况中要写明答辩人的姓名、性别、出生年月日、民族、职业、工作单位和职务、住址等。如答辩人系无诉讼行为能力人，应在其项后写明法定代理人的姓名、性别、出生年月日、民族、职业、工作单位和职务、住址，及其与答辩人的关系；答辩人是法人或其他组织的，应写明其名称和所在地址、法定代表人（或主要负责人）的姓名和职务。如答辩人委托律师代理诉讼，应在其项后写明代理律师的姓名及代理律师所在的律师事务所名称。正文部分由答辩理由、答辩请求和证据组成，正文部分说理要清晰，请求要明确。尾部包括致送人民法院名称、答辩人签名、答辩时间和附注组成。

【例文】

民事答辩状

答辩人：×××

名称：________　地址：________________________　电话：________________

法定代表人：姓名：__________　职务：________

委托代理人：姓名：__________　性别：__________　年龄：________

民族：________　职务：________　工作单位：______________

住址：______________________________　电话：________________

答辩请求：

答辩的理由和根据：____

此呈

________人民法院

答辩人：__________（签章）
法定代表人：__________（签章）
201×年××月××日

附：答辩书副本________份。

六、公证类文书写作

公证是我国特有的一种司法制度，我国设立公证机关（即公证处）对公民所要求的公正事项，经过法定程序的审核后，认为正确无误合乎法律，便可发公证书。公证书在我国有着较强的公信力，而公证文书也是公证机关行使公证权的体现。

公证文书按司法部规定或批准的格式制作，包括国内公证和涉外公证两部分。国内公证又分为经济合同公证和民事法律关系公证两大类。公证文书由标题、首部、正文和尾部组成。标题为“公证书”或××公证书。首部包括公证书编号、公证事项涉及的当事人的基本信息情况。正文包括证明的事实以及依据的法律条款。尾部包括公证机关、公证员签名、日期以及公证处的印章。

经济合同公证是公证机关根据当事人的申请，依法证明当事人之间签订经济合同行为的真实性、合法性的活动。公证机关要对合同中的条款是否违反了我国法律进行仔细的审核。公证合同的范围即前文所述的所有经济合同，也就是《中华人民共和国合同法》规定的十五种有名合同。经济合同公证书的格式同一般公证文书。

【例文1】

合同公证书

〔201×〕××初字第××号

兹证明__________（单位全称）的法定代表人（或法定代表人的代理人）__________和__________（单位全称）的法定代表人（或法定代表人的代理人）__________于__________年__________月__________日，在__________（地点或本公证处），在我的面前，签订了上述《__________合同》。

经查，上述双方当事人的签约行为符合《中华人民共和国民法通则》第五十五条的规定；合同上双方当事人的签字、印章属实；合同的内容符合《中华人民共和国__________法》的规定。

中华人民共和国______省______市（县）公证处
公证员：
201×年××月××日

上述范例格式适用于《中华人民共和国经济合同法》《中华人民共和国涉外经济合同法》和《中华人民共和国技术合同法》规定的各类国内和涉外经济合同、技术合同；有担保人的，担保人应在证词中列明；当事人为自然人的，应写明其姓名、性别、出生年月、身份证号码、住址；合同并非在公证员面前签订，“在我的面前”一句不写。

民事法律关系公证在我们日常生活中运用比较广泛，公证也是调整民事法律关系的重要环节。民事法律关系公证文书的种类较多，例如婚姻家庭关系公证书、收养公证书、遗嘱公证书等。民事法律关系公证书样式同一般公证文书，由首部、正文和尾部组成。下文将列举几种比较常见的民事法律关系文书的样式。

【例文2】

收养公证书

〔201×〕××初字第××号

收养人：×××（应写明姓名、性别、住址）

收养人：×××（应写明姓名、性别、住址）

被收养人：×××（应写明姓名、性别、出生年月日、住址）

兹证明被收养人×××的生父母自愿将×××（被收养人姓名）送给他人收养，收养人×××、×××愿意收养×××为养子（女）。

经审查，该收养关系符合《中华人民共和国收养法》第××条的规定，其收养关系自公证之日起成立。

中华人民共和国××市（县）公证处

公证员：

201×年××月××日

【例文3】

遗嘱公证书

〔201×〕××初字第××号

兹证明×××（应写明姓名、性别、出生年月日和现住址）于××××年××月××日在××（地点或者公证处），在我和×××（可以是其他公证员，也可以是见证人）的面前，立下了前面的遗嘱，并在遗嘱上签名（或者盖章）。

经查，遗嘱人的行为和遗嘱的内容符合《中华人民共和国继承法》第16条的规定，是合法有效的。

中华人民共和国××市（县）公证处

公证员：

201×年××月××日

总体上来说，法律文书是涉及国家、集体和个人根本利益的具有现实法律意义的文书。法律文书写作同人们的生活密切相关，想要提高法律文书写作水平，除了依照法律规定的有关文书的样式作参考和按照法律规定的要求外，在写作之前必须要了解法律文书写作的背景、主体、受众、用途。写作背景是指起草文书的内容是在何种情况下出现的；主体即起草文书的发出一方是谁；受众是指文书起草后给谁看的，这一点在文书写作中尤为重要；用途即制作文书是用来解决什么问题。

第四节 科技文书写作

一、科技文书概述

随着现代科学技术的发展，各种科学知识的传播与交流变得日益频繁起来，科技文书作为一种用于科学技术的生产、储存、交流、传播、转化和普及的实用文体逐步兴起，成为人们传播、获取信息与知识的重要渠道。秘书工作者辅助领导进行科学决策、深入基层了解情况时会常常接触到科技文书。

（一）科技文书概念及其特点

科技文书是人们在科学技术、学术研究和科技管理等方面表达一定专业内容的应用文书。狭义的科技文书是指自然科学、工程技术等方面的文书，广义的科技文书还包括经济科学、人文科学等方面的文书。从科技文书的写作内容来看，科技文书所反映的是自然科学领域内某些现象的特征、本质或其规律。一般说来，科技文书表现为以下几个特点：

1. 科学性

科学性是科技文书首要的特点，也是科技文书的灵魂所在。科学性即要求科技文书要以科学思想为指导，以事实为依据，所反映的内容必须符合客观实际，必须以反映事物的本质与内在规律为行文宗旨。科技文书的内容要经得起时间和实践的考验，所以断然不能和已经经过实践的科学原理相违背。因而，作者必须具有一定的科技知识储备，与此同时，作者还应有实事求是的科学态度、与时俱进的科学精神。

2. 学术性

学术性又称理论性，因为学术性问题往往就是某一学科中的理论问题。从字面上看，学术指较为专门、系统的学问，科技文书就是这样一种体现专业学问的学术性文章。它要求作者运用科学的原理和方法，针对所研究的科学领域问题进行科学分析、严密论证，并形成较为系统的归纳、概括，提炼成相应的学术理论。科技文书绝不是客观事物的外观形态和运动过程的呆板描述，它要求人们对事物的认识进行深化，由感性认识上升为理性认识，甚至有的科技文书还要求将学术研究中形成的各种理论性假说经过实践检验，并经过观察、判断、推理和归纳后，从理论上作出关于其现象本质的文字说明。可以说，学术性是科技文书最基本的特征。

3. 真实性

这是与科学性和学术性的特性一脉相承的。科学的研究态度要求理论经得起实践的考验，不允许弄虚作假的行为。真实性是科学性与学术性的内在要求，也是它们得以存在的前提条件。科技文书的真实性特点体现在三个方面：首先，科技文书所依据的材料必须是真实可靠的；其次，科技文书的具体写作中不管是各种专用术语，还是相关概念或数据的使用都要求准确无误；最后，科技文书的写作内容带有极强的客观性，因而并不提倡写作者主观情感的过多带入，遣词造句以简练、平实为主，说理要做到深入浅出、通俗易懂。

4. 规范性

随着科学技术的飞速发展，科技文书被各国广泛使用，而在长期的使用过程中，科技文书也形成了一定的惯用格式，而且近年来，科技文书的基本格式逐渐标准化。国际标准化组织以及一些科学技术比较发达的西方国家对科技文献的撰写与编辑都制定了一些国际通行的标准，我国在这一方面也已出台相关标准制定的文件，对科技文书的格式、属于、符号、表格和插图的使用，都作了规范化的规定。科技文书的作者需要遵照这些规定进行写作，这样也会方便于文献的检索与翻译，促进科技信息的传播与交流。

5. 创造性

衡量科技论文价值的根本标准就是它的创造性，因为科学研究的目的就在于创造，作为科研成果与科技信息传播的科技文书，它的任务就是增长读者的科学技术知识，指导读者解决科研、生产与工作中的实际问题，实现其科学价值。

科技文书是进行科技成果推广、科技信息交流的重要渠道，也是促进科学技术的重要工具，它们的出现标志着一个国家、一个社会研究工作的水平，它的价值为社会所公认，将永远载入人类知识宝库，成为人们共享的精神财富。

（二）科技文书的分类与写作要求

科技文书根据其表现形式以及适用范围通常被分为四类，分别是论文类科技文书、报告类科技文书、说明类科技文书以及其他的科技文书。

论文类科技文书包括自然科学、人文社会科学、应用技术等方面的学术论文，它是科技文书中最重要的一种类别。这类科技文书是人们进行科研、表述科研成果的工具。论文类的科技文书一般还可分为三种：第一种是社会科学、自然科学以及应用技术等方面的专业学术论文。这种论文是各学科领域中专业人员表述科研成果、提交给科研部门或发表在刊物上的学术论文，它能反映出各学科领域中的最新研究水平，对学术事业的发展来说具有十分重要的意义。第二种是高等院校学习的学生所写的学业论文，如学生作业性质的学年论文以及学业结束时的毕业论文和获得学位资格的学位论文等。第三种是报告类的学术论文，这里的“报告”不是指一般的报告文章，而是学术领域中专门使用的术语，主要是指学生或科研人员对相关课题经过调查研究和分析整理后提供的书面报告，它往往是与相应的学术论文联系在一起的，如学生的毕业设计报告、毕业论文的开题报告，科研学术论文的课题申请等。这些报告不是单独存在的，一般说来，与报告相对应的都会有学术论文对报告的课题再进行详细的论述，报告是作为学术论文的补充而存在的，但由于这类报告中通常会提及科研课题的创新性以及报告人的主张和见解，所以也具有学术论文的性质。

报告类科技文书是科研或技术工作工程中的信息工具，一般用来反映科技动态、交流科技信息，科学研究或产品开发过程中会经常使用到。具体来说，有科技调研报告、科技实验报告、科技考察报告、产品设计报告、科技成果鉴定书等。

说明类的科技文书比较容易理解，多是以传播科技信息为主，相比于论文类的科技文书和报告类的科技文书，它并没有那么强的学术性，也没有什么严格的格式要求，只需要把需要传达的科技信息阐述清楚即可，如我们随处可见的产品说明书以及科普文章等。

除了以上三类科技文书之外，其他的科技文书有专利申请书、发明申报书、项目申请书等，这些科技文书多是用于申请和申报科研项目的，有的也属于报告类的学术论文和报告类科技文书。

不同类别的科技文书有不同的写作要求，总体上说来科技文书的写作要求科学性、实用性、严谨性三者兼具。科学性不仅是科技文书的特点，也是其写作的基本要求，包括写作态度要实事求是、研究方法要科学可行、文风要朴实严谨。实用性主要是指科技文书用来描述和记载科学技术发展、交流科技信息的，因而科技文书的写作要与现实发展相联系，照顾到一定的社会、现实效益。严谨性要求科技文书的行文符合规范格式、表述上要用语恰当、辩证要严密周到。

信息时代，科技文书不再是束之高阁、无人问津的枯燥文字资料，而是科技信息交流与传播的常用工具，对于学术研究、科研工作以及日常生活来说都具有重要的意义。

二、学术论文

当下知识社会中，学术论文作为通用于科学领域的应用文体，起着传播知识、信息特别是学术信息的作用，反映了一个社会的科学研究水平以及科研工作者的学术水平。学术论文也是记录研究成果、传播学术信息的最为简便实用的工具。没有学术论文的撰写与发表，科研成果无法为社会所知，科研的社会价值就无法实现，所以学术论文的写作已成为当下学校教育不可缺少的一部分。完成和提交具有一定质量的学术论文，是获得相应学位和职称的必备条件。

中华人民共和国国家标准《科学技术报告、学位论文和学术论文的编写格式》中对学术论文是这样定义的："学术论文是某一学术课题在实验性、理论性或观测性上具有新的科学研究成果或创新见解和知识的科学记录；或是某种已知原理应用于实际中取得新进展的科学总结，用以提供学术会议上宣读、交流或讨论；或在学术刊物上发表；或作其他用途的书面文件。"简单来说，学术论文是用来表述科学研究成果和阐述学术观点的论说性文章，一般是对自然科学、社会人文科学和工程技术领域中某一课题研究成果的书面反映。

（一）学术论文的特点与分类

学术论文除了具有科技文书的一般特点外，还具有以下三个比较明显的特点：

1. 专业性

学术研究的最大特点在于其专业性。为了准确表述各学科领域的科研成果，学术论文必须要用到各学科领域的专业术语，并始终围绕具体的学术问题展开，因而任何的学术论文必须要体现与课题密切相关的专业知识，具有知识的系统性和鲜明的专业色彩，体现的是作者对所研究课题的专业素养。

2. 理论性

这是学术论文的内在需求。学术论文因其专业性要求，它不能停留在罗列现象、就事论事的浅显的经验描述，而是需要运用科学的方法，分析材料、寻找规律，对事物本质和规律有深刻的认识，把自己的发现和认识提升到理论的高度，使其具有理论价值。学术论文所能达到的理论高度，是衡量其价值的重要标志之一，一字一句都要持之有据、言之成理。

3. 创见性

学术论文要追求学术研究领域的新成果和新见解，这也是学术论文的本质要求、生命所在。有创见性的论文可以表现为选择的问题新、提供的资料新、研究的方法新、研究的角度新、阐发的见解新等。

从学科性质的角度，可以将学术论文分为文科论文和理工科论文两大类。文科论文，一般也称作社会科学论文，与理工科论文相比，文科论文突出社会性和思想性，它的研究范围十分宽广，研究对象涉及众多学科、领域。文科论文通常带有较强的主体意识倾向，时常表现出一定的政治倾向性。根据研究方式的差异，文科论文还可分为论证型、考证型、阐释型等多种类型。论证型论文是作者对问题进行探讨、分析、论证，揭示其本质和规律，表达自己观点、见解的论说性论文，它是文科各专业里运用最多、最广的一种论文类型。考证型论文是作者针对问题，运用考证的方法，研究、判断事物的真伪，考定事实异同的论文。阐释型论文是作者针对特定研究课题进行全面解释、说明的论文。

理工科论文也被称为自然科学论文，它的范畴既包括“自然科学”，也包括许多新兴交叉学科、新的科学群以及新兴技术群体。相比文科论文突出社会性与思想性，理工科论文则强调科学性和实用性，具有很强的现实目的性。根据研究方法的差异，理工科论文可分为理论型、实验型、观测型等类型。理论型论文主要是作者在论文中，通过严密的理论推导和分析，对研究成果进行理论概括的论文。实验型论文是作者有目的地进行科学实验后，对实验现象或结果进行归纳总结而成的论文。观测型论文是作者将对自然界某一现象、事物观察和测量的结果进行准确、具体的描述型论文。

（二）学术论文的写作

不同的学术论文虽然研究方法各异，学科特点也不尽相同，但大多数学术论文的写作程序还是相对固定的，一般分为选题、收集资料、构思、成文和修改五个阶段。

选择研究课题是学术论文的首要问题，论文的选题要简洁明了，它不一定反映了课题研究的全部成果，但必须在课题的内涵和外延之中。选题最主要的是要考虑两个因素，价值和可行性。一个课题是否具有研究价值，即它是否具有研究意义，包括社会意义和学术意义两个方面。意义的来源是多方面的，它可以是新问题的探索性研究，挖掘前人之所未见；可以是旧课题的深化研究，深化、补充已有的观点，丰富发展原有的研究成果；也可以是对前人所研究过的同一课题的批驳修正研究，探勘学术迷雾等。可行性是指研究课题的选择必须符合研究者的主、客观条件。主观条件主要是指研究者要根据自己的能力和兴趣来选择研究课题，科学研究讲究实事求是、量力而行的科学态度，研究者要根据自己学术能力的状况选择难易程度适宜的课题。客观条件指要考虑所研究的课题可以获取到的资料的条件，还有资金、设备、时间、期限等实践方面的情况，选择切实可行的课题进行研究。

搜集资料通常和整理资料联系在一起，任何学术论文必须依靠大量的参考资料作为学术支撑，资料收集与整理的质量是决定论文质量的关键性因素。搜集、阅读、整合资料往往占据整个学术论文研究所需的一半时间以上，研究者需要从收集到的杂乱无序的材料中整理出系统化、条理化的研究和写作思路。论文的构思包括确立论点、选定论据、安排结构等三个方面，构思是骨、行文是肉，两者相辅相成。论文的构思基本上就是架构论文的整体框架，行文就是在框架上进行补充和装饰。成文即指撰写完成学术论文，即一篇合乎规范的完整论文业已成形，在此基础上，撰写者还要进行修改定稿。修改定稿是论文质量的把关工作，需要全方面地寻找论文的错误与缺陷，反复修改，力臻完美。

根据国家标准（GB7713—1987）《科学技术报告、学位论文和学术论文的编写格式》

要求，一篇完整的学术论文要包括以下几个部分：标题、署名、摘要、关键词、引言、正文、结论、致谢、注释、参考文献。

1. 标题

标题即论文的题目，它相当于论文的“眼睛”，要求准确得体、简短精练，最好能概括出文章的中心内容，开门见山、简洁精当，让人一目了然。

2. 署名

这一项反映的是作者对研究成果享有的著作权。如果不是单个作者的，多作者论文按署名顺序列为第一作者和第二作者，对研究工作和论文撰写贡献较多的应为第一作者。署名之后可附上作者所在单位，便于读者与作者的联系。

3. 摘要

摘要是论文内容的简短陈述，用于提示研究对象、目的以及论文的基本观点等，主要起报道和检索的作用，是不用阅读论文全文即能获得的必要的信息。摘要的文字需要非常简练，其字数一般限制不能超过论文正文字数的5%。

4. 关键词

关键词属于主题词一类，是能反映论文观点和主要内容特征的单词或术语，其目的是为了方便制作日后的文献索引。一般说来，关键词3~5个最为适宜。

5. 引言

引言又称前言、绪论等，属于整篇论文的引论部分，引言的措辞需精练。其写作内容包括：选题的背景、缘由、意义以及研究目的；前人研究成果及缺陷；课题的性质、研究方向以及相关学术概念；文章立论的理论依据和研究进路、研究结论等。

6. 正文

正文是论文的本论，也是学术论文的主体、精华所在，占论文篇幅的绝大部分，所有的科研成果都将在这一部分得到充分的反映。因此，这一部分的内容必须充实、主题明确，同时也要层次分明、逻辑清晰。分论点之间的排列，各层次、段落的衔接连贯，以及引证的穿插等问题都是正文需要认真布置和处理的。

7. 结论

结论在全篇论文中起画龙点睛的作用，它是整篇论文的结局。需要注意的是，结论不是正文中各个分论点段落的简单总结，学术论文的结论要体现一定的理论高度与思想深度。作者需要从全篇论文的全部材料出发，经过分析和归纳后提出自己的观点和见解。结论可以从三个方面的内容进行把握：说明论文的研究结果，指出论文的创新性所在，反思论文可能存在的不足之处以及提供该课题可行的后续研究方向等。

8. 致谢

为了感谢曾在学术研究活动中给予自己帮助的人或单位，可以在论文的最后以简短的文字向这些人表示谢意。致谢的文字以诚恳为主，表达出作者的真情实感即可。

9. 注释

注释是指论文内容所引用到的文献资料的具体标注或论文对正文中某些需要进一步阐释的问题的进一步解释。

10. 参考文献

在论文的最后列出参考文献，一方面是为了体现作者严谨的学术态度和精神，表达对前人科学研究成果的尊重；另一方面，也是为读者研究或查找有关文献提供帮助。

【例文】

空间的衰朽

——鲍德里亚对当代建筑和城市空间的批判

（万书元　同济大学人文学院　上海：200092）

摘要：鲍德里亚深刻揭示了仿真时代真实性和意义的丧失，城市空间的衰朽和空间消费的悖谬，并且在仿真的肆行与空间的衰朽之间建立起一种因果逻辑；正因为此，他迷恋于自己的诗性美学和引诱哲学，希望以此作为解药来解醒在仿真和代码中迷失的城市环境和文化空间，并修复城市建筑应有的美学效能。

关键词：城市美学；空间哲学；仿真；鲍德里亚

鲍德里亚是一位有着宽广的文化视野的学术大师。他的理论触角几乎触及整个人文社会科学领域：政治、经济、文化、军事、艺术，甚至城市与建筑等跨学科领域。相对来说，他在城市、空间和建筑方面的研究成果不算太多，但是这对于全面理解他的学术思想却非常重要。

然而，现在的研究者，无论中外，大多对鲍德里亚的这些研究采取忽视或回避的姿态。鲍德里亚是当代最杰出的空间哲学大师列斐伏尔的弟子，他对城市、空间和建筑自然会别有会心，而且也确实是别具慧眼。这位一再声明自己的兴趣不在建筑而在空间的悲观主义思想家，实际上，无论是对建筑还是对城市空间，都曾作出十分精彩的、富有启示意义的论述，值得我们认真研究。

一、关于仿真的三种模式理论

在讨论鲍德里亚有关当代城市空间和建筑的批判之前，我们有必要对他的仿真理论作一个简要的回顾。这是他的当代城市空间研究与文化批评的理论基石。

通过考察自文艺复兴以来人类的全部创造活动，鲍德里亚发现，在这个漫长的历史阶段，人类的创造活动模式依次经历了三种形态：模仿（仿造）、生产和仿真（仿像）。每一形态充分体现对应历史时代的社会发展状况和文化精神。模仿或仿造对应于文艺复兴之后至工业革命之前的人类创造模式；生产对应于工业革命之后的人类创造模式；仿真对应于后现代亦即数码时代或克隆时代人类的“创造”模式。

文艺复兴作为欧洲历史发展的一个重要的阶段，并不只是产生了众所周知的古典复兴运动，更重要的是它产生了几个划时代的变革：一是新兴资产阶级的崛起引起社会结构巨变，最终导致了封建秩序的解体，贵族和僧侣阶层与新兴的资产阶级之间的隶属和等级关系为竞争和平等关系所取代；二是科学精神和人本主义哲学的兴起动摇了封建神学的根基，被封建神学禁锢的人性获得极大的张扬；三是由于前述两种变革，也由于古典文化中的自由精神的牵引，封建符号的专有性和禁忌性受到巨大挑战，从前为王公贵族和僧侣阶层专有的符号，已经不再由这些少数人世袭或专擅。“竞争的民主接替了法定秩序特有的符号内婚制”（鲍德里亚，70），可靠的符号和象征秩序的世界终结了，强制符号的时代终结了（纯粹的徽章即种姓象征的时代终结了）。这就为模仿或仿造在文艺复兴之后的流行提供了社会和文化基础。

……（略）

我们的宇宙不再是一个和谐的宇宙，而是一个被仿真的仇恨（恐怖主义）所操控的宇宙；我们的城市不再是一种文化空间，而只是一种冷漠的代码空间；不是一种生活空间，而只是一种死亡空间；我们的建筑不再是一种富有审美价值的建筑，而只是对他者和自我的狂热的仿真。至于我们这个仿真比比皆是的社会，则完全变成为一个不可救药的问/答循环的二元对话世界，一个权力系统以仿真之问来策动和操控公众的仿真之答的不真实的世界，一个权利和义务在仿真的象征交换中同归于尽的世界，一个以仿真的交换形式让权力自我摧毁并且自我埋葬的世界，当然，也是一个被技术所戏弄所异化的扭曲的世界。

二、城市空间即代码空间与贫民窟之寓像

鲍德里亚同他的老师列斐伏尔一样，确信近代以来西方城市经历了一个从在空间中生产到对空间本身的生产的转化。不过，鲍德里亚所理解的空间的生产，与他的老师有所不同，他所说的空间的生产，主要是指仿真时代代码空间或曰数字空间的生产，而非实体的城市空间的生产。

鲍德里亚认为，过去，城市是工业空间，生产空间，剥削空间，警察空间，阶级斗争空间，是政治工业的多边形；那时候，城市和社会具有密切的关联性，我们至少可以通过工厂和传统贫民窟那样的地理场所来揭示城市的本质与真相；但是，今天的城市与过去已经迥然有别，成了代码空间，处理和操作符号的空间。城市不再是实现和确证生产力的场所，而是实现差异性，进行符号操作的场所，甚至连冶金学（钢铁企业）也变成了一种符号制造术（充当国民生产总值的符号）。当今一些新兴的城市，其城市规划蓝图的实现，都直接来自于对需求和功能/符号的分析和操作，即对环境、交通、工作、休闲、娱乐、文化等符号/功能的分析和操作，这些代表需求和功能的符号在整体环境被视为同质空间的城市棋盘中进行着即时而频繁的转替与交换。这就使得城市景观学和人种学具有了密切的关联性。因此，今天的城市是符号、传媒与代码的多边形；它的真相不再像过去那样由工厂和传统的贫民窟这类地理学场所来表征，而是由形式/符号的生产与再生产，代码的循环并对城市空间的围困这一普遍的现实来表征。因此，“城市、市区，这同时也是一个中性化、同质化的空间，是冷漠的空间，是贫民窟不断遭到隔离的空间，是城区、种族、某些年龄段被流放的空间：是被区分性符号分隔的空间。每一种实践，每一个日常生活时刻，都被大量代码分配到确定时空。郊区或市中心的种族贫民窟只不过是这种城市形态的极端表达：这是一个巨大的分类禁闭中心，这里的系统不仅在经济上、空间上自我再生产，而且通过符号和代码的分化，通过社会关系的象征摧毁，在深度上自我再生产”（鲍德里亚，112）。

……（略）

鲍德里亚通过涂鸦者的涂鸦，反向阐释了当代城市空间的代码属性，不过，他对涂鸦这种恐怖主义空间暴动有了过高的期许，代码空间没有因涂鸦而崩溃，相反，它从一个独特的角度，证实了代码空间的无所不在。

三、现代城市空间即死亡空间

鲍德里亚曾经考察并且研究过许多欧美城市，比如巴黎、苏黎世、悉尼、里约热内卢、里斯本、罗马、威尼斯、巴勒莫、纽约、洛杉矶、拉斯维加斯、盐湖城、圣巴巴拉等，总体来说，他对当代城市空间，尤其是美国城市是极不满意的。他似乎非常乐于把被他蔑称为文化沙漠的美国的都市作为最糟糕的空间样板来解剖。他曾经以不无恶意的讽刺语调批评说：

如果说墓地不存在，那是因为现代城市在整体上承担着墓地的功能：现代城市是死亡之城，死人之城。如果说实用性大都市是全部文化的完成形式，那么很简单，我们的文化就是一种死亡文化。(鲍德里亚，96)

人类建筑和城市在其发展过程中，曾经经历过一个从重死（或非人）轻生（人）到重生（世俗化）轻死的过程：在古代，最辉煌最别致的建筑总是献给死者或神（非人）的，如古埃及金字塔和古希腊神庙。当人类普遍地感觉到自己也有权享用最美最好的建筑的时候，却是中世纪之后的事情了。但是，到了现代乃至后现代，随着城市的扩展，城市空间似乎开始了新一轮的循环，走向了人性的对立面，成为一种异化的空间。

……（略）

鲍德里亚对欧美城市表现出截然不同的态度——几乎对所有的美国城市都怀着深深的敌意。他对美国城市的这种激进的批判难免偏颇，但是，必须承认，不只是美国，其实许多现代或者说当代城市设计中确实存在太多的问题甚至危机，这些问题和危机不独美国为然，在中国犹然。

四、消失（隐/现）与引诱：鲍德里亚的建筑美学逻辑

鲍德里亚对西方建筑的批判与他对西方城市空间以及对现代文化的批判是紧密联系在一起的。尤其值得我们注意的是，大凡受到普通公众“注意”（attention）的建筑，几乎无一例外地遭到鲍德里亚毫不留情地抨击甚至炮轰。被视为后现代主义或高技派建筑的典范之作的蓬皮杜中心（即波堡），在鲍德里亚的眼里，不过是“储存价值的神圣的垃圾堆（第5层）”，“反神圣性的自由表达的垃圾堆（广场）”，“大众模拟游戏的纪念碑”，“吸收和吞噬全部文化能量的焚尸炉”，“反文化价值的杰作”(Baudrillard，“Mass” 54；112)。

……（略）

鲍德里亚自己承认，他并不是一位建筑行家。建筑到底应该怎样发展，城市到底应该怎样发展，他是不可能贡献出具体的方案的。但是，在上述的分析中，我们可以看出，鲍德里亚确实从审美和生态的角度，为当代城市的发展，当代建筑的发展，提供了新的视野和思路。

总之，鲍德里亚深刻揭示了仿真时代真实性和意义的丧失，城市空间的衰朽和空间消费的悖谬，并且在仿真的肆行与空间的衰朽之间建立起一种因果逻辑；正因为此，他迷恋于自己的诗性美学和引诱哲学，希望以此作为解药来解醒在仿真和代码中迷失的城市环境和文化空间，并修复城市建筑应有的美学效能。

鲍德里亚对现代城市空间的诊断对城市管理者和设计者无疑具有警醒意义；他的抽象而又玄妙的解药在理论上说也许也颇具神效，可是此药非彼药，并不是谁都能够轻易掌握施药之法的。

注释［Note］

①参见 Baudrillard，Jean. *Symbolic Exchange and Death.* Trans. Grant，Iain Hamilton. & Intro. Mike Gane. London：Sage Publications，1993：77.

②参见 Baudrillard, Jean. "Implosions: The Implosion of Beaubourg". *The Conspiracy of Art: Manifestos, Interviews, Essays*. Ed. Lotringer, Sylveère. Trans. Hodges, Ames. London & New York: Semiotext (e), 2005.

③糟的建筑到处建，好的建筑设计却不能实施，这使鲍德里亚极为失望，他甚至有些悲观地问建筑师诺维尔："建筑师还有可能建造出成功的建筑空间吗?"参见 Baudrillard, Jean, and Jean Nouvel. *The Singular Objects of Architecture*. Trans. Bononno, Robert. Minneapolis: The University of Minnesota Press, 2002: 51.

引用作品［Work Cited］

Baudrillard, Jean. "Disneyworld Company." Trans. Francois Debrix. *C－Theory: Theory, Technology and Culture*, Vol. 19, No. 1－2, Event－Scene 25 (1996).

－－－. *Seduction*. Trans. Brain Singer. Montreal: New World Perspectives & Ctheory Books, 2001.

－－－. *Symbolic Exchange and Death*. Trans. Iain Hamilton Grant. London: Sage Publications 1993.

－－－. *Mass, Identity, Architecture: Achitectural Writings of Jean Baudrillard*. Ed. Francesco Proto. Chichester: Wiley－Academy, 2003.

鲍德里亚：《象征交换与死亡》，车槿山译. 南京：译林出版社，2006 年。

［Baudrillard, Jean. *Symbolic Exchange and Death*. Trans. Che Jinshan. Nanjing: Yilin Press, 2006.］

（文献来源：《文艺理论研究》2012 年第 5 期）

【思考题】

1. 什么是专用文书？学习专用文书的写作有何意义？

2. 谈谈不同种类专用文书的特点与写作要求，可结合具体的文种进行阐释。

3. 谈谈经济文书、法律文书、科技文书的基本特点与写作要求。

4. 比较并归纳经济文书、法律文书与科技文书的共同点与不同点。

5. 参考经济文书与法律文书中合同写作的相关要求，指出下面这份合同存在的问题并加以修改。

合同

甲方：苏州大学医学院实验中心办公室

乙方：王二（×××建筑工程公司负责人）

甲方因教学科研需要，经国家相关部门批准，建造一座实验中心大楼。经双方协商，订立本合同。

（1）甲方委托乙方建造中心大楼一座。

（2）建造费用为 800 万元。

（3）付款办法：甲方在 2015 年 5 月 1 日前付款约 1/4，余款在完工后再付。

（4）大楼建告工期等待乙方准备好后，择日开工。乙方力争在 1 年内完工，如遇困难，争取在 1 年半内交工。

(5) 如果双方因工程质量发生争执，应本着协商的态度加以解决，协商不能解决，任何一方都有权采取进一步的措施，直至提起诉讼。

(6) 本合同一式两份，双方各执一份。

甲方代表签字：李四
乙方代表签字：王二
2015 年 4 月 1 日

6. 请自选主题，写一份经济活动分析报告或市场调查报告。

7. 法律文书根据制作主体的不同可以分为哪些种类?

8. 假如你是作为处理下述公证请求的公证员，请根据以下情景写一份公证文书。

周某和王某二人准备做婚前财产公证，二人 2015 年 3 月 20 日前往当地××市公证处，双方签订了婚前财产协议。二人基本情况：周某，男，1988 年 3 月 24 日生，现住址为××市××区××路××号××小区××幢××室；王某，女，1989 年 7 月 21 日生，现住址为××市××区××小区××幢××室。

9. 根据起诉书标准，找出下文起诉书的一部分写作中错误的地方并加以改正。

刘××于本月五日驾驶汽车货运，在返回本场的路上，会车时因车速过快，不慎将前方一行人从后面撞倒，当即轧死。

10. 学术论文的写作要求与主要内容有哪些？请根据学术论文写作章节的学习，围绕本学期的课程内容完成一篇学术论文。

第七章
申论和学位论文写作

本章选取两个特殊的文种——申论和学位论文作为讲授对象。之所以说申论和学位论文是秘书写作中两个特殊的文种，是因为这两个文种写作都带有“预设—考察”性质，它们都有较为明确的写作要求和相对确定的评测标准。相较于前几章的行政公文、日常事务文书及礼仪、传播类文书等限定性的文种讲授，申论和学位论文更适合作为写作课程的教学内容综合培养秘书写作所需要的阅读理解能力、文本分析能力、谋篇布局和文字表达能力。

第一节　申论

申论是现行我国国家机关公务员录用考试的一门考试科目。自2001年设立以来，申论主要选取重要社会问题和热点问题，模拟公务员工作实境，考查应试者阅读理解能力、材料分析归纳能力、提出问题解决问题能力以及文字表达能力，从而选拔其中适合作为公务员的人才。作为一门选拔性考试科目，申论要求应试者能够在限定时间里准确把握给定材料，并在此基础上提出问题，作出必要的申述，发表中肯的见解，并进行论证。

【导入案例】

申论作文岂能写成驳论文

——以《转变政府职能要辩证看待“弱化”与“强化”》为例

黄立平　曾子毅

前不久，笔者给2011级秘书学专业学生讲授申论例文的时候，要求同学们参考一下2013年中公版湖南省公务员录用考试专业教材全真模拟预测《申论》试卷（一）第四大题的参考答案。尔后，组织讨论，大多数同学认为：这是一篇不可多得的好文章，值得我们从各方面学习和借鉴；极个别同学则持相反的看法，认为可能有问题，但又说不准到底是哪出了问题，只隐隐约约感觉到策论文不应该这样写。这到底是一篇什么样的文章呢？笔者认为：这确实是一篇相当不错的驳论文，只是不应该放在申论作文这个位置上，因为申论作文是用来解决给定资料中存在的具体问题的，所以它是策论文。这篇例文，从驳论文的写作角度来看，确实写得不错，但文体、写法不符合策论文的写作要求，不符合申论考试的要求，是一篇存在严重失误的策论文。为了正人视听，现将原例文抄录如下，以供诊治之用。

题目的要求是这样的：“有人说，政府管得越多越好；也有人说，政府管得越少越好”，根据材料内容，结合我国实际，针对这两种观点，自拟题目，写一篇800～1 000字的议论文。

转变政府职能要辩证看待“弱化”与“强化”

近几年来，但凡有轰动效应的社会事件，都和政府有着密切关联，评论之声潮水般地漫进现实社会，也浸润着、改变着现实社会。嘈杂的声音之下，有冷静的观察，也有无意识的围观；有务实的分析，也有狂躁的诘问；有理性的思考，也有极端情绪的宣泄。面对着经济的飞速发展，社会管理的日趋复杂，有人说，政府管理得越多越好，也有人反其道而论之，强调政府管理得越少越好。

政府管理得越多越好，意味着没有节制地去强化政府责任，政府就会变成“全能选手”。哪里能赚钱，哪些行业能赚钱，政府比企业更明白。社会上哪些商品过剩，哪些商品缺乏，哪些商品最受消费者欢迎，哪些商品即将被淘汰，政府比市场更清楚。政府会变得比企业高明，会变得比市场高明。政府对什么都能预知，都能计划，都能调节，服务范围就会无限放大，服务的行政人员也会无限放大。最终，职能全面只会导致效率低下、机构浮肿、人浮于事，“全能”变得“无能”。

政府管得越少越好，意味着没有原则地去弱化政府职能，政府就会变成“守夜人”。在政府领域，干部可以放松政德的约束，背离清廉为民的要求。于是，腐败分子可以有理由为了经济的发展，去接受权钱色的诱惑，理直气壮地贪污受贿。在商业领域，商人可以追求经济利益，用卑鄙的手段去欺骗消费者，利欲熏心。于是，“地沟油”“瘦肉精”等恶性食品安全事件变成社会的常态，人民群众的生命健康只是少数有良知人的奢望。于是，社会恶性发展成了再正常不过的发展模式，至此，政府失去了有效进行社会管理的地位。

全面辩证地认识政府职能转化是重要的。一定要破除和纠正一味弱化政府职能的简单片面的认识，一方面，要果敢坚决地减少和弱化不适应不符合市场经济发展和经济发展方式转变的政府职能；另一方面，同样要果敢坚决地健全、强化适应和符合市场经济发展以及经济发展方式转变的宏观调控、市场监管、社会管理、公共管理等政府管理职能。

因此，政府职能管理要由微观把控向宏观调控转变，从“全能”政府向“有限”政府转变。面对发展的市场经济和复杂的社会结构，有的职能要弱化，有的职能要强化，不能简单地笼而统之，更不能形成政府职能越弱越好的思维定式。一个弱化，一个强化是同等重要的，齐头并进，彼此呼应，不能顾此失彼、厚此薄彼，忽视和偏废了一方。

这篇文章从文体来看是一篇比较地道的驳论文。全文可分为三个部分：第一部分，即开头部分，先“亮出靶子”，亮出“政府管得越多越好”和“政府管得越少越好”两种观点。第二部分，即中间的主体部分，主要从三个方面来写，首先驳斥“政府管得越多越好”，接着驳斥“政府管得越少越好”，最后提出自己的论点“全面辩证地认识政府职能转化是重要的”。第三部分，为结论部分。实话实说，这篇文章以驳论文的写作标准来说，还是有很多可圈可点之处：一是扣题紧，合题目的要求。因为题目要求是“‘有人说，政府管得越多越好；也有人说，政府管得越少越好’，据材料内容，结合我国实际，针对这两种观点，自拟题目，写一篇议论文”。而这篇文章的标题是“转变政府职能要辩证看待‘弱化’与‘强化’”，既有针对性，也突出了“政府职能转变要辩证地看待”的观点。可以说这一标题合规合矩，是一个标准的驳论文的好标题。二是文章的观点集中鲜明。全文紧紧围绕论点“全面辩证地认识政府职能转化是重要的”加以论证，不枝不蔓，不偏不倚，倾其所有笔墨，浓墨重彩，因此，给人的印象是论点鲜明、集中，论证透彻。三是结构布局科学、匀称。文章分为5个自然段，字数大体相当，给人一种视觉上整齐的对称美。四是语言凝练流畅。如第一自然段中大量使用排比句式，顺畅流利，有排山倒海之气势，增加了文采，增强了可读性。

然而，这样一篇看似近乎完美的驳论范文，对那些初学申论写作的学生来说具有很大的蒙蔽性和误导性。因为初学者对申论中的策论文写作，可以说心里是一片茫然，他们特别渴望有人指点，帮助走出写作盲区。这个时候初学者的判断能力和识别能力比较差。诸如此类的驳论文，就会被那些初学者加以学习、借鉴甚至模仿。这样，不仅浪费了考生时间，更重要的是断送了考生被录用的机会，毁了考生的前程。因此，很有必要指出其中的错误之处。

错误之一：文体的误用

大家知道：申论本身就是“申”和“论”的有机结合。“申”，即申述、申辩；“论”，就是论述、论证，申论就是把事情说清楚，加以论证。公务员招录考试中的申论写作就是针对当前存在的社会热点和难点问题，分析、论证，提出对策。因此，申论作文，其实应为策论文。而策论文，既要论更要策，是在议论的基础上提出解决问题的措施对策。策论文，自然少不了提出论点，也少不了分析原因，但更为重要的是一定要提出解决问题的对策措施。对策是策论文的生命，是策论文区别于其他文体的重要标志。而上文所举的例文即使戴着放大镜去找也找不到解决问题的对策，也就是说作者没有把它当成策论文来写，而是把它当成驳论文来写，这自然是文体使用的错误。这是这篇文章最为严重的致命错误。

错误之二：标题的错拟

文章内容之所以出现问题或偏差，就在于标题有问题，因为标题是文章的标杆，是文章的风向。文章如何写，写什么，当然只能紧扣题目作文，否则就会下笔千言离题万里。题好一半文，此话一点不假。作者在拟制标题的时候，只考虑了作答的要求，“针对这两种观点”拟题，就这一点而言，似乎紧扣了出题的要求，却忘记了策论文的根本，就是策论文最核心、最关键的措施对策。因此拟题时就忽略了这一点，没有提出所应采取的措施。如果作者没有忘记“策”这一根本的话，就会先“反驳两种错误的观点”，然后阐明自己的观点，并重点提出解决问题的办法。这样写是比较理想的。诸如此类的文章，也只有这样写，才是不二的选择。

错误之三：文采的滥用

策论文，首先是应用文，然后才是议论文，它是这两种文体的综合运用。因此，它既具有应用文严谨、实用、朴实的语言风格特征，又具有议论文注重说理、逻辑严密等特征。在语言表述上，应通顺流畅，没有必要过分地追求辞藻的华丽和修辞手法、表达技巧的运用等。该文有追求华丽辞藻的嫌疑。比如：“嘈杂的声音之下，有冷静的观察，也有无意识的围观；有务实的分析，也有狂躁的诘问；有理性的思考，也有极端情绪的宣泄。”这一句其实意思很简单，就是为了表达目前人们对政府职能的不同看法，即各种各样的杂音。这完全可以用一个短句“对此，目前充满着杂音”来表达。而作者却用了如此长的篇幅，极力制造排比句式所达到的效应。实际效果是费力不讨好。一句很简单的意思，干吗非要弄得那么复杂、那么烦琐？诸如“哪里能赚钱，哪些行业能赚钱，政府比企业更明白。社会上哪些商品过剩，哪些商品缺乏，哪些商品最受消费者欢迎，哪些商品即将被淘汰，政府比市场更清楚”此类的例子，在文中还真不少。当然，文章写作“无定法”，尤其是文学作品，应该追求“新”，追求与众不同、别具一格，但作为应用文体的申论作文，是策论文，自然应遵循应用文固有的格式、写法，完全没必要去标新立异或独树一帜，还是应该老老实实按照“规矩”作文，因为“没有规矩不成方圆”。只有按“规矩”写出来的申论文章，才是真正的申论文。

（原文刊载于《秘书之友》2015 年第 7 期）

【讨论】

（1）你如何理解文中所讨论的“驳论文”和“策论文”的区别。

（2）文中作者认为申论写作应注意哪些问题。

【要点阐述】

一、如何理解申论的文体性质

我国古代皇家选取人才曾使用过一种考试科目，即策论。如《金史·章宗纪三》中记载：“会试，取策论、词赋、经义，不得过六百人。”俞正燮《癸巳存稿·八股文旧事》：“康熙二年癸卯八月，定试士不用八股时文，用策论制，分二场。”策论就是针对问题提出对策，并加以论之。某种意义上，我们可以把今天的申论追溯到古代的策论，它们都是通过考查应试者对问题的认识、见解来选拔适合治国的管理人才，不同之处在于，策论的考查背景仍然在设科举以来以“四书五经”为中心的士人“道统”里，申论的写作要更为灵活，也更有针对性。如历年来申论涉及的材料有：医药卫生安全、网络监管、安全生产、交通问题、三农问题、突发公共事件、粮食问题、生态保护、精神文明、道德建设、计划生育、科技与人文等诸多与百姓生活密切相关的重大社会议题，这样的选题显然对应于一种选拔性的考试，即它要通过这些广泛的议题，考查应试者运用其综合知识展示认识问题、分析问题、解决问题的工作能力。不同于策论，申论的应试者不是论述一个政策的对错以及如何施政，而是要在这些涉及不同专业领域的社会现实材料中发现问题，并能够对问题有所认识和处理。

申论也不同于我们所熟悉的命题作文。如 2015 年上海市高考语文作文试题：

请根据以下材料，自选角度、自拟题目，写一篇不少于 800 字的文章（不要写成诗歌）。

人的心中总有一些坚硬的东西，也有一些柔软的东西，如何对待它们，将关系到能否造就和谐的自我。

显然命题作文主要考查的是应试者语言运用和文字表达的能力。考生只要把握材料的核心意思，结合自己的生命经验，选取角度，写一篇自圆其说又充满情感的文章即可。与其说这样的命题试卷是选拔性的，不如说它的设置属于测评性质，目的在于整体考核学生的语言文字能力，并给出相应的分数作为测评结果。

对于申论来说，文字功底和写作水平只是它考查的一小部分，它意在通过一些现实存在的社会问题解读，选拔少数适合国家公务员系统的工作人员。

如2013年中央、国家录用公务员申论卷第五题：

请以“让……大放异彩”为题，写一篇内容充实的文章。(35分)

要求：(1) 用恰当的文字替换“让……大放异彩”中的省略号部分，使之构成一个完整具体的文章标题；

(2) 主题应与“给定资料”相关，但素材不必拘泥于“给定资料”，要结合生活中的具体感受，切忌空谈对策；

(3) 观点鲜明，结构完整，语言流畅；

(4) 字数800~1 000字。

这道题目并不容许考生随意发挥，它要求考生就领会材料精神的基础上，针对材料中涉及的问题，选取角度书写。最终决定这篇文章命运的，既不是文中所蕴含的情感，也非语言表达，而是写作者是否能站在一名国家公务员的立场，对材料有所精神性地领悟和认识，并能够将其观点明确、逻辑严密、语言流畅地表达出来。

二、为什么在秘书写作的范畴中讲授申论

秘书写作是一门实用性很强的写作课程，一般认为它比文学写作更为容易习得，如它有惯用的格式、有相对具有规律性的文本结构方式以及一些常用语言。尽管秘书写作其本身可训练性较强，但由于它体系庞大，经验丰富，在实际的教学过程中，反而不易学习。大量的文种概念及写作经验在强调了秘书写作“实用”性质的同时，也抑制了其所要求的“写作”训练。文种本身的限定性也不利用写作教学开展。以法定公文为例，秘书写作范畴中的行政公文写作本身对写作有一定的要求，可是以对法定公文文种的认识和学习很难训练到如何写好一篇文章，即它的容量不足以展开写作训练。同理，类似书信、简报、新闻报道等又因为其文种的开放性与包容能力，也给严谨有效的写作训练增加了难度。

为什么说申论适合秘书写作教学？秘书写作教学是在一个“应用”的情境中，训练写作。对于申论来说，首先，它本身即为考场作文，加之它拥有自己完整的情境设定、严格的写作要求和明确的评价标准，它适合成为一种教学型文种；其次，我国目前的申论试题具有打破专业设定、铆钉社会现实问题的容量，它虽然设定为选拔适合党和国家行政体系中的公务人员，但其试题品质足评测所有考生已有的思维水平以及其否具有独立的思考能力和严谨的表达能力；最后，类申论写作在秘书的实际工作中大量存在。将申论作为秘书写作的一个教学点，课程可通过对这个文种的讲授，集中培养和训练写作中要求的文本阅读分析能力、问题理解能力以及文章架构和语言表达能力。

三、申论考试的特点与目标

（一）试卷

申论试卷一般包括三个部分：注意事项，提醒考生考试时间、答题建议等；背景材料；作答要求，常见有归纳概括、综合分析、提出对策、申论作文。

（二）特点

目前我国的申论考试包括党和国家中央、直属机关考试，省级公务员考试和地市等地方行政招募考试。根据不同的招考级别，申论试题在涉及材料的广度与专业性以及写作试题难易程度要求上稍有区别，但就其整体来说，都具有以下几个特点：

1. 材料的广泛性

申论考试目的在于选拔公务员，打破专业教育的壁垒，测评考生在即将展开的公务员日常工作中处理实际问题的潜在能力和水平。试题所列材料涉及政治、经济、文化等多个领域包括科学议题、哲学思考以及社会问题等多个角度。材料的广泛性并不排斥材料具有专业性，它要求考生具有一定的文本阅读理解能力，换言之，材料的专业性并不是指向考生相对应的专业领域，而是要求考生具有一定水平的材料阅读能力，这是其一。其二，材料的广泛性与考试性质有关，申论考试所要选拔的是适合在国家机关工作的人员，故要求考生对社会问题有一定的兴趣和思考。其三，材料的广泛性建立在对考生专业素养知识的整体考查，尽管申论材料取材不限，但并不是说它对考生的专业知识不作要求。一个具有一定专业知识的人才有可能具有分析问题所需的知识储备和能力训练。

2. “有效”问题

申论考试本身不是能力测评考查，它需要选拔适合国家各级机关工作的人才，这一性质决定了进入申论的材料必须具有现实意义，能够通过材料模拟、建立一种工作的语境，有效地选拔适合其工作性质的考生。材料的“有效”性，首先，是指选用的材料贴近现实生活，具有共性的问题效应，能够从不同专业背景、不同角度加以思考和分析；其次，材料的“有效性”还要求材料具有可讨论性，材料所涉及的问题已进入公共视域，并已经引发了一定的关注和讨论；最后，申论的材料“有效性”还指其所预设的问题基本上是我们常见的问题、现象，不会对考生答题造成太大的思维困扰。

3. 评测标准的淘汰性

作为一门人才选拔性考试，申论的评分标准倾向于在考分中区别出可能和适合进入其预定选拔对象范围的人才，将一些不适合或者不具备相应能力的考生淘汰。也即所谓评测标准的“淘汰性”，是指申论试题对其应试者有所预设即一名合格的公务人员需要具备的相关能力，相应地其评分标准的设定具有预设的淘汰性质。

（三）目标

申论考试即要通过一定材料的编排和问题设置，选拔适合公务员工作的、具有一定阅读、分析问题和解决问题能力的人才。其《考试大纲》指出，申论考试“主要侧重考查应试者对给定资料的阅读能力、分析能力、提出问题和解决问题的能力以及文字表达能力”。

1. 理解能力

申论考试中的阅读理解能力稍区别与我们一般所认为的对于一篇文章的阅读和理解，它更为倾向考查应试者的归纳概括能力。申论考试中涉及的材料经过了别有意味的安排，最终看到的材料基本上是围绕某一问题的碎片化呈现。如申论材料多是一些在社会上广泛存在又亟待解决的、关系国计民生的问题，或是一些由社会顽疾而演化出的突发性事件、社会难题等，材料中常有专家观点、政府声音、媒体视角、民众个体诉求等，也有问题本身在社会生活的各个层面的具体表现，常常主观内容和客观材料混杂排布。

材料本身的测试性安排要求考生能够在通读的基础上，把握、捋顺材料之间的关系，灵活机智地透过现象认识问题的本质，全面、辩证地看待问题。故而申论的阅读理解能力要求考生在辨析、归纳、整体碎片化的材料的基础上，准确地概括出材料的主旨。

2. 综合分析能力

申论考试中的综合分析能力是指考生在整体阅读理解材料、辨明材料主旨的基础上，对材料本身的分析与认识，需要分清楚材料之间的联系，以及各项材料本身的立场、态度，材料与主旨之间的关系等。综合分析能力是在阅读理解能力之上对考生进一步的考查与要求，它模拟公务人员实际工作中可能触及的纷繁复杂的问题形式，检测考生是否具有敏锐的辨析、整合思维能力。

3. 提出问题与解决问题的能力

提出问题和解决问题的能力是申论试卷真正的重点与难点。它要求考生在敏锐把握材料中涉及的主要问题、条理性分析材料所包含的碎片化的具体事件和言论的基础上，准确地将材料所指的本质性问题提出，并能够能针对问题给出可行的对策。这部分内容是申论考试的主要内容，同时也是秘书写作训练中的重中之重，即如何认识、理解和解决问题，它决定了一篇秘书文书合格与否。

4. 篇章架构与语言文字表达能力

申论对材料的阅读、分析能力以及材料背后问题的理解和处理能力最终见之于文字，以文章的形式呈现。申论写作中对于篇章架构以及语言文字的表达能力要求主要表现为语言准确、简洁，言辞合意，行文结构具有逻辑性，即语言本身不造成行文的负担，语言和结构都能够有效地服务于行文的表意功能，能够相对自如地运用语言，条理清晰地架构文章。

四、申论写作讲解

申论考试意在通过数千字的材料模拟一种实际的工作情境，进而有针对性地设置问题，考查应试者的阅读能力、分析能力、提出和解决问题的能力以及文字表达能力。这样的考查设计完全是模仿于一个人在实际工作中处理事务的思维过程，如首先是信息接收、分类、分析、归纳、提取；其次是对关联信息的所有事件的本质性认知过程，提出问题；再次是对问题的解决方案；最后以文字的形式加以表达。申论写作需有针对地完成试题设置的每一项能力考查，也即进入情境，有意识地角色扮演，梳理材料，分析、认知材料，最终以一种角色身份将其完整表达。

（一）阅读材料　概括主题

申论的考试的第一关即面对材料，进入材料所搭建的工作情境。材料的充分、有效阅读程度直接关系到应试者可否进入后面的测试环节。如何充分地阅读申论材料？

一般申论试卷的第一部分即注意事项里会给出考生如“考试时限为180分钟”“其中，阅读给定材料参考时限为50分钟，作答参考时限为130分钟”样式的提醒。基本上50分钟的材料时间是必要的。建议考生对于申论材料分四步阅读：

1. 通读材料，整体感知

申论的材料由多则小材料组成，它模仿公务人员日常工作所遇到的纷繁芜杂的事件。为了高效地选拔人才，申论材料经过了重重选择和重组，最终由一些彼此具有关联性的关乎同一核心问题的事件、现象、观点、数据等组成。通读材料，有助于整体性感知材料所营造的情境，并假借材料的代入性感知试题写作所要求的角色身份。

2. 细读材料，把握每则材料的核心思想

细读材料，简明概括每则材料涉及的具体问题，以及材料的来源、立场以及情感指向。细读材料是在整体感知材料的基础上，仔细分析每则材料的特殊性，标记、记忆不同材料。细读这部分，建议认真、仔细，一次性完成，如不断重复这一步，势必会消耗大量时间，挤压其他几部分的思考时间。如果这一步进行得不顺利，没有准确地把握材料的性质、角度和核心信息等，将直接影响到考生对于材料的理解程度，最终影响考生对整体问题的判断和思考。

3. 归纳整理，重新组合材料

由于申论材料常是一种碎片化的组合方式，为了不遗漏信息，全面、整体把握材料所涉及的方方面面，建议在细读的基础上，归纳整理材料，完成对于材料的信息提取、资料整合工作。

4. 针对性地重读重点材料和重要句子、词语

所谓有针对性，即在阅读试题第三部分的具体作答要求之后，根据题目的要求，有针对性地重读材料的相关部分，铆钉问题，在整体感知材料的基础上，准确理解题意，作出回答。

（二）发现问题　给出对策

对策题是申论试题中重要的一部分，它要求考生回应相关问题，并能在限定的字数里就问题给出具有可行性的方案。看似对策题留给考生较大的发挥空间，实则对策是针对材料中所涉及的问题而言。就申论作为一门选拔性科目的有效性来说，试题所提供的材料已经基本限定了对策的大体范围。对策题的解答要求靠考生在对材料的认识和理解基础之上，发现问题、提出问题，并能够从问题出发，站在一名公务员的立场上就问题本身给出可行性的意见。

1. 须进入角色，角色扮演

以申论为例，应用文书写里一个重要的特点就是需要角色扮演，写作者需要准确定位在这篇文章中自己应具有的抽象的社会性身份，也即我们俗称的“我是谁”。不同的“我”在面对同样的书写对象时，其不同情感立场、问题意识以及思维支点必然带来多问题不同角度的关注和思考。申论写作中常见的偏题现象，多是因为考生没有准确定位自己的写作角色。

2. 须围绕材料，铆钉问题

即就事论事，实事求是。针对问题而思考问题，尽量排除写作者个人情绪等方面可能带来的主观影响，力求对材料中所涉及的问题进行全面、客观、深刻的思考。

3. 给出的意见必须具有可行性，能够真正地作用于问题

包括申论在内的应用写作，其写作目的主要是为了通过对问题/事件的认识与讨论，进而生成一种现实行动指令。作为一篇应用文，申论的价值不在于它的文气才华，而在于它是否能够用文字概括和分析具体的问题，并最终以文章的逻辑机构表达出如何解决和处理相应的问题。

（三）提炼观点　进行论述

申论最终以文章的形式呈现。考生对于材料的理解、思考和分析，最后需要形成一己观点，并能选取角度，逻辑严密地进行说理论证，自圆其说。这部分内容是写作的技术部分，即如何选取角度，围绕观点，展开严密地论证。

作为一种应用文，申论一般也常用“为什么—是什么—怎么样”的结构架构篇章。如为什么提这样的观点，这个观点具体是什么，以及它有什么样的要求，将带来怎样的结果。具体行文需注意：层级清晰；语言准确、凝练富有逻辑性；句读规范；卷面整洁。

从历年申论的答卷情况来看，这部分实际写作能力与水平并不是真正决定考生分数档次的部分，考生只需要在已有的写作水平和文字运用能力基础上，注意书写过程中的逻辑思维，朴素地使用语词，文从字顺，卷面整洁即可。

1. 标题

申论写作中的标题相对灵活，基本上没有程式规范可依。

从文章的角度，好的标题应明确、贴切，直指主题，既能激起读者的阅读兴趣，又能做到直抒胸臆、平易晓畅。标题在文章中处于画龙点睛的地位，标题的拟定须根据文章的论述观点、语言风格以及篇幅容量审慎选定。标题选定可尝试先确定标题的基本意思，即文章的核心观点，在已确定的观点基础上，再斟酌是否可以有更加具有文学色彩的表达方式。

2. 正文

申论写作设有规定的时间和字数限制，写作过程中围绕论点常采用“为什么—是什么—怎么样”三个层次进行阐述。

（1）为什么，即提出问题。

（2）是什么，即分析问题。

（3）怎么样，即解决问题。

在了解申论的考查目标以及文本结构的基础上，我们可以从其所设定的评分标准思考如何写出一篇合格的申论。

以申论大作文为例，如2014年北京市公务员考试申论试卷最后一题：

有专家指出，目前北京用水需求不断增长，供水缺口日益增大，水资源供需矛盾的解决将难以走出“扩张—调水—再扩张—再调水”的怪圈。请你就这一“怪圈”现象，自选角度。自拟题目，写一篇文章。(40分)

要求：主题明确，内容充实，结构合理，语言流畅，字数控制在800～1 000字。

该题的评分标准主要依据以下三点：

（1）准确理解材料；观点明确、深刻。

（2）从给定材料出发，又不拘泥于给定材料；论据翔实、典型有针对性和说服力，论

证逻辑严密。

（3）思路清晰，结构严谨，语言畅达，文面整洁，字迹工整。

其中各部分所占分值比例大体为：

a. 立意观点（文本阅读，即材料的理解能力）25%；

b. 论证展开（问题的综合分析能力）40%；

c. 文章结构、语言（辞章建构和语言表达能力）20%；

d. 文面字迹，格式字数 15%。

（根据一篇申论的实际写作情况，如字数严重不够或严重偏题等，分数的取舍也会相应作出调整）

对此，要写出一篇合格的申论，要留意以下几个方面：

（1）立意准确。针对申论的大作文（常常是申论的最后一题），写作者首先要注意提炼准确、合理的观点。观点的提炼和选取依赖对材料部分的准确把握，如材料整体包括几部分，围绕的主要问题是什么，围绕这个问题又有哪些方面的观点和数据说明。认真思考材料是否已给出具有倾向性的观点？以及你对材料所涉及问题的看法和见解。观点正确对整篇文章具有决定性作用。写作者切忌不仔细阅读、思考材料和题干，造成文章偏题。

（2）论证合理。显然这部分是申论考查的重点，即是否能够合情合理地分析问题，并对其有所解决。从近些年申论试卷的答卷情况来看，这部分内容的完成情况直接决定了考生分数是否可以进入一类档（如满分 40 分，28 分以上为一类）。写作需要注意围绕主旨即论点，考虑篇幅限制，选择具有说服力的材料，层次清晰，入情入理地展开论述。鉴于这部分内容的重要性，选材方面需注重品质，即从给定资料出发，联系生活实际，选择真正具有典型代表性的事实、理论材料支撑论点。

（3）辞章建构。这部分内容分两部分：篇章架构和语言表达。申论的写作根据其篇幅及论述方式，一般采用三至五段的形式展开。其内部逻辑层次常为“为什么”“是什么”“怎么样”。具体到语言的表达，写作者须注意严格使用书面语言，准确、庄重、朴素地表达，切忌乱用网络语言，滥用形容词和副词。

（4）文面字迹。行文需注意语法语病问题、标点符号问题，做到字迹工整、文面整洁。

五、真题练习

2014 年中央、国家机关录用公务员考试《申论》真题卷

省级以上（含副省级）综合管理类

（满分 100 分　时限 180 分钟）

一、注意事项

1. 本题本由给定材料与作答要求两部分构成。考试时限为 180 分钟。其中，阅读给定材料参考时限为 50 分钟，作答参考时限为 130 分钟。

2. 请在题本、答题卡指定位置上用黑色字迹的钢笔或签字笔填写自己的姓名和准考证号，并用 2B 铅笔在准考证号对应的数字上填涂。

3. 请用黑色字迹的钢笔或签字笔在答题卡上指定的区域内作答，超出答题区域的作答

无效。

4. 待监考人员宣布考试开始后，应试者才可以开始答题。

5. 所有题目一律使用现代汉语作答。未按要求作答的，不得分。

6. 监考人员宣布考试结束时，应试者应立即停止作答，将题本、答题卡和草稿纸都翻过来留在桌上，待监考人员确认数量无误、允许离开后，方可离开。

严禁折叠答题卡！

二、给定材料

1. 2013年10月10日是第22个世界精神卫生日。世界卫生组织公布的最新数据显示，全球约有4.5亿精神健康障碍患者，其中大多数生活在发展中国家。某心理研究所的研究报告表明，我国城市劳动力人口中亚健康人群的比例呈现增长趋势，其中城市无业人员中的心理亚健康问题尤为突出。

该心理研究所的Z博士说："人的内心不稳定、不平衡会造成个人负荷加重，并累及社会适应能力，无形中拖累了社会发展的步伐。"某社会学家也指出，社会的浮躁与焦虑，不仅易引发有害的聚合行为，且可能因之导致社会的某种断裂，影响经济社会的健康发展。

我国正处在社会转型期，各种社会问题矛盾多发，竞争压力加大，工作节奏加速，使得部分国民心理疾患所引发的社会问题开始凸显。

心理问题涉及面广泛。从发育的儿童、成长的青年，到空巢老人；从校园内的大学生、工棚里的农民工，到政府官员、企业精英，各阶层的人都可能面临各式各样心理问题的困扰。心理疾病和精神疾病对人们的危害绝不亚于心脑血管、呼吸系统疾病及恶性肿瘤等。有统计显示，每年约有160万人因心理问题导致行为失常，甚至构成犯罪，给社会造成很大危害。

有观察家指出，破解这一问题，政府应承担营造"大环境"的责任。改革开放30余年，在举世瞩目的经济高速增长背后，我国政府已经意识到必须妥善解决心态失衡等社"制定政策时，政府还应充分考虑政策的科学性、连续性和社会影响，减少因政策的不连续性等因素导致民众对未来的不确定感，减少对个体造成刺激和重大挑战"，"尤其是对于城市边缘人群和农村贫困人群，提高他们的积极情感、帮助其消解负面情绪，对于缓解社会冲突，减少人际间的矛盾与仇视，促进家庭和谐、社会稳定，都具有十分积极的作用"。

2. 某网站发表文章指出，目前社会问题日渐增多，造成社会心理方面的若干"缺失"，并具有相应的表现形式。

一项针对100万在职工作人员工作现状的网络调查显示，近三分之二的人感到压力较大。尤其在警务、义务人员、高层管理者等职业群体中。70%～80%的人都感到压力大，表现为失眠，记忆力衰退，容易紧张、焦虑和抑郁。许多人感到调整自己原有的心理定式和行为模式越来越困难，心理放松，宣泄郁闷的机会和渠道越来越少。

由于当前各种体制机制还不够完善，人们在资源占有、机会获取、成果享用等方面出现事实上的不公平，一部分人往往在比较中产生了心理失衡。加之现代社会信息化程度高，各种不平衡、不公平信息迅速大量地传播给公众，造成了更多人的心理失衡，这种情绪积累时间过长，势必产生严重的心理问题和社会矛盾。

在社会转型期，传统的价值观、就业模式、保障体系等，正在发生急剧变化，人们对未来缺乏安全预期，对未知充满恐惧，对变化心理准备不足，对多元化心理认同不够，易产生焦虑、恐惧、迷茫心理，出现信任和诚信危机。一项对“白领阶层”的社会调查显示，在被调查者中，认为与过去5年相比，生活幸福指数略有下降和下降很多的占36%；快乐正悄然离一些人远去，焦虑已渐渐占据某些现代人的心理。有报告显示，新生代农民工已经占农民工整体的47%。他们因为收入较低，难以承受较高的生活消费，融入城市生活困难重重，更容易滋生心理问题。同时，人口流动范围加大，生活环境变化加快以及各种自然灾害频发，都会使人们增加社会陌生感带来归属感的降低，进而导致孤独感。特别在一些发展较快的城市，生活着一些被高就业门槛和高生活成本边缘化的“社会隔离”人群，或称心理“无根”人群，这种现象得不到消解，易使一些负面情绪蔓延，甚至危及社会秩序和安全。

某些心理精神疾病病患者常因“羞耻感”而不及时就医，延误了诊治。而患者的亲友和同事也没有及时表现出该有的同情，社会对心理疾病还存有偏见和歧视。精神疾病康复者不能顺利回归社会大家庭，则又成为导致心理健康疾病复发增高的一个诱因。

3. 为了全面推进大学生心理健康教育工作，S大学举办了以“迎校庆、健心灵、献爱心、促成长”为主题的第六届心理健康节活动。

2013年4月26日下午，著名相声表演艺术家J到校作了题为“中国曲艺的魅力”的讲座。讲座现场气氛异常火爆，能容纳300人的音乐厅座无虚席，很多学生一直站着听完整场讲座。J说学逗唱、惟妙惟肖的表情和幽默的言语让全场师生捧腹大笑，充分领略了相声的艺术魅力。4月28日晚，第四届校园相声大赛如期举行，共吸引了一千多名师生参加。有同学以充满诗意的语言表达了自己的感受：“相声通向笑声，笑声连接大家的心声。笑帮人宣泄喜怒哀乐的情绪。笑伴人应对酸甜苦辣的人生！顺利时会笑，困难时能笑，失败时敢笑，我们笑着同昨天告别，又笑着迎接新的黎明！”

S大学是较早创办心理运动会的单位之一。5月12日下午，第五届心理运动会拉开帷幕，活动精彩纷呈，创新无限。“漫天飞舞”项目要求参赛选手中女生蒙住眼睛抛毽子，而男生站在女生身后5米的圆圈内用篓子接毽子，规则看似简单，却要求女生恰到好处的抛毽力度和男生辨识毽子飞行方向的全神贯注。漫天飞舞的彩毽和同学们的欢声笑语飘扬在操场上空，其乐融融。“心灵感应”环节要求参赛者一人蒙住眼睛，背着另一位同学，在他的指引下绕过障碍，背者失去方向、小心探索道路的迷茫，被背同学指点迷津、化险为夷的喜悦，使得比赛充满刺激和欢乐，全场气氛渐入高潮。“齐心协力”“铁人三项”“背对背拥抱”的比赛模式也都突破常规，不仅强调个人的体能展现，更考验团队的默契配合。参与的同学活力四射，乐在其中，观战的同学呐喊助威，激情澎湃，让整场活动都洋溢着喜悦和乐趣。举办讲座是开展心理健康教育的传统方式，深受师生欢迎。组委会针对辅导员、心理保健员、普通学生等不同群体组织了若干场精彩讲座。

5月21日下午，学校党委副书记带着各院系辅导员听取S大学心理健康教育中心主任D教授作《如何应对心理压力》的讲座。D教授是国家首批注册心理督导师，她的精彩讲解有助于辅导员们应对职场与生活压力，享受健康人生。

4月28日下午，S大学心理健康教育中心W老师为全校各班班长、心理保健员作了一场题为“常见的心理问题”的讲座；5月7日晚，W老师又作了一场《与大学生谈人生规划》的讲座，师生们表示要将所学知识运用于学习、工作、生活中，调节自我，服务大家。

健康节筹备期间，四川雅安发生7级地震，给当地人民群众生活财产造成了重大损失，深深牵动着师生的心。健康节组委会便把给灾区募捐的爱心奉献活动也列为心理健康节的重要组成部分，试图使学生们在募捐活动中体认到爱心与向善是心理健康的真正底蕴。

4月23日，几位学生连夜制作了募捐箱和祈福绶带，发起“天佑雅安、心系灾民”捐资赈灾活动。在“生者坚强、逝者安息、祈福雅安、重建家园”的条幅上，同学们写下了真挚的祝福。并将所筹善款汇往灾区。

一衣一物皆心意，一元一分总关情，有同学说，我们的心连在一起。就是一座爱的堤坝；我们的手牵在一起，就是一座情的长城。

4. 暑期来临，日益升温的“报班热”让孩子们本该无忧无虑的假期变得紧张而忙碌。不少家长“跟风”，给孩子报了特长班、兴趣班、课外辅导班等等。

荧屏上的相亲交友类节目大战愈演愈烈，多家卫视相继播出相亲或者交友类节目，一轮“相亲热”席卷荧屏。

近年来，媒体选秀节目从未冷却，从“超级女声”“快乐男生”到各行各业、各种角色纷纷“选秀”，“选秀热”进入了全面开花阶段。

一股“全民养生”的热潮炙浪逼人。五花八门的养生学说见诸各种媒体，名目繁多的养生书籍充斥图书市场。养生，已成为人们时下最为关注的话题之一，并以一股强大的磁力影响着百姓的日常生活。

此外还有集资热、股票基金热、买房热、文凭热等，常常是一风未止一风又起。

据某网站问卷调查显示：七成以上的受调查者认为时下跟风程度“非常严重”，表明随大流、跟风已成为一种普遍心态，跟风现象有愈演愈烈之势。专家认为，跟风现象折射了社会转型期的浮躁心态，在一定程度上构成了社会群体心理“亚健康”的表征。

有研究者撰文指出，如果说跟风来自于人们对各类专家的依赖，那么，不难想见，这种“依赖”恰好凸显了当前人们的一种“预先失败”的窘况。文章中引用了英国学者吉登斯在《现代性与自我认同》一书中的相关阐述，试图把现代人所面临的心理问题的讨论引向深入。

吉登斯指出“在晚期现代性的背景下，个人的无意义感，即那种觉得生活没有提供任何有价值的东西的感受，成为根本性的心理问题”。在吉登斯看来，现代社会中任何个人的行为都必须参照一种专家系统才可以实现。换言之，人们越来越相信现代社会的专家指导系统，在做任何活动之前，总要去参考各种各样的指导意见，并找到行为的依据，离开了这个专家系统，个人将迷失在社会当中，一事无成。

比如说买衣服，表面看起来，这是一个纯粹的个人行为。买什么衣服，选什么品牌，完全由个人的爱好所决定。但是，在今天，任何购买行为都已经深深地和各种各样的广告连接在了一起。广告，无形中就成了现代人生活中重要的“指导系统”。事实上，广告无意于担当这一功能，但是在纷繁复杂的商品世界中，它确实为现代人提供了辨别和追寻自己需要的物品的中介——从这个意义上说，广告也成为现代人自我辨认的一种曲折的形式。

这无疑会对人们自主选择能力带来巨大的冲击。在任何属于个人的行为当中，都隐藏着一个他人的选择、他人的要求、他人的想象。因此，它会使相当一部分人成为脱离了庞大的文化系统而难以生存的族群。

隐藏在这种生存的想象性对抗背后的，则是人们期待权威的心态。当人们无法获得真实世界的全部信息，就只能想象性地获得这种信息——这就有了对于大众文化媒介的依赖。跟风现象之所以在今天以如此空前规模的形式盛行，也正是这种媒介依赖的结果。

斯图亚特·霍尔曾这样描述现代社会；大众传媒通过生成知识和影像，给大众提供一个认识外部世界的通道。在社会高度发展、信息丰富芜杂以及生活形态多样变迁的同时，世界也在一定程度上变得破碎、凌乱和神秘，而大众传媒恰好掩盖了这种破碎、凌乱和神秘。大众传媒总是向我们呈现出世界的完整面貌，让我们觉得生活在一个充满了广告画面一样温暖的世界之中。

就人们的日常生活而言，大众媒介承担了一个“专家指导系统”的角色。一时间，所谓的养生专家“走红”各家电视台：隔夜水可以还阳养肾、活吃泥鳅可以治病……几乎最时髦的养生术，都是以对科学主义的文化体系进行颠覆甚至戏弄为前提的。这种反科学主义的冲动背后，则是人们对“媒介”的过度依赖。公众的生活知识，总是通过大众媒介获得，于是许多人也就把大众媒介专家作为自己生活方向的指路人。

5. 某网站展开一场关于“跟风”现象的讨论，引起了网民的热议。有热心网民对数量庞大的跟帖中的“精华”整理如下：

甲：我就上过所谓养生专家的当，对各种各样“养生经”深信不疑。有一次挂了一个养生专家的门诊，仅挂号费一次就花了我2 000元。结果，从书店里买到的最普通的养生图书中一查，原来专家给我的建议全是从里面抄的。

乙：我也买了不少养生书籍，有一本图书的广告特别吸引人：“一本可能让您多活几十年的书！一本可能让您少花几十万的书！”这两句广告语真的是说到了中老年人的心坎上。被看病难、看病贵所困扰的中老年人觉得，如果买一本30多元的书就能达到永葆健康的目的，谁不会买一本？看到邻居买、同事买、亲戚朋友也买，出于从众心理，自己也唯恐“落伍”。大家都这样做，自己也这样做，这样才不会感觉到舆论压力。

丙：我国经济快速发展，给国人创造了各种各样的机会，但同时也催生了从未有过的竞争与生存压力，追逐名利的人们越来越失去了耐心，迫切渴望“一夜成名”“一夜暴富”，再加上一些媒体不负责任地炒作和推崇各种“快餐式成功”和“速食式成名”的“典范”，人们越来越不能容忍清贫和默默无闻，越来越不愿用勤勤恳恳的劳动来获得成功和荣誉，而是不切实际地去跟风，去拼、去赌，这种从众潮流正把社会推向前所未有的浮躁之中。

丁：民众其实有时候就那么点乐趣，只要不违反原则，跟就跟呗，没必要太在意。我认为不要一味地反对或禁止，关键是要正确引导，要体现以人为本。

戊：跟风是一种拙劣的模仿，所以结果必然是平庸的跟随、盲目的复制与可怕的同化，这是缺乏理性、丧失文化个性的行为，无论对于社会还是个人，后果都是十分严重的。从国家的角度说，在经济全球化时代，我们要建设独立自主的有中国特色的社会主义，这既是民族自强之路，也是建设世界健康的文化生态的召唤。所以，有着悠久历史的中华文明理应创造自己的新文化。而如何保持中华文化的优良传统，增强文化自信，进而在世界文化大舞台上展示有个性的民族文化，使中华文化得到创造性的发展，则是我们必须认真思考的问题。

己：一个经常从众跟风的人，必然缺少独立的思考，创造力也会随之降低，新方法和好创意会被同质化，逐渐变得平庸。一个人如果丧失了智慧和创造性，一味地随大流，就会造成千人一面的社会环境。社会学家早就指出：在个人价值和社会选择上，我们每一个人都拥有一个坐标。在某种意义上说，每一个人都独特地属于“自己”，而不是别人。在纷纭复杂的现代社会，如何沉下心来，真正坚守自己，做好真正的自己，这是我们每一个人都必须面对的挑战。

庚：我觉得最重要的是加强民族文化自信心，尤其是要注意从中华文化的灿烂历史中去找寻民族文化的根基。几千年来，中华民族历经沧桑，内忧外患，但这条文化的血脉却一直没有断，贯通到今天，并日趋呈现出勃勃生机，这足以说明我们民族的伟大，说明了我们民族文化强大的生命力。今天，面对全球文化的冲突与融合，我们更应该珍惜这份文化遗产，加强传统文化教育，克服盲从与自卑心态，重振民族文化的自信心，展示中华文化的个性风采。

辛："风"也有益害之分，"辨风"的目的在于"选风"。譬如，"全民读书活动"这种风气，既陶冶民众情操，又涵养民族精神，就应该积极追随。"好风凭借力，送我上青云。"对于保护环境，和谐自然的"清风"。也应该追风赶潮，尽显自己的绵薄之力。一句话，当追的风要追，不当追的风，那是万万追不得的。

壬：全社会应积极倡导公民的个性发展，鼓励创新精神。在当代生活中，现代化推崇"标准化"的操作模式，世俗化的思想潮流如享乐至尊、娱乐至上等，常常在不知不觉之中，以同一模式对我们进行打造。尤其是随着商业化的全面推进、社会交流的日益频繁以及信息化的强力渗透，跟风更加有可能束缚思维、抑制个性发展、扼杀创造力，从而使我们在生活方式，文明习惯乃至人生境界等方面陷入流行化、浮躁化、庸俗化。个体是构成社会的细胞，只有每个人的素质提高了，才能抵得住诱惑，守得住人生的宝贵价值。

癸：如果这样一种跟风随流的生活成为我们人生的全部，在人生终点，岁月大幕落下之时，我们会不会深深地为自己的平庸感到遗憾，甚至有难以言表的耻辱感？因为，我们一直活在别人创造的所谓的"跟风文化中"，我们从没创造出打上个性烙印的成果。

6. 当今社会，竞争白热化，每日高速度、快节奏奔波劳碌成为城市工作，生活的主旋律。超时、超负荷工作严重地损害了人们的身心健康。

国内一项调查显示，84%的人认为自己生活在"加急时代"，生活节奏越来越快、压力越大越来是普遍现象。英国有位时间管理专家说："我们正处于一个把健康卖给时间和压力的时代。忙，特别是心理上的忙碌感所带来的伤害，可能超出我们的想象，那种不眠不休的工作，是一种自杀式的生活。"

20 世纪 80 年代末期，意大利人首先倡导"慢生活"方式，他们希望放慢生活节奏，主张"慢餐饮""慢旅游""慢运动"等。这里的慢，并不是速度上的绝对慢，而是一种意境，一种回归自然、轻松和谐的意境。专家认为，从某种意义上说，"慢生活"是一种积极的生活方式，是一种健康的心理状态，是一种"富"的充实、"穷"的快乐的生活状态，"工作再忙心不乱，生活再苦心不累"。

在我国，也有心理健康专家适时提出了"慢生活"这一理念。专家指出，在生活节奏不断加快的今天，我们应该静下心来思考：什么是人生的真谛？物欲催促上生命的脚步，时光分分秒秒日复一日地流走，人生在金钱方面看似相对丰富了；而在另一方面，却是生活质量下降，影响到身心健康。专家认为，生活要归于简单，工作要抓住重点，在职场忙得焦头烂额、筋疲力尽的人士，不妨梳理梳理心理，让生活节奏慢下来。

金庸先生说："我的性子很缓慢，不着急，做什么事儿都是徐徐缓缓，最后也都做好了，乐观豁达养天年。"飞人刘翔生活中也有慢的时候，他说："我吃饭比较慢，我也喜欢洗澡的时候慢一点，因为我喜欢慢节奏的生活。"

慢生活的提出，是对国人生活质量和生存状态的一种反思，放慢生活节奏是一种技巧，同时也是健康、积极、自信的生活态度。"慢生活"没有固定模式，可以从身边的一点一滴做起，从慢一点吃饭开始，到漫步、慢运动等等。有专家因此提倡“节奏慢下来，效率提上去，心态平下来，健康升上去”。

我们或许应该如作家米兰·昆德拉所言，要“慢下来”，因为自在有为的生活是急不得的。

三、作答要求

（一）“给定资料2”显示了当前社会心理方面存在的若干“缺失”，请对此予以归纳概括。(10分)

要求：全面准确，分条归纳，不超过150字。

（二）谈谈“预先失败”这一概念在“给定资料4”中的含义。(10分)

要求：全面、准确。不超过200字。

（三）“给定资料3”介绍了S大学举办心理健康节活动的情况，假如你是该省教育厅的一名工作人员，全程观摩了这次活动，校方请你在这次活动的总结会上发言，请草拟一个简短的发言稿。(20分)

要求：

（1）内容具体，符合实际；

（2）目的明确，切合主题；

（3）语言生动，有感染力；

（4）不超过500字。

（四）地方报纸根据“给定资料4”和“给定资料5”的内容做了一版关于“跟风”的专栏，请你以“告别跟风，走向成熟”为题，为这个专栏写一篇短评。(20分)

要求：

（1）观点明确，简明深刻；

（2）扣紧材料，重点突出；

（3）语言流畅，有逻辑性；

（4）不超过500字。

（五）“给定资料”结尾写道：“我们或许应该如作家米兰·昆德拉所言，要‘慢下来’，因为自在有为的生活是急不得的。”请结合你对这句话的思考，联系自己的感受和社会实际，自拟题目，写一篇文章。(40分)

要求：

（1）自选角度，见解深刻；

（2）参考“给定资料”，但不拘泥于“给定资料”；

（3）思路清晰，语言流畅；

（4）总字数1 000～1 200字。

真题讲解

一、仔细阅读试卷的第一部分，即注意事项。

二、阅读材料：

（一）通读材料，领会主旨。这份试卷材料部分由6则小材料组成，它们共同讨论的核心话题是现在社会中人们的心理健康问题。

（二）结构性阅读材料，即前文说的细读材料和梳理材料。划分材料的结构，区分角度，理性思考材料的背景语境。

材料 1 由四部分组成：

1. 卫组织 2013 年发布的关于“全球约有 4.5 亿精神健康障碍患者，其中大多数生活在发展中国家”的客观事实。

2. 专家观点：我国目前个人心理亚健康的分布及状况，以及它将给社会带来的不良影响。

3. 客观叙述我国的社会现状，以及具化的个人心理疾病。

4. 针对我们国家现在普遍存在的个人心理健康问题，专家的观点看法。

显然材料 1 分客观和主观两个角度将我国现在普遍存在的个人心理健康问题交代给考生。这部分阅读在其支离破碎的信息碎片编排中，考生容易走入误区，只见树木不见森林，不加思考盲目对材料所涉及的问题形成自我的情感判断，又将自我感情认知代入后面材料的阅读中。这部分材料虽然篇幅不长，但它将个人心理健康问题与社会发展之间的关系巧妙地提了出来，暗示个体的心理健康问题与一个社会整体的建制有密切关系，它既依赖社会的良好运转，也会影响到社会是否可以长期稳定、健康地向前发展。

材料 2 来自于某网站的一篇文章。材料建立在“一项针对 100 万在职工作人员工作现状的网络调查”基础上，叙述调查结果，分析了导致结果的制度因素、文化经济因素以及社会心理因素。

材料 3 介绍了 S 大学的心理健康节。

材料 4 从社会学的角度引入社会现象，分析其中相似的社会心理，并从理论的角度分析其存在的社会原因。

材料 5 某网站网民们对于“跟风”现象的跟帖留言。

材料 6 提出“慢生活”理念。

（三）针对试卷第三部分的作答要求，细读相关材料，作出回答。

1. 对给定材料 2，概括材料所提及的当前社会心理方面存在的各种“缺失”，要求全面准确，分条归纳。

材料 2 有五句话：

（1）许多人感到调整自己原有的心理定式和行为模式越来越困难，心理放松，宣泄郁闷的机会和渠道越来越少。

（2）由于当前各种体制机制还不够完善，人们在资源占有、机会获取、成果享用等方面出现事实上的不公平，一部分人往往在比较中产生了心理失衡。加之现代社会信息化程度高，各种不平衡、不公平信息迅速大量地传播给公众，造成了更多人的心理失衡。

（3）在社会转型期，传统的价值观、就业模式、保障体系等，正在发生急剧变化，人们对未来缺乏安全预期，对未知充满恐惧，对变化心理准备不足，对多元化心理认同不够，易产生焦虑、恐惧、迷茫心理，出现信任和诚信危机。

（4）同时，人口流动范围加大，生活环境变化加快以及各种自然灾害频发，都会使人们增加社会陌生感带来归属感的降低，进而导致孤独感。

（5）患者的亲友和同事也没有及时表现出该有的同情，社会对心理疾病还存有偏见和歧视。精神疾病康复者不能顺利回归社会大家庭，则又成为导致心理健康疾病复发增高的一个诱因。

这五项分别概括，即这一题的答案。这道题目针对的是负面社会现象，所以在概括现象的过程中建议用缺乏、缺少、不足、下降等词语建构动宾搭配，如第一点可概括为心理调节能力下降，容易焦虑、紧张，难以自我调整。这一题考查的正是考生对文本的阅读能力以及概括能力。

2. 谈谈“预先失败”这个概念在“给定资料4”中的含义。要求：全面准确，不超过200字。

回溯材料不难发现，“预先失败”出现在给定资料4的中间部位，它是某研究者针对社会上的“跟风”现象提出的一种解读。资料4前半部分写的主要是社会上的“跟风”现象，它是“预先失败”的研究对象，后半部分是研究者如何引用吉登斯的理论分析他所提出的“预先失败”原因。

显然材料不能直接提供什么是“预先失败”，它需要考生自己概括。如何概括？

当我们“谈谈”一个问题/话题时，一般的思维是这个问题是什么，为什么会出现，针对这个问题有什么对策和办法。答题即为什么是材料中说的“预先失败”，它有哪些具体的表现，为什么会出现这样的窘境，以及又有哪些对策。

核心问题是，把握所谓研究者提出的人们的“预先失败”窘境是研究者对社会“跟风”现象的解读。其实这道题目就是从“预先失败”理解盲目“跟风”，那么指的就是人们在一定的社会心理如不自信、盲目、从众，放弃独立思考，预设自己是失败者，寻找其他的信息依靠和外部权威。

3. “给定资料3”中，假如你是该省教育厅的一名工作人员，草拟一篇关于××××的发言稿。要求：内容具体，符合实际；目的明确，切合主题；语言生动，有感染力；不超过500字。

解题过程中一定要细读题目给出的作答要求，它会帮助考生进一步理解题目的设置，并给作答提供线索。比如，作答要求的第一点，内容具体，符合实际指的是：首先写作必须针对S大学所举办的心理健康活动；其次，必须遵照题目的身份设定，即该省教育厅的一名工作人员。

具体写作：我是谁？我为什么要写？我写什么？怎么写。

题目考查学生的角色扮演意识和能力，以给定角色身份对于材料的概括总结能力和特定文种的语言表达能力。

（四）根据“给定资料4”“给定资料5”，以“告别跟风，走向成熟”为题，为这个专栏写一篇短评。要求：观点明确，简明深刻；紧扣材料，突出重点；语言流畅，有逻辑性；字数不超过500。

解答提示：思考500字的篇幅可以容纳多大容量的论述。简明扼要、提纲挈领地抓住论述，逻辑顺畅地表达。

1. 观点明确，即告别跟风，走向成熟。

2. 分析原因，即为什么要拒绝跟风。

3. 给出对策，如何真正地告别跟风。

这类题目中的答题要求非常重要，根据要求，仔细作答。

（五）“给定资料”结尾写道：“我们或许应该如作家米兰·昆德拉所言，要‘慢下来’，因为自在有为的生活是急不得的。”请结合你对这句话的思考，联系自己的感受和社会实际，自拟题目，写一篇文章。（40分）要求：（略）。

注意：这道题即我们常说的申论大作文。

1. 这道题的解读谨记两点：一是对给定句子或者画线句子的理解必须结合材料的主旨，切忌望文生义，随意发挥；二是不偏题，在把握材料情感主旨的基础上，就材料所涉及的问题，以一名公务员的视角确立观点。

2. 题目考查考生对材料所涉及问题的整体思考，要求考生自选角度，确立主题，并且见解深刻。所谓见解深刻，即对问题的讨论不可停留在表面现象上，要真正地谈论现象背后问题的本质所在。

3. 解题过程中，注意既要从材料出发，又要结合材料之外的社会案例。论述做到思路清晰，结构严谨，语言畅达，文面整洁，字迹工整。

第二节　学位论文

学位论文是指本科及本科以上毕业生为取得一定学位而撰写的科学研究学术论文，俗称毕业论文，其依据论文所申请的学位不同，可分为学士学位论文、硕士学位论文和博士学位论文。相比于一般的科研学术论文，学位论文具有更为严格的考核标准，代表着写作者在完成相应的学术训练时所具有的科研能力和学术水平。学位论文作为求学阶段的一个总结和展示，其不仅仅依靠过硬的知识储备和能力训练，还要求写作者具有一定的写作水平。

在具体的秘书写作实践中，情境复杂多变，问题常常缠绕难解，这些对写作教学提出了更高的要求，即如何通过写作训练，培养秘书写作中需要的思维能力。作为一种科学研究学术论文，学位论文由于其研究对象的科学性、复杂性，其势必要求有效的表达方式。无论是本科生还是在职的秘书从业人员，都可以通过这种完整、严格的学位论文写作训练中深刻理解秘书写作所需要的专业知识和能力要求以及其规范化形式所具有的意义，并在这个学位论文写作的过程中，强度训练写作者的思考能力。

【导入案例】

漫谈怎样写学位论文

沈宗灵

本文原先是准备在教研室会议上讨论指导研究生工作时的一个发言大纲，现在改写成这一短文。内容主要是谈笔者近几年来在指导和评阅研究生（主要是硕士研究生学位论文）过程中的一些体会和感到的问题，供系内外同学和老师商讨、批评和指正。

一、写好学位论文的意义

与20世纪80年代前半期的研究生有所不同，近年来的研究生中有相当一部分对写学位论文不够重视，有的人抱着一种消极的态度，仿佛写论文仅仅是为了取得学位而不能不接受的一项任务。在这种想法支配下，恐怕很难写出较好的论文。一篇较好的论文在客观上有什么学术价值（学术价值或应用价值），这一点，这里暂且不论，仅就论文写作者本人而论，写好一篇学位论文，除了是获得学位的一个必要条件外，还有很多重要意义。据我所知，本系研究生在写学位论文前经常在报刊上发表文章的人固然有，但一般是很少的，有的甚至从未发表过一篇文章。对一般研究生来说，写出一篇三万字左右的论文，对提高自己的理论和知识水平、培养自己今后独立进行科研能力和写作能力等方面，都有极为重要的意义。如果本人能认真地写，指导教师也能严格要求，其收获当然会更大。研究生写论文前学习的各门课程固然重要，但写学位论文的重要性绝不亚于学习课程。从某些意义上讲，可能比学习课程更为重要。论文本身质量是测定学习课程成效的一个重要标志。如果研究生的论文主题与他以后的工作或研究有直接联系，那么写好论文对自己今后的帮助更是不言而喻的。

二、论文的指导思想

像其他文科一样，法学学位论文的要求首先是必须坚持四项基本原则，以此作为写论文的指导思想。这里应特别注意的是，一般研究生，思想活跃，勇于探索，这种精神是很可贵的。但另一方面，他们又比较年轻，对中国的历史和现状的了解不会很深刻；同时由于种种原因，对马克思主义的基本理论的理解也不会很透彻，还不可能准确地用辩证唯物主义和历史唯物主义来分析和理解问题，往往容易形成一些片面的观点。有的人甚至想离开唯物史观构造一个“思想体系”。这种论文当然是不符合要求的。所以，对研究生来说，撰写论文的过程应该同时是一个认真学习马克思主义基本理论的过程。

对包括法学在内的文科学位论文，除了四项基本原则作为指导思想外，还有学术水平上的要求。总的来说，确定一篇学位论文的质量是以国内相同专业发展程度作为依据。具体地说，可以从论文的创造性、理论和应用价值、选题难度、思想深度、内容可靠度、研究方法、文风、逻辑性和写作技巧等几个方面来作为评估的客观标准。有的论文虽然不能说有什么创新，但如果能对某个重要问题的观点进行相当系统的整理，这也可以说是对学术上的一个贡献。在评估法学学位论文时，我们也经常讲它对社会主义法制建设的实践有什么作用，或者讲这一论文在理论和实际的联系方面已达到什么程度等，这些也都是评估的客观标准。但所有这些评估标准都是相当抽象的。仅就一个学校范围而论，实际上，论文的质量要由学位论文的评议人和参加论文答辩委员会的成员在民主基础上集体来判断。

三、选题和计划

选题是写论文的第一道工序。硕士研究生学习计划中规定的写论文时间一般是一年。选题是一个很重要而且不是可以很快完成的任务。较好的办法是，研究生在开始学习后就可以考虑论文选题，而且可以对几个主题进行比较后加以确定。一般地说，研究生可以从以下几个方面来考虑自己的选题：某一主题在理论和实践方面的意义；在资料收集和本人理论水平及知识方面的可能性程度；与本人今后可能从事的工作和研究的关系；本人的兴趣等。选题的确定需要研究生和导师双方共同洽商，最好还应征求本教研室其他教员的意见。有的导师可能希望研究生的选题与他本人负责的科研项目结合起来，如果研究生本人愿意的话，这也是一个较好的选题方式。研究生在选题时自然要考虑本人的专业和研究方向，但对这一要求似不能机械地了解。笔者认为，我国法学的专业和研究方向划分过细，所以在确定论文选题时可以适当扩大范围，特别在近几年研究生面临分配困难，专业无法对口时，更应扩大论文选题范围。

写学位论文一定要有一个计划。其中特别要注意进度的合理安排。在笔者所接触到的研究生中，相当多的人总是先松后紧，有的人甚至紧得连打印都来不及，或在答辩前两三天才将自己的论文匆匆送交评议人或参加答辩委员会的成员评阅。安排进度时，一般可分为以下几个阶段：①选题、收集资料，有的还进行社会调查；②拟定一个较详细的大纲（也要与导师共同商定）；③撰写初稿；④修改定稿；⑤打印，由评议人和答辩委员会成员评阅论文；⑥答辩。这六个阶段往往是有交错的，例如撰写初稿时还要进一步收集资料，有的人甚至还要重新选题；打印和校对清样也需要一定的时间，特别是论文清样一定要由研究生本人认真校对。

四、收集资料和社会调查

在考虑选题时应同时考虑收集资料和社会调查。收集什么资料和进行什么社会调查当然离不开题目，但反过来，确定题目也首先要考虑收集资料和社会调查的可能性。研究生当然可以，也应该征求导师在收集资料方面的意见，但应多注意发挥自己的主动性和积极性，而不应过于依靠导师。因为收集资料工作本身是独立进行科研工作的一个重要环节，而这种能力主要是通过研究生本人努力来培养和提高的。再有，导师也不可能对每一篇论文的资料情况都是熟悉的。在收集一般书刊资料时，要注意利用图书馆中的工具书，如中外文大百科全书、专业性词典、资料汇编等。很多研究生在第一次看到图书馆的藏书时都有“学海无涯”的感觉，但奇怪的是，有的研究生即使在毕业时也还没有掌握使用较高层次工具书的基本功。研究生在平时最好养成随时收集对自己今后有用的资料或其索引的习惯。为撰写论文而收集资料的范围最好也广一些，国内的和外国的、中文的和外文的、理论的和实践的、论著和法律、法规等都应加以考虑。一般地说，对有关资料大体上先翻阅一下，以便选出自己所需要的部分，然后再进一步消化。除非写论文的直接目的是系统地进行整理，收集资料旨在掌握有关论文主题已有的成果、动向，而不是简单地重复他人的观点。当然，在学术性论文中，引文是必然会有的，但论文绝不是引文的堆积。

法学学位论文，特别是选题属于应用法学、部门法学的论文，一般都应以社会为工厂，进行社会调查，以贯彻理论与实际相结合的原则。但近年来，由于经费等方面限制，进行社会调查有不少困难。为此，更应注意利用假期或其他社会活动机会，以及从报刊资料等渠道，来进行不同形式的社会调查。总之，目的是使自己的论文从实际出发，而不是空话连篇。如果在撰写论文过程中有进行专门的社会调查机会，当然要有效地加以利用，而不应用来从事与社会调查无关的活动（如旅游、探亲等）。

五、学风、逻辑性和写作技巧

北京大学大讲堂前面墙上有八个大字：勤奋、严谨、求实、创新，这四个要求可以说是写学位论文时对学风和文风的基本要求。近年来，由于社会风气不正以及其他一些原因，研究生论文中学风不正也是一个比较突出的现象。不从本国历史和国情出发妄下判断，洋八股也很多，而且又一知半解，不一而足。无论研究生或导师都应正视这一问题，要求撰写论文看作是检验学风是否良好的一个过程。

有的论文中很不注意逻辑性。逻辑性要求立论鲜明、前提可靠、材料典型、推论合理、结论有说服力。一般的要求是论文有观点、有材料、推论合理。

研究生，特别是平时很少写文章的研究生，应注意改善和提高自己的写作技巧。采取能达到语言丰富、文章流畅、引人思考的程度；一般也应做到通俗易懂、条理清楚。但现在有的研究生论文还存在着晦涩难懂、病句错字颇多的现象。近年来的学位论文中，还有两个相当普遍的现象：其一是凡引文都宜加上脚注；凡是他人作品中一些重要的、创见性的观点，而自己在论文中引用了这种观点，既使不加引号，也应表明脚注。其二是对论文列出参考书目的正确理解。研究生论文最后都附有一个参考书目。这是指自己在撰写论文过程中的确参考过的书刊目录，而不是写上几十本实际并未看过的书刊名称。

六、珍视自己的研究成果

论文答辩通过后，研究生应注意根据答辩过程中提出的问题修改自己的论文和论文提要。写论文时，最好在写完初稿后同时写出一篇 3 000 字左右的论文提要和另一篇约 10 000 字的文章。提要是学校要求一定要写的。文章是可考虑向报刊投稿或是在有关学术会议上提出的。写成10 000字左右文章的直接目的是：30 000 字左右的论文很难有发表机会，压缩成一篇文章就可以使自己的论文有问世的机会；再有，一篇学位论文，不管在客观上是否有价值，或有多少价值，总是自己辛勤劳动的成果，是应该珍视的。如果有可能的话，应该继续就这一主题进行研究，而不要答辩一过，论文就被束之高阁。

（原文刊载于《中外法学》1991 年第 1 期）

【讨论】

（1）你如何理解学位论文在本科阶段和研究生阶段的不同意义与要求。

（2）请你谈谈学位论文与一般学术文章的异同。

【要点阐述】

一、学位论文的类别

按照学位论文所对应的学历层次和申请的学位，可分为学士学位论文、硕士学位论文和博士学位论文。

1. 学士学位论文

学士学位论文是大学本科应届毕业生为了获得学士学位而撰写的本学科的毕业论文，篇幅为 8 000 到 10 000 字。学士学位论文要求本科毕业生能够运用学科专业知识，就本学科内某一问题，阐发自己见解。主要强调学生专业知识的综合素质和学术水平。

2. 硕士学位论文

硕士学位论文是攻读硕士学位的研究生毕业生为获得硕士学位而撰写的字数 30 000 ~ 50 000的毕业论文。硕士毕业论文是对研究生在硕士阶段学习、研究工作的整体考核，要求写作者能就其专业方向里具有学术价值和意义的问题提出，并清楚、充分、完备地进行论说，强调论文的独创性和学术价值。

3. 博士学位论文

博士学位论文是获取博士学位所写的具有高度专业化和学术水平的毕业论文。博士学位论文要求写作者通过论文所呈现的创造性研究成果，展示其具有独立从事科学研究的能力，篇幅在 10 万字以上。博士论文在研究者的学术生涯中占有重要地位，甚至常被视作是代表作。

按照学位论文的研究领域和学科性质，可分为社会科学论文和自然科学与工程技术论文两大类。其中社会科学论文主要包括：语言文学、历史、哲学、法学、新闻学、社会学、经济学、管理学等相关学科的毕业论文。自然科学与工程技术论文主要包括：数学、物理学、生物化学、天文学、地理学、医学、工学等学科的毕业论文。

二、学位论文的特点

学位论文首先是学术论文，它具有一般科学研究学术论文的一切特性。学位论文除了其学术性之外，还具有考核评议性质，即它是写作者为了获取一定学位而撰写的具有一定学术水平与能力、合乎规范的一种毕业论文，其写作主要是为了通过写作，顺利答辩，获取相应的学位。

1．学术性

学位论文最本质的特点即学术性。所谓学术性，首先是指论文的研究对象须具有学术价值；其次论文的研究方法符合学术要求，能够在学科背景语境中运用专门的学术语言、理论概念和理论体系展开严肃的说理和论证；最后论文是科学研究的成果结晶，具有学术意义。

2．创造性

创造性是所有学术论文的灵魂所在。学位论文的创造性针对其不同的层次（即学士学位论文、硕士学位论文、博士学位论文）有不同的要求。整体而言，创造性指的是包括论文论题的选定及具体的研究方法具有独创性。在其专业的研究成果背景基础上，对相关问题/材料有独到的见解/发现，或是对已有的学术话题/问题在研究角度、方法上有所突破，进而可以推动学术的发展。

3．科学性

科学性是论文品质的保证，对于学位论文来说，它更强调的是方法具有科学性。学位论文严格意义上即写作者/毕业生有关其在读本科/硕士/博士阶段其学习/科学研究工作的一份科学报告，它要求写作者根据各自的专业方向，结合自我兴趣，能够在一定的学术语境中，发现并提出有学术价值的研究对象，并根据相应的学术能力、水平要求有所研究。围绕学位论文的每一个关节都需要科学性的保障，即推动论文的不是自我情感，而是严密的学理和逻辑。

4．总结性

学位论文不同于一般学术文章的最重要特质，即其具有总结性质。学位论文俗称毕业论文，它是写作者在经历三至五年的学习研究生活之后，对其学业包括生活的一次庄严的科学总结。也即学位论文的总结性质包括两个面向：一是关于某一学术研究对象，一篇学位论文需要完整地提出问题、分析问题并最终对问题有所解释；二是伴随这种研究过程的是写作者的求学过程，这部分内容不仅仅体现在论文的后记部分，在其具体的章节也有隐约呈现。

三、学位论文的写作

学位论文的写作，是写作者在以指导老师为核心的学术前辈指导下，对于某一问题成系统的尝试性研究。学位论文的写作不是我们所理解的单纯的个人学术研究与写作，它涉及整个教与学的环节，不单检测教学、科研机关的教学质量和效果，以及学生的学业水平，写作过程本身还是一种对学生科研能力规范化的训练和实践。

（一）三个阶段

1. 准备阶段

学位论文的准备阶段主要是指选题确定和资料的搜集。

不同于一般的科研学术论文，学位论文的写作并不是因为在研究过程中发现了问题或者解决了问题进而以论文的形式加以描述和整理，而是针对将要完成的学业课程，就其专业内部，选择具有学术价值的研究课题/题目，以论文的形式展开/记录研究，最终形成以学位论文为代表的研究成果。

（1）选题。

选题的原则是既具有学术价值，又兼顾个人兴趣和能力。

选题对于学位论文的写作来说，是非常重要的一环，甚至可以说，选题直接决定了论文的学术价值。好的选题，首先要具有学术性和创新性，其次还要照顾到个人的气质禀赋以及水平和能力。具体来说，对于学士论文，选题更为侧重写作者的个人因素，诸如个人兴趣及能力、水平。学士论文着意考查本科生对于专业知识的掌握情况以及能够在专业领域中选择一个小而精巧的题目，成系统地、科学地论述并完成。在这个过程中，个人的兴趣爱好，往往在学位论文的整个写作过程中占有更为重要的地位。就本科生的学术钻研能力整体来说，还未及培养。选择写作者自己有兴趣的题目，相当于为写作寻找内在动力，真正使本科毕业论文的写作过程成为一个钻研与学习的过程。硕士和博士学位论文则更偏重论题的学术价值，即如何在自己的专业领域，就以后的学术语境，发现具有学术研究价值和意义的论题，并适合自己的专业能力水平，是硕博士学位论文首先要解决的重要问题。

选题在学位论文的写作中占据一个较长的过程。整体来说，学位论文的选题有两大类：一类是就专业领域中的某一问题，能够选取不同的角度、方法，或者发掘新的资料、数据，进而推动学术领域这一问题的研究工作；另一类是写作者从自我的生命经验和知识构成出发就其专业发现/提出新的重要问题，并自成逻辑、自圆其说，进而在已有的学术语境中形成对话，引发思考。

实践经验告诉我们，兴趣对于选题的重要性不可低估。兴趣催生求知、探索的欲望，也是论文创新性的真正保障。真正决定一篇学术论文灵魂的，还是写作者个人对题目的情怀和意志。就文科领域来说，很多博士学位论文最终成为作者的代表作，其重要的一个原因就是这篇论文珍藏着作者对于专业学问的“初心”，它是个人生命经验通过研究对象与学术体系的第一次也有可能是最充满元气、能量的一次碰撞。除此之外，选题还要注意大小适中、难易适当，具有可操作性。

（2）资料准备。

事实上，资料准备工作伴随着选题前后，是论文顺利完成的保障。没有一定的资料获取与积累，论文无法确立题目是否具有可行性，最终无法确定选题。论文选题选定之后，围绕选题，资料的搜集、辨析、整理工作势必开始。之所以说资料的占有情况决定了一篇学位论文的科研质量，是因为论文的推理、演绎都建立在全面、可靠的资料基础上。

资料收集的方法根据不同学科、专业有所不同，总体来说有两种：实验获取（包括田野调查）和文献查阅。其中文献部分包括图书、期刊、报纸、科技报告、会议文献、专利文献、学术论文、档案文献和政府出版物9类。在学位论文中，资料的查找、搜集一定要选择诸如权威、核心出版物的有质量保证的文献资料和数据。

2. 写作阶段

学位论文的写作阶段主要包括：开题、写作和修改三个环节。

（1）开题即提纲的拟定。学位论文的开题环节是就论文可操作性问题围绕其选题的讨论，包括题目、角度方法、资料、篇章层次布局以及相关的参考文献的确定。学位论文的开题环节具有一个讨论的过程，即写作者在之前选题和资料搜索的基础上，同指导老师等就论文的观点、角度以及写作方法等不断讨论、修改，最终确定论文的基本骨架。

（2）写作，就说我们所理解的论文动笔、行文过程。

学位论文作为应用文的一种，其论文的主体部分同样可分为三个层级：

发现问题（为什么）—提出问题（是什么）—解决问题（怎么样）。

发现问题，即“为什么”部分，其主要是通过文字叙述切入论文的主题。对于学位论文来说，这部分内容常常通过评述学术界对相关问题的研究现状，阐述论文的选题原因、意义，以及角度方法。

提出问题，即“是什么”部分，主要是在前文研究现状评述的基础上，提出论文的核心观点，并充分论证，言之成理，自圆其说。这部分内容是学位论文的主要部分。

解决问题，即论文的结论部分。总结概括全文的核心观点，并明确表达写作者对该研究对象的判断和意见。

（3）修改。事实上，就学位论文的整个过程，如前文所述，除了写作者之外还有指导老师的参与。论文从最初选题的确立到资料搜集、提纲拟定，导师全程参与指导。所谓学位论文写作过程中的修改，主要是指在指导老师针对论文初稿给出的修改意见指导下，写作者就论文而进行的修改工作。

3. 答辩阶段

学位论文的最终完成必须通过答辩委员会对论文的答辩。答辩的程序一般包括自我陈述、答辩委员会提问、答问、宣布结果。

（1）自我陈述一般为10～15分钟时间，主要介绍论文的研究对象、目的、学界已有的研究成果及存在的问题、论题的价值和意义，以及论文的核心观点、主要材料等内容。

（2）答辩委员会的提问主要是指参与答辩的老师们针对该论文所提出的问题。

（3）答问，即对提出的问题的回应。

（4）宣布结果。答辩委员会就论文的写作情况，结合答辩环节写作者的自述和答问，最终评议讨论是否通过论文答辩。

（二）学位论文的结构形式图

1. 文本结构

学位论文封面：

（1）目录。

（2）中文摘要、关键词，英文摘要、关键词。

（3）前言。

（4）论文正文（包括注释）。

（5）结论。

（6）参考文献。

（7）致谢。

（8）附录（如有需要附着的原始文献资料等，附在正文后面即为附录）。

2. 打印格式（根据各个学校不同的打印装订要求，可能稍有不同）

（1）毕业设计（论文）用计算机打印，纸张一律使用 A4 复印纸。

（2）中文摘要、关键词采用小四号宋体字，外文摘要、关键词采用四号 Times New Roman 字体。

（3）目录采用四号宋体字。如分章节的论文，则目录中每章题目用四号黑体字，每节题目用四号宋体字，并注明各章节起始页码。

目　录

（4）正文文字内容字形一律采用宋体，标题加黑。章节题目采用小三号字，正文中文内容采用小四号宋体，外文内容采用四号 Times New Roman 字体。

（三）写作

1. 几个特殊的格式要素

学位论文有几个相对特殊的写作要素，包括摘要、关键词、前言、致谢和参考文献部分。

（1）摘要。鉴于学术论文的篇幅以及专业性，论文写作逐渐形成一种关于“摘要”的规范，即在论文正文前面以几百字的篇幅，简明扼要地概括论文的主要观点和论述方法，以便读者查阅。

相比而言，学位论文的摘要根据其论题的大小、难易，字数一般为 300 ~ 500 不等。常作如下表述：概括式评论选题。本文以具体的××为研究对象，以×××作为视角/方法，力图提出×××的观点。

论文的中英文摘要不要求严丝合缝对应，尊重各自语言逻辑表达，切忌粗暴地使用翻译软件。

（2）关键词。关键词主要为论文的检索系统服务，选择论文中能够集中表达论文主要内容和属性类别的词语，一般为 3 到 7 个。关键词的标引排列次序应由大到小、由内容到形式，彼此间用分号（；）隔开。

（3）前言。之所以将学位论文的前言专门提出，是因为针对硕士、博士学位论文篇幅较长并具有一定专业难度的论文来说，前言部分逻辑严明、文思畅通的写作对整篇论文有画龙点睛的效果。

所谓的前言，即在论文正文开始之前的叙述语言。它一般需要通过对论文选题情况、学界已有研究的评述，以及论文的写作视角、研究方法、核心观点和重要创新之处加以叙述，帮助阅读者顺利进入论文正文的阅读。

（4）致谢。学位论文具有总结性，不仅仅是对论文写作过程的一种总结，也是对自我一定求学阶段的回顾。同时，它也有某种类似毕业演出的性质，是对学校和老师教学成果的某种展示。致谢部分主要依托论文的写作背景、情境，表达对自己在求学过程中给予过指导和帮助的人，以书面的形式致以感谢。一些优秀的学位论文，致谢部分常常将学人求学、格致的心路历程和盘托出，读来令人感动不已。

（5）参考文献。注意区分参考文献与注释的不同。参考文献，是指在论文写作中所有参考过的文献资料。对于一篇优秀的学位论文来说，写作必定要全面系统地阅读该专业领域与论文选题相关的重要文献，那么参考文献势必需要将围绕论文选题的所有重要、核心资料附上。

2. 写作中的几个重要问题

（1）问题意识。学位论文跟论文一样，其立身之本是“问题意识”。在某种意义上，学位论文具体的写作只是整个学问研究工作中最轻的一环，而针对研究对象的“问题”发现、提出和理论的解决才是论文的真正价值和意义所在。如何在所学专业里，运用专业的知识和能力发现合适的选题，提出有学术价值和现实意义的问题，并巧妙地寻找充分的材料、数据以及切入角度和论述方法，有效地论证，需要长时间的知识储备和思维训练。

（2）学术价值和现实意义。学位论文是本科生、硕士生、博士生毕业时为取得相应学位而撰写的毕业论文。既然是在一定专业的学术体系中为了取得专业教育水平的认证，那么学位论文的论题就必须具有学术价值，在整个学术研究的结构体系中讨论问题，有所对话。同时，学位论文的灵魂在其创造性，唯有论题具有现实关怀意义，从写作者的生命情感出发，依托一定的知识结构，才能激发真正的创造性思维。创造和创新总是与人类求知的欲望紧密相关，对于学位论文写作来说，写作者需要对自己的专业有兴趣，切忌为了论文而论文。

（3）学术规范。学术规范包括两方面：一方面是我们可以看得到的论文的格式规范；另一方面是学术论文的科学行文规范，即如何选材、结构文章以及逻辑严密地对观点展开论述。

【思考题】

1. 什么是申论？
2. 简述申论考试的特点与目标。
3. 请结合写作实践谈谈如何写好一篇申论。
4. 请就你的专业方向，谈谈本科毕业论文即学士学位论文的选题问题。
5. 你认为一篇优秀的学士学位论文具有哪些素质？

参考文献

1．群立：《公文写作》，哈尔滨：黑龙江科学技术出版社 2014 年版。

2．杨振宇：《现代秘书学》，北京：北京大学出版社 2014 年版。

3．李秋：《新编应用写作教程》，杭州：浙江大学出版社 2014 年版。

4．聂春梅等：《应用文写作》，长沙：湖南大学出版社 2014 年版。

5．卫志民等：《最新党政公文写作实用大全》，北京：中共中央党校出版社 2014 年版。

6．王玉琴：《新编应用文写作教程》，合肥：安徽大学出版社 2014 年版。

7．霍然等：《大学应用写作》，杭州：浙江大学出版社 2013 年版。

8．裴显生：《公文写作教程》，北京：高等教育出版社 2013 年版。

9．郝全梅：《秘书应用写作》，上海：华东师范大学出版社 2013 年版。

10．曾跃林：《现代公文写作》，重庆：西南师范大学出版社 2013 年版。

11．张军：《现代应用文书写作教程》，武汉：武汉大学出版社 2013 年版。

12．张鹏振：《现代应用写作》，武汉：华中科技大学出版社 2013 年版。

13．包锦阳：《现代应用写作》，杭州：浙江大学出版社 2013 年版。

14．孙茂华：《应用文写作教程》，北京：对外经济贸易大学出版社 2013 年版。

15．邱国新：《应用写作教程》，北京：北京大学出版社 2013 年版。

16．胡可杜：《党政机关公文规范与材料写作》，广州：广东教育出版社 2012 年版。

17．王立名：《财经应用写作》（第四版），北京：经济科学出版社 2014 年版。

18．刘金同、张寿贤：《应用文写作教程》（第三版），北京：清华大学出版社 2014 年版。

19．赵映诚：《当代公文写作》（第二版），大连：东北财经大学出版社 2013 年版。

20．朱琳、刘建强：《新编大学应用写作教程》（第三版），北京：首都经济贸易大学出版社 2013 年版。

21．俞纪东：《经济写作》（第五版），上海：上海财经大学出版社 2012 年版。

后　记

2012 年，对于长期在高校从事秘书学教学和研究的人来说发生了两件大事：一是中共中央办公厅和国务院办公厅于 4 月 16 日发布了新的《党政机关公文处理工作条例》，该条例于同年 7 月 1 日开始实施；二是在教育部 9 月份发布的《普通高等学校本科专业目录（2012）》中，“秘书学”（050107T）作为“特设专业”赫然在列，结束了多年以来文秘专业作为汉语言文学的一个方向存在的历史。这意味着，探索适合新形势下秘书人才培养途径的任务已经摆在了我们的面前，而作为 21 世纪核心竞争力的秘书人员写作能力的培养，应当是其中重要的一个方面。

基于此，我们几年前就萌发了编写一本新的秘书写作教材的想法，经过充分酝酿，在苏州大学文学院的资助之下，在暨南大学出版社杜小陆先生的促成之下，经过全体写作人员历经寒暑的共同努力，《秘书写作教程》终于要出版面世了。我们的教材在吸收借鉴近年来已经出版的各类应用写作、公文写作教材的基础上，以“导入案例”“讨论”“要点阐述”“例文”以及“思考题”几部分串联基本内容，力图编写一本真正可以用来“教”和“学”的带有工具性质的教材，希望我们的尝试和努力能够得到同行专家和广大写作者的认可。

本书写作的分工如下：绪论，吴雨平；第一章、第七章，李一；第二章，余晓明；第三章，王希宇；第四章，张甜甜、岳峰；第五章，王慧敏；第六章，钱佳、岳峰。最后由吴雨平、岳峰完成全书的统稿工作。

再一次感谢苏州大学文学院对秘书学专业建设的大力扶持，感谢暨南大学出版社杜小陆先生、潘江曼女士的辛勤付出，感谢我们在写作过程中参考过的所有论著的作者。当然，更要感谢这个时代，让我们充满前进和创新的动力。

编　者
2016 年元月于苏州